Heidelberger Taschenbücher Band 81

K. Steinbuch

Automat und Mensch

Auf dem Weg zu einer
kybernetischen Anthropologie

4. neubearbeitete Auflage

Springer-Verlag Berlin · Heidelberg · New York 1971

Dr.-Ing. KARL STEINBUCH
o. Professor an der Universität Karlsruhe

Mit 131 Bildern

ISBN-13:978-3-540-05154-1 e-ISBN-13:978-3-642-65070-3
DOI: 10.1007/978-3-642-65070-3

Das Werk ist urheberrechtlich geschützt. Die dadurch begründeten Rechte, insbesondere die der Übersetzung, des Nachdruckes, der Entnahme von Abbildungen, der Funksendung, der Wiedergabe auf photomechanischem oder ähnlichem Wege und der Speicherung in Datenverarbeitungsanlagen bleiben, auch bei nur auszugsweiser Verwertung, vorbehalten.
Bei Vervielfältigungen für gewerbliche Zwecke ist gemäß § 54 UrhG eine Vergütung an den Verlag zu zahlen, deren Höhe mit dem Verlag zu vereinbaren ist. © by Springer-Verlag Berlin · Heidelberg 1961, 1963, 1965 and 1971.   Library of Congress Catalog Card Number 75-139675

Vorwort

Die vorliegende vierte Auflage wurde ergänzt und auf den neuesten Stand gebracht. Sie wurde vor allem gestrafft, so daß „Automat und Mensch" nunmehr einem großen Leserkreis wohlfeil angeboten werden kann.

Dieses Buch war in den letzten Jahren mehrfach Gegenstand der Kritik. Diese habe ich aufmerksam verfolgt. Daß ich nicht ausdrücklich auf sie eingehe, liegt an ihrem großen Umfang und meist geringen Gewicht. Der Grundgedanke, der dieses Buch seit seiner ersten Auflage bestimmte, bestimmt auch diese vierte Auflage, und ich sehe keinen Grund, ihn zu ändern. Im Gegenteil: Dieser Grundgedanke scheint mir bei der ideologischen Konfusion unserer Gesellschaft von wachsender Bedeutung zu sein. Die Relativierung wissenschaftlicher Aussagen, wie sie bei uns als höchste Weisheit akzeptiert wird, trägt gegenwärtig ihre schrecklichen Früchte.

Karlsruhe, im Herbst 1970   K. STEINBUCH

J. G. STEINBUCH im Jahre 1811:

„Der bis auf unsere Tage fortgehende Wechsel der philosophischen Systeme scheint es auch deutlich genug zu beweisen, wie unsicher und gewagt der Weg der analytischen Untersuchung unseres Geistes ist. Wie viel eher sollte sich ein glückliches Gelingen unserer Bemühungen hoffen lassen, wenn man von möglichst einfachen Wirkungen des einzelnen Sinnes nach und nach zu den zusammengesetzteren desselben übergehend, die mögliche Verbindungsweise dieser Wirkungen zu einem Ganzen zu erforschen trachtete? Wenn man also, jene analytischen Versuche zwar nicht verachtend, denselben Gegenstand vorzüglich durch synthetische Versuche zu erforschen, die einzelnen Bestandteile unseres Geistes auf synthetischem Wege auszumitteln, die Resultate beyder Wege auch wohl wechselweise zur Regel und Richtschnur der weiteren Untersuchung anwenden wollte?"

Inhaltsverzeichnis

1. Kybernetische Anthropologie 1
2. Signal und Information 13
3. Informationstheorie 21
4. Logische Verknüpfungen und Zuordner 35
5. Signale in Raum und Zeit 48
6. Speicher 64
7. Regelung 76
8. Informationsverarbeitung 91
9. Zeichenerkennung 117
10. Lernende Automaten 131
11. Bedingte Reflexe, die Lernmatrix und andere adaptive Strukturen 151
12. Sprechen und Hören 179
13. Aufnahme und Verarbeitung von Informationen durch den Menschen 187
14. Bewußtsein und Kybernetik 206
15. Automat und Mensch im Weltraum 218
16. Ein hypothetisches cognitives System 228
17. Kybernetik und Organisation 238
18. Presse und Kybernetik 249
Literaturverzeichnis 259
Sachverzeichnis 264

Verzeichnis der Tafeln

1 Übersicht über verfügbare Speicherkapazitäten 70
2 Zur Geschichte der Regelung 90
3 Mittlerer Zeitbedarf und Kosten je Rechenoperation 103
4 Vergleich einiger Kenngrößen von Automat und Mensch . . 132
5 Der Lautbestand der deutschen Bühnenaussprache 183
6 Übersicht über die nach außen wirksamen Sinnesorgane . . . 193
7 Zeittafel 203

1. Kapitel

Kybernetische Anthropologie

Ingenieure bemühen sich, immer vollkommenere technische Geräte zu erfinden und zu bauen. Erinnert sei an elektronische Rechenautomaten, automatisierte Fertigungsprozesse und an Steuerungs- und Beobachtungssysteme der Raumfahrt. Hierbei werden gedankliche Hilfsmittel benutzt, die noch vor wenigen Jahrzehnten unbekannt waren. Als Beispiele seien genannt die Regelungslehre, die Informationstheorie und die Informationsverarbeitung, insbesondere auch „Informationsspeicherung" und „Logische Verknüpfung".
Noch vor kurzer Zeit glaubte man, diese gedanklichen Hilfsmittel seien nur im technischen Bereich anwendbar und nützlich. Beispielsweise ist in dem so hervorragenden Buch von H. REIN „Die Physiologie des Menschen" aus dem Jahre 1943 so gut wie nichts über Regelung enthalten. Ebenso ist in dem Werk von B. BAVINK „Ergebnisse und Probleme der Naturwissenschaften" aus dem Jahre 1944 die Regelung überhaupt nicht erwähnt.
Die wissenschaftliche Entwicklung der letzten Jahre hat jedoch zu der Erkenntnis geführt, daß viele gedankliche Hilfsmittel der modernen Technik auch in nichttechnischen Bereichen geradezu unentbehrlich sind. Ein Markstein dieser Entwicklung ist die Entdeckung des Physiologen R. WAGNER aus den Jahren 1925—1927, daß die Anpassung der Skelet-Muskel-Kraft an die äußeren Gegebenheiten eigentlich nur mit den mathematisch-physikalischen Methoden der Regelungslehre erschöpfend beschrieben werden kann. Hierauf wird im 7. Kapitel eingegangen. In den folgenden Jahren wurde die Regelungslehre von mehreren Forschern bei der Lösung verschiedener nichttechnischer Probleme angewandt. Typische Beispiele physiologischer Regelungen sind: Regelung der Körperhaltung, der Körpertemperatur, der Blutzuckerkonzentration, der Bereichseinstellung der Sinnesorgane usw. Die Anwendung der Regelungslehre außerhalb der Technik ist jedoch keineswegs auf die Physiologie beschränkt. Das Verständnis soziologischer, insbesondere wirtschaftlicher Vorgänge wird durch die Regelungstechnik wesentlich vertieft.
Auch andere gedankliche Hilfsmittel der Technik werden neuerdings außerhalb der Technik benutzt. So wird die Informationstheorie z. B.

auch bei der Untersuchung psychologischer und pädagogischer Probleme benutzt.

Die Technik der Informationsverarbeitung[1] ist faszinierend. Was sie anstrebt, z. B. Automatisierung mathematischer Arbeit, der Sprachübersetzung, automatische Erkennung der Schrift und der Sprache und Automaten mit der Fähigkeit zu lernen, ist die maschinelle Realisierung von Funktionen, die bisher ausschließlich dem Menschen vorbehalten waren. Wer sich mit diesen Problemen befaßt, erkennt die enge Verwandtschaft zwischen den organischen und den technischen Systemen. Die Auseinandersetzung mit den Problemen der Informationsverarbeitung ist deshalb nicht nur für den Ingenieur, sondern ebenso für den Geisteswissenschaftler nützlich. Dieser kann am technischen Modell manche Einsicht gewinnen, welche ihm am lebenden System versagt blieb.

Der Grundgedanke dieses Buches ist:

Was wir an geistigen Funktionen beobachten, ist Aufnahme, Verarbeitung, Speicherung und Abgabe von Informationen. Auf keinen Fall scheint es erwiesen oder auch nur wahrscheinlich zu sein, daß zur Erklärung geistiger Funktionen Voraussetzungen gemacht werden müssen, welche über die Physik hinausgehen.

Hierbei ist der Begriff „Physik" weiter gefaßt, als dies normalerweise geschieht. Er soll hier den gesamten Bereich der exakten, im Prinzip quantifizierbaren Naturwissenschaften vertreten, also außer der Physik im engeren Sinne (z. B. Mechanik, Wärmelehre, Optik, Elektromagnetismus, Atomistik) auch Chemie einschließlich Biochemie und die Physiologie. Diese weite Interpretation des Begriffes Physik steht im Gegensatz zu einer spekulativen „Über"-Physik, wie sie beispielsweise von den Vitalisten vermutet wurde („Entelechie"). Die obige Arbeitshypothese (...unwahrscheinlich, daß zur Erklärung geistiger Funktionen Voraussetzungen gemacht werden müssen, welche über die Physik hinausgehen), schließt keinesfalls die Möglichkeit aus, daß in den so unter „Physik" zusammengefaßten wissenschaftlichen Bereichen andere Methoden als diejenigen der Physik (im engeren Sinne) verwendet werden, so wie man beispielsweise in der Optik meist andere Methoden benutzt als in der Elektromagnetik, obwohl zum Verständnis der Optik keine Voraussetzungen gemacht werden müssen, welche über den Elektromagnetismus hinausgehen.

Die These „Auf keinen Fall scheint es erwiesen oder auch nur wahrscheinlich zu sein, daß zur Erklärung geistiger Funktionen Voraussetzungen gemacht werden müssen, welche über die Physik hinausgehen" heißt *nicht,* daß hier eine solche Erklärung gegeben werden könnte. Sie sagt jedoch, daß die gegenteilige Auffassung m. E. auf Vorurteilen beruht.

---

[1] In diesem Buch werden „Information" und „Nachricht" als sinngleich angenommen.

Der Sprung vom Boden gesicherter technischer Wissenschaften zur Betrachtung von Denkfunktionen (gewissermaßen mitten hinein in die Geisteswissenschaft) ist gefährlich. Probleme, zu denen Generationen ihre Ansichten geformt und geschliffen haben, mit den unzulänglichen Hilfsmitteln des Außenseiters anzugehen, trägt in sich die Gefahr des Dilettantismus. Ich glaube aber, daß jeder, der den Brückenschlag von der Informationswissenschaft zur Geisteswissenschaft wagt, sich diesem Vorwurf aussetzen muß. Ich habe jedoch das sichere Gefühl, daß der Brückenschlag im wohlverstandenen Interesse beider Disziplinen liegt — auch wenn sich später manche Pfahlgründung als unzureichend erweisen sollte. Nicht alles, was vom Spezialisten der anderen Fachrichtung zunächst als Simplifikation des Außenseiters angesehen wird, muß Simplifikation bleiben.

Der naive Mensch erlebt die Welt zwischen zwei Ufern: Hier die berechenbaren Erscheinungen der Physik — dort die geheimnisvollen Verhaltensformen der Menschen. Solange die Physik kaum über Hebel und Bernstein hinaussah, war keine Brücke von der Physik zu den Verhaltensformen der Menschen zu erkennen. Zwar zwangen die zunehmenden Einsichten der Anatomie und Physiologie zu dem Zugeständnis, daß der *Körper* des Menschen physikalischen Gesetzen gehorche. Man kann seit der Entdeckung von F. WÖHLER (1828) sogar organische Substanzen synthetisch erzeugen. Man glaubt jedoch, geistige Funktionen seien davon ausgenommen.

Wenn solche Vorstellungen von Generation zu Generation weitergegeben und gemehrt werden, gilt es als ein Sakrileg, an ihnen zu rütteln. Ich möchte in diesem Buch jedoch zeigen, daß man über die geistigen Funktionen des Menschen eine ganze Menge aussagen kann, ohne eine „Über"-Physik zu bemühen. Die Physik und die Informationswissenschaft haben Erkenntnisse gezeitigt, welche aus der Perspektive des Hebels und Bernsteins nicht zu erwarten waren. Den Leistungen, die heute von Automaten vollbracht werden, z. B. schwierige Rechenaufgaben lösen oder Sprachen übersetzen, hätte vor einem Menschenalter niemand die Kennzeichnung „intelligent" versagt. Der Ingenieur, der solche Leistungen synthetisch erzeugt hat, hat ein unbestreitbares Recht, über geistige Funktionen mitzureden.

Wenn die erwähnten Leistungen, z. B. schwierige Rechenaufgaben lösen oder Sprachen übersetzen, als intelligent bezeichnet werden, erhebt sich häufig ein Sturm des Widerspruchs, ja der Entrüstung. Das Hauptargument gegen die Existenz irgendeiner Form „maschineller Intelligenz" ist: All diese Fähigkeiten hat der Automat doch nur von seinem Erzeuger. Dieses Argument ist richtig, ich schließe mich ihm an — aber: Ist es denn beim Menschen grundsätzlich anders? Der Unterschied zwischen der Programmierung eines Automaten zu hochqualifizierter Tätigkeit und der Ausbildung eines Lehrlings zu irgendeiner Profession scheint mir sehr äußerlich. Setzt man für „Intelligenz" voraus, daß sie ohne Kommunikation mit der Außenwelt entstanden ist, dann darf man auch beim Menschen nicht von „Intelligenz" reden. Das Beispiel Kaspar Hauser's (der angeblich in einem dunklen Raum aufwuchs) zeigt, daß auch die menschliche Intelligenz sich ohne Informationen von der Außenwelt nicht bildet.

Ich glaube, daß wir die Denkfunktionen ebenso rational analysieren können wie unseren Stoffwechsel oder unser Muskelspiel. Ich sehe in der Kehrtwendung vor unserem „Seelenleben" ein Versagen. Wir müssen all unseren Scharfsinn und Witz anstrengen, um in Zukunft das zu verstehen, was wir bisher noch nicht verstanden haben.

Die Wissenschaftsgeschichte kennt viele Beispiele dafür, daß irgendwelche Probleme lange Zeit Gegenstand philosophischer Spekulation waren, danach aber in den Bereich exakt-wissenschaftlicher Forschung einbezogen werden konnten. Ein typisches Beispiel hierfür ist die Vorstellung vom atomistischen Aufbau der Materie. Diese wurde im 6. Jahrhundert vor Christi Geburt von griechischen Philosophen entwickelt. Bis zum Ende des 19. Jahrhunderts konnte man über die Tatsache des atomistischen Aufbaus der Materie streiten, ohne ein Ignorant zu sein. Noch H. v. HELMHOLTZ und der junge M. PLANCK standen der Atomvorstellung recht ablehnend gegenüber. Seit Beginn des 20. Jahrhunderts kann man jedoch über die Tatsache des atomistischen Aufbaus der Materie nicht mehr streiten, ohne ein Ignorant zu sein.

Die exakt-wissenschaftliche und die vorwissenschaftliche Darstellung sind keinesfalls zwei Möglichkeiten, die irgendwie gleichwertig nebeneinander existieren können. Wenn erst einmal ein Problem exaktwissenschaftlich gefaßt ist, dann ist diese Form seiner Behandlung der vorwissenschaftlichen weit überlegen, der Rückblick erzeugt ein Gefühl der Überlegenheit oder der Beschämung. Wie primitiv muten uns heute die mystischen Spielereien der Alchemisten an, oder z. B. die Erklärung der Elektrizität nach HEGEL:

„Die Electricität ist der reine Zweck der Gestalt der sich von ihr befreit: die Gestalt, die ihre Gleichgültigkeit aufzuheben anfängt; denn die Electricität ist das unmittelbare Hervortreten oder das noch von der Gestalt herkommende, noch durch sie bedingte Daseyn, — aber noch nicht die Auflösung der Gestalt selbst, sondern der oberflächliche Prozeß, worin die Differenzen die Gestalt verlassen, aber sie zu ihrer Bedingung haben, und noch nicht an ihnen selbständig sind."

(G. W. F. HEGEL: System der Philosophie, § 323.)

Es ist ein Kennzeichen vergreister Kulturen, wenn neue Denkformen primär nach ihrer Verträglichkeit mit den traditionellen Denkformen beurteilt werden und nicht nach ihrer Wirkung in die Zukunft. Dem Respekt vor der Tradition muß die Fähigkeit gegenüberstehen, eine geistige Position zu korrigieren, wo sie mehr Schaden als Nutzen stiftet.

Die Erfahrung von Generationen hat dazu geführt, daß manche gleichbleibenden Eigenschaften der Außenwelt bewußt wurden (diese sind Gegenstand der Naturwissenschaft) und diese Wissenschaft zur tatsächlichen oder vermeintlichen Verbesserung der menschlichen Lebensbedingungen ausgenutzt wurde (dies ist der Gegenstand der Technik). Die wissenschaftlichen Erfahrungen von der Außenwelt sind im Idealfalle wiederholbar und werden allgemein (d. h. auch von vielen anderen Menschen) als „richtig" akzeptiert Diese Erfahrungen sind vielfach quantitativ erfaßbar und werden häufig in der Sprache der Mathematik formuliert. Ihre „Richtigkeit" wird durch Erfahrung und Experimente, also durch Eingriff und Beobachtung in die Außenwelt überprüft. Ist eine wissenschaftliche Theorie „richtig", dann muß sie den Verlauf angemessener Experimente zutreffend voraussagen. Ist die „Richtigkeit" noch nicht ausreichend gesichert, so spricht man von einer „Hypothese" oder auch „Arbeitshypothese".

Die „absolute" Richtigkeit einer allgemeinen Theorie kann nur durch unendlich viele Beobachtungen oder Experimente, also praktisch nie bewiesen werden (Verifikation), während sich ihre Unrichtigkeit im Prinzip bereits durch ein einziges Experiment oder eine einzige Beobachtung erweisen kann (Falsifikation). Typisch hierfür ist der Energiesatz, der nie bewiesen wurde, von dessen Richtigkeit man jedoch überzeugt ist, nachdem zahlreiche Versuche, ihn zu falsifizieren („Perpetuum mobile"), mißlangen.

Während die wissenschaftlichen Erfahrungen von der Außenwelt im Prinzip reproduzierbar und meßbar sind, sie auch in definierter Weise anderen Menschen übermittelt werden können, gibt es eine andere Klasse von Erlebnissen, die nur subjektiv erfahren werden können. Diese sind die psychischen Erlebnisse, z. B. die (empfundene) Liebe, der Haß, das Wollen usw. Diese Erlebnisse sind an das Subjekt gebunden, und sie können scheinbar weder gemessen noch in definierter Weise anderen Menschen mitgeteilt werden.

Dieser Gegensatz zwischen Außenwelt (oder Objekt) und Subjekt hat die wissenschaftliche Entwicklung stark beeinflußt. So sind beispielsweise hierzulande die wissenschaftlichen Institutionen scharf getrennt in naturwissenschaftliche und geisteswissenschaftliche Fakultäten. Hierbei wird (meist unausgesprochen) unterstellt, daß die beiden Bereiche prinzipiell unterschiedlich seien, und daß verschiedene Gesetze in der Außenwelt und im Subjekt gälten.

Es mag Zeiten gegeben haben, in denen diese gedankliche Spaltung unvermeidbar und sogar nützlich gewesen ist. Nützlich durch die geistige Spannung zwischen den verschiedenen Disziplinen und unvermeidbar wegen der zur Überwindung der Spaltung unzureichenden methodischen Basis. Heute ist jedoch diese gedankliche Spaltung weder nützlich noch unvermeidbar.

Die einst so stark betonte Objekt/Subjekt-Polarität dürfte in Zukunft der Sphäre gedanklicher Spekulationen entzogen werden. Dieser — für die folgenden Ausführungen so wichtige — Vorgang sei mit Bild 1 erläutert. Bild 1 a zeigt ein Objekt (z. B. ein Haus) und ein betrachtendes Subjekt. Bild 1 b zeigt zusätzlich dazu noch einen Beobachter, der mit allen ihm zugänglichen Mitteln Kenntnisse über das Objekt und das Subjekt zu erlangen sucht. Dies kann z. B. durch Zuhilfenahme technischer Geräte wie Mikroskop, Fernrohr, Enzephalographen usw. geschehen. Solange der Beobachter nur die so von außen wahrnehmbaren Vorgänge an Objekt und Subjekt auswertet (Behaviorismus),

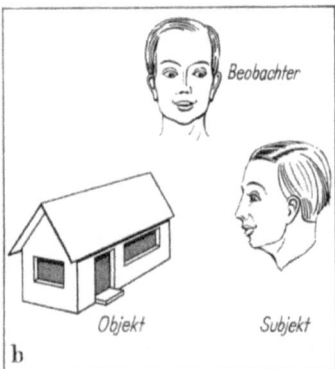

Bild 1. Zur Objekt/Subjekt-Polarität

kann von einer Überwindung der Objekt/Subjekt-Polarität gewiß keine Rede sein, diese Betrachtungsweise ist bewußt oder unbewußt beschränkt auf relativ äußerliche Vorgänge. Auch die Ausnutzung von Analogieschlüssen (Übertragung eigener Erlebnisse des Beobachters auf das beobachtete Subjekt) kann nur zur Vermutung einer gewissen Entsprechung zwischen den subjektiven und den objektiven Wahrnehmungen, z. B. eines „psycho-physischen Parallelismus" führen, jedoch nicht zur Überwindung der Objekt/Subjekt-Polarität. Dies kann m. E. nur eine „kybernetische Anthropologie" leisten. Als „kybernetische Anthropologie" sei die zukünftige Wissenschaft bezeichnet, welche menschliches Denken und Verhalten auf die Wirkung informationeller Strukturen zurückführt. Diese informationellen Strukturen setzen sich vorwiegend aus neuronalen, humoralen und gemischt neuronal-humoralen zusammen.

Hierbei wird unter „Kybernetik"[1] eine Sammlung bestimmter Denkmodelle (vor allem der Regelung, der Informationsübertragung und der Informationsverarbeitung) verstanden und andererseits deren Anwendung im technischen und außertechnischen Bereich.

---

[1] An dieser Stelle sei auf das im Nymphenburger Verlag erschienene Buch „Philosophie und Kybernetik" [79] hingewiesen, welches als ein interdisziplinärer Dialog Probleme im gemeinsamen Aufmerksamkeitsbereich von Kybernetik und Philosophie behandelt.

1. Kybernetische Anthropologie

Da die benutzten Denkmodelle der Regelung, Informationsübertragung und Informationsverarbeitung durch ihre informationellen Strukturen gegeben sind, könnte man kürzer auch so erklären:

> Kybernetik ist die Wissenschaft von den informationellen Strukturen im technischen und außertechnischen Bereich.

These der Kybernetik:

> Es wird angenommen, daß das Lebensgeschehen und die psychischen Vorgänge aus der Anordnung und physikalischen Wechselwirkung der Teile des Organismus im Prinzip vollständig erklärt werden können.

Im Hinblick auf die Objekt/Subjekt-Polarität ergibt sich hieraus die Folgerung:

> Jedes subjektive Erlebnis entspricht einer physikalisch beschreibbaren Situation des Organismus, vor allem des Nervensystems, z. T. auch der humoral usw. wirkenden Organe.

Meist sind die Gesetzmäßigkeiten der Zuordnung zwischen subjektivem Erlebnis und physikalisch beschreibbarer Situation noch unbekannt. Aber man weiß, wie z. B. starke Emotionen auf den Kreislauf oder auf den Magen wirken, andererseits kennt man die subjektiven Erlebnisse, die sich nach Verabreichung bestimmter Drogen, von Rauschgift oder Alkohol ergeben.

Die Überlegenheit, welche die kybernetische These gegenwärtig erlangt, ist begründet durch die Erfahrung, daß mit technischen Geräten Funktionen realisiert werden können, die bis vor kurzem als Monopol organischen, insbesondere menschlichen Verhaltens angesehen wurden. Typische Beispiele hierfür sind logische Verknüpfungen, Informationsspeicherung, Wahrnehmungsvorgänge und Lernvorgänge.

Der Begriff „Intelligenz" wurde noch nie ordentlich erklärt. Peinlich wirken aber solche Erklärungen, welche sich auf das berufen, was beim jeweiligen Stand der Technik noch nicht mit Automaten demonstriert wurde, also „gleitende" Definitionen.

Viele Funktionen können nur „im Prinzip" dargestellt werden. Dies sei so verstanden, daß zwar wesentliche Teile realisiert werden können, es jedoch noch eine Frage des materiellen Aufwandes ist, die Gesamtfunktion zu verwirklichen. Besonders auf dem Gebiet der Gestaltwahrnehmung zeigt es sich, daß die denkbaren technischen Anordnungen einen außerordentlich großen Aufwand voraussetzen.

Es wäre für unsere Überlegungen von unschätzbarem Wert, wenn ein technisches System von der Größe und Komplexität des menschlichen Nervensystems (usw.) hergestellt werden könnte. Würde dieses System dann psychische Erlebnisse haben, ein Bewußtsein, Gefühle usw.? Oder — präziser gesagt — würde es diesbezügliche Fragen glaubwürdig mit „Ja" beantworten? Dieser Versuch dürfte noch einige Jahrzehnte auf sich warten lassen, es ist jedoch zu vermuten, daß er — cum grano salis

— innerhalb der nächsten zwei Jahrhunderte gemacht wird. Er ist dann ein „Experimentum crucis" für oder gegen die These der Kybernetik. Bis dahin sind wir jedoch darauf angewiesen, von den „embryonalen" technischen Systemen der Gegenwart auf die in Zukunft möglichen zu schließen. Bis dahin ist jeder unmittelbare Vergleich zwischen existierenden Automaten und Menschen unzulässig, man darf existierende Automaten nur mit sehr viel primitiveren organischen Systemen vergleichen.
Doch zurück zur Objekt/Subjekt-Polarität! Wird die These der Kybernetik akzeptiert, dann entspricht jeder physikalisch beschreibbaren Situation des Organismus eine bestimmte subjektive Situation und umgekehrt. Was heißt „entspricht?" Ist dies nicht nur eine andere Formulierung des alten psycho-physischen Parallelismus? Da diese Frage für das Folgende wesentlich ist, sei sie genauer betrachtet.
Der Beobachter (z. B. von Bild 1 b) wird vernünftigerweise annehmen, daß nicht nur er selbst, sondern auch das Subjekt psychische Erlebnisse hat. Weshalb nimmt er dies nicht auch vom Objekt, also beispielsweise vom Hause an? Zweifellos deshalb, weil er sich leicht mit dem Subjekt identifizieren kann, weil das Subjekt wie er selbst ein Mensch ist. Wie, wenn er sich mit dem Objekt, also dem Hause identifizieren könnte? Würde er dann nicht auch diesem subjektive Erlebnisse zugestehen müssen? Eine solche Annahme wäre zwar nicht falsifizierbar, aber auch nicht überzeugend. Es gibt gute Gründe für die Annahme, daß das Haus auch für sich selbst keine subjektiven Erlebnisse registrieren dürfte, einfach deshalb, weil es keine Informationsstruktur besitzt, welche reflektives Denken ermöglicht. Würden wir aber das im Beispiel gewählte Haus durch ein anderes Objekt ersetzen, welches eine ähnliche Struktur wie der Mensch besitzt, insbesondere der reflektiven Informationsverarbeitung fähig ist, dann könnten wir diesem vernünftigerweise psychische Eigenschaften nicht absprechen.
Wenn wir diese Annahme nun akzeptieren, wie ist dann die Objekt/Subjekt-Polarität überwunden? Bild 2 a zeigt ein Haus von außen, Bild 2 b dasselbe Haus (teilweise) von innen. Die Betrachtung der beiden Bilder liefert zweifellos zwei verschiedene „Erlebnisse". Ist es vernünftig, diesen beiden Erlebnissen zwei verschiedene Realitäten zuzuschreiben, beispielsweise Bild 2 a ein „Außenhaus", Bild 2 b ein „Innenhaus"? Eine solche Darstellung wäre wohl recht töricht, unter anderem deshalb, weil es nicht nur zwei, sondern unendlich viele unterscheidbare Ansichten dieses Hauses gibt.
Viel vernünftiger ist es, von einem einzigen Ding zu reden, nämlich *dem* Haus und zuzugestehen, daß dieses Betrachtern von verschiedenen Standpunkten aus auch verschiedene Ansichten bietet. Und genau dies ist die Antwort, welche man vom Standpunkt der Kybernetik auf die Frage nach der Objekt/Subjekt-Polarität geben kann: Diese verschiedenen Erlebnisse sind nicht Zeugnisse verschiedener Realitäten, sondern das Ergebnis verschiedener Standpunkte. Für das informations-verarbeitende System selbst (sei es nun Mensch oder Automat) erscheinen

bestimmte Vorgänge als subjektive, psychische Erlebnisse. Genau dieselben Vorgänge erscheinen einem Beobachter von außerhalb als Vorgänge, die in der Sprache der Physik beschrieben werden können.

 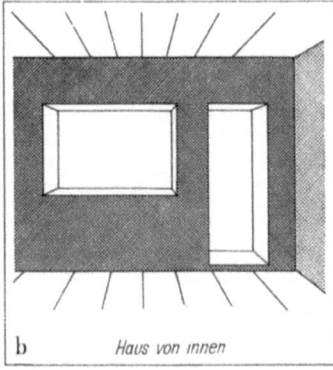

Bild 2. Die Objekt/Subjekt-Polarität als Standpunktproblem

Man könnte den gegenwärtig sich abspielenden Erkenntnisprozeß entwicklungsgeschichtlich so deuten:

a) Primitive Organismen können wohl nicht zwischen sich selbst und der Außenwelt unterscheiden, sie fressen auch eigene Gliedmaßen, wenn sie in die Freßöffnung geraten.

b) In der nächsten Entwicklungsstufe bildet sich eine informationsverarbeitende Struktur, welche die Unterscheidung zwischen dem „Ich" und der Außenwelt ermöglicht und das Verhalten bestimmt.

c) Eine höhere Entwicklungsstufe besteht darin, daß die individuelle Existenz zwar als Tatbestand anerkannt wird, diese egozentrische Erfahrung jedoch nicht mehr als Basis wissenschaftlichen Denkens zugelassen, sondern als Folge der Naturgesetzlichkeit begriffen wird und aus dem System der Wissenschaften alles das eliminiert wird, was die perspektivischen Verzerrungen der subjektiven Erfahrung als wesentliche Voraussetzung hat.

Für das Vorgehen der Kybernetik sind zwei methodische Grundsätze wichtig: Einerseits wird versucht, alle nicht in der physikalischen Erfahrungswelt abbildbaren Denkmodelle zu eliminieren, und andererseits werden die verwendeten Denkmodelle mit den Hilfsmitteln der Mathematik beschrieben und zusammengefügt. Typische Denkmodelle der Kybernetik sind z. B. der Informationsübertragungskanal, der Regelkreis, die Lernmatrix usw. Damit läßt sich ein für die Bereiche der Technik, der Biologie und der Sozialwissenschaften anwendbares Denkgebäude aufbauen, dem die Unterscheidung zwischen Naturwissenschaften und Geisteswissenschaften fremd ist.

1. Kybernetische Anthropologie

Nach der These der Kybernetik muß eine rationale Analyse geistiger Vorgänge möglich sein. Von „Analyse" spricht man beispielsweise in der Chemie. Das Ziel der Analyse ist es dort, eine unbekannte Substanz in ihre unbekannten Grundelemente zu zerlegen. Von diesen chemischen Elementen gibt es etwa 92, z. B. Wasserstoff, Sauerstoff, Kohlenstoff usw. Die Analyse einer unbekannten Substanz ist dann vollkommen, wenn erkannt wurde, welche Atome der verschiedenen Elemente in welcher räumlichen Anordnung und Bindung die bisher unbekannte Substanz bilden. Je größer die Anzahl der verbundenen Atome und deren Anzahl von Arten ist, desto größer ist die mögliche Mannigfaltigkeit der Verbindungen. Erinnert sei an die unvorstellbar vielen organischen Substanzen. Bei ihnen sind hauptsächlich Kohlenstoff-, Wasserstoff-, Stickstoff- und Sauerstoffatome miteinander verbunden. Je nach ihrer Anordnung ergeben sich z. B. verschiedene Fasern, Duftstoffe oder Desinfektionsmittel.

Wenn wir Denkvorgänge rational analysieren wollen, so suchen wir *nicht* nach chemischen Formeln. Die wesentlichen Vorgänge sind primär *nicht* Substanzveränderungen, sondern vorwiegend Signale im Nervensystem, etwa den elektrischen Strömen in einer Telegraphenleitung vergleichbar.

Wenn wir demnach eine rationale Analyse von Denkvorgängen anstreben, so kommen wir zwangsläufig zum Schaltbild, ähnlich wie es beispielsweise in der Elektrotechnik üblich ist. Das Schaltbild samt Erläuterung erlaubt dem Elektrotechniker eine detaillierte Beschreibung der Eigenschaften der Schaltung. Nun bestehen aber zwischen den Schaltungen der Elektrotechnik und den Schaltungen des Nervennetzes riesige quantitative Unterschiede: Rundfunkgeräte haben im Mittel einige hundert Schaltelemente, z. B. Widerstände, Kondensatoren, Spulen, Dioden, Transistoren usw. Elektronische Rechenautomaten haben etwa zehntausend bis hunderttausend Schaltelemente, das menschliche Nervennetz wird aber auf etwa 15 000 000 000 (15 Milliarden) Neuronen geschätzt. Die exakte Analyse eines solchen Netzes ist schlechterdings unmöglich. Auf vier Schwierigkeiten sei hingewiesen: Erstens sind die Neuronen im allgemeinen winzig klein, meist nur unter dem Mikroskop zu erkennen, zweitens sind sie räumlich ineinander verfilzt, drittens ist es sehr schwierig, lebende menschliche Neuronen an Meßinstrumente anzuschließen (wie es bei funktionierenden elektrischen Schaltelementen möglich ist), und viertens ist ihre Funktion von außen kaum zu erkennen, es fehlen die „Etiketten". Selbst wenn man diese Schwierigkeiten vernachlässigt und annimmt, ein Biologe könnte die Schaltung des Nervennetzes mit derselben Geschwindigkeit aufnehmen wie der Elektrotechniker die Schaltung eines Rundfunkgerätes, so ist das Problem praktisch immer noch unlösbar. Ein guter Elektrotechniker braucht für die Analyse der Schaltung eines mittleren Rundfunkgerätes mit 200 Schaltelementen etwa 5 Stunden. Selbst wenn man annimmt, daß der Zeitaufwand nur proportional zur Anzahl der Schaltelemente geht,

1. Kybernetische Anthropologie 11

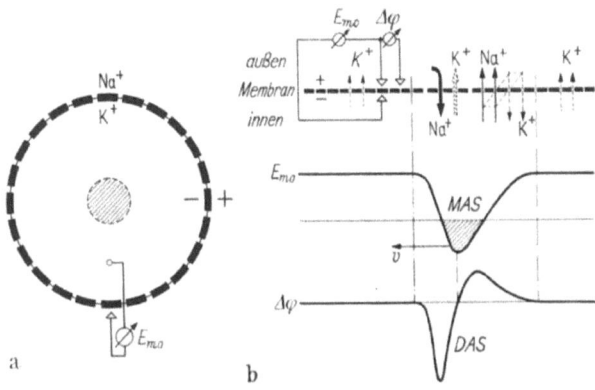

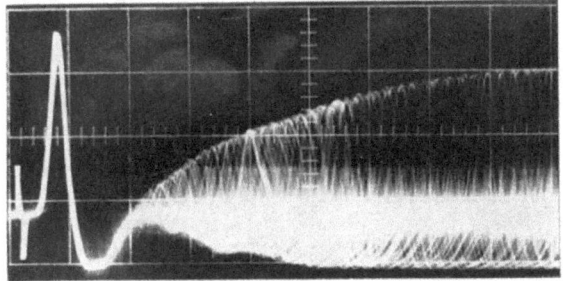

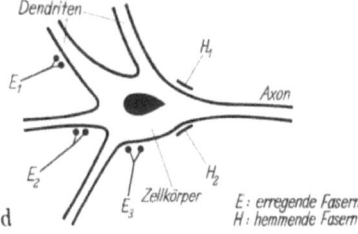

Bild 3. Zum Nervenimpuls

a) Schematischer Querschnitt durch eine Nervenzelle (nach W. ERNSTHAUSEN). b) Die örtliche Verteilung der Ionenströmung an der Membran im Zusammenhang mit dem Nervenimpuls und seiner Darstellung als Monophasische Aktionsspannung (MAS) und als Diphasische Aktionsspannung (DAS) (nach W. ERNSTHAUSEN). c) Oszillogramm der DAS bei zweimaliger Reizung mit kontinuierlicher Veränderung des Reizabstandes. Die Einhüllende des zweiten Nervenimpulses zeigt, daß während einer gewissen Totzeit (hier 2 Millisekunden) der Nerv unerregbar ist und danach allmählich wieder seine volle Funktionsfähigkeit erhält (nach W. ERNSTHAUSEN). d) Schema zur Erregung einer Nervenzelle

bräuchte der Biologe zur Analyse der Schaltung des Nervennetzes immerhin etwa 40 000 Jahre.
Wenn wir nun annehmen, wir hätten trotz aller Schwierigkeiten auf einigen Quadratkilometern engbezeichneten Papiers das vollständige Schaltbild eines funktionsfähigen Nervennetzes aufgezeichnet, so hülfe uns das nur wenig, denn wir wären nicht imstande, die zwangsläufig sich ergebenden Verhaltensformen zu erkennen. Das menschliche Vorstellungsvermögen versagt bei Aggregaten dieser Größenordnung. Ein Netzwerk von etwa 15 Milliarden Schaltelementen ist nicht mehr vorstellbar. Offensichtlich machen also rein quantitative Ursachen ein Verständnis der menschlichen Denkvorgänge unmöglich.
Die wesentlichen Funktionen der einzelnen Neuronen sind heutzutage ziemlich genau bekannt [18, 69]: Das Innere der Nervenzelle (Bild 3 a) ist von einer semipermeablen Wand umgeben (wenige Schichten von Eiweiß- und Lipoidmolekülen). Diese Wand oder Membran wirkt als „Ionensieb": Im Zellinnern ist die Konzentration von Kaliumionen, im Außenraum die Konzentration von Natriumionen größer. Man kann deshalb zwischen Innenraum und Außenraum mit geeigneten Elektroden im Ruhezustand eine elektrische Spannung E_{mo} von etwa 0,08 Volt messen. Zur Auslösung des Nervenimpulses ist ein Reiz ausreichender Stärke (ein „überschwelliger Reiz") notwendig. Dieser kann in der Zufuhr elektrischer, chemischer, mechanischer oder sonstwelcher Energie bestehen. Durch einen solchen Reiz wird die Durchlässigkeit der Membran für Natriumionen stark erhöht. Diese strömen mit großer Geschwindigkeit in die Zelle. Vor und hinter dem Impuls tritt Kalium in kleiner Menge aus (Bild 3 b). Der Vorgang des Natriumhineinströmens pflanzt sich über die Oberfläche der Zelle, auch über die Oberfläche der Nervenfasern mit einer Geschwindigkeit zwischen 1 und 100 Metern in jeder Sekunde fort und bildet den physikalisch-chemischen Hintergrund des Nervenimpulses. Während der unnormalen Ionenverteilung stellen sich an der Zellmembran auch unnormale elektrische Spannungsverhältnisse ein. Dies ist in Bild 3 b angedeutet. Man kann diese Spannungen entweder zwischen Innen- und Außenseite der Zellmembran messen (die so gemessenen Spannungen werden im physiologischen Sprachgebrauch als „Monophasische Aktionsspannungen", MAS, bezeichnet) oder zwischen räumlich getrennten Orten der Zellaußenseite („Diphasische Aktionsspannung", DAS).
Zu Ende des Nervenimpulses muß der ursprüngliche Zustand wieder hergestellt werden, nämlich innen Konzentration der Kaliumionen größer, außen Konzentration der Natriumionen größer. Dies geschieht so, daß durch die Membran das eingedrungene Natrium heraus- und das Kalium hineingepumpt wird. Die Nervenzelle ist daher für eine kurze Zeit, die „Totzeit" (die in der Größenordnung einer Millisekunde liegt), unerregbar. Allmählich stellt sich jedoch der erregbare Normalzustand wieder her. Dieser Vorgang ist in Bild 3 c dargestellt. Auf einem nachleuchtenden Oszillographenschirm wurde die Diphasische

Aktionsspannung für zwei aufeinanderfolgende Reizungen der Nervenzelle aufgezeichnet. Man erkennt, daß die Nervenzelle während der „Refraktärzeit" zuerst überhaupt nicht, später nur schwer erregbar ist.
Bild 3 d gibt ein Schema zur Erregung einer Nervenzelle. Am Zellkörper enden einige andere Nervenfasern. Dazwischen sind feine Zwischenräume, die sogenannten Synapsen. Einige der ankommenden Fasern wirken über die Synapsen hinweg erregend auf die betrachtete Nervenzelle, andere vermutlich hemmend. Je nach der Gesamtwirkung der ankommenden Fasern zündet die betrachtete Nervenzelle mit größerer oder kleinerer Pulsfrequenz (Bild 6).
Um die informationsverarbeitenden Funktionen der Nervenzellen genauer zu untersuchen, wurden schon elektronische Schaltungen aufgebaut, welche den Zusammenhang zwischen den Erregungszuständen der ankommenden Nervenfasern und dem Erregungszustand der betrachteten Nervenzelle möglichst genau nachbilden. Besonders eingehend wurden die Verhältnisse von K. Küpfmüller und F. Jenik [58, 59] untersucht. Sie fanden beispielsweise, daß die Pulsfrequenz der betrachteten Nervenzelle proportional der Summe oder proportional dem Produkt der ankommenden Pulsfrequenzen sein kann, daß also eine einzige Nervenzelle schon recht komplizierte logische Verknüpfungen leisten kann. Bei diesen Untersuchungen zeigt sich der Nutzen elektronischer Modelle für organische Funktionen besonders deutlich: Weder eine ausführliche verbale Beschreibung noch eine mathematische Beschreibung der Vorgänge liefert bei vergleichbarem geistigem Aufwand so umfassende Einsichten in die Funktion und prinzipiellen Möglichkeiten wie ein elektronisches Modell.

2. Kapitel

Signal und Information

Psychologische Tatbestände gewähren of interessante Einblicke in die Funktion des menschlichen Denkapparates. Beispielsweise sei mit den Schwarz-Weiß-Bildern von Bild 4 der wichtige Unterschied zwischen „Signal" und „Information" erläutert. Alle 6 Bilder bestehen aus einer schachbrettartigen Anordnung von 10 × 10 quadratischen Flächenelementen, die jeweils entweder weiß oder schwarz sind. Bei der Herstellung von Bild 4 a habe ich bei jedem Flächenelement gewürfelt, ob es schwarz oder weiß werden soll. Von den hundert Flächenelementen wurde erwartungsgemäß etwa die Hälfte, genau 56 Elemente, schwarz und 44 weiß.

Von den weißen Flächenelementen gelangt mehr Licht in unser Auge als von den schwarzen. Das Licht besteht bekanntlich aus elektromagnetischen Schwingungen wie die Wellen des Rundfunks, nur daß

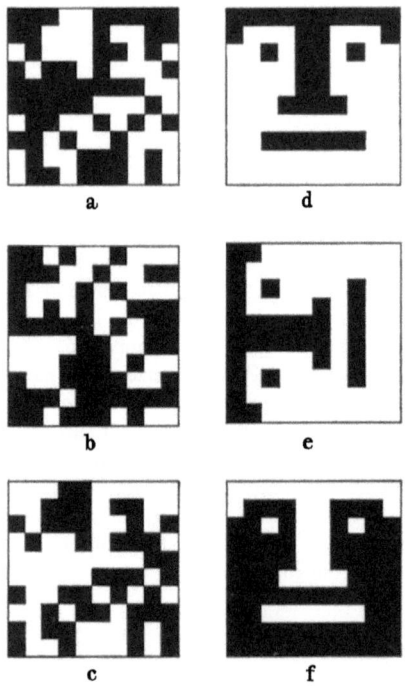

Bild 4. Signale ohne und mit Information

beim Licht die Wellenlänge sehr viel kleiner ist. Richtwerte der Wellenlänge sind:

Mittelwellen-Rundfunk	200 ... 600 Meter
Ultrakurzwellen-Rundfunk	3 ... 3,5 Meter
Sichtbares Licht	0,4 ... 0,8 Tausendstel Millimeter
Röntgenstrahlen	Millionstel Millimeter

Bei der Betrachtung von Bild 4 a wird dieses durch die Augenlinse auf die Netzhaut projiziert. In der Netzhaut befinden sich viele Lichtempfänger oder lichtempfindliche Rezeptoren. Man unterscheidet zwischen *Zapfen*, welche für das Sehen bei Tage und besonders für das Farbensehen maßgebend sind, und *Stäbchen*, welche das Sehen bei geringer Helligkeit ermöglichen (Bild 5). Diese Rezeptoren wandeln die elektromagnetischen Schwingungen in Nervenreize um. Der Nervenreiz besteht aus einem elektrochemischen Vorgang, der sich mit großer Geschwindigkeit (etwa 1...100 Meter pro Sekunde) fortpflanzt. Je

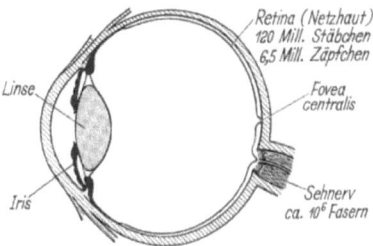

Bild 5. Schematischer Aufbau des Auges

mehr Licht auf die Rezeptoren fällt, desto schneller folgen die Zündungen aufeinander. Aus der Schnelligkeit, mit der die Zündungen aufeinanderfolgen, kann also auf die Stärke des Lichtstroms geschlossen werden, welcher den Rezeptor traf (Bild 6).

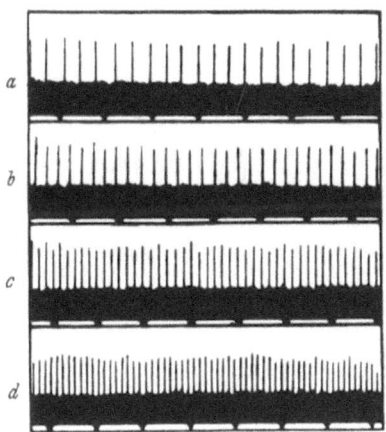

Bild 6. Aktionsströme einer einzelnen, sensiblen Nervenfaser bei verschieden starken Reizungen (Nichtdigitale Pulsfrequenzmodulation). [Nach BRONK und STELLA, Amer. J. Physiol. 110 (1935) S. 102]

Wir können nunmehr das Bild 4 a durch verschiedene einander äquivalente Tatbestände beschreiben, z. B.:
 1. Flächenhafte Schwarz-Weiß-Verteilung auf dem Papier,
 2. flächenhafte Hell-Dunkel-Verteilung auf der Netzhaut,
 3. unterschiedlicher Reizzustand der Lichtrezeptoren in der Netzhaut,
 4. unterschiedliche Zündungshäufigkeit der Sehnerven, die zu verschiedenen Punkten der Netzhaut gehören.

All diese Sachverhalte sind in der Sprache der Physik beschreibbar. Manche Details, z. B. die Umwandlung von Lichtstrom in Nervenreizung oder die Weitergabe der Nervenreizung selbst mögen noch nicht restlos auf bekannte physikalische Gesetze zurückgeführt sein. Dies zu klären ist aber zweifellos nur eine Frage weiterer Forschung. Es existiert also eine Kette verknüpfter physikalischer Sachverhalte: Die Helligkeit auf dem Netzhautfleck ist ein Signal für ein helles Flächenelement auf dem Papier.
Der Reizzustand eines Rezeptors ist ein Signal für die Helligkeit auf dem Netzhautfleck.
Die Zündungshäufigkeit des Sehnervs ist ein Signal für den Reizzustand des Rezeptors.
Unter Signalen versteht man physikalische Tatbestände, von denen man auf irgendwelche andere zurückschließen kann.
Auch Bild 4 b ist durch Würfeln entstanden. Es unterscheidet sich deutlich von Bild 4 a. Was hat es mit ihm gemeinsam? Vermutlich werden Sie es ohne Hinweis kaum finden: Bild 4 b wird mit Bild 4 a identisch, wenn es um 90° im Uhrzeigersinn gedreht wird. Nur durch Einzelvergleich aller Flächenelemente können wir dies erkennen. Auch Bild 4 c ist durch Würfeln entstanden. Es unterscheidet sich deutlich von dem Bild 4 a. Hat es etwas mit ihm gemeinsam? Auch hier werden Sie es ohne Hinweis schwer finden: Bild 4 c ist mit Bild 4 a bis auf Schwarz-Weiß-Vertauschung identisch. Dies können wir durch Einzelvergleich überprüfen.

Ganz anders verhält sich die Bildserie 4 d, 4 e und 4 f. In Bild 4 d sehen wir ein grob dargestelltes Gesicht. Die geringe Zahl der Bildpunkte erlaubt nur solche groben Formen. Wir können noch nicht einmal erkennen, ob es ein Menschengesicht oder ein Tiergesicht sein soll. Ein Fernsehbild hat etwa 300 000 Bildpunkte. Die darstellbaren Formen sind deshalb viel feiner. Betrachten wir nach Bild 4 d das Bild 4 e, so sehen wir sofort, daß wir dieses nur um 90° im Uhrzeigersinn zu drehen brauchen, um wieder Bild 4 d zu erhalten. Wir brauchen hierzu nicht Flächenelement um Flächenelement miteinander zu vergleichen, wie wir es bei Bild 4 a und 4 b mußten, wir sehen es „mit einem Blick".
Ebenso erkennen wir mit einem Blick, daß Bild 4 f aus 4 d durch Schwarz-Weiß-Vertauschung hervorgegangen ist. Der Einzelvergleich der Flächenelemente ist auch hier nicht erforderlich. Die Bilder 4 d, 4 e und 4 f haben offensichtlich eine Eigenschaft, welche sie deutlich von den Bildern 4 a, 4 b und 4 c unterscheidet: Alle drei Bilder vermitteln uns nämlich die Information „Gesicht".
Wann vermitteln Signale eine Information? Die stochastischen Signale des Bildes 4 a und die Signale des Bildes 4 d unterscheiden sich sowohl in der Art der Erzeugung als auch in der Art der Aufnahme: Bei der Herstellung der stochastischen Signalanordnung 4 a habe ich mir nichts vorgenommen, ich selbst war passiv neugierig, was sich beim Würfeln

2. Signal und Information

ergeben würde. Im Gegensatz hierzu habe ich mir bei der Signalanordnung 4 d vorgenommen, ein Gesicht darzustellen, ich habe aktiv gestaltet. Bei der Betrachtung von 4 a haben wir kaum eine spezielle Vorstellung, wir rätseln an dem Bild herum. Im Gegensatz hierzu wird bei der Betrachtung von Bild 4 d sofort die Vorstellung „Gesicht" in uns wachgerufen.

Bild 7. Trickbild nach F. BARTLETT

Daß bei der Erzeugung einer Information, z. B. des Bildes 4 d, eine Auswahl erfolgte, ist offensichtlich. Ich hätte auch andere Informationen bildlich signalisieren können, z. B. ein Haus, einen Baum oder den Buchstaben K. Aus all den vielen Begriffen, die in mir gespeichert sind, habe ich aber den speziellen Begriff „Gesicht" ausgewählt. Nicht ganz so offensichtlich wie der Auswahlvorgang auf der Sendeseite ist der durch die empfangenen Signale veranlaßte Auswahlvorgang auf der Empfangsseite, also beim Betrachter des Bildes 4 d. Daß jedoch auch beim Betrachter ein Auswahlvorgang erfolgte, soll mit einem Trickbild nach F. BARTLETT [5] (Bild 7) verständlich gemacht werden. In diesem

Bild kann man wahlweise eine junge hübsche Frau mit kecker Feder und Halskette oder aber eine alte Frau mit Kopftuch und zahnlosem Mund erkennen. Wenn man sich einige Zeit in dieses Bild vertieft, dann kann man die beiden Informationen willkürlich auswählen. Aber nur mit einiger Anstrengung kann man die beiden Informationen gleichzeitig wahrnehmen. Das normale Verhalten ist, daß sich unbewußt eine der beiden Alternativen durchsetzt und die andere unterdrückt.

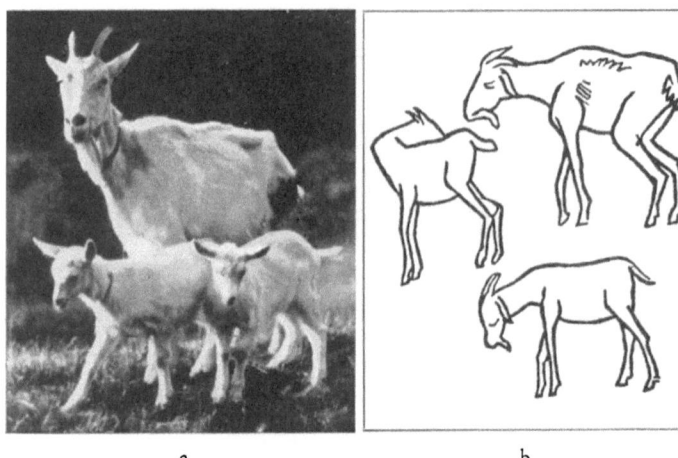

a   b

Bild 8. Die Information „Ziegen"
a) mit hohem Signalaufwand (ca. 85 000 Rasterpunkte) b) mit geringem Signalaufwand

Bild 8 a zeigt die Photographie einiger Ziegen. Dieses Bild hat eine hohe Auflösung. Wieviel Details braucht man aber *mindestens*, um die Information „Ziegen" mitzuteilen? Bild 8 b zeigt eine Strichzeichnung nach A. MAILLOL. Dieses Bild übermittelt mit sehr viel weniger Signalen die Information „Ziegen". Es scheint in typischen Fällen ein Kennzeichen künstlerischen Gestaltens zu sein, mit einem Minimum an Signalen ein Maximum an Informationen zu übermitteln („Die Kunst ist, wegzulassen").

Sowohl bei der Erzeugung als auch beim Empfang der Informationen findet eine Auswahl statt. Offensichtlich ist die Übermittlung einer speziellen Information nur dann möglich, wenn Sender und Empfänger diese spezielle Information in ihrem Repertoire haben und dieselbe Zuordnung zwischen Information und Signal benutzen, d. h. dieselbe Sprache sprechen. Sind diese Voraussetzungen erfüllt, so kann man die Informationsübermittlung durch das Schema von Bild 9 charakterisieren. Der Sender verfügt z. B. über die Begriffe A,B,C,D,E,—, der Empfänger über A,B,C,D,—,F. Den Begriff E kennt der Sender, aber der Emp-

2. Signal und Information

fänger nicht. Umgekehrt ist F nur dem Empfänger bekannt. Zur Übermittlung einer Information erzeugt der Sender für diesen charakteristische Signale, z. B. Sprachlaute oder Schriftzeichen. Der Empfänger reagiert auf diese Signale normalerweise mit der Auswahl derselben Information.
Signale sind physikalisch beschreibbare Tatbestände, z. B. Schallwellen, Schriftzeichen, Magnetisierungen auf Magnetbändern, Nervenaktions-

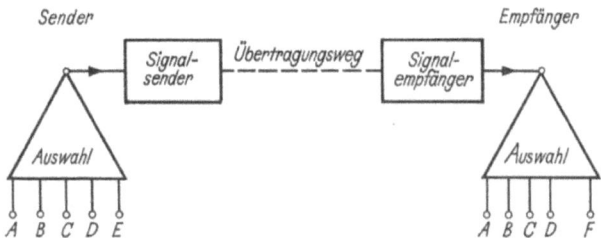

Bild 9. Schema einer Informationsübertragung. *ABCDE*: Begriffsrepertoire des Senders, *ABCD—F*: Begriffsrepertoire des Empfängers

ströme (siehe Bild 6) usw. Signale dieser Art können zur Übertragung von Informationen verwendet werden, sie sind mit ihnen jedoch keinesfalls identisch. Dies zeigt sich z. B. daran, daß ein und dasselbe Signal zur Übertragung verschiedener Informationen verwendet werden kann („Homonyme").
Manche Signale wirken auf bestimmte Empfänger in ganz spezifischer Weise, z. B. der passende Schlüssel auf das Schloß, die elektromagnetische Schwingung auf den abgestimmten Rundfunkempfänger, der Rechenautomat auf Lochstreifen usw.
Die Verhaltensforschung kennt den Begriff „Schlüsselreiz". Man bezeichnet damit die Tatsache, daß manche Lebewesen auf bestimmte Signale (bzw. Signalkombinationen) in ganz spezifischer Weise reagieren, z. B. mit Balzhandlungen, mit appetitivem Verhalten oder mit Abwehr. Die Wirkung des Schlüsselreizes wird durch den „auslösenden angeborenen Mechanismus" erklärt, der auf spezielle Reizkombinationen selektiv eingestellt ist und bei deren Eintreffen bestimmte Verhaltensformen auslöst. Die Zuordnung zwischen empfangener Signalkombination und ausgelöster Reaktion ist bei primitiven Tieren im wesentlichen angeboren und unveränderlich, das heißt, es liegt keine Lernfähigkeit vor. Im Gegensatz hierzu besteht bei höheren Tieren und beim Menschen die Möglichkeit, zweckmäßige Reaktionen auf äußere Signalkombinationen zu erlernen. Vor allem die Untersuchungen des russischen Physiologen I. P. PAWLOW über die „Bedingten Reflexe" (siehe 11. Kapitel) haben zu einem teilweisen Verständnis der tierischen Lernfähigkeit geführt.

Daß die verschiedenen, zusammenlebenden Individuen über (etwa) dieselben Begriffe verfügen, ist nicht überraschend. Die Erziehung im Elternhaus und in der Schule, Sprechenlernen und Schreibenlernen und schließlich der tägliche Gebrauch führen dazu. Abweichungen vom allgemeinen Sprachgebrauch sind nachteilig. Wie aber hat sich in der Entwicklungsgeschichte des Menschen dieser (allen Individuen einer Gesellschaft gemeinsame) Satz von Begriffen und der zugeordnete Satz von Signalen (Sprache, Schreibweise) *erstmalig* gebildet? Dies ist wohl nur zu verstehen als Gemeinschaftsleistung einer gesellschaftlich lebenden Art.

Falls es unseren Weltraumforschern gelingen sollte, intelligente Lebewesen auf anderen Himmelskörpern zu entdecken, entsteht das Problem: Wie kann man Informationen mit Lebewesen austauschen, mit denen man zunächst keine Sprache gemeinschaftlich hat? Ein kleiner Bestand gemeinsamer Erfahrungen resultiert vermutlich aus den gleichen physikalischen Erkenntnissen. Mit diesen beginnend muß man durch gleichzeitiges Präsentieren von Bildern und Signalen versuchen, eine gemeinsame Sprache aufzubauen.

Abschließend seien die beiden Begriffe „Signal" und „Information" folgendermaßen erklärt:

Signale sind physikalische Tatbestände, welche der Übertragung oder Speicherung von Informationen dienen können. Beispiele: Ströme, Spannungen, Lichtwellen, Töne, Magnetisierungen, Nervenaktionsströme usw. In der Literatur findet sich an Stelle von „Signal" gelegentlich „Zeichenträger".

Informationen sind weder materiell noch energetisch verständlich.

Wenn wir Informationen *subjektiv* beobachten, dann sind es Vorgänge, die wir entweder einem anderen (z. B. Menschen, Tier oder Artefakt) mitteilen oder von einem anderen empfangen. Die Informationen bilden meist diskrete Einheiten. Das Wesen der Information ist, daß durch sie Empfänger zur Auswahl eines bestimmten Verhaltens (insbesondere Denkverhaltens) veranlaßt werden.

Objektiv beobachtet sind Informationen Klassenkennzeichen äquivalenter Signale, welche Empfänger zu bestimmtem Verhalten veranlassen.

Das Wesen der Information ist nur unter Bezugnahme auf den Informationsempfänger, z. B. den Menschen, verständlich. Sein Informationsvorrat hat sich als Gemeinschaftsleistung zusammenlebender Individuen zur ökonomischen Beschreibung der Außenwelt und des Verhaltens in ihr herausgebildet.

Der menschliche Informationsvorrat ist im Nervennetz gespeichert. Die physikalischen Tatbestände, welche mit der Speicherung verbunden sind, müssen als Signale angesprochen werden.

3. Kapitel

Informationstheorie

Die Überlegungen des letzten Kapitels, besonders die Bilder 4, 7 und 9, haben uns gezeigt, daß zur Übermittlung einer Information beim Sender und beim Empfänger ein Auswahlvorgang gehört. Die Informationstheorie [21, 99, 130] zeigt, wie dieser Auswahlvorgang quantitativ gemessen werden kann.

Es sei angenommen, unser Repertoire bestünde aus den acht Informationen A, B, C, D, E, F, G, H (Bild 10). Wenn wir eine spezielle dieser acht Informationen einem anderen (der dasselbe Repertoire hat) mitteilen wollen, ohne daß wir unmittelbar mit dem Finger auf sie zeigen oder sie direkt benennen, so müssen wir eine gemeinsame Sprache mit dem Empfänger vereinbart haben. Das soll z. B. bedeuten, daß mit ihm vereinbart ist, die acht gemeinschaftlich bekannten Informationen nach dem Schema von Bild 10 anzuordnen. Um eine bestimmte Infor-

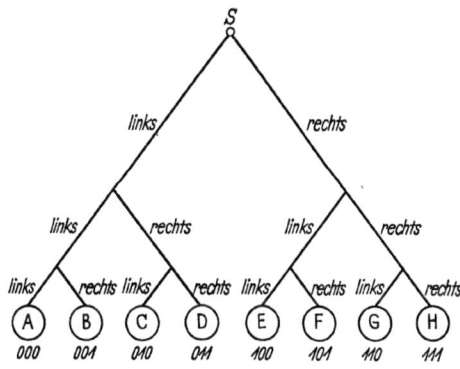

Bild 10. Zur Bestimmung des Entscheidungsgehalts

mation, z. B. „F" auszuwählen, beginnen wir beim Startpunkt S, von dem aus alle Informationen zu erreichen sind. Zunächst übermitteln wir das Signal „rechte Hälfte", kurz „rechts". Das bedeutet, unser ausgewählter Begriff „F" ist in der rechten Hälfte der acht Begriffe $A \ldots H$, also unter den vier Begriffen E, F, G, H. Dann übermitteln wir das Signal „links". Das bedeutet, der ausgewählte Begriff ist in der linken Hälfte der noch zur Auswahl stehenden vier Begriffe, also E oder F. Schließlich wählt ein drittes Signal „rechts" die gewünschte Information „F" eindeutig aus. Durch drei Entscheidungen, jeweils „links" oder „rechts", ist also eine jede beliebige dieser acht auswählbar. Man kann die Schritte statt mit „links" oder „rechts" auch kürzer mit den Buchstaben „l" und „r" oder noch einfacher mit 0 und 1 kennzeichnen.

Man erhält also (siehe Bild 10) einen „Code" für die acht Informationen entsprechend folgendem Schema:

A	000	E	100
B	001	F	101
C	010	G	110
D	011	H	111

Bei dieser „Codierung" werden nur die beiden Zeichen 0 und 1 verwendet. Eine solche Codierung, welche nur zwei bedeutungsvolle Signale verwendet, nennt man eine *binäre* Codierung. Sie ist eine wesentliche Grundlage der Informationstheorie und ebenso der technischen Realisierung informationsverarbeitender Systeme. Beispielsweise kann $x=0$ oder $x=1$ bedeuten, daß ein Relais betätigt oder unbetätigt ist oder daß ein Transistor Strom führt oder nicht (Bild 11), oder daß ein Nerv überschwellig gereizt wird oder nicht.

Binäre Signale kennen nur zwei bedeutungsvolle Zustände, die wir durch 0 und 1 kennzeichnen. Andere Signalsysteme verwenden eine

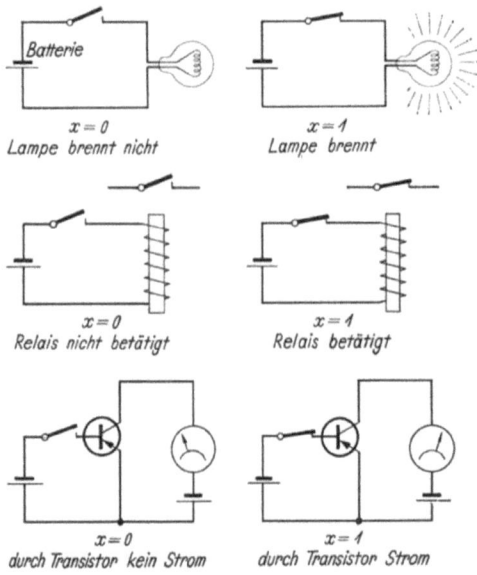

Bild 11. Beispiele für binäre Signale in der Informationstechnik

andere Anzahl unterscheidbarer Zustände. Beispielsweise kommen in der Technik gelegentlich „ternäre" Systeme vor, welche *drei* unterscheidbare Signale kennen, die meist mit $+1, 0, -1$ bezeichnet werden. Am wichtigsten sind praktisch jedoch Systeme, welche 10 unterscheidbare Signale verwenden, nämlich die normalen Dezimalziffern 0, 1, 2, 3, 4, 5, 6, 7, 8 und 9. Die Festlegung auf dieses System rührt zweifellos davon her, daß der Mensch die ersten Zählversuche mit Hilfe seiner

10 Finger machte. Hätte der Mensch 12 Finger, so hätten wir wahrscheinlich das Duodezimalsystem, das in mancher Hinsicht dem Dezimalsystem überlegen ist.
Im folgenden werden wir häufig das binäre System verwenden. Nach den Überlegungen an Hand des Bildes 10 ist sofort einzusehen:
Mit 1 Binärsignal(en) kann man zwischen $2 = 2^1$ Inform. auswählen
„ 2 „ „ „ „ $4 = 2^2$ „ „
„ 3 „ „ „ „ $8 = 2^3$ „ „
„ 4 „ „ „ „ $16 = 2^4$ „ „
„ 5 „ „ „ „ $32 = 2^5$ „ „
„ 6 „ „ „ „ $64 = 2^6$ „ „
„ 7 „ „ „ „ $128 = 2^7$ „ „
⋮
„ 10 „ „ „ „ $1024 = 2^{10}$ „ „
⋮
„ m „ „ „ „ 2^m „ „

Man kann nun die Überlegung umkehren und fragen:
Wieviel binäre Entscheidungen braucht man, um eine spezielle Information aus einem Repertoire von N Informationen auswählen? Obige Tabelle gibt uns sofort die Antwort, wir müssen sie nur von rechts nach links lesen, beispielsweise braucht man zur Auswahl einer speziellen Information von maximal 32 vorhandenen Informationen mindestens 5 Binärsignale. Ein häufig verwendetes Beispiel einer Codierung mit 5 Binärelementen ist der Lochstreifen der Fernschreibtechnik (Bild 12). Er enthält für jedes Zeichen (Buchstaben, Ziffern oder Funktionszeichen) fünf nebeneinanderliegende Stellen, die entweder gelocht oder ungelocht sind (die mittlere Reihe kleinerer Löchlein dient nur zum Vorschub des Streifens). Diese 5 Binärsignale erlauben im Prinzip, eine aus 32 Informationen auszuwählen. Die eine Kombination, bei der gar keine Lochung erfolgte, wird nicht

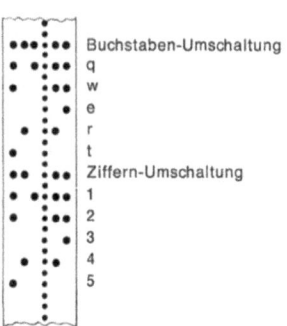

Bild 12. Der Lochstreifen der Fernschreibtechnik als Beispiel einer Codierung mit fünf Binärelementen

ausgenutzt, so daß tatsächlich 31 Informationen zur Auswahl bleiben. Dies reicht nur für die Buchstaben. Um noch andere Informationen, vor allem Ziffern übertragen zu können, macht man eine „Ziffern-Umschaltung". Hierbei teilt der Sender dem Empfänger mit, daß von nun an Ziffern verwendet werden und deshalb ein anderes Decodierungsschema verwendet werden soll. Werden dann wieder Buchstaben übertragen, dann wird davor das Signal „Buchstaben-Umschaltung" gesendet.

Mit m Binärzeichen kann man eine spezielle aus 2^m Informationen auswählen. Umgekehrt braucht man zur Identifizierung einer speziellen von N Informationen [ld N] Binärzeichen. Hierbei bedeutet „ld" den Logarithmus zur Basis 2 (Logarithmus dualis), welcher sich aus dem normalen dekadischen Logarithmus gemäß ld $N = 3{,}32$ lg N errechnet. Die eckige Klammer um [ld N] soll bedeuten, daß die nächstgrößere ganze Zahl zu nehmen ist, falls der Klammerinhalt nicht schon ganzzahlig ist. Beispielsweise braucht man zur Auswahl einer von $N = 100$ Informationen

$$[\text{ld } 100] = [3{,}32 \text{ lg } 100] = [3{,}32 \times 2] = [6{,}64] = 7$$

Binärzeichen. Es ist naheliegend, die Anzahl der erforderlichen Binärzeichen als Kenngröße für die Auswahlleistung zu verwenden. Man nennt diese Einheit „ein bit" (Abkürzung für „binary digit"). Zur Auswahl eines speziellen der 8 Zeichen von Bild 10 brauchten wir 3 bit. Der Lochstreifen von Bild 12 übermittelt für jedes Zeichen 5 bit. Die Schwarz-Weiß-Bilder von Bild 4 übermitteln jeweils 100 bit. (Man kann $2^{100} \approx 10^{30}$ verschiedene „Bilder" auf einem Schachbrett von 100 Feldern darstellen.)

Ist dieses Maß — der „Entscheidungsgehalt" — brauchbar? Falls es gelingt, durch irgendein anderes Verfahren mit *weniger* Binärzeichen auszukommen, dann ist das Maß unbrauchbar. Es zeigt sich jedoch, daß kein Codierungsverfahren zu finden ist, bei dem zur eindeutigen Kennzeichnung einer speziellen aus N Informationen *gleicher* Häufigkeit *im Mittel* weniger als [ld N] Binärzeichen gebraucht werden. Die folgende Betrachtung wird jedoch zeigen, daß man *im Mittel* mit einer kleineren Anzahl von Binärzeichen dann auskommen kann, wenn die verschiedenen Informationen verschieden häufig vorkommen. Bild 13 veranschaulicht den Fall von 4 Informationen, A, B, C, D. Hätten diese 4 Informationen alle dieselbe relative Häufigkeit $p = \frac{1}{4}$, so wären nach obigen Überlegungen [ld 4] = 2 bit erforderlich, um eine bestimmte Information auszuwählen. Haben diese jedoch verschiedene relative Häufigkeiten, z. B.

Häufigkeit des Auftretens von A: $p(A) = 1/2$
„ „ „ „ B: $p(B) = 1/4$
„ „ „ „ C: $p(C) = 1/8$
„ „ „ „ D: $p(D) = 1/8$

so kann man im Mittel mit weniger Binärzeichen auskommen. (Die Summe der relativen Häufigkeiten muß natürlich gleich Eins sein, $\frac{1}{2} + \frac{1}{4} + \frac{1}{8} + \frac{1}{8} = 1$). Wählt man beispielsweise als Codetabelle

A	0	(1 Binärzeichen)
B	10	(2 Binärzeichen)
C	110	(3 Binärzeichen)
D	111	(3 Binärzeichen)

so erhält man unter Berücksichtigung der verschiedenen Häufigkeiten einen mittleren Entscheidungsgehalt von

$$\frac{1}{2} \cdot 1 + \frac{1}{4} \cdot 2 + \frac{1}{8} \cdot 3 + \frac{1}{8} \cdot 3 = 1\frac{3}{4}$$

Binärzeichen, also weniger, als sich gemäß [ld N] ergab. Das Prinzip dieser Codierung ist offensichtlich, diejenigen Informationen, welche relativ häufig vorkommen (z. B. *A*), durch wenige Binärzeichen zu kennzeichnen, diejenigen, welche selten vorkommen (z. B. *C* und *D*), durch entsprechend mehr Binärzeichen. Von diesem Prinzip macht auch unsere Sprache Gebrauch: Häufig vorkommende Wörter sind im Durchschnitt kürzer als selten vorkommende. Schon beim Morsealphabet wurde dieses Prinzip verwendet, häufige Buchstaben mit wenigen Codeelementen zu übertragen, seltene Buchstaben mit mehreren Codeelementen, z. B.

häufig:	e .	selten:	x —..—
	i ..		y —.— —
	t —		q — —.—
	a .—		ch — — — —

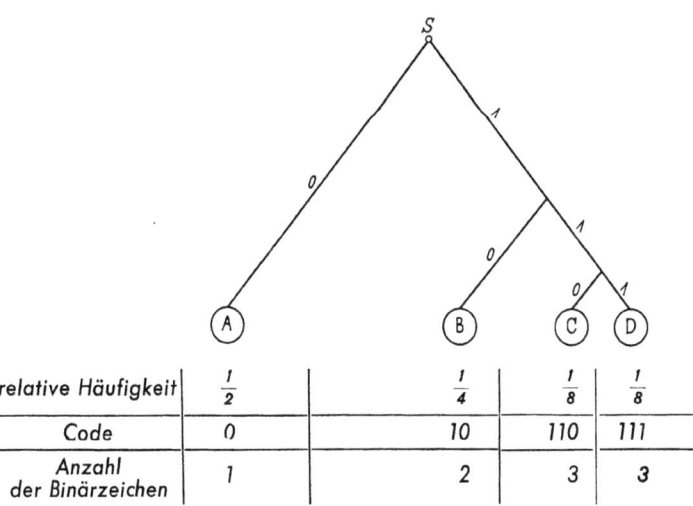

Bild 13. Entscheidungsgehalt bei Informationen verschiedener Häufigkeit

Die Überlegungen an Hand von Bild 13 zeigten, daß der Entscheidungsgehalt der häufig vorkommenden Informationen (*p* groß!) gering und derjenige der selten vorkommenden Informationen (*p* klein!) groß ist. Im betrachteten Fall ist die Anzahl der erforderlichen Entscheidungen:

Information A: 1 Binärzeichen $\left\{p(A) = \dfrac{1}{2}\ ;\ \text{ld}\ \dfrac{1}{p(A)} = 1\right\}$

„ B: 2 Binärzeichen $\left\{p(B) = \dfrac{1}{4}\ ;\ \text{ld}\ \dfrac{1}{p(B)} = 2\right\}$

„ C: 3 Binärzeichen $\left\{p(C) = \dfrac{1}{8}\ ;\ \text{ld}\ \dfrac{1}{p(C)} = 3\right\}$

„ D: 3 Binärzeichen $\left\{p(D) = \dfrac{1}{8}\ ;\ \text{ld}\ \dfrac{1}{p(D)} = 3\right\}$

Wir finden also, daß hier die erforderliche Anzahl der Binärentscheidungen gleich dem Logarithmus dualis der reziproken relativen Häufigkeit ist.

Ist von einer Informationsquelle das Repertoire und die statistische Verteilung der Informationen bekannt, so kann man — entsprechend Bild 13 — finden, daß man für jede Einzelinformation i einen

„Informationsgehalt" von $\text{ld}\ \dfrac{1}{p_i}$ bit

übertragen muß. Zur Veranschaulichung nehmen wir an, $1/p_i$ sei eine ganzzahlige Potenz von 2, z. B. 2, 4, 8 usw. Treten im Repertoire insgesamt N verschiedene Informationen in wahlloser Folge, aber mit den vorausgesetzten Wahrscheinlichkeiten p_i auf, so muß zur Berechnung des „mittleren Informationsgehaltes" über die N Informationen summiert werden $\left(\text{Summierungszeichen}\ \sum\limits_{i=1}^{N}\right)$, und man erhält als

„mittleren Informationsgehalt" $H = \sum\limits_{i=1}^{N} p_i\ \text{ld}\ \dfrac{1}{p_i}$

Wenn alle Informationen mit gleicher Häufigkeit auftreten ($p_1 = p_2 = p_i \ldots p_N$), geht diese Beziehung mit $p_i = 1/N$ in den schon oben verwendeten Ausdruck $\text{ld}\ N$ über. Bild 14 (nach H. ZEMANEK [130]) veranschaulicht, wie diese Überlegungen auf die Buchstaben der deutschen Sprache angewandt werden können. Ein Buchstabe hat einen mittleren Informationsgehalt von 4,11 bit. Bild 14 zeigt einen möglichen Code, der im Mittel 4,3 Binärzeichen enthält. Die Tabelle zeigt auch, daß das häufigste Zeichen der Wortzwischenraum („—" mit der relativen Häufigkeit $p_1 \approx 0{,}151$) ist. Wären alle 30 Zeichen (einschließlich des Wortzwischenraumes „—") gleich häufig, so würde sich als Informationsgehalt ergeben: $\text{ld}\ N = \text{ld}\ 30 = 3{,}32\ \text{lg}\ 30 = 4{,}9$ bit je Zeichen.

Die bisherigen Überlegungen suchten die Mindestzahl der erforderlichen Binärentscheidungen, welche im statistischen Mittel zur Auswahl einer Information erforderlich ist, und bezeichneten diese Anzahl als „Informationsgehalt". Würde man daraus schließen, daß der Informationsgehalt zusammenhängender Worte, Sätze und Texte das Produkt aus der Anzahl der vorkommenden Buchstaben und 4,11 bit je Buchstabe wäre, so erhielte man für diese einen viel zu großen Informationsgehalt.

Dies zeigt folgende Überlegung: Ein Wort eines deutschen Textes hat im Durchschnitt 5,6 Buchstaben, also ergeben sich nach obiger Annahme im Mittel 5,6×4,11 = 23 bit. Mit 23 bit kann man aber unter 2^{23} = etwa

Buchstabe	p_i	$p_i \cdot \mathrm{ld}\, \dfrac{1}{p_i}$	Codewort
1	2	3	4	5
1	—	0,151490	0,41251	000
2	E	147004	40661	001
3	N	088351	30927	010
4	R	068577	26512	0110
5	I	063770	25323	0111
6	S	053881	22705	1000
7	T	047310	20824	1001
8	D	043854	19783	1010
9	H	043554	19691	10110
10	A	043309	19616	10111
11	U	031877	15847	11000
12	L	029312	14927	11001
13	C	026733	13968	11010
14	G	026672	13945	11011
15	M	021336	11842	111000
16	O	017717	10389	111001
17	B	015972	09585	111010
18	Z	014225	08727	111011
19	W	014201	08716	111100
20	F	013598	08431	1111010
21	K	009558	06412	1111011
22	V	007350	05209	1111100
23	Ü	005799	04309	1111101
24	P	004992	03817	1111110
25	Ä	004907	03764	11111110
26	Ö	002547	02194	111111110
27	J	001645	01521	1111111110
28	Y	000173	00217	11111111110
29	Q	000142	00181	111111111110
30	X	000129	00167	111111111111
Summe	1,000000		
Mittlerer Informationsgehalt (Summe)		4,11461 bit	

Bild 14. Zur Berechnung des mittleren Informationsgehalts von Buchstaben der deutschen Sprache nach H. ZEMANEK [130]

10 Millionen Informationen auswählen. So viele verschiedene Wörter hat die deutsche Sprache aber nicht. Genauere Untersuchungen [56, 130] zeigen, daß der mittlere Informationsgehalt eines Buchstabens in einem deutschen Text bei etwa 1 bit je Buchstabe liegt.
Die englische Sprache erlaubt, denselben Tatbestand im Mittel mit weniger Buchstaben auszudrücken. Daraus ist zu schließen, daß ein

Buchstabe im englischen Text einen höheren mittleren Informationsgehalt als im deutschen Text hat (der englische Text verwendet im Mittel zwar mehr Worte, aber insgesamt weniger Buchstaben, da die Worte im Mittel nur 4,5 Buchstaben haben).

Wie ist es zu erklären, daß der Informationsgehalt eines zusammenhängenden Textes nicht das Produkt aus der Buchstabenzahl und den oben gefundenen 4,11 bit je Buchstabe ist? Bei der Ermittlung des mittleren Informationsgehaltes eines Buchstabens (Bild 14) wurde nichts vorausgesetzt als die Kenntnis der relativen Häufigkeiten p_i der verschiedenen Buchstaben. Die tatsächlich verwendeten Folgen von Buchstaben (Worte, Sätze usw.) haben jedoch starke gegenseitige Beziehungen. Wenn man im vorliegenden Zusammenhang beispielsweise die sechs Buchstaben „Inf..... ion" liest, besteht kein Zweifel, daß die fehlenden fünf Buchstaben „ormat" sind und das ganze Wort „Information" ist. Von den tatsächlich verwendeten elf Buchstaben reichen schon sechs zur Auswahl von „Information" aus. Wenn wir über eine schlechte Leitung telefonieren, so verstehen wir häufig nur einen Bruchteil der Buchstaben bzw. der Laute. Trotzdem ergänzt unser Hörapparat die fehlenden Stücke. In unser Bewußtsein dringen die ergänzten *Sätze* — meist fehlerfrei. Der Vorgang spielt sich gänzlich unbewußt ab, lediglich die Ermüdung oder etwas Kopfweh zeigen, daß unser Hörzentrum Schwerarbeit geleistet hat.

Da diese unbewußte Leistung unseres menschlichen Hörsystems für den Fernsprechtechniker von großer Bedeutung ist, wurde sie gründlich untersucht [23]. Hierbei wurde für Fernsprechsysteme mit gewissen Unvollkommenheiten (die z. B. hohe Töne nicht durchlassen oder Störgeräusche enthalten) die „Silbenverständlichkeit" und die „Satzverständlichkeit" gemessen. Als Silbenverständlichkeit bezeichnet man den Bruchteil an sinnlosen Silben, die im Mittel (bei mehreren Sprechern und mehreren Hörern) richtig verstanden werden. Entsprechend ist die Satzverständlichkeit der Bruchteil der (im Mittel!) richtig verstandenen sinnvollen Sätze. Wäre es nun Voraussetzung für einen richtig verstandenen Satz, daß seine sämtlichen Silben richtig verstanden wurden, dann müßte die Satzverständlichkeit kleiner sein als die Silbenverständlichkeit. Beispielsweise wäre für Sätze aus 10 Silben bei einer Silbenverständlichkeit von 0,5 die Satzverständlichkeit $(0,5)^{10} = 1/1024$ = etwa 1 Promille, d. h. im Mittel würde von tausend Sätzen nur ein einziger richtig verstanden, die Verständigung wäre also beinahe unmöglich. Tatsächlich ist aber nach vielen Messungen bei dieser Silbenverständlichkeit von 0,5 noch eine erträgliche Verständigung möglich. Für den Zusammenhang zwischen der Silbenverständlichkeit und der Satzverständlichkeit englischer Sprache wurden die folgenden Werte gemessen [100]:

Silbenverständlichkeit:	0,10	0,20	0,40	0,60	0,80
Satzverständlichkeit:	0,42	0,56	0,73	0,82	0,92

Die größte bei normaler Sprache erreichbare Silbenverständlichkeit beträgt etwa 0,96. Oberhalb 0,85 ergibt sich eine sehr gute Satzverständlichkeit. Als untere Grenze für eine einwandfreie Sprachübertragung gilt eine Silbenverständlichkeit von 0,7, aber auch 0,6 oder 0,5 ermöglichen noch eine erträgliche Verständigung. Werte unter 0,5 sind ungenügend.

Entsprechende Beobachtungen können auch an verstümmelter Schrift angestellt werden. Wir hatten dies oben schon am Beispiel „Inf..... ion" festgestellt. An folgenden Beispielen soll gezeigt werden, daß unsere Deutung einer verstümmelten Signalfolge sehr davon abhängt, in welcher Umgebung sie auftritt. Beispielsweise werden wir im Satz:

„Es gibt konkave und kon.... Linsen"

das verstümmelte Signal „kon...." als „konvexe" deuten. Dagegen werden wir dasselbe verstümmelte Signal „kon....." im Satz

„Es gibt abstrakte und kon..... Malerei"

als „konkrete" deuten.

Die Fähigkeit, Ergänzungen an unvollständigen Signalen vorzunehmen, hängt wesentlich von zwei Komponenten ab: Einerseits der Kenntnis des Empfängers über den Sender, insbesondere sein Repertoire an Informationen, und andererseits der Fähigkeit des Empfängers, die verschiedenen empfangenen Informationen logisch zu verknüpfen. Haben wir beispielsweise die Liste

1. kon.....
2. konkordant
3. kon....
4. konsekutiv
5. konsequent
6. konservativ
7. considerabel
8. konsistent
9. konstant
10. konträr
11. kon....

so können wir bei oberflächlicher Betrachtung nicht wissen, aus welchen vollständigen Worten die verstümmelten Buchstabengruppen 1, 3 und 11 entstanden sind. Bei genauerer Betrachtung stellen wir jedoch fest, daß es sich offensichtlich um eine alphabetisch geordnete Liste von Adjektiven handelt. Wollen wir mit dieser Erkenntnis die verstümmelten Buchstabengruppen ergänzen, so greifen wir beispielsweise zum „Duden" und ergänzen ohne großes Risiko:

1. konkav, 3. konkret, 11. konvex

Mit einem störungsbehafteten Fernsprechsystem, über welches man sich in der Muttersprache noch ohne Schwierigkeiten verständigen kann, gelingt eine Verständigung in einer Fremdsprache wesentlich schlechter. Dies beweist, daß die Informationsmenge, die zur Übertragung erforderlich ist, nicht nur vom Sender allein abhängt, sondern auch davon, welche Einsichten der Empfänger in die Gesetzmäßigkeiten des Senders hat — und anwendet. Einsichtige Empfänger können aus denselben

Signalen mehr Information entnehmen als andere, welche ein geringeres Maß an Einsicht haben.

Für einen gedachten Empfänger, der in einer vollkommen determinierten und abgeschlossenen Welt zu einem bestimmten Zeitpunkt alle Tatbestände (Zustände und Gesetze) kennt und über eine ausreichende Verknüpfungskapazität verfügt, gibt es keine unerwarteten Informationen mehr, der Empfänger weiß alles schon vorher.

„Kennen Sie den Unterschied zwischen konkav und konkret?" ist eine scherzhafte Frage. Warum ist sie scherzhaft? Die eingefahrenen, routinemäßigen Bahnen unserer Kombinationen erwarten nach „konkav" als Gegensatz „konvex" und nicht „konkret". Diese Erwartung wird durch die ersten Buchstaben „kon..." scheinbar bestätigt, dann aber schlagartig betrogen durch die zweite Silbe „...kret". Täuschungsmanöver unserer routinemäßigen Kombinationen scheinen eine wesentliche Komponente des Witzes zu sein. Die lesenswerte Schrift von SIGMUND FREUD „Der Witz" [28] gibt hierfür viele Beispiele, von denen im folgenden einige typische erwähnt werden sollen:

(Nach H. HEINE): „... Und so wahr mir Gott alles Gute geben soll, Herr Doktor, ich saß neben Salomon Rothschild, und er behandelte mich ganz wie seinesgleichen, ganz famillionär"

„Jeder Klafter eine Königin"

„Er hat ein Ideal vor dem Kopf"

Gelegentlich wird behauptet, ein Automat könne nie über einen Witz an der richtigen Stelle lachen. Dies stimmt deshalb, weil vermutlich nie jemand die Kosten tragen wird, die erforderlich sind, einen Automaten für diese Fähigkeit zu organisieren (Milliarden!). Falls sich doch ein Geldgeber finden sollte, hat SIGMUND FREUD wertvolle Vorarbeit geleistet.

Hat ein Sender ein bestimmtes Repertoire, so gibt es zur Übermittlung einer Information zwar eine untere Grenze der erforderlichen Signalmenge — diese ist durch den Informationsgehalt gegeben — aber keine obere Grenze der möglichen Signalmenge. Man kann also dieselbe Information mit viel oder wenigen Signalen übermitteln. Beispielsweise können wir zur Übermittlung der Information „Ziegen" Bild 8 a oder Bild 8 b verwenden. Bild 8 a hat einen hohen Signalaufwand, Bild 8 b einen geringen. Ein großer Teil der Signale von Bild 8 a scheint also unter Umständen unnötig zu sein, um den Begriff „Ziegen" zu übermitteln. Beim Wort „Information" sahen wir, daß mehrere Buchstaben fehlen können (z. B. „Inf.....ion") und wir trotzdem das richtige Wort erraten können. In beiden Fällen wurden zur Übermittlung der Information mehr Signale verwendet als „eigentlich" erforderlich sind. Man nennt solche Signale „weitschweifige" oder „redundante" Signale. Warum werden Informationen mit mehr Signalen übertragen, als „eigentlich" erforderlich ist, warum werden derartige „redundante"

Signale erzeugt? Hierfür gibt es mehrere Gründe: Manchmal hat der Absender sich einfach nicht die Mühe gegeben, die Informationen von allem unwesentlichen (irrelevanten) Beiwerk zu befreien. Die Übermittlung der Information „Ziegen" mit Hilfe der stark redundanten Signale des Bildes 8 a erfordert viel weniger Kunst als mit Hilfe des Bildes 8 b. Manchmal möchte aber der Absender die Übermittlung der Information besonders sichern. Beispielsweise enthält die Terminangabe:

„Montag, 16. Mai 1960, mittags 12 Uhr"

mehrere redundante Details:

1. Daß der 16. 5. 1960 ein Montag ist, steht im Kalender und braucht „eigentlich" nicht mitgeteilt zu werden.

2. 12 Uhr ist immer mittags.

3. 16. 5. 60 (statt 16. 5. 1960) ist immer dann ausreichend, wenn Zeitangaben in anderen Jahrhunderten nicht in Betracht zu ziehen sind.

Diese redundanten Informationen haben aber doch einen guten Sinn: Treten nämlich irgendwelche Übermittlungsfehler auf, so kann der Empfänger diese bemerken oder eventuell sogar korrigieren. Kommt beispielsweise die Terminangabe verstümmelt als „Montag, 6. 5. 1960..." an, so ist sofort zu erkennen, daß das Datum nicht stimmen kann, was ohne die redundante Angabe „Montag" nicht möglich wäre. Die Angabe „mittags" kann vor dem Irrtum bewahren, es sei Mitternacht gemeint, was einst auch als 12 Uhr bezeichnet wurde. Schließlich wird ein verstümmeltes 16. 5. 19.0 noch eher begriffen als 16. 5. .0. Redundanz läßt Informationen besonders überzeugend erscheinen. Es ist deshalb nicht überraschend, daß im sakralen Bereich redundante Formulierungen häufig verwendet werden.
In der Technik tritt häufig das Problem auf, über störungsbehaftete Übertragungswege Informationen mit einem hohen Grad der Sicherheit zu übertragen. Beispielsweise sollen bei der Überseetelegraphie trotz atmosphärischer Störungen und Schwund die Telegraphiezeichen korrekt übertragen werden. Bei der „Datenübertragung" sollen Telegraphiezeichen mit hoher Übertragungsgeschwindigkeit zwischen Automaten übertragen werden, häufig über Fernsprechleitungen, die zeitweise starke Störungen aufweisen. Der Ingenieur verwendet in solchen Fällen zur Übermittlung der Informationen Codes mit Redundanz. Dies sei an Hand des Bildes 15 angedeutet.
Der einfachen Darstellung halber sei angenommen, es gäbe nur die vier Informationen A, B, C und D. Für vier Informationen gleicher Wahrscheinlichkeit brauchen wir nach früheren Überlegungen [ld N] = [ld 4] = 2 Binärzeichen. Ein derartiger Code ist in Bild 15 a dargestellt. Die vier möglichen Anordnungen, die sich unter Verwendung zweier Binärstellen x_1 und x_2 bilden lassen, nämlich 00, 01, 10 und 11, sind sämtlich

je einer Information (*A*, *B*, *C*, *D*) zugeordnet. Der Code enthält keine Redundanz. Die Codegruppen für die verschiedenen Informationen unterscheiden sich zum Teil nur in einer einzigen Binärstelle. Dies hat zur Folge, daß die Störung (Umwandlung 0 in 1 oder Umwandlung 1 in 0) einer einzigen Binärstelle den Empfänger der Codegruppen zu einer falschen Decodierung verleitet, zum Beispiel

Absender	Signal	Störung	Empfänger
C	01	⚡ 1 → 11	D

Auf dem Übertragungsweg wurde also „*C*" in „*D*" verfälscht.

a) Code ohne Redundanz (r = 0)

Information	x_1	x_2		Kleinste Anzahl der unterschiedlichen Binärstellen („HAMMING-Distanz")
A	0	0	⎫	
B	1	0	⎬	1
C	0	1	⎪	
D	1	1	⎭	

b) (Ein Fehler-) prüfbarer Code mit relativer Redundanz $r = \frac{1}{3}$

Information	x_1	x_2	y_1		
A	0	0	0	⎫	
B	1	0	1	⎬	2
C	0	1	1	⎪	
D	1	1	0	⎭	

c) (Ein Fehler-) korrigierbarer Code mit relativer Redundanz $r = \frac{3}{5}$

Information	x_1	x_2	y_1	y_2	y_3		
A	0	0	0	0	0	⎫	
B	1	0	1	0	1	⎬	3
C	0	1	0	1	1	⎪	
D	1	1	1	1	0	⎭	

Bild 15. Code ohne Redundanz, prüfbare und korrigierbare Codes

Bild 15 b zeigt einen anderen Code. Bei diesem wurde den beiden bisher schon verwendeten Binärstellen x_1 und x_2 noch eine zusätzliche „redundante" Binärstelle y_1 hinzugefügt, und zwar so, daß die Anzahl der binären Einsen geradzahlig, also gleich Null oder Zwei ist. Man könnte die Summe auch zu einer ungeraden Zahl auffüllen, das ändert am Verfahren nichts Wesentliches. Wir haben nunmehr insgesamt drei

Binärstellen, von denen eine (y_1) „eigentlich" unnötig ist. Die Codierung hat also eine relative Redundanz $r = \tfrac{1}{3}$. Nunmehr unterscheidet sich jede vorkommende Codegruppe von jeder anderen in mindestens zwei Binärstellen. Dadurch wurde der Code (Ein Fehler —) prüfbar, das heißt, der Empfänger kann eindeutig feststellen, ob auf dem Übertragungswege ein Binärzeichen verfälscht wurde. Werden zwei oder mehr Binärzeichen verfälscht, so kann er dies im allgemeinen nicht feststellen. Der Empfänger kann den (einzelnen) Fehler zwar nicht korrigieren, aber er kann entweder durch Rückfrage das Zeichen nochmals anfordern oder aber, wenn das Zeichen zweimal übertragen wird, entscheiden, welche der beiden unterschiedlich empfangenen Codegruppen die richtige ist.

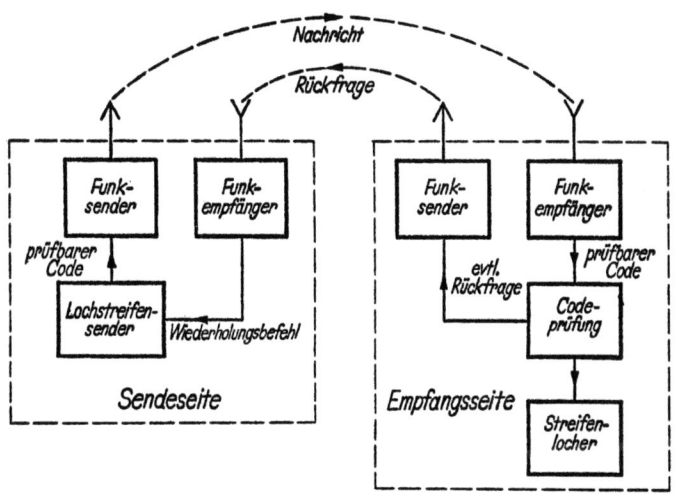

Bild 16. Funktelegraphiesystem mit automatischer Rückfrage

Bild 16 zeigt stark schematisiert ein Funktelegraphiesystem mit automatischer Rückfrage. Die vom Sender zum Empfänger zu übertragenden Informationen seien in Lochstreifen vorhanden. Diese werden sendeseitig in einen prüfbaren Code (ähnlich Bild 15 b) umgesetzt. Dies geschieht mit „Zuordnern", die im 4. Kapitel besprochen werden sollen. Danach werden die Telegraphiezeichen durch den sendeseitigen Funksender ausgestrahlt. Der empfangsseitige Funkempfänger führt diese (prüfbaren) Codezeichen einer Codeprüfschaltung zu, welche für jedes empfangene Zeichen feststellt, ob es Fehler enthält oder nicht. Wurde es korrekt empfangen, so wird es an einen Streifenlocher weitergegeben, der die empfangenen Signale wieder in Streifen locht. Zeigt die Codeprüfung jedoch, daß auf dem Übertragungsweg eine Störung erfolgte, so sendet der empfangsseitige Funksender ein Signal aus, welches die Sendeseite zu einer Wiederholung der letzten übertragenen Telegraphiezeichen veranlaßt. Es wird also automatisch zurückgefragt, ähnlich dem mündlichen „Wie bitte?" im Fernsprechverkehr.

Bild 15 c zeigt eine weitere Möglichkeit zur Codierung der vier Informationen A, B, C, D. Den beiden unerläßlichen Binärstellen x_1 und x_2 wurden nunmehr drei zusätzliche Binärstellen y_1, y_2 und y_3 hinzugefügt. Von den nunmehr verwendeten fünf Binärstellen sind „eigentlich" drei unnötig, der Code hat also eine relative Redundanz $r = \frac{3}{5}$. Die redundanten Binärstellen y_1, y_2 und y_3 sind so ausgewählt, daß jede vorkommende Codegruppe sich von jeder anderen in mindestens drei Binärstellen unterscheidet. Dies hat zur Folge, daß die Verfälschung einer einzigen Binärstelle nicht nur erkannt, sondern auch korrigiert werden kann. Dies soll mit folgendem Beispiel anschaulich gemacht werden:

	x_1	x_2	y_1	y_2	y_3
Korrektes Zeichen A	0	0	0	0	0
			↓		
Gestörte (empfangene) Codegruppen ..	0	0	1	0	0
	↑				↑
Korrektes Zeichen B	1	0	1	0	1

Wird eine Codegruppe 00100 empfangen, welche im Verzeichnis der korrekten Codegruppen (siehe Bild 15 c) nicht vorkommt, so kann diese entweder aus A (→ 00000) durch Verfälschung der einen Binärstelle y_1 entstanden sein, oder aber aus B (→ 10101) durch Verfälschung der beiden Binärstellen x_1 und y_3. Man kann nun meistens annehmen, daß es viel wahrscheinlicher ist, daß eine einzige Binärstelle (y_1) gestört wurde und das empfangene Zeichen als A deklarieren, als daß zwei Binärstellen (x_1 und y_3) gestört wurden. In manchen Fällen ist es jedoch angebracht, auf die Korrektur zu verzichten. Dann erlaubt es der Code nach Bild 15 c, zwei Fehler zu erkennen.

Man kann mit noch höherer Redundanz codieren. Dann können mehrere Binärzeichenfehler entdeckt oder korrigiert werden. Diese Codierungsverfahren gehen hauptsächlich auf R. W. HAMMING [42, 106] zurück. Man bezeichnet die Anzahl der unterschiedlichen Binärstellen eines Repertoires von Codewörtern (siehe z. B. Bild 15) häufig als „HAMMING-Distanz".

Zum Abschluß einige Begriffsbestimmungen:

Bit: Das Bit ist die Zähleinheit für Binärentscheidungen (als „binär" werden Vorgänge bezeichnet, die nur zwei bedeutungsvolle Zustände haben, die meist mit 0 und 1 bezeichnet werden).
Das Bit wird als Hauptwort groß, als Kurzzeichen klein geschrieben, die Mehrzahl ohne s (z. B. 5 bit).

Code: Zuordnung zwischen zwei Listen von Zeichen oder Zeichenserien, letztere heißen in diesem Fall auch Codewörter.

Informationsgehalt: Der Informationsgehalt I_i eines Ereignisses x_i von N Ereignissen $x_1 \ldots x_N$ mit den Wahrscheinlichkeiten $p(x_1) \ldots p(x_N)$, mit $p(x_i) > 0$ und $\sum_{i=1}^{n} p(x_i) = 1$ ist der Logarithmus des Kehrwertes der Wahrscheinlichkeit für sein Eintreten, also $I_i = \log 1/p(x_i)$.
Wird der Logarithmus zur Basis 2 genommen (logarithmus dualis, ld), so erhält man den Informationsgehalt in bit.

Mittlerer Informationsgehalt oder Entropie: Der mittlere Informationsgehalt H — auch Entropie genannt — einer Menge von N Ereignissen x_i ($i = 1, 2 \ldots N$) mit den Wahrscheinlichkeiten $p(x_i)$ ist der Erwartungswert (gewogene Mittelwert) des Informationsgehaltes der einzelnen Ereignisse, also

$$H = \sum_{i=1}^{N} p(x_i) I_i = \sum_{i=1}^{N} p(x_i) \log \frac{1}{p(x_i)}.$$

Wird der Logarithmus zur Basis 2 genommen (logarithmus dualis, ld), so erhält man den mittleren Informationsgehalt in bit.

4. Kapitel

Logische Verknüpfungen und Zuordner

Die beiden vorhergehenden Kapitel beschäftigten sich mit dem Problem der Übertragung von Informationen von einem Sender zu einem Empfänger. Das folgende Kapitel soll davon handeln, wie aus verschiedenen Quellen kommende (primäre) Signale zu abgeleiteten, sekundären Signalen verknüpft werden können. Solche logischen Verknüpfungen finden in Organismen in sehr großer Anzahl statt, nur die allerwenigsten werden uns davon bewußt. Unbewußte logische Verknüpfungen finden z. B. statt, wenn wir aus der Schwarz-Weiß-Verteilung von Bild 4 d die Information „Gesicht" herauslesen. Eine bewußte logische Verknüpfung findet z. B. dann statt, wenn wir gerufen werden, die Straße zu überschreiten und dies von der Anzeige der Verkehrsampel abhängig machen.

Informationsverarbeitende Systeme, z. B. elektronische Rechenautomaten, wurden zu hoher Perfektion entwickelt, verschiedene Informationen (oder genauer, die sie repräsentierenden Signale) schnell und fehlerfrei nach logischen Gesetzen zu verknüpfen. Die verwendeten Signale sind hierbei fast immer „binäre" Signale, die nur zwei Zustände kennen, die wir mit 0 und 1 bezeichnen (s. Bild 11). Zur Verknüpfung gehören mindestens zwei Signale. Im einfachsten Fall haben wir die beiden (primären) binären Signale x_1 und x_2 und das aus ihnen abgeleitete binäre Signal y. Den Zusammenhang zwischen x_1, x_2 und y nennen wir die logische Funktion. Es gibt mehrere logische Funktionen. Die zwei wichtigsten Beispiele sind:

Disjunktion (Oder-Verknüpfung)
Konjunktion (Und-Verknüpfung)

Bei einer Disjunktion erfolgt das Ereignis $y=1$ dann, wenn x_1 *oder* x_2 eintritt. Man schrieb dies kurz so: $y = x_1 \vee x_2$.

Ein Beispiel für disjunktive Verknüpfung ist in Bild 17 a gezeigt. Es möge bedeuten:

$x_1 = 0$ Schalter 1 offen
$x_1 = 1$ Schalter 1 geschlossen
$x_2 = 0$ Schalter 2 offen
$x_2 = 1$ Schalter 2 geschlossen
$y = 0$ Lampe brennt nicht
$y = 1$ Lampe brennt

Bei der Schaltung nach Bild 17 a kann man den Zusammenhang zwischen x_1, x_2 und y durch folgende Funktionstabelle darstellen:

$x_1 =$	0	1	0	1
$x_2 =$	0	0	1	1
$y =$	0	1	1	1

a. disjunktive Verknüpfung

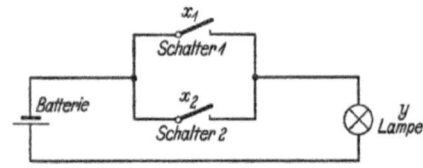

b konjunktive Verknüpfung

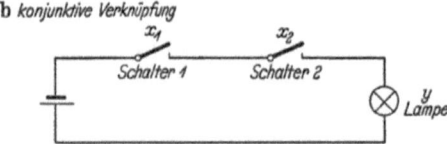

c Negation

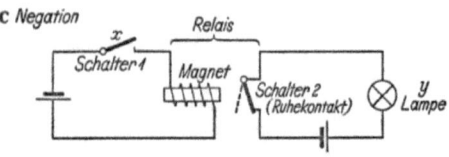

Bild 17. Beispiele für disjunktive und konjunktive Verknüpfung und für Negation

4. Logische Verknüpfungen und Zuordner

Diese Funktionstabelle sagt kurz und unmißverständlich: Die Lampe brennt dann nicht, wenn beide Schalter offen sind, sie brennt aber, wenn entweder Schalter 1 geschlossen ist oder Schalter 2 geschlossen ist oder beide geschlossen sind (die letzte Aussage zeigt, daß ein „inklusives Oder" vorliegt, im Gegensatz zum „exklusiven Oder", der Antivalenz).
Bei einer Konjunktion erfolgt das Ereignis $y=1$ dann, wenn x_1 *und* x_2 eintritt. Man schreibt dies kurz so: $y = x_1 \cdot x_2$. Ein Beispiel für konjunktive Verknüpfung ist in Bild 17 b gezeigt. Wenn x_1, x_2 und y dieselben Bedeutungen wie vorher haben, dann gilt für diese Schaltung die Funktionstabelle

| $x_1 =$ | 0 | 1 | 0 | 1 |
$x_2 =$	0	0	1	1
$y =$	0	0	0	1

In Worten ausgedrückt sagt diese Funktionstabelle: Die Lampe brennt dann nicht, wenn beide Schalter offen sind, sie brennt auch nicht, wenn nur Schalter 1 geschlossen ist oder nur Schalter 2 geschlossen ist, sie brennt jedoch, wenn beide Schalter geschlossen sind.

Für die folgenden Betrachtungen brauchen wir noch eine logische Funktion, die nur von einem einzigen primären Signal abhängt, nämlich die *Negation*. Diese verwandelt eine binäre 0 in eine 1 und umgekehrt eine 1 in eine 0. Ein negiertes Binärsignal, z. B. x, wird als $\bar{x}$ geschrieben und hat als Funktionstabelle

$x =$	0	1
$y = \bar{x} =$	1	0

Offensichtlich heben sich zwei Negationen auf:

| $x =$ | 0 | 1 |
$\bar{x} =$	1	0
$y = \bar{\bar{x}} = x =$	0	1

In Bild 17 c ist an einem Beispiel gezeigt, wie durch eine einfache Schaltung eine Negation verwirklicht werden kann. $x=0$ und $x=1$ möge bedeuten, daß der Schalter 1 offen bzw. geschlossen ist. Für $x=1$ wird der Elektromagnet des Relais von einem elektrischen Strom durchflossen und öffnet den Schalter 2 (Ruhekontakt), wie gestrichelt angedeutet ist. Hat dieser Schalter 2 geöffnet, so leuchtet die Lampe nicht, ist er jedoch geschlossen, so brennt die Lampe.

Die Beispiele des Bildes 17 zeigen, wie disjunktive und konjunktive Verknüpfung und Negation durch mechanisch bewegte Schalter und elektromechanische Relais verwirklicht werden können. Diese Darstellungen sind besonders anschaulich für Leser, die elektrische Schaltungen nicht gewohnt sind. Diese Schaltungen lassen sich leicht in mechanische

Analogien übersetzen, z. B. indem der elektrische Strom mit einem Wasserstrom in einer Röhre verglichen wird, der nur fließen kann, wenn der Wasserhahn durchlässig ist. Für die grundsätzlichen Betrachtungen dieses Buches können wir uns vorstellen, daß die logischen Verknüpfungen mit Schaltern und Relais ähnlich Bild 17 realisiert würden. Es sei jedoch darauf hingewiesen, daß informationsverarbeitende Systeme beim heutigen Stand der Technik meist *nicht* aus Schaltern und Relais aufgebaut werden, sondern aus „elektronischen" Schaltelementen. Der Begriff „elektronisch" wird in sehr verschiedenen Bedeutungen verwendet. Er sei hier so verstanden: Elektronische Schaltelemente sind solche, deren Funktion nicht von grobmechanischer Bewegung abhängt (dagegen kann durchaus eine Bewegung von Elementarteilchen wie Elektronen, Ionen u. dgl. erfolgen). Bild 18 gibt eine Übersicht über die wichtigsten Bauelemente informationsverarbeitender Systeme.

Es gibt viele Gründe, weshalb die moderne Technik der Informationsverarbeitung elektronische Schaltelemente bevorzugt. Auf vier Gründe sei ausdrücklich hingewiesen:

a) Zeitbedarf

Relais, deren es verschiedene Typen gibt, haben Funktionszeiten von 1 bis 50 Millisekunden (Tausendstel Sekunden).
Ältere elektronische Schaltelemente haben Funktionszeiten von 0,1 bis 10 Mikrosekunden (Millionstel Sekunden).
Gegenwärtig werden Funktionszeiten von 0,001 Mikrosekunden („Nanosekunden") erreicht.
Zum Vergleich: Das menschliche Nervensystem arbeitet mit Funktionszeiten von größenordnungsmäßig Millisekunden.

b) Raumbedarf

Relaisschaltungen brauchen je Schaltelement etwa 10 bis 100 Kubikzentimeter.
Schaltungen mit Elektronenröhren brauchen je Röhre etwa 10 bis 100 Kubikzentimeter.
Schaltungen mit einzelnen Halbleiterbauelementen (Transistoren, Dioden) brauchen je Schaltelement etwa 1 bis 10 Kubikzentimeter.
Bei integrierten Schaltkreisen ergibt sich ein Raumbedarf je Schaltelement von 0,001 bis 0,1 Kubikzentimeter (siehe Bild 62).
Zum Vergleich: Das menschliche Schaltelement (Neuron) hat einen Raumbedarf von etwa $10^{-7} = 0,000\,000\,1$ Kubikzentimeter. (Hierbei ist zu beachten, daß ein Neuron wesentlich komplexer aufgebaut ist und funktionell mehr leistet als die obengenannten Schaltelemente.)

c) Energiebedarf

Relaisschaltungen brauchen je Schaltelement etwa 0,001 bis 100 Milliwatt (Tausendstel Watt).

4. Logische Verknüpfungen und Zuordner

Röhrenschaltungen brauchen je Röhre etwa 100 bis 10 000 Milliwatt. Transistorschaltungen brauchen je Transistor 1 bis 10 Milliwatt.

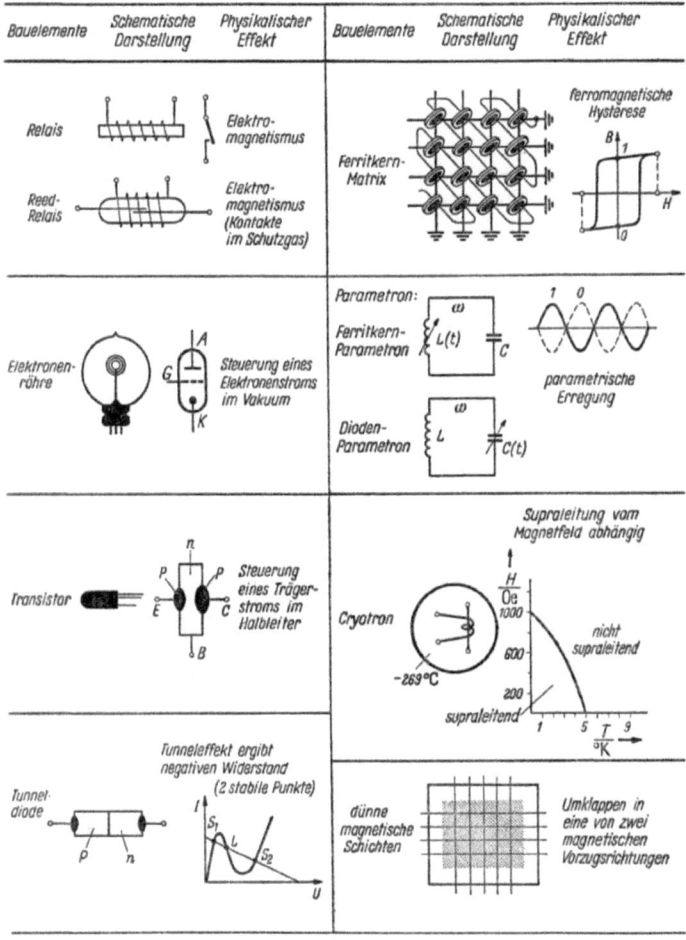

Bild 18. Bauelemente informationsverarbeitender Systeme

Zum Vergleich: Das menschliche Schaltelement (Neuron) braucht größenordnungsmäßig 0,0001 Mikrowatt (1 Mikrowatt = 1 Millionstel Watt), also viele Millionen mal weniger als typische elektronische Schaltungen.

d) Ermüdung

Relaisschaltungen zeigen nach einiger Zeit Fehlfunktionen, z. B. wegen Verschleiß. Bei typischen Relaiskonstruktionen rechnet man im statistischen Mittel mit Millionen bis hundert Millionen fehlerfreier Funktionen bis zum Ausfall.

Elektronische Schaltelemente, die einwandfrei hergestellt sind, z. B. keine Verunreinigungen enthalten und richtig beschaltet sind (z. B. nicht überlastet werden), zeigen praktisch *keine* zeitliche Funktionsveränderung.

Zum Vergleich: Das menschliche Nervensystem ermüdet je nach Belastung in Zeiträumen von Sekunden bis Stunden bis zur völligen Funktionsunfähigkeit und wird dann erst wieder nach einer Erholungszeit funktionsfähig.

Zurück zur logischen Verknüpfung von zwei Binärvariablen, x_1 und x_2. Um die Funktionen „Disjunktion" und „Konjunktion" zu beschreiben, hatten wir oben das Schema

$x_1 =$	0	1	0	1
$x_2 =$	0	0	1	1
$y =$				

für die vier möglichen Konstellationen der Eingangsvariablen x_1 und x_2 (0 0), (1 0), (0 1), (1 1) je eines der beiden Binärzeichen 0 oder 1 für y eingetragen. Wenn man alle denkbaren Fälle der logischen Verknüpfungen zweier Binärvariablen x_1 und x_2 erfassen will, so muß man alle möglichen Kombinationen von vier Elementen 0 und 1 für y eintragen, nämlich

```
0 0 0 0
0 0 0 1
0 0 1 0
0 0 1 1
0 1 0 0
0 1 0 1
0 1 1 0
0 1 1 1
1 0 0 0
1 0 0 1
1 0 1 0
1 0 1 1
1 1 0 0
1 1 0 1
1 1 1 0
1 1 1 1
```

Jede dieser Kombinationen stellt einen denkbaren logischen Zusammenhang dar. Bild 19 zeigt diese 16 logischen Funktionen. Sie sind durch eine Funktionstabelle und eine Relaisschaltung veranschaulicht. Außer

4. Logische Verknüpfungen und Zuordner

den Formelzeichen für Disjunktion (V), Konjunktion (·) und Negation (—) treten noch einige andere auf. Diese sind jedoch nur der Vollständigkeit halber angegeben, benützt werden sie im folgenden nicht.
Weshalb sind bei zwei primären Binärvariablen gerade 16 logische Funktionen möglich? Bei zwei Variablen ergeben sich $2^2 = 2 \cdot 2 = 4$ Eingangskonstellationen (0 0), (1 0), (0 1), (1 1). Unter jede kann für die

| x_1 | 0 | 1 | 0 | 1 | Bezeichnung | Symbol | Relaisschaltungen |
x_2	0	0	1	1			
$y_0 = 0$	0	0	0	0		0	
$y_1 = x_1 \bullet x_2$	0	0	0	1	Konjunktion; Und; Sowohl als auch	•	
$y_2 = \bar{x}_1 \bullet x_2$	0	0	1	0			
$y_3 = x_2$	0	0	1	1			
$y_4 = x_1 \bullet \bar{x}_2$	0	1	0	0			
$y_5 = x_1$	0	1	0	1			
$y_6 = (x_1 \bullet \bar{x}_2) \vee (\bar{x}_1 \bullet x_2) = x_1 \neq x_2$	0	1	1	0	Antivalenz; exklusives Oder	≢	
$y_7 = x_1 \vee x_2$	0	1	1	1	Disjunktion; inklusives Oder	V	
$y_8 = \bar{x}_1 \bullet \bar{x}_2 = x_1 \downarrow x_2$	1	0	0	0	weder-noch PEIRCE'scher Pfeil	↓	
$y_9 = x_1 \equiv x_2$	1	0	0	1	Äquivalenz	≡	
$y_{10} = \bar{x}_1$	1	0	1	0			
$y_{11} = \bar{x}_1 \vee x_2$	1	0	1	1	Implikation wenn-dann		
$y_{12} = \bar{x}_2$	1	1	0	0			
$y_{13} = x_1 \vee \bar{x}_2$	1	1	0	1	Implikation wenn-dann		
$y_{14} = \bar{x}_1 \vee \bar{x}_2 = x_1 / x_2$	1	1	1	0	SHEFFER'scher Strich	/	
$y_{15} = 1$	1	1	1	1		1	

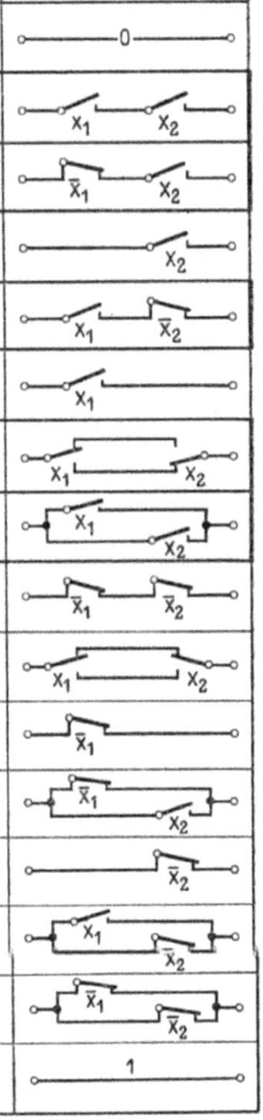

Bild 19. Die 16 logischen Funktionen, welche unter Verwendung zweier primärer Binärvariablen x_1 und x_2 möglich sind

abgeleitete Binärvariable y entweder 0 oder 1 geschrieben werden. Dies ergibt

$$2^{(2^2)} = 2^4 = 2 \cdot 2 \cdot 2 \cdot 2 = 16$$

Möglichkeiten der Anordnung und damit 16 logische Funktionen. Hätten wir nicht 2, sondern 3 primäre Binärvariable verwendet, so hätten sich $2^3 = 8$ Kombinationen der Eingangsvariablen ergeben, nämlich

$x_1 =$	0	1	0	1	0	1	0	1
$x_2 =$	0	0	1	1	0	0	1	1
$x_3 =$	0	0	0	0	1	1	1	1
$y =$								

und es gäbe $2^{(2^3)} = 2^8 = 256$ verschiedene Möglichkeiten, für y die Binärwerte 0 und 1 einzutragen und damit 256 logische Funktionen dreier primärer Binärvariablen.

Allgemein kann man mit m Binärvariablen $z = 2^{2^m}$ logische Funktionen bilden:

m	z	
0	2	(0 und 1)
1	4	(0, x, $\bar{x}$ und 1)
2	16	(siehe Bild 19)
3	256	
4	65 536	
⋮	⋮	
m	2^{2^m}	

Die Anzahl logischer Funktionen, die man mit m primären Binärvariablen bilden kann ($z = 2^{2^m}$), wächst mit zunehmendem m viel schneller an als die Anzahl der Codewörter, die man aus m Binärzeichen bilden kann ($N = 2^m$).

Bei genauer Betrachtung des Bildes 19 zeigt sich, daß nicht alle der 16 Funktionen bemerkenswerte Ergebnisse logischer Verknüpfungen sind. So sind $y_0 \equiv 0$ und $y_{15} \equiv 1$ konstante Werte für alle Konstellationen der primären Variablen. Weiterhin kann man die Tabelle durch eine Symmetrielinie zwischen y_7 und y_8 in eine obere und eine untere Hälfte aufteilen, wobei jeweils die untenstehende Funktion aus der obenstehenden Funktion durch Negation hervorgeht.

Wenn man also den einen Funktionswert hat, dann kann man — ohne erneute Verknüpfung — den anderen durch einfache Negation erhalten. Damit bleiben von den ursprünglichen 16 Funktionen nur noch 7 wesentliche Funktionen übrig. Von diesen sind zwei, nämlich $y_3 = x_2$ und $y_5 = x_1$ nicht das Ergebnis einer Verknüpfung, sondern nur eine Reproduktion einer Eingangsformation. Danach bleiben noch 5 wirk-

4. Logische Verknüpfungen und Zuordner

liche „Verknüpfungsfunktionen". Diese sind:

$y_1 = x_1 \cdot x_2$ („Konjunktion")
$y_2 = \bar{x}_1 \cdot x_2$
$y_4 = x_1 \cdot \bar{x}_2$
$y_6 = (x_1 \cdot \bar{x}_2) \vee (\bar{x}_1 \cdot x_2)$ („Antivalenz")
$y_7 = x_1 \vee x_2$ („Disjunktion")

Obwohl wir festgestellt haben, daß es fünf Verknüpfungsfunktionen zweier Binärvariablen gibt, kann man doch alle logischen Zusammenhänge mit wesentlich weniger Funktionen darstellen. In der obigen Zusammenstellung wurde beispielsweise die Antivalenz mit Hilfe von Disjunktion, Konjunktion und Negation dargestellt:

$$y_6 = (x_1 \cdot \bar{x}_2) \vee (\bar{x}_1 \cdot x_2)$$

Man braucht nicht einmal diese drei Funktionen. Es gilt beispielsweise die Beziehung

$$x_1 \cdot x_2 = \overline{\bar{x}_1 \vee \bar{x}_2}$$

Dies kann mit Hilfe der Funktionstabelle leicht überprüft werden:

$x_1 =$	0	1	0	1
$x_2 =$	0	0	1	1
$x_1 \cdot x_2 =$	0	0	0	1
$\bar{x}_1 =$	1	0	1	0
$\bar{x}_2 =$	1	1	0	0
$\bar{x}_1 \vee \bar{x}_2 =$	1	1	1	0
$\overline{\bar{x}_1 \vee \bar{x}_2} =$	0	0	0	1

Mit dieser Beziehung $x_1 \cdot x_2 = \overline{\bar{x}_1 \vee \bar{x}_2}$ kann also die Konjunktion mit Hilfe von Disjunktion und Negation ausgedrückt werden, man kann deshalb alle logischen Zusammenhänge unter ausschließlicher Verwendung von Disjunktion und Negation darstellen. Da anderseits auch eine Beziehung $x_1 \vee x_2 = \overline{\bar{x}_1 \cdot \bar{x}_2}$ gilt, kann man ebenso die Disjunktion durch Konjunktion und Negation ausdrücken und alle logischen Zusammenhänge unter ausschließlicher Verwendung von Konjunktion und Negation ausdrücken.

Man kann noch weiter gehen und alle logischen Zusammenhänge unter ausschließlicher Verwendung einer einzigen Funktion beschreiben. Hierfür eignen sich nur $y_8 = \bar{x}_1 \cdot \bar{x}_2$ („PEIRCE"-Funktion) und $y_{14} = \bar{x}_1 \vee \bar{x}_2$ („SHEFFER"-Funktion) [78].

Wir wollen jedoch im folgenden die drei Funktionen Disjunktion, Konjunktion und Negation nebeneinander verwenden. Die Anwendung dieser drei Funktionen erlaubt die Darstellung in „Normalform". Es gibt konjunktive und disjunktive Normalformen. Da im folgenden ausschließlich die disjunktive Normalform verwendet wird, soll diese Normalform schlechthin genannt werden. Deren Prinzip soll am Beispiel der oben schon erwähnten Antivalenz dargestellt werden:

	a		b	
$x_1 =$	0	1	0	1
$\bar{x}_2 =$	0	0	1	1
$y_6 =$	0	1	1	0

$y_6 = 1$ gilt nur für die beiden Konstellationen a ($x_1 = 1$, $x_2 = 0$) und b ($x_1 = 0$, $x_2 = 1$), in allen anderen Fällen wird $y_6 = 0$. Diese beiden Konstellationen kann man aber als $a = (x_1 \cdot \bar{x}_2)$ bzw. $b = (\bar{x}_1 \cdot x_2)$ darstellen, und es ergibt sich $y_6 = a \vee b = (x_1 \cdot \bar{x}_2) \vee (\bar{x}_1 \cdot x_2)$. Man kann dieses Schema zur Bildung der Normalform verallgemeinern. Diese ist meist auch der erste Ansatz zur technischen Realisierung. Zur Einsparung von Schaltelementen formt man jedoch meist noch stark um („Minimisierung").

Die Anwendung der Normalform soll am Beispiel eines Addierwerkes für Dualzahlen gezeigt werden. Was sind Dualzahlen? Wir rechnen normalerweise mit Dezimalzahlen. Die Dezimalzahl 1960 bedeutet zweifellos etwas anderes als die Dezimalzahl 9160. Offensichtlich hängt die Nachricht, welche uns die Ziffern 0, 1, 6, 9 vermitteln, davon ab, in welcher Ordnung sie angeschrieben werden. Ausführlich müßte man schreiben:

$$1960 = 1 \cdot 1000 + 9 \cdot 100 + 6 \cdot 10 + 0 \cdot 1$$
$$= 1 \cdot 10^3 + 9 \cdot 10^2 + 6 \cdot 10^1 + 0 \cdot 10^0$$

Es ist nun Vereinbarung, daß die Zehnerpotenzen 1000, 100, 10 und 1 bzw. 10^3, 10^2, 10^1 und 10^0 nicht geschrieben werden. Das Dezimalzahlensystem braucht zehn unterscheidbare Ziffern, nämlich 0, 1, 2, 3, 4, 5, 6, 7, 8, 9. Es gibt auch andere Zahlensysteme, welche nicht auf Zehnerpotenzen aufbauen. Am wichtigsten ist das Dualzahlensystem. Dieses baut auf Potenzen der Zahl 2 auf, z. B.

$$2^0 = 1 \qquad 2^5 = 32$$
$$2^1 = 2 \qquad 2^6 = 64$$
$$2^2 = 4 \qquad 2^7 = 128$$
$$2^3 = 8 \qquad \vdots$$
$$2^4 = 16 \qquad 2^{10} = 1024$$

Das Dualzahlensystem braucht *nicht* zehn unterschiedliche Ziffern, sondern nur zwei, die Binärvariablen 0 und 1. Man kann jede beliebige Dezimalzahl in eine gleichwertige Dualzahl umrechnen, beispielsweise:

$$(150)_{Dezimal} = \overbrace{128}^{} \qquad \overbrace{+16}^{} \quad \overbrace{+4}^{} \; \overbrace{+2}^{}$$
$$= \overbrace{1 \cdot 2^7} + 0 \cdot 2^6 + 0 \cdot 2^5 + \overbrace{1 \cdot 2^4} + 0 \cdot 2^3 + \overbrace{1 \cdot 2^2} + \overbrace{1 \cdot 2^1} + 0 \cdot 2^0$$

Man würde also die Zahl 150 im Dualzahlensystem schreiben als

$$(150)_{Dezimal} = (10010110)_{Dual}$$

4. Logische Verknüpfungen und Zuordner

Mit Dualzahlen kann man viele Zahlenrechnungen besonders zweckmäßig durchführen. Dies sei an der folgenden Betrachtung eines Addiervorgangs erläutert: Zu addieren seien die beiden (Dezimal-)Zahlen 10 und 12 im Dualzahlensystem

$(10)_{Dezimal} = 0 \cdot 2^4 + 1 \cdot 2^3 + 0 \cdot 2^2 + 1 \cdot 2^1 + 0 \cdot 2^0 = 01010$
$(12)_{Dezimal} = 0 \cdot 2^4 + 1 \cdot 2^3 + 1 \cdot 2^2 + 0 \cdot 2^1 + 0 \cdot 2^0 = \underline{01100}$
Summe: 10110
$(10110)_{Dual} = 1 \cdot 2^4 + 0 \cdot 2^3 + 1 \cdot 2^2 + 1 \cdot 2^1 + 0 \cdot 2^0 = (22)_{Dezimal}$

In diesem Beispiel wurden die beiden Dezimalzahlen zunächst in Dualzahlen umgesetzt. Die Summe ist im Dezimalzahlensystem 22, im Dualzahlensystem 10110. Für die Addition zweier Zahlen a_v und b_v im Dualzahlensystem gilt für jede Dualstelle:

Ohne Übertrag aus der vorhergehenden Dualstelle (c_{v-1})

	$a_v =$	0	1	0	1
	$b_v =$	+0	+0	+1	+1
Summe	$s_v =$	0	1	1	0
Übertrag	$c_v =$	0	0	0	1

Mit Übertrag aus der vorhergehenden Dualstelle (c_{v-1})

	$a_v =$	0	1	0	1	0	1	0	1
	$b_v =$	0	0	1	1	0	0	1	1
	$c_{v-1} =$	0	0	0	0	1	1	1	1
Summe	$s_v =$	0	1	1	0	1	0	0	1
Übertrag	$c_v =$	0	0	0	1	0	1	1	1

Mit dieser Funktionstabelle kann man nunmehr die zugehörigen Normalformen aufstellen:

Für die Summe s_v ergibt sich:

$s_v = (a_v \cdot b_v \cdot \bar{c}_{v-1}) \vee (\bar{a}_v \cdot b_v \cdot \bar{c}_{v-1}) \vee (\bar{a}_v \cdot \bar{b}_v \cdot c_{v-1}) \vee (a_v \cdot b_v \cdot c_{v-1})$

Für den Übertrag c_v ergibt sich:

$c_v = (a_v \cdot b_v \cdot \bar{c}_{v-1}) \vee (a_v \cdot \bar{b}_v \cdot c_{v-1}) \vee (\bar{a}_v \cdot b_v \cdot c_{v-1}) \vee (a_v \cdot b_v \cdot c_{v-1})$

Diese Zusammenhänge können *vor* der schaltungsmäßigen Verwirklichung noch stark vereinfacht werden.
Die technische Realisierung eines solchen Dualzahlenaddierwerkes kann mit verschiedenen Mitteln geschehen. Bild 20 zeigt, wie die duale Summe s_v mit Relais aufgebaut werden kann. Mit einer ähnlichen Schaltung kann man den Übertrag c_v bilden.
Schaltungen, welche ermöglichen, aus einer Anzahl gegebener binärer Variablen $x_1, x_2, x_3 \ldots x_m$ nach vorgegebenen Verknüpfungsfunktionen abgeleitete binäre Variable $y_1, y_2, y_3 \ldots y_n$ zu bilden, nennen

wir *Zuordner* [103]. Der Zusammenhang zwischen gegebenen und abgeleiteten Variablen kann dabei ganz beliebig, z. B. durch eine Liste gegeben sein. Aus dieser Darstellung könnte man schließen, daß das Prinzip des Zuordners bereits zur Beschreibung aller Vorgänge in infor-

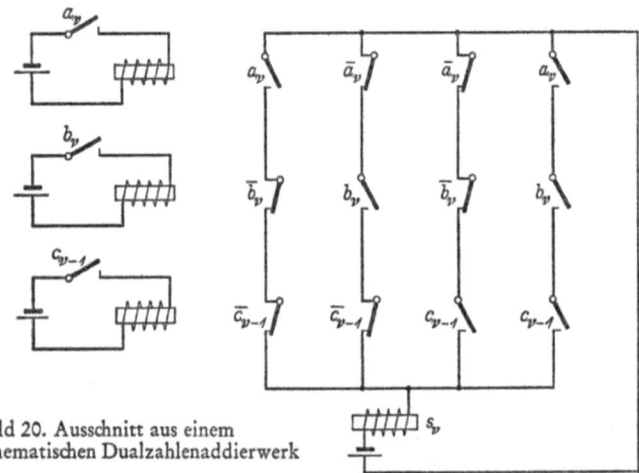

Bild 20. Ausschnitt aus einem schematischen Dualzahlenaddierwerk

mationsverarbeitenden Systemen ausreiche. Dies ist jedoch nur dann der Fall, wenn der Ablauf der Funktion in der Zeit ignoriert werden kann. Darauf wird weiter unten noch eingegangen. Zuordner finden in der Technik vielfache Anwendung. Ohne Anspruch auf Vollständigkeit seien folgende Beispiele genannt:

a) Codeumsetzer, welche die Umsetzung von Informationen aus einem Code in einen anderen Code bewirken. Hierzu rechnet die Übersetzung von einem Zahlensystem in ein anderes (z. B. Dezimalzahlen in Dualzahlen), oder von einer Sprache in eine andere (z. B. Deutsch in Englisch). Hierbei zeigt sich der Unterschied zwischen Information und Signal besonders klar: Bei der Übersetzung ändern sich die Signale (z. B. Buchstaben), aber die Information bleibt erhalten.

b) In der Fernsprechvermittlungstechnik werden Zuordner dazu verwendet, aus den Ortskennziffern des rufenden und des gerufenen Teilnehmers die Entfernungszone zwecks Gebührenerfassung zu bestimmen.

c) Im kaufmännischen Bereich wurden Zuordner schon dazu verwendet, aus den Bestellnummern von Artikeln deren Preis zu bestimmen. Die Schaltung eines solchen Zuordners ist also durch die Preisliste bestimmt.

d) Beim automatischen Briefsortieren wird aus den Buchstaben der Adresse bestimmt, mit welchem Postzug oder Postauto der Brief weiter-

4. Logische Verknüpfungen und Zuordner

zutransportieren ist. Bild 21 zeigt einen kennzeichnenden Ausschnitt aus einer Zuordnerschaltung, welche für diesen Zweck entworfen wurde [103]. Man kann sich vorstellen, daß die Ortsnamen (insgesamt etwa 30 000 im deutschen Bundesgebiet) mittels einer Tastatur in den Zuord-

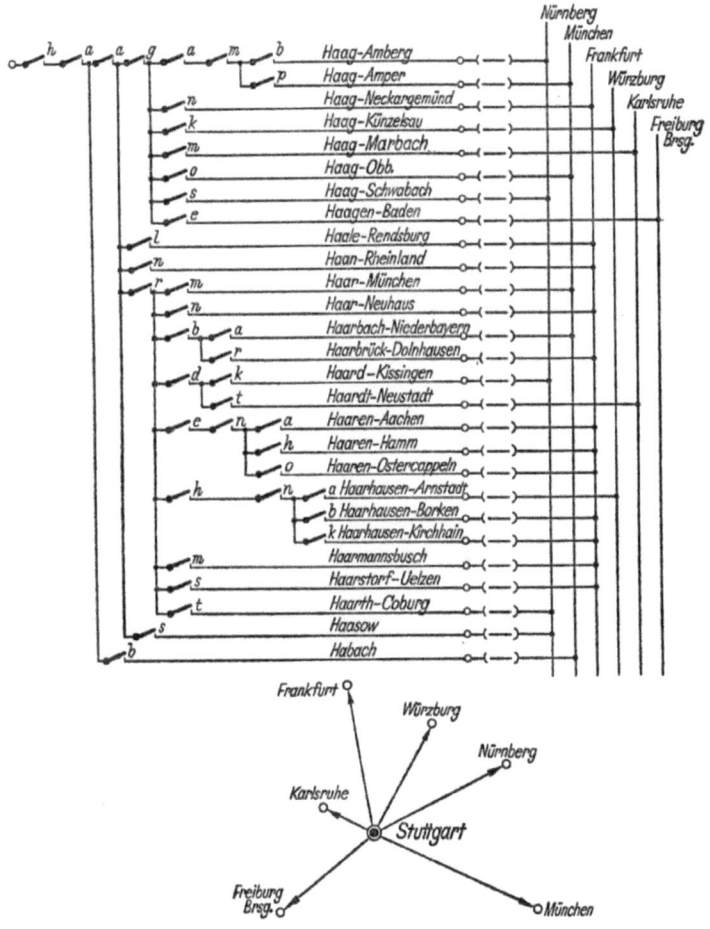

Bild 21. Zuordner für Adresse zu Transportweg (Ausschnitt)

ner gegeben werden. Je nach dem eingetasteten Ortsnamen wird ein spezieller der Ausgänge mit dem Eingang verbunden. In einer späteren Entwicklungsstufe kann ein zeichenlesender Automat die Buchstaben des Ortsnamens ermitteln und die Eintastung dem Menschen abnehmen.

e) **Automatische Zeichenerkennung und Spracherkennung.** Hierbei wird aus den empfangenen Signalen, z. B. Tonhöhen, die dargestellte Information abgeleitet. Für die Zeichenerkennung ist dies — an Hand des Bildes 4d — leicht einzusehen: Man kann einen Zuordner bauen, welcher für jedes der 100 Felder des Bildes 4d einen Eingang hat. Diese sollen von Fotozellen gesteuert werden, welche feststellen, ob das fixierte Feld hell oder dunkel ist. Der Zuordner soll eine 100fache Konjunktion enthalten, welche dann die Aussage „Gesicht" liefert, wenn alle in Bild 4d schwarzen Felder die Primärinformation $x=1$ liefern und alle weißen Felder die negierte Primärinformation $\bar{x}=1$. Offensichtlich ist dies eine sehr unvollkommene Art der „Zeichenerkennung", da sie schon bei den geringsten Verschiebungen oder anderen Veränderungen versagt.

5. Kapitel

Signale in Raum und Zeit

Bei den bisherigen Betrachtungen haben wir wiederholt irgendwelche Codes verwendet. So wurden z. B. in Bild 10 die acht Nachrichten *A, B, C, D, E, F, G* und *H* durch die Binärzeichen 0 und 1 in folgender Weise codiert:

A	0	0	0
B	0	0	1
C	0	1	0
D	0	1	1
E	1	0	0
F	1	0	1
G	1	1	0
H	1	1	1

Wenn solche Codes verwendet werden, dann müssen den beiden Binärvariablen 0 und 1 vereinbarte physikalische Tatbestände zugeordnet werden. Beispiele hierfür gibt Bild 11.

Man verwendet meist nicht einzelne Binärsignale, sondern viele. Diese Vielzahl von Binärsignalen kann man nun

    entweder gleichzeitig durch eine Vielzahl von Anordnungen ähnlich Bild 11 darstellen, dann hat man ein *Parallelsystem;*

    oder durch eine einzige solche Anordnung, welche nach vereinbarter Zeitfolge die Binärzeichen darstellt, dann hat man ein *Seriensystem.*

Dies soll Bild 22 veranschaulichen. Zwei Dezimalziffern, z. B. 6 und 9, sollen jeweils für sich im Dualzahlencode übertragen werden. Dieser ist:

$(6)_{Dezimal} = 0 \cdot 8 + 1 \cdot 4 + 1 \cdot 2 + 0 \cdot 1 = (0110)_{Dual}$
$(9)_{Dezimal} = 1 \cdot 8 + 0 \cdot 4 + 0 \cdot 2 + 1 \cdot 1 = (1001)_{Dual}$

Bild 22 a zeigt ein Parallelsystem. Es braucht für zwei Dezimalstellen zu jeweils vier Dualstellen insgesamt acht Übertragungswege, z. B. acht Verbindungsdrähte. Durch jeden dieser Drähte kann ein Strom geschickt werden, das möge das Binärzeichen 1 bedeuten, oder aber kein

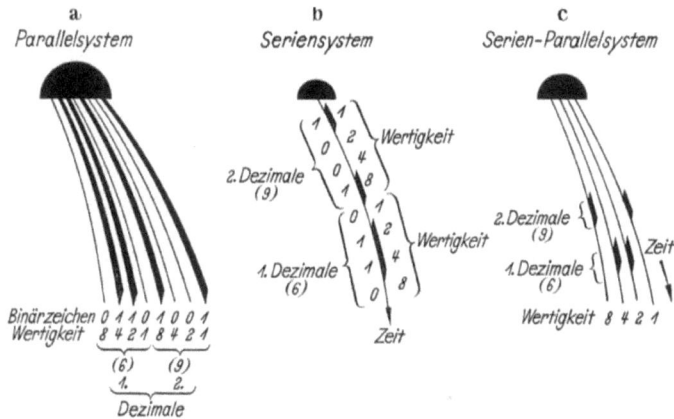

Bild 22. Parallelsystem, Seriensystem und Serienparallelsystem

Strom geschickt werden, das möge 0 bedeuten. Man muß festlegen, welche Wertigkeit den Binärsignalen in den verschiedenen Drähten zuzuordnen ist, das heißt beim Dualzahlencode, mit welchen Potenzen der Zahl 2 (8, 4, 2 oder 1) die Binärzeichen zu multiplizieren sind. Offensichtlich braucht ein Parallelsystem so viele Übertragungswege, z. B. Verbindungsdrähte, als Binärvariable übertragen werden müssen. Bild 22 b zeigt schematisch ein Seriensystem. Dieses benutzt einen einzigen Übertragungsweg unabhängig davon, wie viele Binärvariable zu übertragen sind. Diese folgen zeitlich aufeinander. Die Bedeutung, welche einem Binärzeichen zugeordnet ist (z. B. welche Dezimale, welche Wertigkeit), ergibt sich aus dem Zeitpunkt, zu dem es auftritt. Der zeitliche Abstand zwischen aufeinanderfolgenden Binärzeichen, die sogenannte Taktzeit, liegt bei elektronischen Rechenautomaten des gegenwärtigen Standes der Technik in der Größenordnung von 0,01 bis 10 Mikrosekunden (Millionstel Sekunden). Bei den Seriensystemen gibt es im wesentlichen zwei Verfahren, die Bedeutung der Binärzeichen zu definieren: Bei den *Synchronsystemen* gibt ein zentraler Taktgeber für jeden Zeitpunkt die Bedeutung bekannt, bei den *Asynchronsystemen* werden den zu übertragenden Codegruppen Start- und Stopzeichen mitgegeben. In kleineren Systemen erlaubt die synchrone Arbeitsweise schaltungsmäßige Einsparungen. Bei größeren Systemen, wo sich zwischen den einzelnen Funktionsgruppen größere und zum Teil unkontrollierbare Laufzeiten ergeben, wird meist die asynchrone Arbeitsweise bevorzugt. Die normale Telegraphie beispielsweise verwendet Start- und Stopzeichen. In organischen Systemen kommt die synchrone Arbeitsweise m. W. nicht vor.

Parallelsysteme haben einen größeren Aufwand als vergleichbare Seriensysteme, was sich schon aus der größeren Zahl der Verbindungswege in Bild 22 vermuten läßt. Der Aufwand an Schaltelementen ist entsprechend groß. Ein solches Parallelsystem kann allerdings in einer einzigen Taktzeit ein ganzes Wort übertragen, ist also sehr schnell. Seriensysteme haben einen viel kleineren Aufwand. Sie brauchen nur einen einzigen Verbindungsweg und entsprechend wenig Schaltelemente. Sie haben jedoch den Nachteil, relativ langsam zu sein. Beispielsweise braucht ein reines Seriensystem zur Übertragung eines Wortes mit 40...80 Binärstellen auch 40...80 Taktzeiten.

Ein wesentlicher Vorteil des kleineren Aufwandes von Seriensystemen ist neben den geringeren Kosten die geringere Fehlerwahrscheinlichkeit. Außerdem macht sich ein Fehler in einem Seriensystem meist deutlicher bemerkbar, weil alle Binärzeichen über dasselbe Schaltelement laufen. Bei Parallelsystemen ohne geeignete Codeprüfung kann eine der 40 bis 80 Verbindungen gestört sein, ohne daß dies rasch auffällt.

Zwischen Parallel- und Seriensystemen gibt es verschiedene Zwischenformen. Ein Kompromiß zwischen den Nachteilen der Parallelsysteme (hoher Aufwand) und der Seriensysteme (großer Zeitbedarf) wird häufig in Form der Serien-Parallelsysteme geschlossen (Bild 22 c). Hier werden die verschiedenen Dezimalziffern zeitlich nacheinander (serienmäßig) übertragen. Für jede Dezimalziffer werden mindestens vier Verbindungswege, z. B. mit den vereinbarten Wertigkeiten 8, 4, 2 und 1, verwendet (parallel). Echte Parallelsysteme werden nur in extrem großen und extrem schnellen Automaten verwendet, sonst sind Serien-Parallel- oder reine Seriensysteme üblich.

Die sechs verschiedenen Schwarz-Weiß-Anordnungen des Bildes 4 können wir als Paralleldarstellung binärer Signale deuten. Paralleldarstellung, weil alle Signale gleichzeitig angeboten werden. Binär, weil für jedes Feld nur Schwarz oder Weiß möglich ist, was wir auch mit 0 oder 1 bezeichnen können. Ein solches parallel angebotenes Signalbündel kann in ein Seriensignal verwandelt werden, d. h. in ein Signal, bei welchem die Aussagen Schwarz oder Weiß sämtlicher Bildpunkte über denselben Verbindungsweg übertragen werden, jedoch zu unterschiedlichen Zeiten. Das einfachste Verfahren ist das der zeilenweisen Abtastung einer Bildvorlage gemäß Bild 23. Bild 23 a wiederholt Bild 4 a mit 10×10 Feldern. Dieses kann man sich zusammengesetzt denken aus 10 Zeilen. Durch geeignete Photowandler, z. B. Photozelle mit Punktlichtabtastung oder Fernsehkameraröhre, wird *zeitlich nacheinander* eine Zeile nach der anderen „abgetastet", wie in Bild 23 b angedeutet ist.

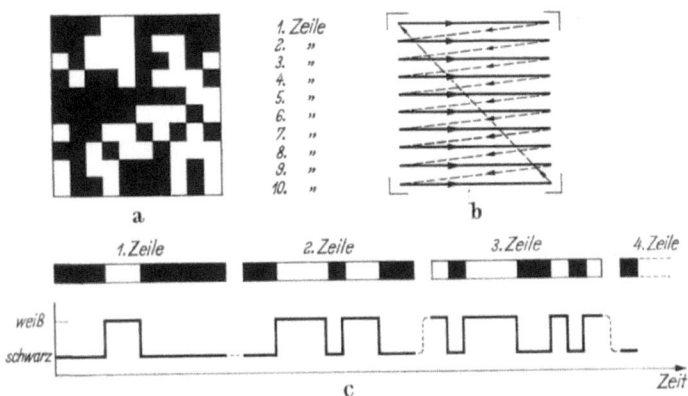

Bild 23. Zeilenweise Abtastung einer Bildvorlage

Hat die Abtastung das Ende einer Zeile erreicht, so springt sie möglichst rasch an den Anfang der nächsten Zeile zurück. Hat sie schließlich das Ende der letzten (zehnten) Zeile erreicht, so springt sie wieder an den Anfang der ersten Zeile zurück usw. Bild 23 c deutet an, welcher Signalverlauf sich am Ausgang des Bildwandlers in Abhängigkeit von der Zeit ergibt. Das ursprünglich parallel angebotene Bild 23 a wird nunmehr über einen einzigen Verbindungsweg zum Empfänger übertragen (Seriensystem).

Die normalerweise für das Fernsehen verwendete Abtastung unterscheidet sich von der in Bild 23 schematisch gezeigten unter anderem dadurch, daß mit „Zeilensprung" abgetastet wird. Das heißt, es wird zunächst ein erstes Halbbild abgetastet, welches die 1., 3., 5., 7. usw. Zeile enthält und danach ein zweites Halbbild, welches die 2., 4., 6. usw. Zeile enthält. Durch diese zwei ineinandergeschobenen Halbbilder wird erreicht, daß das Auge das Bildflimmern weniger stark empfindet. Die Fernsehnorm sieht vor, daß das Bild in 625 Zeilen zerlegt wird. Dies ergibt offensichtlich eine sehr viel feinere Auflösung als die 10 Zeilen von Bild 23 a (siehe auch Bild 74). In jeder Sekunde werden 50 Halbbilder, also 25 Vollbilder, übertragen. Das Bildformat ist nicht quadratisch, sondern Breite zu Höhe verhalten sich wie 4 : 3. Als Zahl der Bildpunkte könnte man demnach $625 \cdot (4/3 \cdot 625) = 520\,000$ vermuten. Aus verschiedenen Gründen, die hier nicht erörtert werden sollen, sind es tatsächlich nur etwa 300 000. Ein grundsätzlicher Unter-

schied zwischen dem Schema von Bild 23 und der Fernsehtechnik liegt noch darin, daß beim Fernsehen für jeden Bildpunkt nicht nur die zwei Möglichkeiten Schwarz oder Weiß zulässig sind, sondern auch alle Zwischenwerte, also Grautöne. Hier ist festzuhalten, daß durch die zeilenweise Abtastung entsprechend Bild 23 ein parallel dargebotenes Signalbündel („Raumvielfach") in eine zeitliche Folge, eine serienmäßige Signalfolge umgewandelt werden kann („Zeitvielfach").
Die umgekehrte Funktion, nämlich Umwandlung der zeitlichen Signalfolge in ein parallel angebotenes Signalbündel, leistet die Fernsehbildröhre im Empfänger. Diese schreibt die übertragenen Helligkeitsinformationen nach dem Schema von 23 b auf einen nachleuchtenden Bildschirm. Werden mehr als 20 ... 30 Bilder in jeder Sekunde aufgezeichnet, so reicht die Trägheit unseres Auges aus, um die Bildfolge als ununterbrochen zu empfinden („Flimmergrenze"). Von der Kameraröhre zur Bildröhre werden außer den Helligkeitsinformationen auch noch Zeilen- bzw. Bildsynchronisierungsimpulse übertragen. Diese kennzeichnen die Zeitpunkte, wann eine Zeile am Ende ist und auf den Anfang der nächsten Zeile (bzw. des nächsten Bildes) zurückgesprungen wird.
Zeitlich ruhende Bilder sind Beispiele parallel angebotener Signalbündel. Sie werden im Auge (siehe Bild 5) durch eine große Anzahl gleichzeitig wirksamer Wandler in Nervenreize umgewandelt. Im Gegensatz hierzu sind akustische Signale, z. B. hörbare Sprache oder Musik, typische Beispiele serienmäßig angebotener Signale (wenn wir stereophonische Effekte vernachlässigen und uns auf „einkanalige" akustische Systeme beschränken).
Hörbare Signale sind normalerweise Druckschwankungen der umgebenden Luft. Einmalige, stoßartige Schwankungen des Luftdrucks, z. B. bei einer Explosion, empfinden wir als Knall. Wiederholte, periodische Schwankungen des Luftdrucks empfinden wir als Töne, wenn die Schwankungen mit mindestens etwa 16 Schwingungen je Sekunde und höchstens etwa 16 000 Schwingungen je Sekunde auftreten. Die Tonhöhe hängt dabei ab von der Anzahl der Schwingungen je Sekunde, nicht jedoch von der Stärke der Druckschwankungen. Bild 24 zeigt beispielsweise für die Töne der C-Dur-Tonleiter die Anzahl der Schwingungen je Sekunde. Statt „Schwingungen je Sekunde" sagt man häufig „Hertz", abgekürzt Hz, zu Ehren des Physikers HEINRICH HERTZ (1857—1894). 1000 Schwingungen je Sekunde nennt man 1 Kilohertz (kHz), 1 000 000 Schwingungen je Sekunde 1 Megahertz (MHz).
Wenn wir Töne mit zunehmender Tonhöhe, aber konstanter Lautstärke in ein normales Telefon singen oder pfeifen, so kann der Empfänger am anderen Ende der Verbindung diese nicht immer hören. Manche Töne gehen beinahe unverändert durch das Telefonsystem, andere nicht. Bei genauerer Untersuchung zeigt es sich, daß die Töne mit Frequenzen zwischen etwa 300 Hz und 3400 Hz, also etwa die

Töne e_1 bis a_4 der Tonleiter übertragen werden, diejenigen unterhalb 300 Hz und oberhalb 3400 Hz nur stark geschwächt oder gar nicht. Das Telefonsystem überträgt also ein Frequenzband von 300 ... 3400 Hz, hat somit eine Bandbreite von 3400—300 = 3100 Hz. Dieses Frequenzband wurde so gewählt, weil mit ihm eine genügend hohe Sprachverständlichkeit erreicht werden kann, ohne daß die Fernsprechsysteme

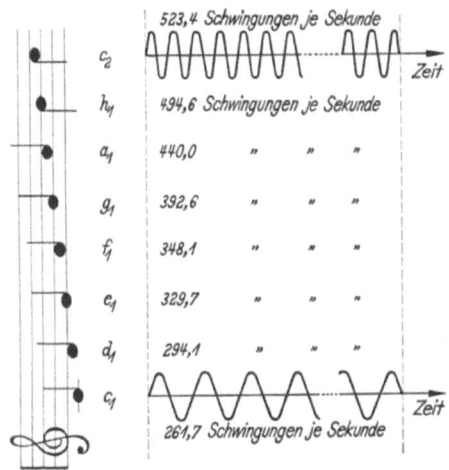

Bild 24. C-Dur-Tonleiter und zugehörige Schwingungszahlen

unnötig teuer werden. Tatsächlich ist jedoch der von Menschen erzeugbare und dem Menschen wahrnehmbare Frequenzbereich viel weiter. Das gesunde junge menschliche Ohr kann etwa 16 ... 16 000 Hz wahrnehmen. Mit zunehmendem Alter nimmt meist die obere Hörgrenze ab. Die obere Hörgrenze von Tieren liegt zum Teil viel höher als die von Menschen.
Nicht nur bei akustischen Signalen (die also aus periodischen Druckschwankungen in der Luft bestehen) spricht man von Bandbreite und Frequenzband. Die Informationstechnik benutzt diese Begriffe oft im Zusammenhang mit elektrischen Signalen und elektrischen Übertragungssystemen. Einige kennzeichnende Zahlenwerte von Bandbreite und Frequenzband sind in der folgenden Tabelle (S. 54 oben) aufgezeigt.
Zwischen der Bandbreite eines Signals und der je Zeiteinheit maximal übertragbaren Informationsmenge besteht ein enger Zusammenhang. Offensichtlich kann man um so mehr Information je Zeiteinheit übertragen, je größer die Bandbreite des Übertragungssystems ist. Die „Kanalkapazität" hängt also u. a. von der Bandbreite ab. In Bild 25 a und 25 b sind die zeitlichen Verläufe zweier Signale $s_1(t)$ und $s_2(t)$ angedeutet. Es kann sich hierbei z. B. um Druckschwankungen in der

Luft, um elektrische Ströme oder aber auch um zeitliche Veränderungen der Pulsfrequenz der Nervenaktionsströme (siehe Bild 6) handeln. Die beiden Signale $s_1(t)$ und $s_2(t)$ sind einander ähnlich, sie gehen

Signale	Bandbreite	Frequenzband
Ferngespräche	3100 Hz	In Trägerfrequenzsystemen, mit z. B. 120 Sprechkanälen der 1. Kanal 12,6 ... 15,7 kHz der 120. Kanal 548,3 ... 551,4 kHz
Rundfunkprogramme	9950 Hz	50 ... 10 000 Hz
Fernsehbildsignale	5 000 000 Hz	z. B. Band III Kanal 5: 175,25 ... 180,25 MHz Kanal 6: 182,25 ... 187,25 MHz Kanal 7: 189,25 ... 194,25 MHz Kanal 8: 196,25 ... 201,25 MHz Kanal 9: 203,25 ... 208,25 MHz Kanal 10: 210,25 ... 215,25 MHz Kanal 11: 217,25 ... 222,25 MHz

durch Veränderung des Zeitmaßstabes auseinander hervor. Hat man das Signal z. B. auf die doppelte Zeit gedehnt, so wird die Bandbreite halbiert. Die übertragbare Infomationsmenge hängt also offensichtlich vom Produkt Bandbreite mal Zeit ab.

In Bild 25 c ist nicht mehr der ganze Zeitverlauf $s_2(t)$ gezeichnet, sondern nur noch einige Momentanwerte s_2^* zu den äquidistanten Zeitpunkten

$$0, \ 1 \cdot \Delta t, \ 2 \cdot \Delta t, \ 3 \cdot \Delta t, \ 4 \cdot \Delta t \ldots \text{usw.}$$

Ist der zeitliche Abstand Δt zwischen den einzelnen Abtastungen kleiner als $1/2 B$ (wenn B die Bandbreite des abgetasteten Signals ist), so kann aus den abgetasteten Momentanwerten das ursprüngliche Signal $s_2(t)$ wieder eindeutig reproduziert werden, wie Bild 25 c andeutet. Dies ist die Aussage des „Abtasttheorems". Es ist also unmöglich, daß unter Beibehaltung einer Bandbreite gleich B_2 ein anderer zeitlicher Verlauf als $s_2(t)$ durch die Abtastpunkte $s_2^*(t)$ gemäß Bild 25 c gelegt wird.

Hat man beispielsweise ein Fernsprechsignal mit der Bandbreite von 3100 Hz, so muß der zeitliche Abstand Δt kleiner oder gleich $1/2 \cdot 3100 = 161$ Millionstel Sekunden (161 µs) sein. Praktisch nimmt man meist 125 µs, entsprechend einer Abtastfrequenz von $1/125$ µs $= 8000$ je Sekunde.

Umgekehrt kann man aus der Anzahl der vorgegebenen Signale je Zeiteinheit auf die erforderliche Bandbreite zurückschließen. Beispielsweise überträgt man Telegraphiesignale mit Stromimpulsen von 20 Millisekunden (ms) Abstand. Da alle 20 ms ein beliebiger binärer

Wert vorgegeben ist, ist auch $\Delta t = 20$ ms und die erforderliche Bandbreite B mindestens $1/2 \cdot \Delta t = 1000/2 \cdot 20 = 25$ Hz. Entsprechend hat man beim Fernsehsignal (siehe Bild 23), wenn in jeder Zeile $625 \cdot 4/3 = 835$ Bildpunkte dargestellt werden sollen, $25 \cdot 625 \cdot 835 = 13$ Millionen vorgebbarer Signale. Diese folgen einander im zeitlichen Abstand von $\Delta t = 1/13 \cdot 10^6$ Sekunden, so daß man zur Übertragung des Fernsehbildes eine Bandbreite $13 \cdot 10^6/2 = 6{,}5$ MHz braucht. Tatsächlich werden nur 5 MHz verwendet (siehe oben). Dies bewirkt, daß die Bildschärfe in Zeilenrichtung etwas geringer als in vertikaler Richtung ist.

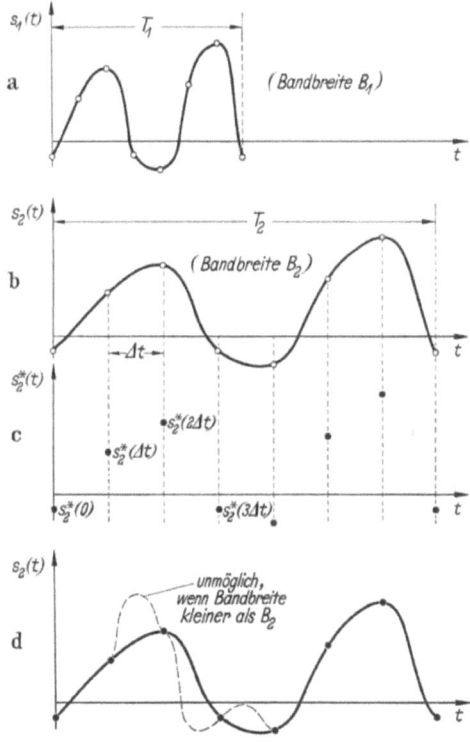

Bild 25. Bandbreite und Abtasttheorem

Im 3. Kapitel wurde der Informationsgehalt eines Informationsrepertoires erklärt und Formeln zu seiner zahlenmäßigen Berechnung angegeben. Der so berechnete Informationsgehalt kann unter anderem dazu verwendet werden, die Forderungen an einen Informationskanal zahlenmäßig zu fixieren. Etwa so, wie man für eine Wasserleitung berechnen kann, welche Wassermenge bei einem bestimmten Druck und bei bestimmtem Querschnitt je Zeiteinheit hindurchfließt. Zur Berechnung der Informationskapazität eines Informationskanals dient die SHANNONsche Formel [99]. Sie sei mit Bild 26 erläutert: Bild 26 a zeigt das Schema eines Informationskanals. Eine Informationsquelle, z. B. ein sprechender Mensch, liefert „Informationen" akustisch an den Signalsender. Dies möge beispielsweise ein Telefonapparat sein. Der Signalsender verwandelt die Informationen in eine zum Transport geeignete Form, zum Beispiel in elektrische Ströme. Der Übertragungsweg, zum Beispiel ein Kabel, leitet diese Ströme dem fernen Signalempfänger zu, der die elektrischen Ströme wieder in hörbare Sprach-

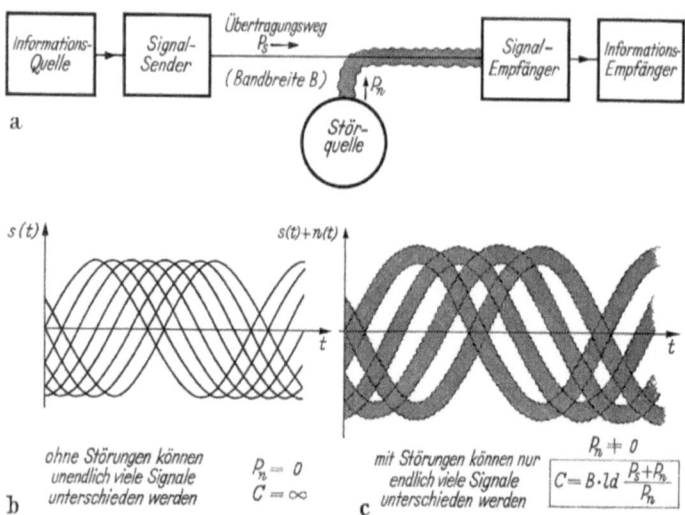

Bild 26. Zur SHANNONschen Formel für die Kanalkapazität

laute zurückverwandelt und die entsprechenden Lautzeichen dem hörenden Menschen, dem Informationsempfänger, zuleitet. Die transportierten Signale mögen beim Signalempfänger mit der Signalleistung P_s (gemessen z. B. in Milliwatt) ankommen. Solange nun auf dem Übertragungswege sich den Signalströmen $s(t)$ keine Störungen beimischen (Störleistung $P_n = 0$), ist die Kanalkapazität C auch bei endlicher Bandbreite B unendlich groß. Dies sei durch Bild 26 b angedeutet: Wenn die empfangenen Signale unendlich scharf aufgenommen werden, können unendlich viele verschiedene Signale vom Sender zum Empfänger transportiert werden. Dies ist jedoch tatsächlich nie der Fall: Bei allen realisierten Übertragungswegen mischt sich dem Signalstrom $s(t)$ ein Störstrom $n(t)$ bei, so wie es in Bild 26 c angedeutet ist. Dieser Störstrom rührt zum Beispiel von benachbarten Kabeln, von atmosphärischen Störungen usw. und schließlich von Schwankungen der Stromleitung durch die Elektronen her. Faßt man alle diese Störungen als Wirkungen einer „Störquelle" auf, welche an den Eingang des Signalempfängers eine Störleistung P_n liefert, so können beim Empfänger nicht mehr unendlich viele verschiedene Signale unterschieden werden, sondern nur noch endlich viele. SHANNON hat gefunden, daß die Kanalkapazität (gemessen in bit je Sekunde) sich aus der Bandbreite B, der Signalleistung P_s und der Störleistung P_n errechnet gemäß

$$\text{Kanalkapazität } C = B \operatorname{ld} \frac{P_s + P_n}{P_n}$$

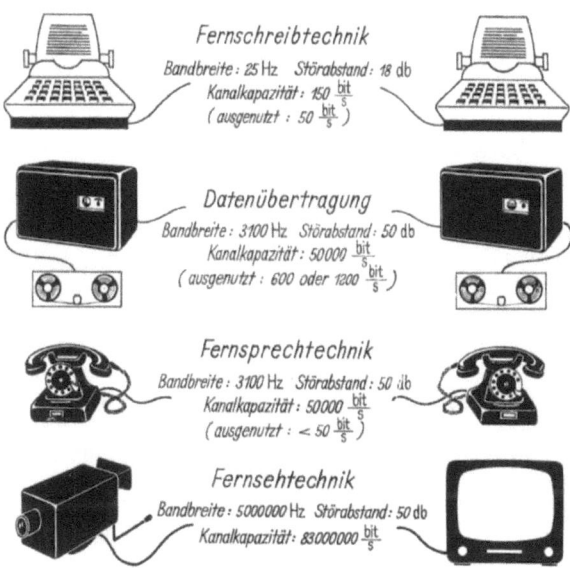

Bild 27. Wichtige Informationsübertragungsarten

Für einen normalen Fernsprechkanal mit einer Bandbreite $B = 3100$ Hz und einem Verhältnis von Signalleistung zu Störleistung $P_s : P_n = 100\,000$ errechnet sich nach der SHANNONschen Formel die Kanalkapazität C zu

$$C = B \operatorname{ld} \frac{P_s + P_n}{P_n} = 3\,100 \cdot \operatorname{ld} 100\,000 \approx 50\,000 \frac{\text{bit}}{\text{s}}$$

In Bild 27 sind die wichtigsten Informationsübertragungsarten schematisch dargestellt. Für Fernschreibtechnik, Datenübertragung, Fernsprechtechnik und Fernsehtechnik sind jeweils Bandbreite, typischer Störabstand und die daraus sich errechnenden Kanalkapazitäten angegeben.

Man kann also im Prinzip mit Hilfe der Fernsehtechnik sehr viel mehr Information übertragen als mit Hilfe der Fernsprechtechnik und mit dieser wiederum mehr als mit der Fernschreibtechnik.

Im 3. Kapitel wurde festgestellt, daß der mittlere Informationsgehalt eines Buchstabens in einem deutschen Text bei etwa 1 bit je Buchstabe liegt. Beim Ablesen eines Textes werden etwa 5 ... 20 Buchstaben je Sekunde gelesen. Dies ergibt eine Informationsproduktion von 5 ... 20 bit je Sekunde. Dazu kommt noch ein Beitrag, welcher den sogenannten „Begleitinformationen" entspricht, beispielsweise der Tonhöhe, der Lautstärke usw. Die gesamte von einem Menschen beim Sprechen produzierte Informationsmenge dürfte jedoch immer unter 50 bit je Sekunde liegen. Die oben errechnete Kapazität eines Fernsprechkanals von etwa 50 000 bit je Sekunde wird demnach vom Sprecher nur zu einem winzigen Bruchteil ausgenutzt. Man kann daraus schließen, daß die übliche Art der Übertragung von Sprachsignalen vom Standpunkt der Informationstheorie sehr unökonomisch ist. Ein Teil der „verschwendeten" Kanalkapazität erhöht die Übertragungssicherheit, ein anderer Teil ist aber nutzlos.

Die Informationstechniker bemühen sich, die Kosten für die Übertragungswege möglichst niedrig zu halten. Die informationstheoretische Kanalkapazität soll auch tatsächlich ausgenutzt werden. Beispielsweise könnte die menschliche Sprache (siehe 12. Kapitel) sehr viel ökonomischer übertragen werden, wenn die einzelnen Laute der Sprache auf der Sendeseite durch automatische Systeme erkannt und in Telegrafie-Signale verwandelt würden („Lauttelegrafie"). Dann könnte man die Kanalkapazität so klein machen, als der produzierten Informationsmenge je Zeiteinheit entspricht, also weniger als 50 bit je Sekunde.

Der zeitliche Verlauf von Signalen mit endlicher Bandbreite B (siehe z. B. Bild 25) kann über eine angebbare Zeit in die Zukunft hinein vorhergesagt werden. Dies sei mit Bild 28 veranschaulicht. In Bild 28 a ist ein Signal $s(t)$ in Abhängigkeit von der Zeit dargestellt. Kennt man den Verlauf des Signals in der Vergangenheit (t_4, t_3, t_2, t_1) bis zur Gegenwart (t_0), so kann man für den weiteren Verlauf in die Zukunft hinein (t_{-1}, t_{-2} usw.) dann Voraussagen machen, wenn einerseits die Bandbreite endlich ist und andererseits der bisher beobachtete Verlauf nicht zu stark gestört war. Nach unseren Überlegungen über das „Abtasttheorem" (Bild 25) ist eine Voraussage höchstens bis zur Zeit $1/2\,B$ möglich. War das Signal bisher jedoch gestört (Bild 28 b), so ist die Möglichkeit der Voraussage viel schlechter [61]. Die Störung ist in Bild 28 b dadurch angedeutet, daß für $s(t)$ eine obere Grenze $s_0(t)$ und eine untere Grenze $s_u(t)$ eingezeichnet ist. Der „richtige" Wert für $s(t)$ liegt in jedem Augenblick irgendwo dazwischen, wo, ist unbekannt. Unter diesen Voraussetzungen ist die Voraussage des zukünftigen Signalverlaufs viel schwieriger, wenn nicht gar unmöglich. In Bild 28 b sind beispielsweise zwei Möglichkeiten der „Voraussage" A und B angedeutet. Sie streuen so sehr, daß sie keine sinnvolle Bedeutung mehr haben.

5. Signale in Raum und Zeit

In informationsverarbeitenden Systemen können die Informationen entweder „analog" oder „digital" dargestellt sein. Diese Unterscheidung sei an Hand von Bild 29 erläutert: In Analogsystemen werden die Aufgaben durch Experimente mit mathematisch gleichwertigen Systemen gelöst. Die Informationen sind durch physikalische Größen dargestellt, die meist in Grenzen kontinuierlich veränderlich sind. Im Gegensatz hierzu arbeiten digitale Systeme mit Zahlen, Befehlen und sonstigen Begriffen, die in unstetiger, ziffernmäßiger Form dargestellt sind. Beispiele hierfür sind im 2. und 3. Kapitel zu finden. Es werden heutzutage sowohl Analogrechenautomaten als auch digitale Rechenautomaten verwendet. Bild 29 gibt kurze Hinweise auf ihre Vor- und Nachteile.

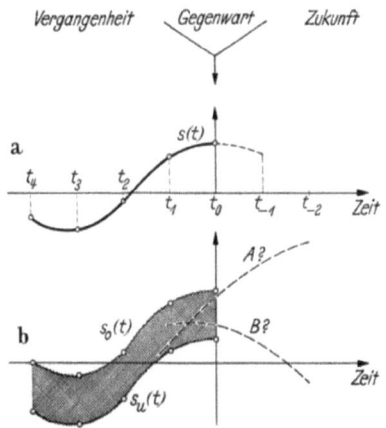

Bild 28. Voraussagemöglichkeit bei einem ungestörten Kanal (a) und bei einem gestörten Kanal (b)

Die Informationsübertragung durch die Aktionsströme der Nervenfaser (Bild 6) ist im Regelfall zwar impulsartig, aber weder digital noch binär. Die Information liegt hier in den zeitlichen Abständen zwischen den einzelnen Nervenimpulsen. Diese sind normalerweise kontinuierlich veränderbar, sie entsprechen einer stetigen, „analogen" Informationsübertragung durch Pulsfrequenzmodulation. Allerdings wurde schon (z. B. von J. SCHWARZKOPFF [95]) auf Grund bestimmter Beobachtungen vermutet, daß im Nervennetz gelegentlich auch digitale Informationsübertragung auftreten könnte. Technische ebenso wie organische Systeme können Informationen von analoger Darstellung in digitale Darstellung umsetzen und umgekehrt.

Bei der Diskussion der Gesetzmäßigkeiten von Signalen in Raum und Zeit ist die Vorstellung des „abgeschlossenen Systems" nützlich. Bei einem abgeschlossenen System ist der „innere Bereich" vom „äußeren Bereich" durch undurchdringliche Wände abgeschlossen. Die Folge der Abtrennung des inneren Bereiches ist, daß alle im inneren Bereich befindlichen Mengen konstant bleiben, für welche ein „Erhaltungssatz" gilt. Sieht man z. B. von atomaren Zerfallserscheinungen ab, so gilt ein Erhaltungssatz für die Materialmenge im abgeschlossenen Raum, d. h. die Materialmenge, die zu irgendeinem Zeitpunkt in das abgeschlossene System gebracht wurde, ist zu einem späteren Zeitpunkt auch noch darin. Musterbeispiele abgeschlossener Systeme sind Panzer-

	analog	digital
Darstellungsform der Informationen	mathematisch entsprechende physikalische Größen, meist stetig	unstetige Signale meist binär (ja/nein)
Beispiel	Längen elektrische Ströme 	Ziffern: 1,2,3,4,5,6,7,8,9,0 Buchstaben: a, b, c ··· z Codezeichen
festzulegen ist	Maßstab z.B. 1 cm entspricht 1 kg	Bedeutung der Signale z.B. 4 = 1+1+1+1
Anwendungsbeispiel	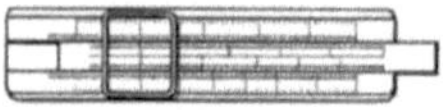 Rechenschieber	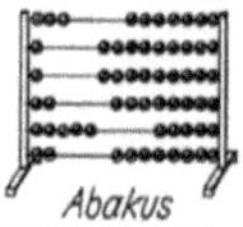 Abakus
technischer Vorteil	einfache Realisierung schnell, anschaulich	hohe Rechengenauigkeit, Speichermöglichkeit, flexible Programmierbarkeit
Nachteil	schlechte Speichermöglichkeit; geringe Rechengenauigkeit; nur stetige Vorgänge	kostspielige Realisierung
Fehler	Meßungenauigkeiten	Abrundungsfehler

Bild 29. Vergleich Analog — Digital

schränke und Konservendosen. Außer für Materialmengen kann man sich abgeschlossene Systeme auch für Energiemengen vorstellen und eventuell verwirklichen. Eine aufgezogene, aber nicht gehende Federuhr bildet ein abgeschlossenes System für die in der Feder gespeicherte mechanische Energie. Wird die Uhr zum Laufen angestoßen, so verwandelt sich die mechanische Energie der Feder allmählich in Reibungswärme und wird an die Umgebung abgegeben. Eine Thermosflasche hält eingebrachte Wärmeenergie zusammen und ist wenigstens angenähert als abgeschlossenes System anzusehen. Ein aufgeladener Akkumulator kann so lange als abgeschlossenes System betrachtet werden, als ihm durch angeschlossene Leitungen keine elektrische Energie entnommen wird.

Man kann sich auch gegen Informationsübertragung abgeschlossene Systeme vorstellen. Für diese gilt dann, daß die Informationsmenge sich nicht vergrößern kann, sie bleibt entweder konstant oder verringert sich. In diesen Zustand ist beispielsweise ein Mensch in einer Zelle versetzt, der weder durch Gespräche noch durch Zeitungen, Rundfunk oder Fernsehen Informationen von der Außenwelt empfängt.

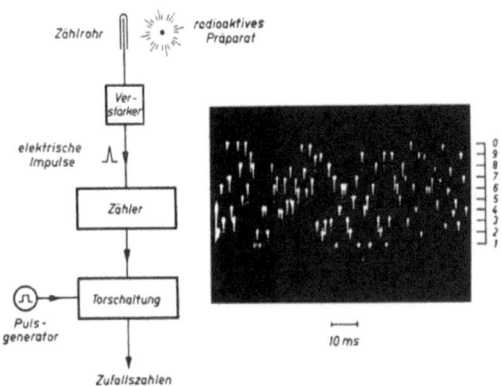

Bild 30. Zur Erzeugung von Zufallszahlen

Normalerweise konstruiert man technische Geräte so, daß ihre Funktion determiniert verläuft. Abweichungen von der Determiniertheit, z. B. infolge von Wackelkontakten oder von Bauelementefehlern sind unerwünscht und gelten als Störungen. In manchen Fällen ist es jedoch zweckmäßig, in technische Systeme auch undeterminierte, sogenannte „stochastische" Funktionen einzufügen. „Stochastisch" nennt man z. B. eine zeitliche Folge von Signalen dann, wenn es keine Möglichkeit gibt, aus der Kenntnis der bisher produzierten Signale die zukünftigen zu ermitteln. Die Signale dürfen nur Wahrscheinlichkeitsgesetzen gehorchen. Stochastische Signale werden beispielsweise beim normalen Würfeln erzeugt, bei dem man auch den nächsten Wurf nicht voraussagen kann, sondern nur für die möglichen verschiedenen Ergebnisse (Würfelzahlen 1, 2, 3, 4, 5 und 6) die Wahrscheinlichkeiten, nämlich bei einem idealen Würfel jeweils ein Sechstel. Man kann auch mit elektrischen Schaltungen stochastische Signale erzeugen. Bild 30 zeigt eine Möglichkeit der Erzeugung von „Zufallszahlen". Ein radioaktives Präparat sendet zu unbestimmten Zeitpunkten Elementarteilchen aus. Diese treten in ein „Zählrohr" ein, das mit der Erzeugung kurzer elektrischer Impulse reagiert. Diese Impulse werden verstärkt und einem Zähler zugeführt. Die unvoraussagbare Stellung des Zählers wird zu bestimmten Zeitpunkten nach außen signalisiert, das heißt es werden Zufallszahlen abgegeben. In Bild 30 ist auf der rechten Seite ein Oszillogramm erzeugter Zufallszahlen wiedergegeben. Die ganze Anordnung wirkt wie ein „elektrischer Würfel".

Solche Zufallszahlengeber werden beispielsweise dazu benutzt, die Funktion großer Fernsprechsysteme zu simulieren, bei denen die angeschlossenen Teilnehmer zu unbekannten Zeitpunkten eine Verbindung aufbauen wollen. Andere Anwendungsbeispiele sind die in der Mathematik als „Monte-Carlo-Methode" bezeichneten Rechenverfahren.

Die Zufallszahlengeber sind von prinzipieller Bedeutung. Sie zeigen, daß technische Systeme nicht zwangsläufig determiniert sein müssen und sie lehren, daß es mathematische Methoden gibt, das Verhalten solcher stochastischer Systeme zu erfassen; zwar nicht in ihren Einzelerscheinungen, wohl aber im größeren Verband.

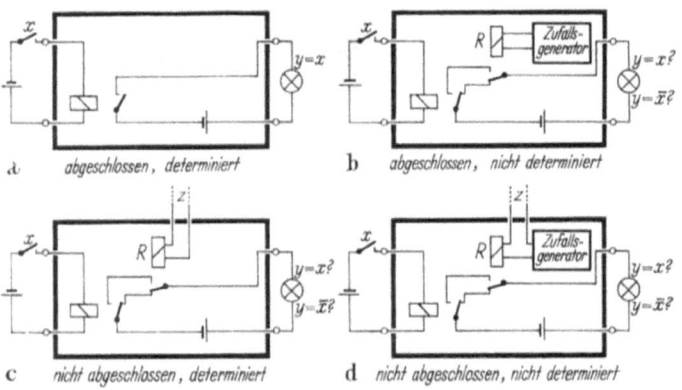

Bild 31. Verschiedene Systemtypen

Bild 31 zeigt verschiedene Systemtypen, nämlich
Bild 31 a ein abgeschlossenes, determiniertes System,
Bild 31 b ein abgeschlossenes, nicht determiniertes System,
Bild 31 c ein nicht abgeschlossenes, determiniertes System und
Bild 31 d ein nicht abgeschlossenes und nicht determiniertes System.

Das abgeschlossene und determinierte System von Bild 31 a ist extrem einfach. In seinem Inneren befindet sich nur ein Relais, welches dann betätigt wird, wenn der Schalter x geschlossen wird, und eine Batterie. Am Ausgang dieses Systems ist eine Anzeigelampe angeschlossen. Deren Aufleuchten sei durch $y=1$ gekennzeichnet, deren Nichtaufleuchten durch $y=0$. Der Zusammenhang zwischen der binären Eingangsgröße x und der binären Ausgangsgröße y kann mit vollkommener Sicherheit beschrieben werden durch die Gleichung $y=x$. Dieser triviale Zusammenhang ist nicht wesentlich für das abgeschlossene, determinierte System. Es gibt auch kompliziertere, beispielsweise das Dualzahlenaddierwerk von Bild 20 oder der Zuordner Adresse-Transportweg von Bild 21. Für die abgeschlossenen, determinierten Systeme ist wesentlich, daß die Ausgangsgrößen durch die Eingangsgrößen in eindeutiger Weise („kausal") bestimmt sind. Bei dieser Art von Systemen muß noch unterschieden werden zwischen solchen, die Speicher enthalten (siehe 6. Kapitel) und solchen, die keine Speicher enthalten. Die Schaltung von Bild 31 a enthält keinen Speicher, deshalb ist die Ausgangsgröße durch die in demselben Augenblick anliegenden Eingangsgrößen vollständig bestimmt. Enthielte die Schaltung aber auch noch Speicher, so müßte zusätzlich noch bekannt sein, welche Informationen zeitlich vorher eingegeben wurden. Das System muß also nicht nur als im Raum abgeschlossen betrachtet werden, sondern ebenso auch noch in der Zeit.

In Bild 31 a kann ein äußerer Beobachter, der nur die Vorgänge an den Eingangsklemmen (veranschaulicht durch x) und den Ausgangsklemmen (veranschaulicht durch y) beobachtet, zwar eindeutige Zusammenhänge zwischen den Eingangsgrößen und den Ausgangsgrößen feststellen, er ist aber nicht in der Lage, die Schaltung des abgeschlossenen Systems eindeutig anzugeben. Es gibt im Prinzip unendlich viele Schaltungen, die nach außen hin dasselbe Verhalten ergeben. Man nennt diese „äquivalente Schaltungen". Deren Existenz zeigt, daß zwar der Schluß von einer bekannten abgeschlossenen, determinierten Schaltung zum Verhalten eindeutig ist, nicht jedoch der umgekehrte Schluß vom Verhalten auf die Schaltung. In vielen und typischen Fällen gibt es allerdings ausgezeichnete Schaltungen minimalen Aufwandes.

Das System 31 b ist zwar abgeschlossen, es ist jedoch nicht determiniert. Diese Indeterminiertheit rührt daher, daß ein Zufallsgenerator (z. B. ähnlich Bild 30) ein Relais R betätigt. Die Stellung dieses Relais ist dem Beobachter unbekannt. Er kann deshalb — trotz Kenntnis der Eingangsgröße x — nicht voraussagen, welche Ausgangsgröße y sich ergeben wird. Dem Zufallsgenerator in der Wirkung gleichwertig sind Veränderungen des abgeschlossenen Systems, die der Beobachter nicht kennt, z. B. ein Drahtbruch oder dgl. Wenn es im Prinzip möglich ist, diese Veränderungen auf (zunächst) unbekannte Ursachen innerhalb des Systems zurückzuführen, so wird das System weiterhin als abgeschlossen, aber nicht determiniert angesehen (LAPLACE: Mit dem Wort „Zufall" gibt der Mensch nur seiner Unwissenheit Ausdruck).

Sind diese Veränderungen jedoch die Folge unbekannter Einflüsse von außerhalb, dann ist das System nicht abgeschlossen. Bild 31 c zeigt ein solches. Das Relais R ist diesmal durch eine „Störgröße" z entweder eingeschaltet oder nicht eingeschaltet. Von einem nicht abgeschlossenen System wird dann gesprochen, wenn der Beobachter im Prinzip keine Kenntnis von z erhalten kann. Bei Systemen mit Informationsspeicher kann die Störgröße auch über gespeicherte Informationen wirken.

Bild 31 d zeigt ein nicht abgeschlossenes und nicht determiniertes System. Die Ausgangsgröße y ist hier auch bei Kenntnis der Eingangsgröße x nicht angebbar, und zwar einerseits, weil innerhalb des Systems unbekannte Ursachen wirksam sind und andererseits, weil das System von außerhalb in nicht feststellbarer Weise verändert wird.

Die These der Kybernetik (siehe Seite 7) unterstellt nicht, daß lebende Systeme „determiniert" sind. Schon die Unschärferelation der Atomphysik (siehe 1. Kapitel) läßt vermuten, daß zufällige Effekte wirksam sein werden. Es dürfte jedoch kaum vertretbar sein, hinter dieser unbehebbaren Zufälligkeit die Einwirkung äußerer Einflüsse zu vermuten.

6. Kapitel

Speicher

Speicher sollen Informationen über Zeiträume hinweg bewahren. Wenn wir beispielsweise einen Knoten ins Taschentuch machen oder im Terminkalender etwas für einen späteren Zeitpunkt notieren, dann speichern wir Informationen. Unsere normale, mechanische Umwelt bietet so viele einfache Möglichkeiten zur Speicherung, daß uns „Speichern" gar nicht als ein Problem erscheint. Zum Problem wird Speichern erst dann, wenn wir versuchen, in der Welt der elektrischen Vorgänge Informationen zu speichern. Dies sei mit Bild 32 erläutert: Bild 32 a zeigt schematisch, wie auf eine feste Unterlage, z. B. Papier, mit Tinte geschrieben wird. Ohne Zweifel werden die geschriebenen Zeichen, falls sie nicht absichtlich zerstört werden, praktisch unbegrenzte Zeit erhalten bleiben. Nehmen wir — wie in Bild 32 b gezeigt — nicht einen festen Körper als Unterlage, sondern eine Flüssigkeitsoberfläche, so zerfließt die Tinte sofort. Es gelingt uns nicht, Informationen zu speichern. Ähnlich liegen die Verhältnisse in Gasen, wie wir z. B. an den rasch auseinanderfließenden Zeichen der Himmelsschreiber erkennen können. Die Möglichkeit einfacher Speicherung beruht offensichtlich auf der Formbeständigkeit fester Körper.

In der Welt elektrischer Vorgänge ist die Speicherung von Informationen sehr viel schwieriger als in der mechanischen Welt. Versuchen wir beispielsweise — wie in Bild 32 d angedeutet — mit einer elektrischen Ladung Zeichen auf ein beliebiges Material aufzubringen, so verfließen diese mehr oder weniger rasch, bei Leitern sehr schnell, bei „Nichtleitern" (besser „Schlechtleitern") etwas langsamer. Das Auseinanderfließen ähnelt dem Auseinanderfließen der Tinte in Bild 32 b. Man kann durch einige technische Kunstgriffe das Auseinanderfließen eindämmen. Dies wird z. B. in den „Speicherröhren" getan. Normaler-

6. Speicher

weise ermöglichen jedoch elektrische Ladungen keine wirksame Informationsspeicherung.
Der wichtigste physikalische Effekt, der zur nichtmechanischen Informationsspeicherung ausgenutzt wird, ist die Magnetisierung des Eisens

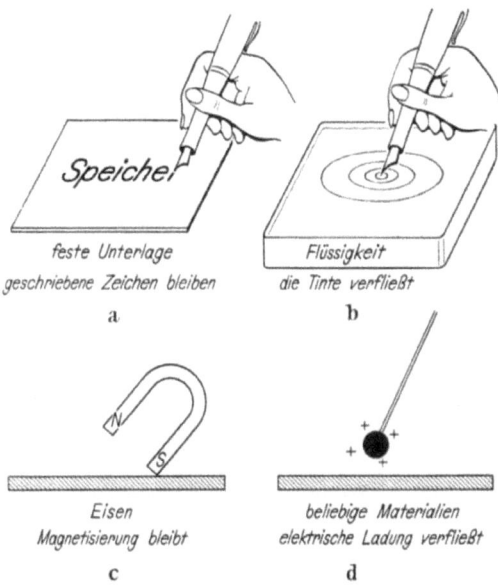

Bild 32. Zur Erklärung des Begriffes „Speicher"

(oder anderer „ferromagnetischer" Stoffe wie Eisenlegierungen, Nickel, „Ferrite" usw.). Dies ist in Bild 32 c angedeutet. Wird ein Eisenstab magnetisiert, so behält er — ohne äußere Eingriffe oder Energiezufuhr — diese Magnetisierung über unbegrenzte Zeit. Man kann also offensichtlich durch Magnetisierung ferromagnetischer Stoffe Informationen speichern. Bekannte Beispiele hierfür sind vor allem Magnettongeräte, welche akustische Zeichen speichern, oder Bandspeicher, mit denen Fernsehsignale gespeichert werden.
Die Informationsspeicherung ist ein „Transport" von Informationen über Zeiträume hinweg. Dieser Vorgang hat große Ähnlichkeit mit dem Transport von Informationen über räumliche Entfernungen hinweg, wie er durch Übertragungskanäle geleistet wird.
Beispielsweise kann das Schema von Bild 26 a samt zugehörigen Erläuterungen beinahe wörtlich auf das Problem der Informationsspeicherung angewandt werden. Werden beispielsweise Informationen auf einer Schallplatte gespeichert, so wirken als Störquelle die Unvollkommenheiten der Plattenpresse, des Plattenmaterials und die Nadel-

geräusche. Die Kanalkapazität kann jedoch auch hier nach der SHANNONschen Formel berechnet werden.

Vielfach werden die Speicher informationsverarbeitender Systeme als deren „Gedächtnisse" bezeichnet. Diese saloppe Gleichsetzung der beiden Begriffe „Speicher" und „Gedächtnis" ist abzulehnen: Gedächtnisse leisten mehr als Speicher; der wichtigste Unterschied besteht darin, daß Informationen aus Speichern über ihre Adresse abgerufen werden müssen, aus Gedächtnissen jedoch durch assoziative Vorgänge.

Die Technik der Informationsverarbeitung machte erst dann nennenswerte Fortschritte, als es gelang, binäre Signale mit erträglichem Aufwand zu speichern [102]. Zuerst wurde versucht, mechanische Speicher, z. B. Lochstreifen (siehe Bild 12) oder Lochkarten oder Relais zu verwenden. Alle diese Möglichkeiten waren jedoch zu langsam und zu kostspielig.

Neuere Verfahren der Speicherung machen Gebrauch von verschiedenen physikalischen Vorgängen. Im folgenden sollen nur solche Anordnungen beschrieben werden, die beim Bau informationsverarbeitender Systeme schon verwendet wurden oder voraussichtlich verwendet werden. Viele physikalisch oder technisch interessante Vorschläge, die geringe praktische Bedeutung haben, werden übergangen.

Gelegentlich werden bistabile Schaltungen aus Röhren, Transistoren oder Magnetverstärkern („Flipflop"-Schaltungen) verwendet. Solche Flipflop-Schaltungen bestehen jeweils aus zwei Verstärkerelementen, die gleichstrommäßig rückgekoppelt sind (siehe Bild 62). Die Wirkung dieser Rückkopplung ist, daß nur eines dieser beiden Verstärkerelemente Strom zieht und das andere sperrt. Dieses bistabile Verhalten wird für Speicherzwecke ausgenutzt, wenn kleine Speicherkapazitäten gebraucht werden.

Speichermatrizen

Bei ferromagnetischen Werkstoffen besteht kein eindeutiger Zusammenhang zwischen der magnetischen Feldstärke und der magnetischen Induktion. Bild 33 zeigt, daß bei manchen Werten der Feldstärke, z. B. $H = 0$, verschiedene Werte der Induktion möglich sind, z. B. $+B_r$ oder $-B_r$, je nachdem, ob sich das Kernmaterial zeitlich vorher in einem Feld positiven oder negativen Vorzeichens befand ($+H_m$ oder $-H_m$). Die beiden Zustände $+B_r$ und $-B_r$ können den Binärziffern 1 und 0 zugeordnet werden und lassen sich zu einem späteren Zeitpunkt erkennen. Der ferromagnetische Werkstoff hat also eine „Erinnerung", ob er einst positiv oder negativ vormagnetisiert wurde; ein solcher Kern kann also (mindestens) eine Informationseinheit (ein Bit) speichern.

Die gespeicherte Information kann beispielsweise so abgelesen werden, daß ein negativer Impuls der Feldstärke $-H_m$ auf den Kern gegeben wird. War er bisher im Zustand $-B_r$, so wird dadurch nur ein kleiner Spannungsimpuls erzeugt, dessen Flächenintegral (in Voltsekunden) durch die Differenz $B_m - B_r$ gegeben ist. War er dagegen vorher im Zustand $+B_r$, so ergibt sich ein größerer Impuls, dessen Flächenintegral durch $B_m + B_r$ gegeben ist. Durch diese Art der Ablesung wird die gespeicherte Information gelöscht. Jedoch wurden auch schon Ableseverfahren vorgeschlagen, bei denen die Informationen erhalten bleiben.

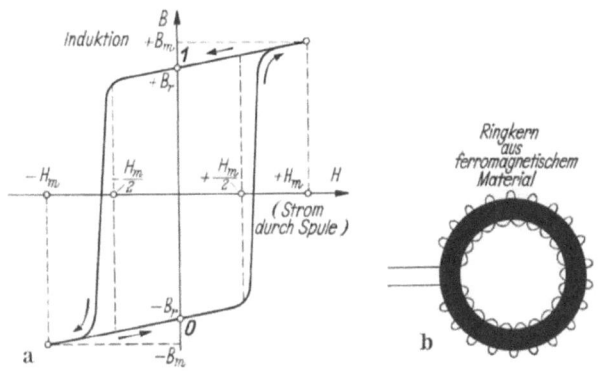

Bild 33. Hysteresis eines ferromagnetischen Ringkerns

Für die meisten praktischen Schaltungen ist von großer Bedeutung, daß die Induktion sich beim Anlegen eines Feldstärkeimpulses der halben Maximalamplitude und des entgegengesetzten Vorzeichens (z. B. $-H_m/2$ nach $+H_m$) nur unwesentlich ändert.
Als Kernmaterial für Speicherzwecke werden meist Ferrite verwendet, deren Zusammensetzung und Struktur so gewählt wird, daß sich eine möglichst rechteckige Hysteresisschleife ergibt. Gelegentlich werden auch Nickeleisenbleche verwendet.
Um bei geringem Aufwand an Schreib- und Leseeinrichtungen über eine möglichst große Speicherkapazität zu verfügen, ordnet man im allgemeinen eine größere Zahl von Ringkernen in Form von Matrizen an (Bild 34).
Die Suche nach Anordnungen mit möglichst hoher Speicherkapazität und möglichst geringer Zugriffszeit führte neuerdings zur Entwicklung der „Dünnschichtspeicher" (siehe Bild 18). Bei diesen treten an die Stelle der Ringkerne von Bild 34 kleine Flächen aus ferromagnetischem Material, die im Vakuum auf Glas aufgedampft wurden. Hierbei werden Schichtdicken von etwa Tausendstel bis Millionstel Millimeter verwendet. Beim Aufdampfen wird ein magnetisches Feld angelegt, so daß in der Kristallstruktur der aufgedampften Schicht bereits magnetische Vorzugsrichtungen wirksam sind. Die einzelnen Flächen verhalten sich so wie eine Kompaßnadel, die ohne äußere

Kräfte nur in einer von zwei möglichen Richtungen stehen kann. Durch elektrische Impulse, welche in Koordinatenleitungen gegeben werden, kann jedes Flächenstück in die eine oder in die andere der

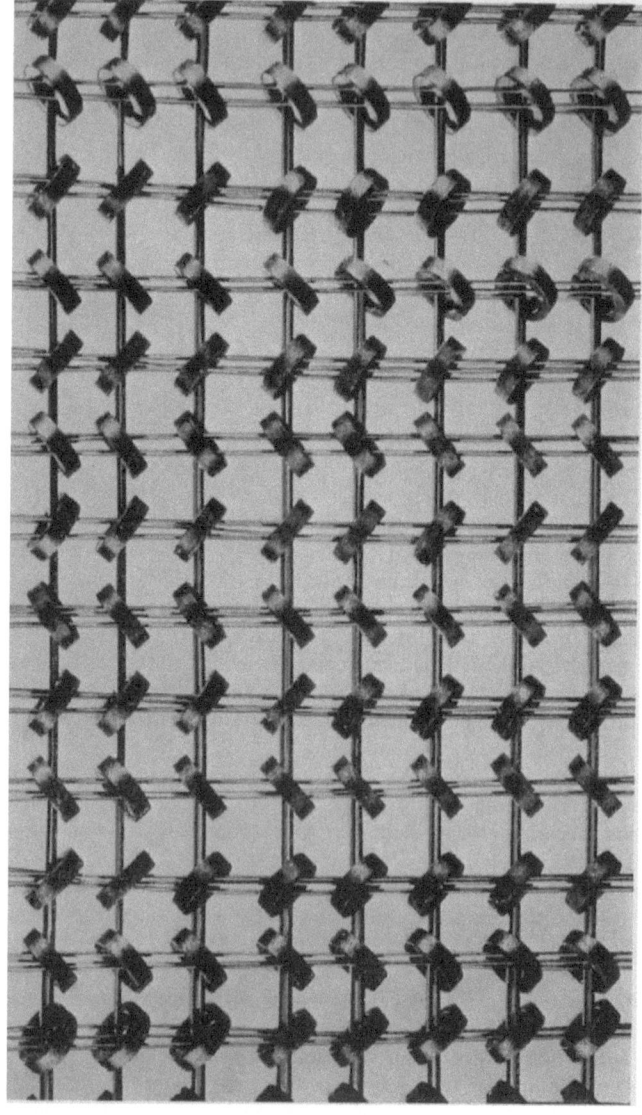

Bild 34. Ringkern-Speichermatrix (Werkphoto Brown Boveri & Cie AG)

beiden stabilen Zustände gebracht werden. Auch hier ist es möglich, durch Ansteuerschaltungen in einfacher Weise — und vor allem sehr rasch! — festzustellen, in welchem der beiden Zustände das betrachtete Flächenstück sich befindet, kurz gesagt, auch mit diesen Dünnschichtspeichern lassen sich binäre Informationen speichern. Das Umklappen der einzelnen Flächenstücke erfolgt in sehr kurzer Zeit. Wenn die Ansteuerschaltung genügend rasch wäre, könnten in dieser Technik Speicher mit Zugriffszeiten in der Größenordnung von Nanosekunden gebaut werden (10^{-9} Sekunden). Weiterhin ermöglichen die Dünnschichtspeicher sehr hohe Packungsdichten.

Magnettrommel-, Band- und Scheibenspeicher

Bei den Matrizenspeichern sind den einzelnen Speicherbereichen die Magnetfelderzeuger (Kreuzungspunkte) dauernd zugeordnet. Bei den Magnettrommel-, Band- und Scheibenspeichern wird die Speicherschicht an den Felderzeugern („Köpfen") vorbeigeführt und aufmagnetisiert oder nicht aufmagnetisiert (Bild 35). Der in der Speicherschicht erzeugte

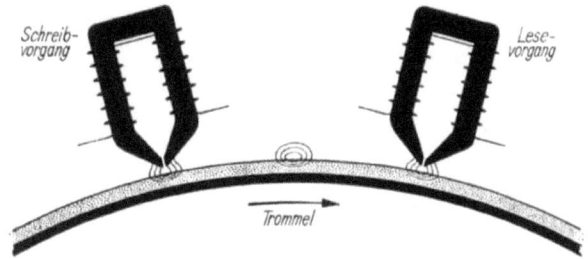

Bild 35. Magnetfelder zwischen Kopf und Speicherschicht

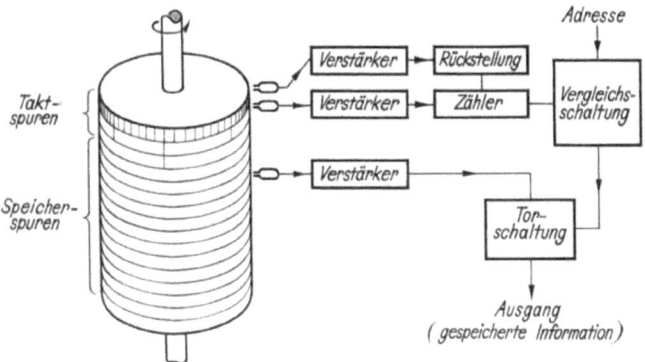

Bild 36. Aufsuchen eines bestimmten Ausschnittes einer Speicherspur

Magnetismus kann zu einem späteren Zeitpunkt entweder durch denselben Kopf, mit dem auch geschrieben wurde, oder mit einem anderen Kopf abgelesen werden. Als Werkstoff für die Speicherschicht wird teils Eisenoxyd mit organischem Binder, teils Nickel verwendet.

Eine Speichertrommel hat mehrere hundert Köpfe in axialem Abstand von etwa 1 mm, unter denen sich je eine „Spur" magnetisch gespeicherter Impulse bildet. Auf jeder Spur können größenordnungsmäßig 1000 Einzelimpulse geschrieben werden. Damit später der gesuchte Impuls wieder gefunden werden kann, sind an einem Ende der Trommel „Taktspuren" angebracht (entweder eingefräst oder magnetisch aufgeschrieben). In Bild 36 ist schematisch dargestellt, wie durch Abzählen der von den Taktspuren kommenden Impulse und deren Vergleich mit der Adresse ein bestimmter Ausschnitt der Spur aufgesucht und abgelesen wird.

Tafel 1. Übersicht über verfügbare Speicherkapazitäten

Einheit	Band (auswechselbar)	Großkernspeicher	Plattenspeicher (auswechselbar)	Plattenspeicher	Trommelspeicher
Mittlere Zugriffszeit	Millisekunden	Mikrosekunden	0,1 s	0,05 s	20 ms
Zugriff	sequentiell	wahlfrei	wahlfrei	wahlfrei	wahlfrei
Speicherkapazität je Einheit	20 000 000 bis 65 000 000 Bytes je Rolle	1 Mill. Bytes	etwa 8 Mill. Bytes je Plattenstapel	etwa 100 Mill. Bytes	etwa 10 Mill. Bytes
Lese/Schreib-Geschwindigkeit (Bytes/sec)	ca. 100 000	1 000 000	ca. 300 000	ca. 300 000	ca. 1 200 000

Im Gegensatz zu den Magnet*trommel*speichern berühren bei den Magnet*band*speichern die Köpfe die flexible Speicherschicht. Um trotzdem die Bänder nicht unzulässig abzunutzen, bewegt man sie nur bei

Bedarf. Da der Kopf am Band anliegt, kann man bei den Bandspeichern eine höhere Speicherdichte als bei Trommelspeichern wählen, z. B. 2 bis 20 bit/mm anstatt 1 bis 10 bit/mm bei Trommeln.
Eine andere Lösung des Problems, über große Speicherkapazitäten bei kurzen Zugriffszeiten zu verfügen, sind die Magnetplattenspeicher. Eine Übersicht über verfügbare Speicherkapazitäten, mittlere Zugriffszeit, Zugriff, Lese/Schreibgeschwindigkeit gibt Tafel 1.
Tafel 1 enthält den Begriff „Byte". Byte läßt sich als kleinste, adressierbare Speichereinheit bestimmter Maschinenmodelle erklären. In einem Byte sind entweder ein Alphabet- bzw. Sonderzeichen oder zwei Dezimalziffern enthalten. Es entspricht 6—8 Bit.

Photographische Speicher

In photographischen Schichten auf durchsichtigen Platten und Filmen können geschwärzte und ungeschwärzte Punkte mit großer räumlicher Dichte untergebracht werden. Diese können dann als Ziffernspeicher verwendet werden, wenn keine Löschung der Information erforderlich ist, also für elektrisch ablesbare Tabellen (Zuordner). Es ist deshalb eine Ermessensfrage, ob man die photographischen „Speicher" überhaupt zu den Speichern im eigentlichen Sinne rechnet. Zum Ablesen wird die Speicherschicht von einer leichtbeweglichen Punkt-Lichtquelle beleuchtet. Diese Anordnung ist in Bild 37 dargestellt. Mit einer

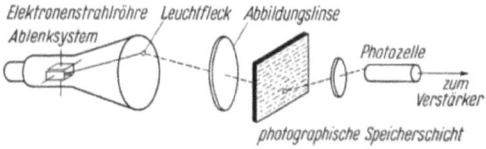

Bild 37. Abtasten einer photographischen Speicherschicht mit beweglicher Lichtquelle (Leuchtfleck)

solchen Anordnung hat man praktisch Speicherdichten von etwa 5 bit/mm² erreicht. Die photographischen Schichten erlauben an sich höhere Speicherdichten. Deren Ausnutzung stellt jedoch unerfüllbare Anforderungen an das Ablenksystem. Will man beispielsweise ein Schachbrett von 100·100 Punkten sicher unterscheiden, so müssen die Ablenkspannungen mit Genauigkeiten von wenigen Promille auf ihren Sollwert eingestellt werden. Dies muß in Zeiten in der Größenordnung von Mikrosekunden vor sich gehen und darf durch Netzspannungsschwankungen oder Komponentenalterung nicht verfälscht werden.

Laufzeitspeicher

Breiten sich elektromagnetische oder mechanische Wellen in verlustfreien oder annähernd verlustfreien Medien aus, so ist der an einem entfernten Punkt beobachtete zeitliche Signalverlauf ein Abbild des zeitlich vorher ausgesandten Verlaufs. Wenn man irgendeine Information durch diesen codiert, dann stellt also die Wellenausbreitung eine Informations-Speicherung dar. Für elektromagnetische Wellen mit Geschwindigkeiten in der Größenordnung der Lichtgeschwindigkeit ($3 \cdot 10^{10}$ cm/s) sind zur Erzielung praktisch erforderlicher Laufzeiten (z. B. 1 µs bis 1 ms) räumlich sehr ausgedehnte Gebilde erforderlich. Auf handlichere Maße kommt man bei Verwendung tiefpaßähnlicher Schaltungen aus konzentrierten Induktivitäten und Kapazitäten oder spezieller Verzögerungskabel. Noch häufiger angewandt werden jedoch Anordnungen, bei denen die Signale nicht als elektromagnetische, sondern als mechanische (akustische) Wellen dargestellt werden, weil bei diesen die Ausbreitungsgeschwindigkeit etwa fünf Zehnerpotenzen geringer ist.

Bei den mechanischen (akustischen) Laufzeitspeichern werden die zu speichernden elektrischen Signale durch piezoelektrische oder magnetostriktive Wandler in mechanische Schwingungen umgesetzt, die am Ende des Laufweges auf einen zweiten, meist gleichartigen Wandler treffen und dort wieder in elektrische Signale verwandelt werden. Bild 38 zeigt eine Übersicht typischer Anordnungen. Als Ausbreitungsmedium eignet sich unter den Flüssigkeiten vor allem Quecksilber wegen seiner guten Anpassung an die Quarzkristalle. Beim Aufbau solcher Laufzeitglieder ist darauf zu achten, daß nicht durch unerwünschte Reflexionen Fehlimpulse auf den empfangsseitigen Wandler treffen. Die zu verzögernden Impulse werden bei Quecksilber- und Quarz-Laufzeitgliedern einer Trägerfrequenz von 10 MHz bis 20 MHz aufmoduliert.

Laufzeitglieder, welche Drähte aus magnetostriktivem Werkstoff, meist Nickel oder Invarstahl, verwenden, können diese unmittelbar zur elektromechanischen Wandlung ausnutzen (Bild 38). Diese Anordnungen haben den Vorteil, daß die Laufzeit kontinuierlich verändert werden kann. Die in der unerwünschten Richtung laufenden Dilatationswellen werden z. B. durch diffuses Abstutzen der Dahtbündel unwirksam gemacht. Im Gegensatz zu den Quedrsilber- und Quarz-Laufzeitgliedern werden bei magnetostriktiven Laufzeitgliedern die Impulse unmittelbar, also ohne Trägerspannung, aufmoduliert.

Bei der Verwendung von Laufzeitgliedern in Umlaufspeichern ist es wichtig, daß die Laufzeit sehr genau auf ihrem Sollwert gehalten wird. Vielfach müssen deshalb die Laufzeitglieder in Thermostaten untergebracht werden.

Bild 39 zeigt die grundsätzliche Anordnung eines Umlaufspeichers unter Verwendung irgendeines dieser Laufzeitglieder. Wenn die Impulse das Laufzeitglied verlassen haben, werden sie verstärkt, von störenden Trabanten durch eine Amplitudenschwelle befreit, durch eine Koinzidenzschaltung (zusammen mit einem Synchronisierimpuls) wieder richtig zeitlich begrenzt und nach Verstärkung wieder in das Laufzeitglied gegeben. Es ergibt sich also ein fortwährender Umlauf der Impulse so lange, bis der „Löschkontakt" geöffnet wird.

6. Speicher

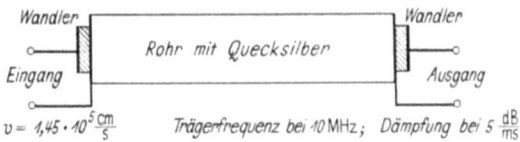

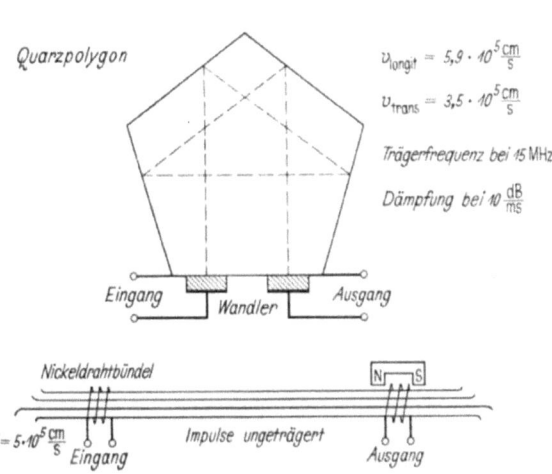

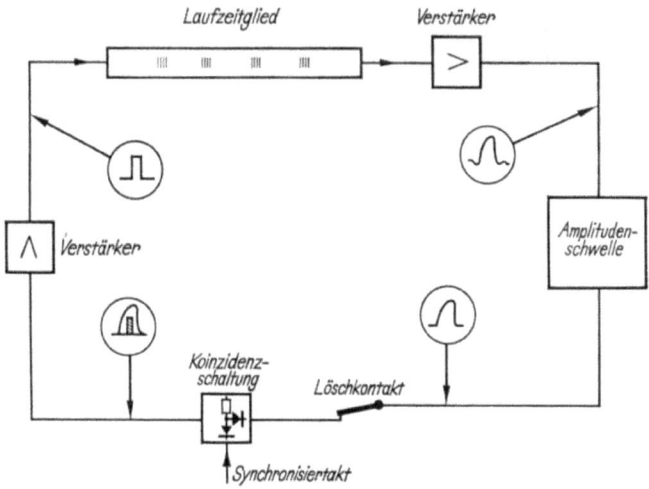

Bild 38. Mechanische (akustische) Laufzeitspeicher

Bild 39. Umlaufspeicher

6. Speicher

Einteilung der Ziffernspeicher nach ihrem physikalischen Prinzip

Im mechanischen Geschehen sind Speichervorgänge, z. B. Aufschreiben auf ein Blatt Papier oder Einrasten einer Klinke in eine Zahnstange so unproblematisch und selbstverständlich, daß alle beschriebenen „elektrischen" Speicherverfahren etwas indirekt anmuten. Der Grund liegt wohl darin, daß es bei elektrischen Vorgängen keine Analogie zur Formbeständigkeit starrer Körper gibt (siehe Bild 32). Die Verfahren, trotzdem eine Beständigkeit elektrisch signalisierter Informationen herzustellen, lassen sich auf folgende drei physikalische Prinzipien zurückführen:

1. Bei den „Strukturspeichern" werden die elektrisch angebotenen Informationen in Strukturänderungen starrer Körper umgesetzt. Zu den Strukturspeichern gehören demnach Anordnungen, die von ferromagnetischem Verhalten Gebrauch machen, ebenso Speicher, welche die Schwärzung photographischer Schichten ausnutzen. Strukturspeicher haben den großen Vorzug, von dauernder Energiezufuhr unabhängig zu sein und hohe räumliche Speicherdichten zu ermöglichen.

2. Bei den „Energiespeichern" wird die Tatsache ausgenutzt, daß sich in manchen Werkstoffen oder auch im leeren Raum elektrostatische oder magnetostatische Felder oder aber elektromagnetische und mechanische Schwingungsfelder einige Zeit ohne große Veränderung erhalten können.

Beispiele für statische Anordnungen sind vor allem verlustarme Kondensatoren. Mit Induktivitäten lassen sich nur durch Ausnutzung der Supraleitfähigkeit nennenswerte Zeitkonstanten erreichen. Energiespeicher, bei denen die Ausbreitung von Schwingungsfeldern ausgenutzt wird, sind z. B. Laufzeitspeicher aus Quecksilber- oder Quarz-Laufzeitgliedern, magnetostriktive Laufzeitglieder oder rein elektrische Laufzeitglieder. Gemeinsam ist den Energiespeichern, daß die Energie — wenn man die Information nicht verlieren will — periodisch erneuert werden muß. Energiespeicher sind also auf dauernde Energiezufuhr angewiesen.

3. Bei den „Rückkopplungsspeichern" ergeben sich mehrere, meist zwei stabile Zustände dadurch, daß eine positive, gleichstromdurchlässige Rückkopplung über nichtlineare Glieder geführt wird; dabei kann man für die Rückkopplung verschiedene physikalische Wandlungen benutzen. Beispiele hierfür sind die folgenden Anordnungen: bistabile Flipflop-Schaltungen aus Röhren oder Transistoren, Glimmröhren (Rückkopplung über Ionisierungsvorgänge) sowie Kippdrosseln (Rückkopplung über stromabhängige Permeabilität). Auch Rückkopplungsspeicher sind auf dauernde Energiezufuhr angewiesen.

Speicherkapazität und Zugriffszeit

Die Leistung informationsverarbeitender Systeme hängt wesentlich von der Schnelligkeit ab, mit der große Informationsmengen verarbeitet werden können. Für die in der technischen Praxis zur Zeit wichtigsten

6. Speicher

Speicherarten sind in Bild 40 die Kapazitäten, relativen Kosten und typischen Werte der Zugriffszeiten dargestellt. In den relativen Kosten für Ferritspeichermatrix, Magnettrommelspeicher und Magnetbandspeicher sind die zugehörigen elektronischen Schaltungen enthalten.

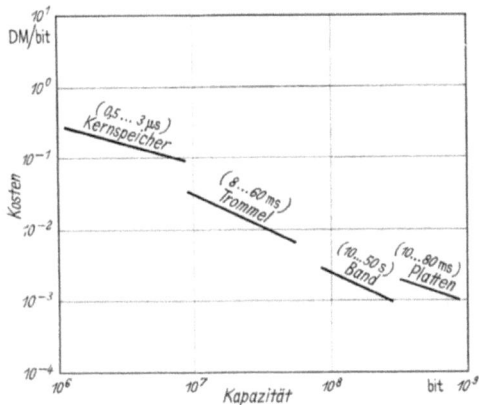

Bild 40. Relative Kosten und Zugriffszeiten wichtiger Speichertypen

Aus Gründen der Zugriffszeit ist man gelegentlich gezwungen, eine andere als die billigste Speicherart anzuwenden. So wurden für besonders schnell arbeitende Rechenautomaten schon Ferritkernspeicher mit Millionen bit gebaut.

Für den Vergleich zwischen Automat und Mensch ist es von Interesse, welche maximalen Speicherkapazitäten beim heutigen Stand der Technik beherrscht werden. Als Großraumspeicher kommen besonders Magnetbandspeicher und Magnetplattenspeicher in Betracht. Deren Kapazitäten liegen größenordnungsmäßig etwa zwischen 10 Millionen bis 1000 Millionen bit (siehe Bild 40). Noch größere Kapazitäten lassen sich durch Zusammenschalten mehrerer solcher Großraumspeicher erreichen. Bei manchen Großrechenanlagen stehen bis zu 100 Magnetbandspeicher zur Verfügung. Dennoch liegen die Kapazitäten solcher Speicheraggregate noch beträchtlich unter dem, was für das menschliche Gehirn an Speicherkapazität geschätzt wird (siehe 13. Kapitel).

Auch sonst bestehen zwischen den Eigenschaften des menschlichen Gedächtnisses und denen der automatischen Speicher heutiger Konstruktion wesentliche Unterschiede. Man kann den Unterschied kurz so kennzeichnen: Automatische Speicher geben ihre Informationen nach Aufruf ihrer Adresse ab. Das menschliche Gedächtnis verwendet zum Aufrufen der gespeicherten Informationen im allgemeinen keine Adresse, sondern den semantischen Inhalt der gesuchten Information.

7. Kapitel

Regelung

Die bisher besprochenen Strukturen, nämlich
  Übertragungssysteme,
  Speicher,
  Verknüpfungsschaltungen
waren alle „unvermascht" (siehe Bild 41). Bei ihnen sind die Signale, die am Ausgang A erscheinen, mit genügender Annäherung durch die vorgebbaren Signale an dem Eingang E (bzw. den Eingängen E_1 und E_2) bestimmt. Im 3. Kapitel wurde erörtert, wie bei gestörten Funktelegraphiesystemen die Ausgangssignale durch automatische Rückfrage den Eingangssignalen gleichgemacht werden können. Bild 16

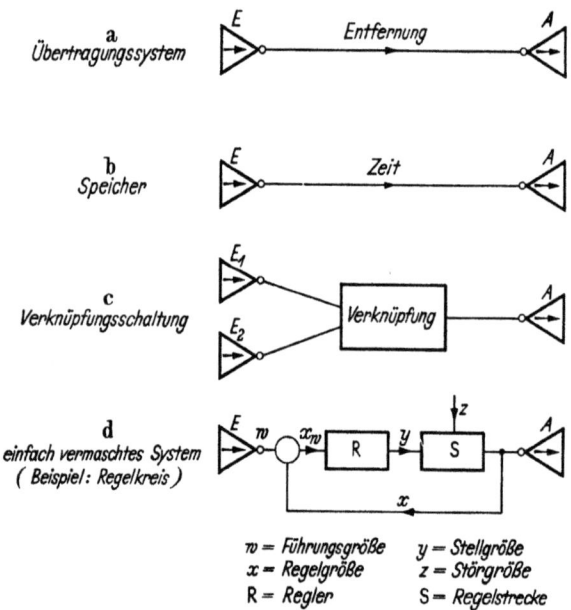

Bild 41. Strukturgrundformen

zeigt ein Beispiel eines vermaschten Systems. Die Rückfragemöglichkeit ist deshalb erforderlich, weil das Funktelegraphiesystem ein nicht abgeschlossenes System (im Sinne von Bild 31) ist. Die Störgrößen, z. B. atmosphärische Störungen, sind für den Konstrukteur des Telegraphiesystems prinzipiell unvorhersehbar.

Das Grundprinzip aller Regelungsvorgänge ist verwandt mit diesem Prinzip, welches die unerwünschte Wirkung der Störeinflüsse durch eine Rückmeldung der am Ausgang erscheinenden Signale an den Eingang eliminiert. In Bild 41 ist ein einfacher Regelkreis schematisch dargestellt. Das am Ausgang A erscheinende Signal x, die Regelgröße, hängt von zwei anderen Signalen ab, nämlich von

w, der Führungsgröße, die vorgegeben ist, und von
z, der Störgröße, die als unbekannt angesehen wird.

Um trotz der unbeeinflußbaren Einwirkungen der Störgröße z die Regelgröße x in einer vorgeschriebenen Relation zur Führungsgröße w zu halten, bildet man die Regelabweichung $x_w = x - w$ und verstellt durch sie den Regler R und (über die Stellgröße y) die Regelstrecke S so lange, bis die Regelabweichung x_w sehr klein oder gar zu Null wird. Bild 42 a zeigt ein einfaches Beispiel eines Regelkreises nach W. OPPELT [in 64]. In das Gefäß G fließt durch ein Zuflußrohr B Wasser hinein und durch das Abflußrohr C wieder heraus. Die Höhe des Wasserspiegels im Gefäß wird mit dem Schwimmer Sch gemessen und stellt die zu regelnde Größe (die Regelgröße) x dar, die an einer Marke M_1 abgelesen werden kann. Der Sollwert des Wasserstandes, die Führungsgröße w, sei durch eine zweite Marke M_2 gegeben. Die Regelabweichung $x_w = x - w$ ist der Abstand der beiden Marken M_1 und M_2. Solange die Regelabweichung x_w nicht gleich Null ist, wird der Schieber D in der Zuflußleitung so verstellt, daß sich die Höhe des Wasserspiegels verändert und x_w verkleinert. In Bild 42 a haben wir ein Beispiel einer „Handregelung", bei welcher die Beobachtung der Regelabweichung x_w durch eine Person P_1 und die Verstellung des Schiebers D durch eine Person P_2 erfolgt. Als Störgröße z können wir uns beispielsweise vorstellen, daß die Geschwindigkeit des Abflusses durch Rohr C nicht gleichbleibend sei.

In Bild 42 b ist die Handregelung durch eine pneumatische Anordnung ersetzt. Der Unterschied zwischen den Marken M_1 und M_2 wird zur Verstellung eines Luftauslaßventils F benutzt. Dadurch wird der Luftdruck auf den Kolben H verändert. Dieser betätigt den Schieber D. Bei geeigneter Ausführung wirkt dieser pneumatische Regler so wie der Handregler von Bild 42 a, ja sogar meist besser, weil er nicht dem Irrtum und der Ermüdung unterworfen ist, die bei Bedienungspersonen unvermeidlich sind. Selbstverständlich hätte man die Regelung außer mit der pneumatischen Anordnung nach Bild 42 b auch mit anderen Mitteln, z. B. elektrischen Fühlgliedern und Stellmotoren verwirklichen können.

Das wesentliche Problem beim Aufbau von Reglern ist es, trotz wechselnden Einflusses der Störgröße z eine möglichst kleine Regelabweichung x_w zu erhalten. Dies kann man im Beispiel von Bild 42 a so erreichen, daß auch bei geringen Abweichungen des Schwimmers Sch von seinem Sollwert die Stellung des Schiebers D schon stark beeinflußt wird. Damit entsteht aber die Gefahr, daß der Regelkreis „instabil" wird und „Regelschwingungen" auftreten. Dies kann man sich am Beispiel des Bildes 42 a so vorstellen, daß die Person P_2 den Schieber D stark öffnet, weil Sch momentan zu tief steht. Demzufolge geht eine Wasserwelle durch das Gefäß und hebt Sch über den Sollwert. Deshalb wird D geschlossen, und ein Wellental wandert auf Sch zu usw.

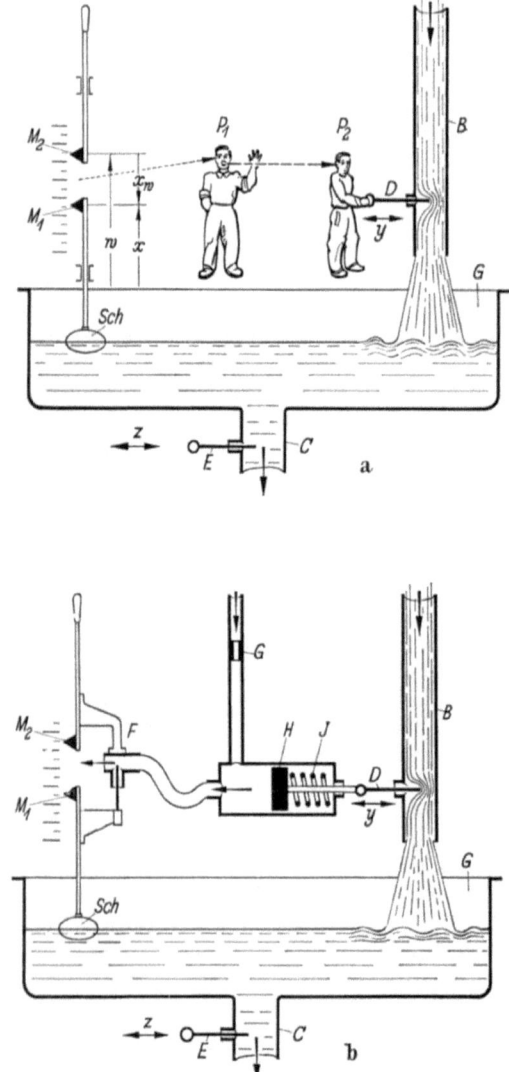

Bild 42. Beispiele von Regelkreisen (nach W. OPPELT)
a) Handregelung, b) Pneumatische Regelung

So wechseln sich Maxima und Minima der Schwimmerstellung periodisch ab, der Regelkreis kommt nicht zur Ruhe, obwohl z konstant bleibt, der Regelkreis ist instabil und schwingt mit einer charakteristischen Frequenz (siehe auch Bild 43 c). Diese Regelschwingungen sind in der Technik deshalb so gefürchtet, weil sie sich unter Umständen zu großer Amplitude aufschaukeln und zur Zerstörung des Regelkreises führen können.

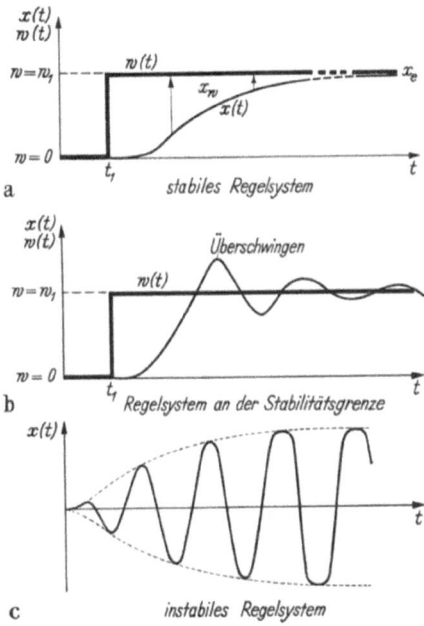

Bild 43. Zum Zeitverhalten von Regelsystemen

Bei den Regelsystemen unterscheidet man u. a. zwischen „Festwertreglern", bei welchen die Führungsgröße w einen konstanten Wert hat und „Folgereglern", bei welchen w einen bestimmten, von außen vorgegebenen zeitlichen Verlauf hat. Zur theoretischen und praktischen Untersuchung des Zeitverhaltens von Regelsystemen gibt man häufig für die Führungsgröße w eine „Sprungfunktion" vor. Eine solche ist in Bild 43 a angedeutet. Zum Zeitpunkt t_1 springt w unstetig vom Wert $w = 0$ auf den Wert $w = w_1$. Der zeitliche Verlauf der Regelgröße $x(t)$ nach dem Sprung von $w(t)$ kann bei Kenntnis der „Übergangsfunktion" der einzelnen Glieder des Regelsystems vorausberechnet werden. Da hierzu jedoch nichttriviale Methoden der Netzwerkstheorie erforderlich sind, sei mit Bild 43 nur eine qualitative

Kennzeichnung angegeben und im übrigen auf die Spezialliteratur verwiesen, beispielsweise auf W. OPPELT's „Kleines Handbuch Technischer Regelvorgänge" [73]. Bild 43 a zeigt ein stabiles Regelsystem. Nach dem Sprung der Führungsgröße w zum Zeitpunkt t_1 verstreicht wegen der unvermeidbaren Laufzeiten im Regler und der Regelstrecke eine gewisse Zeit bis die Regelgröße $x(t)$ reagiert („Totzeit"). Danach verändert sich $x(t)$ so, daß die Regelabweichung x_w verkleinert wird. Ob der Endwert der Regelabweichung $(x_e - w_1)$ zu Null wird oder nicht, hängt vom Aufbau des Regelsystems ab.

Bild 43 b zeigt ein Regelsystem an der Stabilitätsgrenze. Nach dem Sprung der Führungsgröße w pendelt $x(t)$ mehrmals um den neuen Beharrungswert, wobei „Überschwinger" auftreten, und erreicht erst allmählich den endgültigen Beharrungszustand. Das Regelsystem wurde beispielsweise dadurch an die Stabilitätsgrenze gebracht, daß in dem System von Bild 42 der Schieber etwas zu stark verstellt wird. Treibt man diese Schieberverstellung noch weiter, dann wird das Regelsystem instabil, so wie es mit Bild 43 c angedeutet ist. In diesem Falle braucht es keines äußeren Anstoßes, um die Schwingung anzufachen, schon ungewollte, unmerklich kleine Ursachen lösen den Schwingungsvorgang aus.

Zu jedem Wert der Führungsgröße w stellt sich — wenn die Störungen ausgeschaltet werden — nach einiger Zeit ein bestimmter Wert der Regelgröße x_e ein. Den typischen Zusammenhang zwischen x_e und w zeigt Bild 44. Im sogenannten „Regelbereich" ergibt sich eine Wirkung von w auf x_e. Diese ist häufig so, daß Veränderungen von w zu proportionalen Veränderungen von x_e führen. Der Regelbereich ist meist von Begrenzungsbereichen eingeschlossen. In diesen Bereichen von w zeigt sich keine nennenswerte Wirkung mehr von w auf x_e. Dies kann beispielsweise an Hand von Bild 44 so verständlich gemacht werden, daß auch bei beliebig weiter Öffnung des Schiebers D durch den Rohrquerschnitt nur eine begrenzte Menge Wasser pro Zeiteinheit nachfließt.

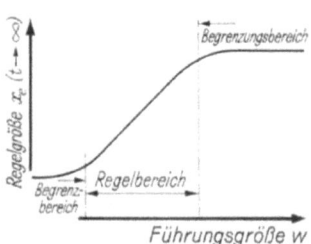

Bild 44. Regelbereich und Begrenzungsbereich

Regelkreise wurden bisher meist unter Verwendung analoger Signale (siehe Bild 29) aufgebaut. Neuerdings verwendet man mit großem Vorteil auch digitale Glieder in Regelkreisen [50, 113]. Die Vorteile digitaler Glieder in Regelkreisen sind: Große Genauigkeit und leichte Veränderbarkeit der Eigenschaften. Die hohen Kosten digitaler Systeme können häufig dadurch ausgeglichen werden, daß ein einziger Rechenautomat eine größere Anzahl von Regelkreisen bedient. Besondere Vorteile liegen darin, daß dem Rechenautomaten auch „nichtlineare"

7. Regelung

Eigenschaften einprogrammiert werden können. Die leichte Veränderbarkeit erlaubt den Aufbau „selbstoptimisierender" Regler.
Mit Bild 45 seien (in Anlehnung an R. OETKER [72]) einige Beispiele zusammengesetzter Regelkreise gegeben. Hierbei wird die Führungsgröße eines inneren Regelkreises w_1 durch einen übergeordneten Regelvorgang oder eine komplexere Anordnung eingestellt. Der entscheidende Vorgang sei die Beeinflussung eines Prozesses, der durch zwei

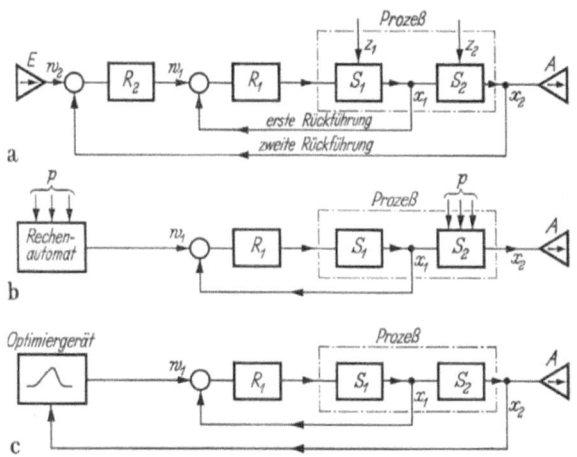

Bild 45. Beispiele zusammengesetzter Regelkreise
a) Kaskadenregelung, b) Übergeordnete Steuerung mit Rechenautomat, c) Optimalwertregelung

aufeinanderfolgende Regelstrecken S_1 und S_2 dargestellt wird. S_1 und S_2 seien nichtabgeschlossene Systeme im Sinne von Bild 31, d. h. für beide ist der Zusammenhang zwischen den Eingangs- und Ausgangssignalen nur mit einer gewissen Unsicherheit angebbar. Bild 45 a zeigt eine „Kaskadenregelung". Bei dieser wird die Führungsgröße eines ersten Regelkreises w_1 durch einen überlagerten Regelkreis so eingestellt, daß diejenigen Teile des „Prozesses", die außerhalb des ersten Regelkreises liegen und deren Störungen z_2 deshalb voll wirksam würden, durch den zweiten Regelkreis ausgeregelt werden.
Bei der Anordnung nach Bild 45 b ist angenommen, daß für den Teil S_2 des Prozesses bestimmte Parameter p (z. B. Eigenschaften des Ausgangsmaterials) bestimmend seien. In diesem Fall kann ein dem Regelsystem vorgeschalteter Rechenautomat die Führungsgröße w_1 so steuern, daß die Regelgröße x_2 dem erwünschten Wert möglichst nahekommt. Hierbei werden nur diejenigen Einflüsse auf x_2 korrigiert, die im vorgeschalteten Rechenautomaten richtig berücksichtigt werden. Verglichen

mit der Anordnung nach Bild 45 a (bei welcher *alle* Einflüsse auf x_2 korrigiert werden) hat die von Bild 45 b u. U. den Vorteil, daß zeitliche Veränderungen der Parameter p schneller berücksichtigt werden. Soll der Prozeß einen Bestwert erreichen, z. B. einen Höchstwert des Wirkungsgrades oder der Ausbeute, so kann dies durch eine „Optimalwertregelung" gemäß Bild 45 c verwirklicht werden. Dies geschieht z. B. so, daß die Führungsgröße w_1 des inneren Regelkreises solange variiert wird, bis das Prozeßergebnis x_2 den Optimalwert angenommen hat. Diese Probleme stehen im Zusammenhang mit den „Lernenden Automaten" (siehe 10. Kapitel).

Regelung gibt es nicht nur in der Technik, sondern in großem Umfang auch in organischen Systemen. Ferner sind auch beim Zusammenleben Regelvorgänge wirksam. Im folgenden seien — ohne jeden Anspruch auf Vollständigkeit — einige Regelvorgänge erwähnt:

Technische Regelvorgänge [73]:

	Führungsgröße w	Regelgröße x	Stellgröße y	Störgröße z
Temperaturregelung technischer Öfen	Soll-Temperatur	Ist-Temperatur	Ventilstellung in Brennstoffleitung	Umgebungstemperatur
Druckregelung	Soll-Druck	Ist-Druck	Ventilstellung in Zuleitung	Pumpendruck, Abluft
Drehzahlregelung	Soll-Drehzahl	Ist-Drehzahl	Drosselklappe des Vergasers oder dgl.	Bremsmoment
Lautstärkeregler im Rundfunkempfänger	Eingestellte Lautstärke	Ist-Lautstärke	Regelspannung	Unterschiedliche Empfangsspannung (z. B. Schwund)

Weiterhin sei erwähnt, daß der Betrieb von Atomreaktoren von Regelvorgängen Gebrauch macht. Unter Verwendung digitaler Glieder können Werkzeugmaschinen geregelt und Verfahrens-Steuerungen, z. B. in der chemischen Industrie, durchgeführt werden.

Bild 46 zeigt den Regelkreis der Lenkung von Raumfahrzeugen. Nach dem Start soll der Flugkörper auf die vorbestimmte optimale Bahn gebracht werden. An diesem Vorgang sind folgende drei Funktionen beteiligt:

7. Regelung

Erstens muß durch geeignete Ortungsgeräte der momentane Ort des Flugkörpers bestimmt werden. Dieser wird durch die „Ist-Koordinaten" gekennzeichnet,

zweitens müssen diese „Ist-Koordinaten" mit den „Soll-Koordinaten" der optimalen Bahn verglichen werden und

drittens müssen aus den ermittelten Abweichungen Lenkbefehle errechnet werden, welche den Flugkörper in die optimale Bahn führen.

Bild 46 zeigt, daß diese drei Funktionen zusammen einen Regelkreis bilden, in dem die Bahn des Flugkörpers die Regelgröße und die errechnete optimale Bahn die Führungsgröße bildet.

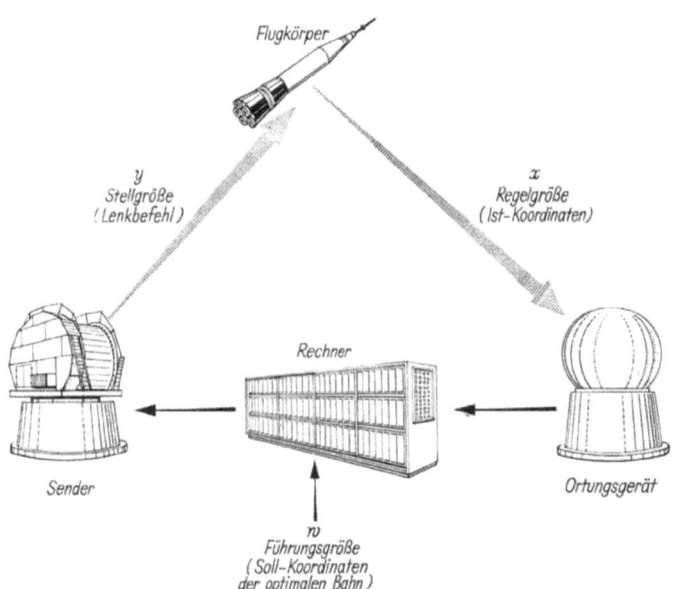

Bild 46. Regelkreis bei der Lenkung von Flugkörpern

Ein besonders interessantes Regelproblem der Raumfahrttechnik stellt die Durchführung eines „Rendezvous-Manövers" dar. Hier möchte man einen gelenkten Raumkörper an einen anderen, der evtl. ungelenkt ist, so heranführen, daß mit abnehmendem Abstand der beiden Flugkörper deren Relativgeschwindigkeit auf Null verringert wird. Bei einem solchen Rendezvous-Manöver werden sich die zur Lenkungsregelung erforderlichene Ortungsgeräte und Rechenautomaten an Bord des gelenkten Flugkörpers befinden.

Organische Regelvorgänge

Über organische Regelvorgänge schrieb R. WAGNER [118]:
„Schon bei Hippokrates finden sich Andeutungen, daß im Organismus Funktions*kreise* eine Rolle spielen. Berühmt geworden ist im letzten Jahrhundert das Wort von E. PFLÜGER: „Die Ursache jeden Bedürfnisses eines lebendigen Wesens ist zugleich die Ursache der Befriedigung des Bedürfnisses". H. WINTERSTEIN sagt hierzu: „Seines vitalistischen Schmuckgewandes entkleidet würde der Satz lauten: Eine jede Störung des dynamischen Gleichgewichtszustandes des Organismus setzt Mechanismen in Gang, die diese Störung beseitigen...". Man darf also auch auf dem Gebiet biologischer Regelung die „Beobachtung von Erscheinungen" mit der „Erklärung dieser Erscheinungen" nicht verwechseln. Wo man das erste mit zweitem gleichsetzt, würde jedes Streben nach Naturerkenntnis sinnlos. Die Ergebnisse biologischer Regelung wurden seit Urzeiten als Erscheinung beobachtet. Wie die Erscheinung aber zustande kommt, konnte man erst wissen, nachdem die in sich geschlossene Kausalkette eines biologischen Regelkreises gefunden und nachdem dieses Prinzip als universelles Prinzip der Lebensvorgänge erkannt worden war. Erst nachher konnten quantitative Untersuchungen an derartigen rückgekoppelten Systemen durchgeführt werden...".

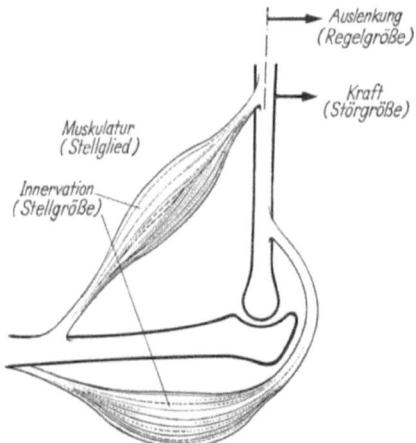

Bild 47. Schematische Darstellung der Regelung der Muskelinnervation

Die Regelkreise organischer Systeme bestehen natürlich nicht aus mechanischen oder elektrischen Bauelementen, sondern aus organischen Bauelementen, z. B. Neuronen, Rezeptoren (siehe 13. Kapitel), Muskeln, sektretorischen Organen usw.

7. Regelung

Historisch am interessantesten ist die Entdeckung R. WAGNER's (1925), daß die Anpassung der Skelettmuskelkraft an die Umweltskräfte als ein Regelvorgang beschrieben werden kann. Er zeigte, daß ein nichttechnischer Regelvorgang in der Sprache der Mathematik erfaßt werden kann. Diese Entdeckung sei anhand von Bild 47 und zugehörigen Erläuterungen nach R. WAGNER und Mitarbeitern erklärt [49].

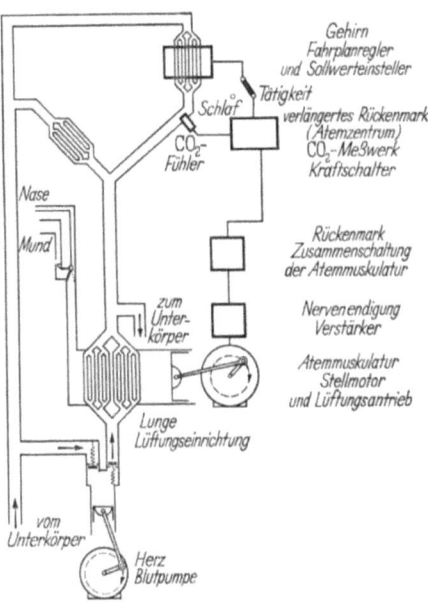

Bild 48. Atmungsregelung nach einem Entwurf des Physiologen O. F. RANKE aus den dreißiger Jahren

„Eine Auslenkung des Armes bewirkt eine Dehnung der Muskelspindeln. Diese Fühlorgane sprechen auf Dehnung bzw. Dehnungsänderung an. ... sind die Impulse der Muskelspindeln also ein Maß für die Dehnung bzw. Dehnungsänderung des Gesamtmuskels. Die Entladungen der Muskelspindeln bewirken über die Vorderhornzellen des Rückenmarks eine Innervation der Muskelfasern, und die dadurch bedingte Kontraktion des Muskels verursacht eine Verminderung der Spindelentladung. Dieser geschlossene Funktionskreis wurde als „Rückkoppelung der Vorderhornganglienzellen" nach experimenteller Untersuchung der Willkürbewegungen unter Gesichtspunkten der Dynamik erstmalig 1925 beschrieben." Bild 48 gibt ein Schema zur Atmungsregelung wieder, das der Physiologe O. F. RANKE schon in den dreißiger Jahren entworfen hat [82].

Weitere Beispiele organischer Regelvorgänge sind:
Regelung der Körperhaltung, bei der eine angestrebte Gleichgewichtslage trotz äußerer Stöße usw. durch geeignete Muskelbetätigung eingestellt wird.
Temperaturregelung, bei der trotz veränderlicher Außentemperaturen im Innern des Körpers eine bestimmte Solltemperatur eingestellt wird. Dies geschieht z. B. durch Wärmebildung in den Muskeln, Durchblutung der Haut, Schweißabsonderung usw.
Blutzuckerregelung, bei der trotz wechselnden Zuckerverbrauchs des Körpers eine bestimmte Sollkonzentration aufrechterhalten wird. Dies geschieht vor allem durch die Umwandlung (in der Leber) von Glycogen in Zucker und dessen Ausschüttung in die Blutbahnen.
Bereichseinstellung der Sinnesorgane, wobei trotz wechselnder Reizintensität (z. B. Helligkeit) die Sinnesorgane in dem Bereich bester Sinnesleistung wirken. Dies geschieht teils durch nervöse, teils durch chemische Beeinflussung der Sinnesorgane (z. B. Veränderung der Irisblende in Bild 5).
Die Gesamtheit aller Regelvorgänge, welche bewirken, daß gewisse Zustände des Organismus (z. B. Körperhaltung, Körpertemperatur, Blutzuckergehalt, Blutsauerstoffgehalt usw.) in den für das Weiterleben zulässigen Grenzen bleiben, wird als „Homöostase" bezeichnet. Der englische Neurologe W. R. ASHBY [2] hat ein technisches Modell vielfach verknüpfter Regelvorgänge gebaut, das er „Homöostat" nennt.
Ein interessantes Beispiel eines gemischt organisch-technischen Regelsystems ist das Lenken eines Fahrzeugs, im einfachsten Fall eines Vierradfahrzeuges. Hierbei muß man sich als Führungsgröße den gewünschten Fahrweg vorstellen und als Regelgröße die Bahn des Fahrzeugs, welche über das Lenkrad beeinflußt wird. Bei Zweiradfahrzeugen kommen weitere Regelvorgänge hinzu, welche für die Einhaltung der Gleichgewichtslage sorgen.
Bemerkenswert ist, daß auch das Sprechen mit einem Regelvorgang verbunden ist. Die erzeugten Sprachlaute werden dauernd durch das eigene Ohr überwacht und erforderlicherweise verändert (siehe Bild 107). Dies kann man dadurch nachweisen, daß man die Sprachlaute über ein Mikrophon aufnimmt, um einige Zehntelsekunden verzögert und dann über Kopfhörer dem Ohr des Sprechers wieder zuführt. Der an dieses Experiment nicht gewohnte Sprecher hat große Schwierigkeiten, unter diesen Umständen zu sprechen, er beginnt zu stottern. Ähnlich werden beim Singen die Intervalle durch das Ohr des Sängers überwacht und unbewußt eingeregelt. Bei bestimmten Krankheiten können auch Instabilitäten organischer Regelsysteme auftreten. H. GÖPFERT [in 64] schreibt:
„... sobald sie aber feinere Bewegungen ausführen wollen, etwa den Versuch machen, eine Nadel einzufädeln, oder auch nur eine Gabel oder ein Glas zum Munde zu führen, schwingt die Hand hin und her, schießt über ihr Ziel und verschüttet Speisen und Getränke."

7. Regelung

Soziologische Regelung

Beim Zusammenleben vieler Organismen können sich unübersehbar viele Regelungskreise bilden. Sie sind meist komplizierter, als mit dem einfachen Blockschaltbild von Bild 41 d oder auch Bild 45 a dargestellt werden kann, es sind vielfach vermaschte Systeme, deren theoretische Behandlung sehr schwierig ist.

M. LINAUER hat Regelungsvorgänge im Insektenstaat untersucht [in 64]. Es zeigt sich beispielsweise, daß der Bienenstock trotz wechselnder Außentemperatur im Brutbezirk eine konstante Temperatur zwischen 34,5 °C und 35,5 °C hat (im Gegensatz zum Wespennest). Sinkt die Temperatur unter diesen Sollwert, so setzen sich viele Bienen eng zusammen und erzeugen Wärme durch Muskelzittern und Flügelschwirren. Steigt die Temperatur über diesen Sollwert, so wird an verschiedenen Stellen im Stock Wasser verteilt und Luft gefächert, so daß Verdunstungskälte entsteht. Andere Regelungsvorgänge sind bei der Arbeitsteilung im Bienenstaat beobachtet worden.

Beim Zusammenleben vieler Menschen bildet sich eine Vielzahl von Regelkreisen. Manche Erfahrungen der Gruppendynamik [46] lassen sich zweifellos als Regelvorgänge deuten. Andere Verhaltensformen sind ganz offensichtlich Regelvorgänge: Beispielsweise regelt ein erfahrener Lehrer seinen Vortrag (Lautstärke, Modulation, Geschwindigkeit) auf seine Hörer ein. Die Rückmeldung, ob die Hörer „mitgehen", ergibt sich aus deren Mimik, Unruhe usw. Auch der bewährte Grundsatz, daß Menschengruppen keine Vorschriften erteilt werden sollen, deren Einhaltung nicht überwacht werden kann, weist auf die Notwendigkeit der Regelung im zwischenmenschlichen Bereich hin.

Eine hübsche Beschreibung eines soziologischen Regelproblems gab A. SCHOPENHAUER im Jahre 1830 (in Parerga und Paralipomena): „Eine Gesellschaft Stachelschweine drängt sich an einem kalten Wintertage recht nahe zusammen, um sich durch gegenseitige Wärme vor dem Erfrieren zu schützen. Jedoch bald empfanden sie die gegenseitigen Stacheln, welche sie dann wieder voneinander entfernten. Wenn nun das Bedürfnis nach Wärme sie wieder zusammenbrachte, wiederholte sich jenes zweite Übel, so daß sie zwischen beiden Leiden hin- und hergeworfen wurden, bis sie eine mäßige Entfernung voneinander herausgefunden hatten, in der sie es am besten aushalten konnten ... So treibt das Bedürfnis der Gesellschaft, aus der Leere und Monotonie des eigenen Inneren entsprungen, die Menschen zueinander, aber ihre vielen widerwärtigen Eigenschaften und unerträglichen Fehler stoßen sie wieder voneinander ab. Die mittlere Entfernung, die sie endlich herausfinden, und bei welcher ein Beisammensein bestehen kann, ist die Höflichkeit und feine Sitte."

Ein besonders kompliziertes System von Regelkreisen stellt die Marktwirtschaft dar [37]. In ihr erfolgt die Regelung einerseits über Geld, andererseits über Warenlieferung oder Arbeitsleistung. Die wichtigsten an der Marktwirtschaft Beteiligten sind (siehe Bild 49):

Der Einzelne als Verbraucher und Arbeitnehmer
Der Händler
Der Großhändler
Der Warenhersteller als Arbeitgeber und Produzent.

Jeder dieser Beteiligten führt seine Funktion bereits auf Grund eines Regelvorganges aus: Die Bedürfnisse des einzelnen beeinflussen seine Anstrengungen als Arbeiter und umgekehrt. Händler und Großhändler regeln ihr Handelsgebaren entsprechend ihren Bedürfnissen und ihren Prognosen für die Zukunft. Der Warenhersteller disponiert auf Grund von Marktbeobachtung usw.

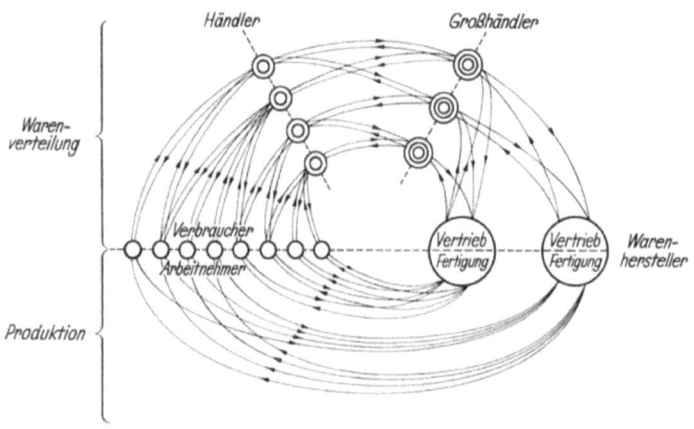

Bild 49. Wichtige Regelkreise bei der Marktwirtschaft

Das Schema von Bild 49 stellt eine starke Vereinfachung der wirklichen Verhältnisse dar. Eine Verfeinerung müßte z. B. noch die Einflüsse des Kapitalmarktes, von Import und Export, der Steuergesetzgebung, von Direktkäufen (Umgehung des Handels), der Werbung, der Sozialversicherung usw. berücksichtigen. Eine theoretische Durchdringung dieser Regelkreise ist sehr schwer.

Bei einem staatlich gelenkten Wirtschaftssystem ist die Zahl der wirksamen Regelkreise sehr viel kleiner als bei der Marktwirtschaft. Dies hat u. a. zur Folge, daß solche Systeme sich erforderlichen Änderungen rascher anpassen können. Bei der Marktwirtschaft bestimmen die Wünsche der Verbraucher, was produziert wird. Bei der gelenkten Wirtschaft hat der Staat die bestimmende Rolle. Er kann (in Grenzen!) die Produktion so lenken, wie er es für richtig hält. Die Marktwirtschaft befriedigt sicher die kurzfristigen Bedürfnisse des Verbrauchers besser als die staatlich gelenkte Wirtschaft, es ist jedoch zweifelhaft, ob die langfristigen Notwendigkeiten dabei nicht vernachlässigt werden. Beispielsweise befriedigt die Produktion miserabler Bücher, Zeitschriften und Filme offensichtlich Verbraucherwünsche.

Psychische Regelprozesse
Neuerdings finden sich Begriffe der Regelungslehre auch bei der Analyse psychischer Vorgänge. Es sei hier einerseits auf Arbeiten von H. ROHRACHER, andererseits von F. BAUMGARTEN hingewiesen. So schreibt beispielsweise H. ROHRACHER [88]:
„Ein biologischer Prozeß — die Tränensekretion — wird automatisch ausgelöst, wenn ein anderer Vorgang — die psychische Spannung — bestimmte Werte erreicht; dadurch wird ein biologisch ungünstiger Zustand — die gestaute Erregung mit ihren Wirkungen auf das Denken und Verhalten — beseitigt oder wenigstens gemildert. Man hat es im Prinzip mit demselben Regelprozeß zu tun, der bei jedem Dampfkessel dafür sorgt, daß der Druck bei Erreichen einer gefährlichen Höhe automatisch durch Ableitung nach außen reduziert wird. Die Frage, ob man in der automatischen Einschaltung des spannungsreduzierenden Tränenflusses einen echten Regelkreis zu sehen habe, ist theoretisch mit voller Sicherheit nicht beantwortbar..."
F. BAUMGARTEN schreibt [6]:
„Der Trost ist die psychische Aktion des Stärkens und Aufrichtens. Er erstrebt, sich über das erlittene Leid hinwegzusetzen und bedient sich dazu verschiedener Mittel und Wege. Eines dieser Mittel besteht im Betrachten des erlittenen Mißgeschicks in einem günstigeren Licht. Der Trost bedient sich dabei zahlreicher seelischer Prozesse; vor allem vollzieht er eine Umwertung der Werte. Der Trost entwertet jedes schwer zu erlangende Gewünschte. Das nicht erreichte Glück wird in seinem Wert vermindert, indem man seine kurze Dauer, seine Veränderlichkeit und seine Schattenseiten erblickt: „Keine Rose ohne Dornen...".
Die Entwertung des uns nicht bescherten Glücks geschieht ferner durch den Hinweis darauf, daß es nicht dem Würdigen, sondern dem Glücklichen, oft dem Unwürdigen zufalle: „Der dümmste Bauer hat die größten Kartoffeln..." Der Trost entwertet auch die Größe oder Stärke des erlittenen Verlusts, wie in der bekannten Fabel vom Fuchs, der die für ihn zu hoch hängenden, eben nicht erreichbaren Trauben als unreif, also etwas Minderwertiges bezeichnet, denen man daher nicht nachzutrauern hat... Ein weiterer bekannter Mechanismus besteht in dem Hinweis auf die Leiden anderer, man sei keine Ausnahme... „Jeder trägt sein Kreuz...".
Wir vermögen sie (die Selbstrechtfertigung) zu begreifen, wenn wir sie als eine Aktion zur Wiederherstellung des erschütterten seelischen Gleichgewichts betrachten... Wir haben auch hier wieder die Erscheinung einer seelischen „Regulation", die sich psychohygienisch auswirkt... Eine besondere seelische regulierende Aktion stellt die Kompensation dar. Sie bezweckt den Ausgleich für den Ausfall einer

Begabung, für einen empfundenen Mangel an Leistung. Kompensationen sind ebenso häufig in der Physiologie wie in der Psychologie; sie versuchen, wo immer nur möglich, den Ersatz einer Funktion durch eine andere (verfeinertes Tastgefühl bei Erblindung, erhöhte Aufmerksamkeit bei Schwerhörigen). Man muß auch darin eine regulierende Kraft im Innern des Menschen erkennen...

Tafel 2. Zur Geschichte der Regelung

		Technik	Physiologie	Psychologie	Soziologie
230 v. Chr.	PHILON: Niveauregler für Öllampe	●			
1786	J. WATT und J. RENNIE: Dampfmaschine mit Fliehkraftregler	●			
1787	TH. MEAD: Patent auf Fliehkraftregler für Windmühlen	●			
1848	L. FOUCAULT: Geregelter Kohlelichtbogen	●			
1867	C. MAXWELL: Beginn der Regelungstheorie	●			
1905	M. TOLLE: Regelung von Kraftmaschinen	●			
1913	A. MEISSNER: Rückkopplungsschaltung	●			
1925	R. WAGNER: Biologische Regelung	●	●		
1928	K. KÜPFMÜLLER: Verstärkungsregler	●			
1930	G. WÜNSCH: „Regler für Druck und Menge"	●			
1930	W. R. HESS: „Die Regelung des Blutkreislaufes"		●		
1932	H. NYQUIST: Stabilitätskriterien	●			
1933	R. FRISCH: Volkswirtschaftliche Regelkreise				●
1934	F. STRECKER: Stabilitätskriterien	●			
1940	H. SCHMIDT: Regelung in der Technik und in der Biologie	●	●		
1944	R. OLDENBOURG und H. SARTORIUS: „Dynamik selbsttätiger Regelungen"	●			
1947	N. RASHEVSKY: „Mathematical Theory of Human Relations"	●	●	●	●
1948	N. WIENER: „Cybernetics or Control and Communication in the Animal and the Machine"	●	●		
1950	N. F. MOREHOUSE: Regelkreise in der Wirtschaft				●
1950	J. TINBERGEN: Regelkreise in der Wirtschaft				●
1950	E. v. HOLST und H. MITTELSTAEDT: Reafferenzprinzip		●		
1953	A. TUSTIN: „Mechanism of Economic Systems"				●
1956	H. MITTELSTAEDT (Hrsg.): „Regelungsvorgänge in der Biologie"	●	●	●	
1957	H. GEYER und W. OPPELT (Hrsg.): „Volkswirtschaftliche Regelvorgänge"	●			●
1959	H. ROHRACHER: Psychologische Regelprobleme		●	●	
1960	O. F. FRANKE: „Physiologie des Zentralnervensystems vom Standpunkt der Regelungslehre"	●	●	●	

Auf dem Gebiet des Moralischen finden wir eine seelische Regulation im Phänomen der Reue... Das Bedauern, gefehlt zu haben, und die Unmöglichkeit, die Tat ungeschehen zu machen, können das gegen-

wärtige Erleben des Individuums verdrängen und alles überschatten ... Die bis heute noch so rätselhafte Instanz des Gewissens kann als seelische Regulation aufgefaßt werden".
Nach diesen Hinweisen auf Regelvorgänge in der Technik, in der Biologie, beim Zusammenleben vieler Organismen und im psychischen Bereich sei mit Tafel 2 eine Übersicht zur Geschichte der Regelung gegeben. Hierbei ist angedeutet, ob der betreffende Vorgang zur Technik, zur Biologie bzw. Physiologie, zur Psychologie oder Soziologie gehört. Es zeigt sich, daß die Regelung ein gemeinschaftliches geistiges Werkzeug wissenschaftlicher Disziplinen ist, die man bisher als sehr unterschiedlich ansah. Die Regelung ist *ein* Beispiel — unter mehreren! — dafür, daß die Kybernetik eine Verbindung verschiedener wissenschaftlicher Disziplinen bewirkt.
Diese Entwicklung wurde schon im Jahre 1941 von dem Berliner Ingeniur H. SCHMIDT in verschiedenen Publikationen vorausgesagt. Beispielsweise erschien 1941 in der Zeitschrift des Vereins Deutscher Ingenieure ein Aufsatz über die Regelungstechnik und deren technische Aufgabe und ihre wirtschaftliche, sozialpolitische und kulturpolitische Auswirkung [93]. Daraus seien einige Sätze zitiert:
„Über ... technische Regelungsaufgaben hinaus finden wir die Regelung in der Pflanze, beim Tier und beim Menschen. Die wesentliche Unveränderlichkeit der Temperatur des menschlichen Körpers, des Blutdruckes, der Pulsfrequenz, das Aufrechtstehen und Gehen und viele andere Größen sind das Ergebnis von Regelungsvorgängen. Auch der Staat kann hinsichtlich mancher seiner Äußerungen schematisch als Regler des freien Kräftespiels angesehen werden ..."

8. Kapitel

Informationsverarbeitung

Die Informationsverarbeitung oder Nachrichtenverarbeitung ist das jüngste Gebiet der Nachrichtentechnik (Bild 50). Mit den altbekannten Gebieten der Nachrichtentechnik hat sie viele theoretische Grundlagen und technische Hilfsmittel gemeinschaftlich. Sie unterscheidet sich von jenen aber wesentlich in der Zweckbestimmung: Während bisher die Nachrichtentechnik den einzigen Zweck hatte, Signale über räumliche Entfernungen zu transportieren („Nachrichtenübertragungstechnik", „Fernmeldetechnik"), hat die Informationsverarbeitung mit einem solchen Transport wenig zu tun. Eingang und Ausgang des Systems sind meist in demselben Raum. Was man dazwischen von dem System erwartet, ist die Verknüpfung der eingegebenen Informationen nach irgendwelchen rationalen Regeln, z. B. Addition, Subtraktion, Multiplikation, ferner Zuordnungen (nach Tabelle), Sortiervorgänge usw. und vor allem die automatische Aufeinanderfolge solcher Verknüpfungen nach einem Programm.

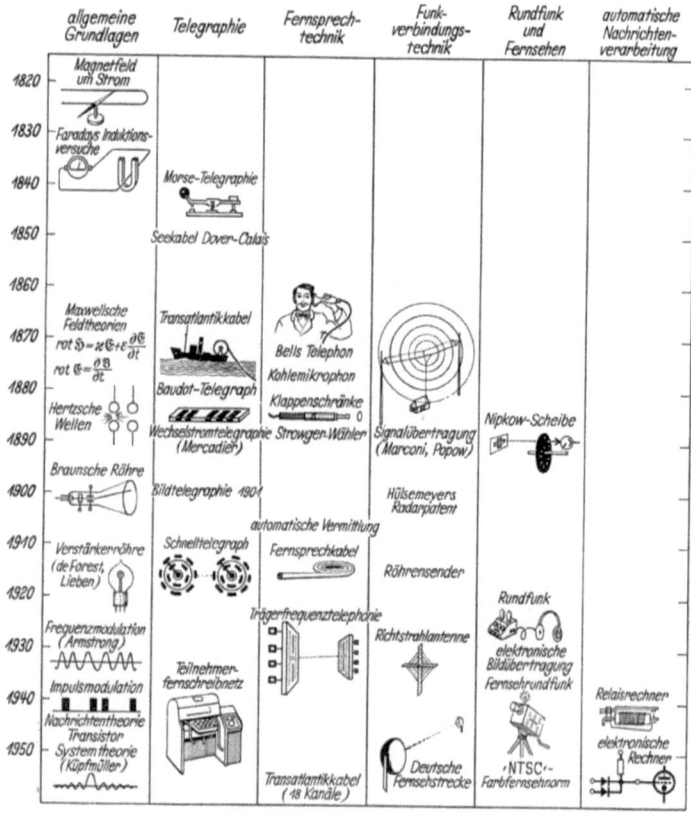

Bild 50. Zur Geschichte der elektrischen Nachrichtentechnik

Typisch für die Informationsverarbeitung sind die programmgesteuerten Rechenautomaten, die in (schlechtem) journalistischem Sprachgebrauch häufig als „Elektronengehirne" bezeichnet werden. Diese Bezeichnung ist jedoch abzulehnen, da sie falsche Assoziationen hervorruft. Von Datenverarbeitung spricht man besonders bei der Anwendung informationsverarbeitender Systeme auf dem Gebiet der Automatisierung, der Büroorganisation, der Verwaltung usw.

8. Informationsverarbeitung

Die ersten Versuche, technische Hilfsmittel zur Lösung zahlenmäßiger Aufgaben anzuwenden, sind schon sehr alt. Vor beinahe 3000 Jahren wurde in Ostasien der sogenannte „Abakus" erfunden, ein Gerät ähnlich dem Kugelspiel der ABC-Schützen. Im 17. Jahrhundert versuchten mehrere Erfinder unabhängig voneinander, mechanische Rechenmaschinen zu konstruieren. Wohl einer der ersten war der Tübinger Universitätsprofessor WILHELM SCHICKARD. Er schrieb in einem Brief an seinen Landsmann JOHANNES KEPLER: „Dasselbe, was Du rechnerisch gemacht hast, habe ich in letzter Zeit auf mechanischem Wege versucht und ... eine Maschine konstruiert, welche gegebene Zahlen automatisch zusammenrechnet ...". Bild 51 zeigt eine eigenhändige Skizze der SCHICKARD'schen Rechenmaschine.

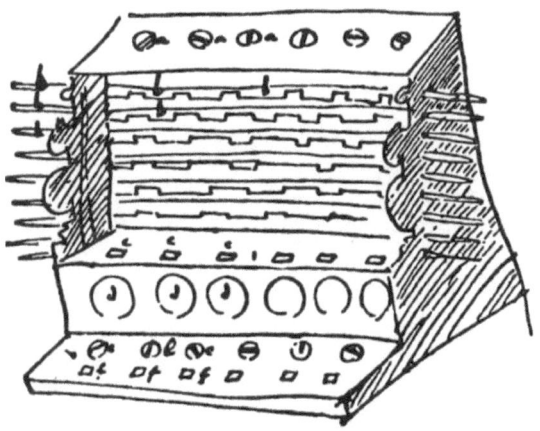

Bild 51. SCHICKARD's Rechenmaschine (eigenhändige Skizze aus dem Jahre 1623)

Außer SCHICKARD sind in jener Zeit vor allem G. W. LEIBNIZ und B. PASCAL zu nennen.
Im 18., 19. und 20. Jahrhundert wurden die mechanischen Rechenmaschinen zu der Vollkommenheit entwickelt, die wir heute kennen, und die gekennzeichnet ist durch die Addition, Subtraktion, Multiplikation und z. T. Division vielstelliger Zahlen mit Hilfe mechanischer Anordnungen.
Gänzlich außerhalb dieser erfolgreichen Entwicklung mechanischer Rechenmaschinen lagen die Gedanken des englischen Mathematikprofessors CHARLES BABBAGE. Er begann um das Jahr 1823 mit dem Entwurf und der Konstruktion einer hochdifferenzierten mechanischen Rechenmaschine, deren Struktur fast alle für die heutigen elektronischen Automaten charakteristischen Teile bereits enthielt. Seine „Analytical Engine" aus dem Jahre 1833 sollte bereits Speicher für tausend

fünfzigstellige Wörter und eine Programmsteuerung enthalten. Jedoch, so genial seine Vorschläge auch waren, so gering war sein praktischer Erfolg, er brachte seine Automaten nie zur Funktion. Hundert Jahre später, beispielsweise im Jahre 1930 existierten zwar die technischen Hilfsmittel, die den Aufbau von Automaten nach BABBAGE's Ideen ermöglicht hätten (z. B. Relais und Wähler der Fernsprechvermittlungstechnik), aber nun fehlte der geniale Erfinder, der die technischen Möglichkeiten mit den Ideen zusammengebracht hätte.

Die entscheidende Leistung, einen programmgesteuerten Rechenautomaten erstmalig zur Funktion gebracht zu haben, vollbrachte in den Jahren 1937—1941 der Berliner Bauingenieur KONRAD ZUSE. Bild 52

Bild 52. Historische Rechenanlage Z 3 von KONRAD ZUSE
(Werkphoto Zuse KG, Bad Hersfeld)

zeigt eine Rekonstruktion eines seiner ersten Rechenautomaten. Die Leistungen KONRAD ZUSE's sind deshalb besonders hoch einzuschätzen, weil er aus eigenen Mitteln, in der elterlichen Wohnstube seine grundlegende Entwicklung durchführte, zeitweise noch zum Militärdienst eingezogen wurde und trotzdem nicht verzagte, bis er schließlich die Realisierungsmöglichkeit programmgesteuerter Rechenautomaten mit seinem funktionierenden Modell nachgewiesen hatte. Erst im Jahre 1957 erhielt er eine späte Anerkennung, als ihm die Technische Universität Berlin die Würde eines Doktor-Ingenieurs ehrenhalber verlieh. KONRAD ZUSE ist ein Beispiel dafür, daß die Zeit der Pioniere nie zu Ende geht. Ich glaube, nie fehlt die Möglichkeit, Pionier zu sein, aber

oft fehlen die Pioniere. Unabhängig von K. ZUSE, aber wohl zeitlich nach ihm, konstruierte H. AIKEN in den USA programmgesteuerte Rechenautomaten.
In den fünfziger Jahren begann in vielen Ländern eine intensive Forschungs- und Entwicklungsarbeit, teils in staatlichen Instituten, teils bei Industriefirmen. In Deutschland wurde vor allem in folgenden Instituten auf dem Gebiet der Rechenautomaten gearbeitet:
Max-Planck-Institut Göttingen (jetzt München),
(Prof. L. BIERMANN, Dr. H. BILLING);
Institut für Praktische Mathematik in Darmstadt,
(Prof. A. WALTHER, Dr. H.-J. DREYER);
Institut für Elektrische Nachrichtentechnik und Meßtechnik in München,
(Prof. H. PILOTY, Dr. R. PILOTY).
Neben den Universalrechenautomaten werden zunehmend Spezialgeräte entwickelt. Ein gigantisches Beispiel ist das „SAGE"-System, welches die Luftlagemeldungen des kontinentweiten amerikanischen Luftwarnsystems auswertet und beinahe bis zum Einsatzbefehl der Abwehrwaffen verarbeitet.
Die Firma Standard Elektrik Lorenz AG hat 1957 ein Spezialgerät zur Automatisierung des Bestell-, Abrechnungs- und Inventurwesens in einem Großversandhaus dem Betrieb übergeben. Das Bild 53 soll einen äußeren Eindruck davon vermitteln. Diese Anlage bewältigt Arbeitsspitzen, für die bisher etwa 1200 Menschen gebraucht wurden,

Bild 53. Informationsverarbeitendes System in einem Großversandhaus
(Werkphoto Standard Elektrik Lorenz AG.)

mit nur 400 Menschen. Vom technischen Standpunkt war sie dadurch bemerkenswert, daß sie keine Elektronenröhren, sondern nur Transistoren verwendet. Dadurch ergibt sich eine höhere Betriebssicherheit.
Aus diesen Wurzeln heraus ist in unserer Zeit eine Milliardenindustrie gewachsen.
Nach einer Zusammenstellung der Firma J. F. Diebold waren am 1. 7. 1969 allein in der Bundesrepublik Deutschland 5663 Rechenautomaten im Betrieb, 1495 bestellt.
Ohne Zweifel wird die Bedeutung der Informationsverarbeitung in den kommenden Jahren weiter zunehmen. Es sei hier nur erinnert an Probleme wie Maschinensteuerung, Produktionsüberwachung, Sprachübersetzung, und schließlich an die Berechnung von Vorgängen, bei denen die Mathematiker bisher wegen des Rechenumfanges resignierten, wie z. B. volkswirtschaftliche Zusammenhänge, meteorologische Rechnungen zur Wettervorhersage usw.

Prinzipielle Gliederung informationsverarbeitender Systeme

Der innere Aufbau informationsverarbeitender Systeme ähnelt meist dem Aufbau eines Rechenplatzes (Bild 54).

Bild 54. Aufbau eines Rechenplatzes

Durch die EINGABE erhält der Rechner die Aufgabe und das Zahlenmaterial;
die PROGRAMMSTEUERUNG zerlegt die Gesamtaufgabe in Einzelrechnungen, schreibt Zwischenergebnisse in den Speicher, liest sie dort

später wieder ab und gibt schließlich durch die AUSGABE das Rechenergebnis an den Auftraggeber zurück.
Das RECHENWERK addiert, subtrahiert, multipliziert und dividiert die eingetasteten Zahlen entsprechend der Programmsteuerung.
Der SPEICHER nimmt die Zwischenergebnisse auf (siehe 6. Kapitel).

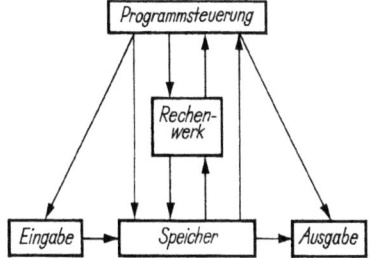

Bild 55. Typischer Aufbau informationsverarbeitender Systeme

Bild 55 zeigt schematisch den Aufbau informationsverarbeitender Systeme. Die Funktionsgruppen Eingabe, Programmsteuerung, Rechenwerk, Speicher und Ausgabe haben ähnliche Aufgaben wie beim Rechenplatz.

Eingabegeräte
Durch die „Eingabe" wird dem informationsverarbeitenden System mitgeteilt, welche Rechnungen mit welchen Zahlen durchgeführt werden sollen.
Die Eingabe kann erfolgen:
Von Hand: durch Tastatur oder Fernschreibmaschinen.
Von maschinell vorbereiteten Informationsträgern: durch Lochstreifensender, Lochkartenabtaster, Magnetbandgeräte.

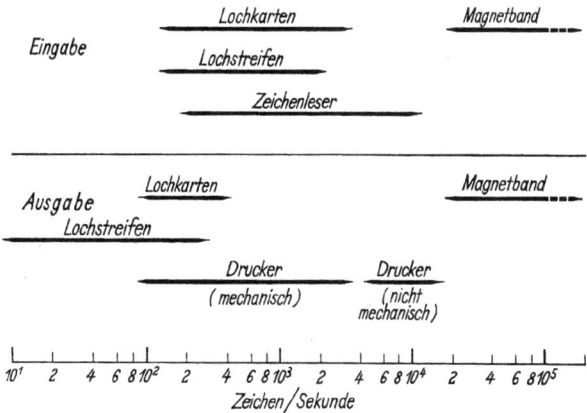

Bild 56. Leistungen von Ein- und Ausgabegeräten

Der Nutzen eines Eingabegerätes hängt u. a. davon ab, wieviele Zeichen pro Sekunde eingegeben werden können. Zeichen in diesem Sinne sind Zahlen, Funktionszeichen und evtl. Buchstaben. Bild 56 gibt eine Übersicht über die typischen Leistungen von Ein- und Ausgabegeräten.

Das Rechenwerk

Das Rechenwerk „beherrscht" im allgemeinen nur die einfachsten Grundrechnungsarten, z. B. Addieren, Subtrahieren und Multiplizieren. In Bild 57 ist beispielsweise die Funktion eines Einmaleinskörpers für Multiplikation im „eins aus zehn"-Code schematisch angedeutet. Multiplikand und Multiplikator kommen auf je 10 Drähten parallel aus den Speichern. An den 10×10=100 Schnittpunkten der Drähte sind

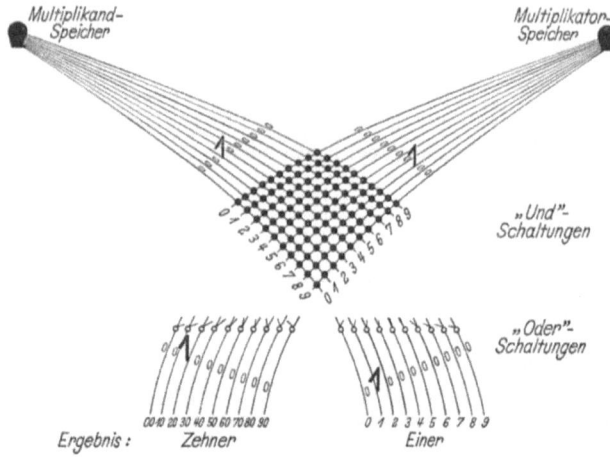

Bild 57. Schematische Funktion eines Einmaleinskörpers

„Und"-Schaltungen, welche feststellen, ob auf dem betreffenden Draht vom Multiplikandenspeicher und gleichzeitig auf dem zugehörigen Draht vom Multiplikatorspeicher ein Impuls kommt. Von diesen „Und"-Schaltungen führen zwei Drähte zu den beiden Drahtbündeln, welche das Multiplikationsergebnis abführen. Da nun z. B. in der Einerstelle die „1" kommen kann, z. B.

von 3×7 = 20 + 1
oder 9×9 = 80 + 1,

müssen die Drähte, welche von den „Und"-Schaltungen kommen, mit sogenannten „Oder"-Schaltungen zusammengefaßt werden. Bild 20 zeigte schematisch einen Ausschnitt aus einem Addierwerk für Zahlen im Dualcode.

Ausgabe

Wenn die informationsverarbeitenden Systeme ihre Funktion beendet haben, muß das Ergebnis in irgendeiner für den Menschen oder Automaten verwertbaren Form ausgeliefert werden.
Die einfachsten Formen der Ausgabe sind Leuchttableau, elektromagnetisch betätigte Schreibmaschine oder aber die Fernschreibmaschine. Wenn sehr große Informationsmengen anfallen, ist die Funktionsgeschwindigkeit dieser Geräte nicht ausreichend. Man kann dann entweder Tabelliermaschinen verwenden, die rund 2 Zeilen zu je 100 Zeichen pro Sekunde drucken, oder aber neuere Konstruktionen, sogenannte „Zeilenschnelldrucker", welche 10 und mehr Zeilen pro Sekunde drucken.
Dort, wo die ausgegebene Information nicht durch Menschen, sondern durch Automaten weiterverarbeitet werden soll, können auch Magnettrommelspeicher, Magnetbandeinheiten, Kartenlocher oder Streifenlocher zur Ausgabe verwendet werden.
Eine Übersicht über die Leistungen verschiedener Ausgabegeräte gibt Bild 56.

Programmsteuerung

In den elektrischen Schaltkreisen der Rechenautomaten sind meist nur relativ wenige Primitivfunktionen technisch vorbereitet, z. B. Addieren, Subtrahieren, Multiplizieren, Umspeichern usw. Alle komplizierten Aufgaben, z. B. die zahlenmäßige Auswertung eines Integrals, müssen auf eine Folge solcher Primitivfunktionen zurückgeführt werden. Deren Reihenfolge wird „Programm" genannt. Die Programmsteuerung veranlaßt die geordnete Durchführung des Programms. Bei den Einzweckmaschinen ist die Programmsteuerung unveränderlich. Bei einfacheren Universalgeräten erfolgt die Programmierung durch materielle Veränderungen im Gerät, z. B. an einem Steckerfeld. Typisch für den gegenwärtigen Stand der Technik ist jedoch das gespeicherte Programm. Hierbei wird die Folge der Primitivfunktionen nicht durch materielle Eigenschaften des Rechenautomaten gesteuert, sondern durch den Inhalt seiner Speicher. Dies gibt den Automaten einen außerordentlich hohen Grad funktioneller Flexibilität. Derselbe Automat, der in der einen Minute beispielsweise ein Integral berechnet, kann in der nächsten Minute eine Statistik auswerten und in der übernächsten Minute kritische Drehzahlen einer Turbinenwelle. Das Prinzip des gespeicherten Programms geht vor allem auf J. v. NEUMANN zurück. Dieses Prinzip gibt der Technik ganz neue Aspekte, die von der überraschenden Flexibilität bis hin zur Möglichkeit reichen, lernende Automaten zu konstruieren (siehe 10. Kapitel). Bild 58 veranschaulicht die Vorgänge beim Programmieren an Hand des einfachen Beispiels der Berechnung eines quadratischen Polynoms. In der Tafel taucht der Begriff „Akkumulator" auf. Der Akkumulator ist ein spezieller Ein-Zahl-Speicher, der vor einer Rechenoperation einen der beiden zu verknüpfenden Operanden enthält. Das Ergebnis der Verknüpfung (Summe, Produkt usw.) gelangt wieder in den Akkumulator (unter Löschung des ersten Operanden), wo es z. B. für eine weitere Operation Verwendung finden kann. Der zweite Operand wird aus einer adressierbaren Zelle des Speichers geholt. Die Adresse wird im Befehl

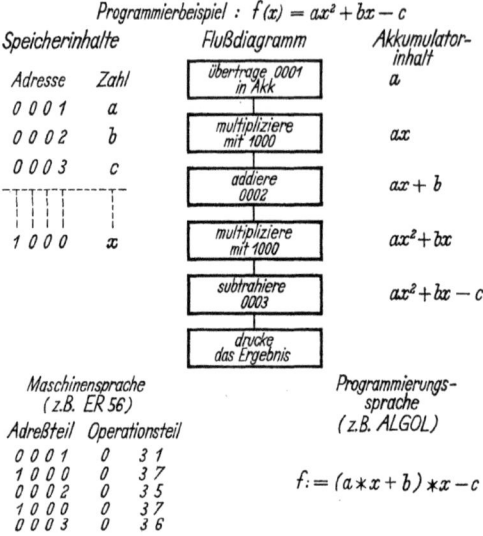

Bild 58. Programmierbeispiel, Flußdiagramm, Maschinensprache und Programmierungssprache

angegeben. Es ist daher notwendig, daß die Speicherplätze z. B. der Koeffizienten und Variablen bekannt sind. Dem dient der links oben gezeigte Plan über die Speicherinhalte. Das Flußdiagramm gibt Auskunft über die einzelnen Berechnungsschritte. Es dient als Konzept des logischen Ablaufs der Berechnung. Rechts in der Tafel ist zur weiteren Erläuterung der jeweilige Inhalt des Akkumulators angegeben.

Speicherplan und Flußdiagramm haben den Zweck, eine Berechnungsaufgabe so vorzubereiten, daß das Niederschreiben der Befehle in der Sprache der Maschine möglich wird. Eine solche Befehlsfolge ist links unten gezeigt. Die Reihenfolge der Befehle folgt zwingend aus dem Flußdiagramm. Beispielsweise bedeutet die Ziffernkombination 31 des Operationsteils Übertragung in den Akkumulator, 37 Multiplikation, 35 Addition usw. Die Adreßteile der Befehle sind dem Speicherplan entnommen.

Die soweit beschriebenen Vorgänge sind notwendig für das Programmieren in der „Maschinensprache". Wesentlich vereinfacht wird die

Arbeit unter Zuhilfenahme automatischer Programmiersysteme (z. B. ALGOL [107]). Ein Beispiel zeigt Bild 58 rechts unten. Die Übersetzung in die Befehlsfolge der Maschinensprache und die Einteilung des Speichers übernimmt der Automat mit Hilfe eines vorhandenen Programmes („Compiler"). Diese letztgenannte Art der Programmierung hat vor allem den Vorteil, daß sie schnell, wenig fehleranfällig und unabhängig von einer speziellen Rechenanlage ist. Allerdings sind Programme, die durch automatische Programmiersysteme erzeugt wurden, häufig länger als „maßgeschneiderte" Programme.

Das Programmierbeispiel von Bild 58 enthält nur „Unbedingte Befehle". Darunter versteht man solche, deren Ausführung eindeutig festgelegt und vom jeweiligen Zustand des Automaten bzw. des Rechenablaufs unabhängig ist. Im Gegensatz hierzu wird bei den „Bedingten Befehlen" eine Auswahl von Ausführungsmöglichkeiten (meist zwei) vorgesehen, und es hängt dann vom Zustand des Automaten bzw. des Rechenablaufes ab, welche von den verschiedenen Ausführungsmöglichkeiten tatsächlich verwirklicht wird. Dies möge mit Bild 59 veran-

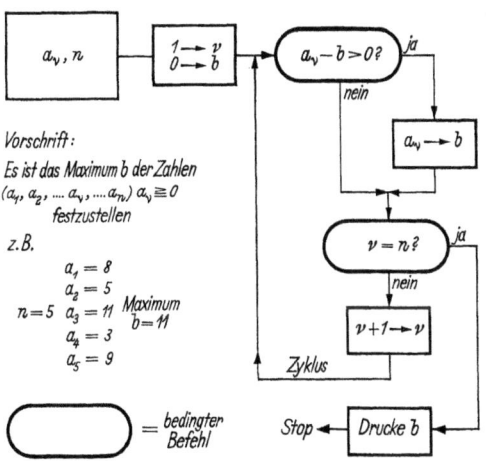

Bild 59. Flußdiagramm mit „Bedingten Befehlen"

schaulicht werden. Das Bild zeigt das Flußdiagramm zur Lösung der Aufgabe, aus einer Menge von n positiven Zahlen a_ν ($a_1, a_2, \ldots, a_n$) diejenige mit dem größten Wert (Maximum b) auszuwählen. Das Flußdiagramm gibt den Ablauf des Auswahlvorgangs wieder.

Ausgehend von den gegebenen Werten, den Zahlen a_ν und der Anzahl n der Zahlen, wird in einem ersten Programmschritt die Wertzuweisung für die beiden Größen (Variablen) b und ν vorgenommen. Die Zuweisung $0 \rightarrow b$ bedeutet, daß für das Maximum b zunächst der kleinstmögliche Zahlenwert angenommen wird. Mit der Zuweisung

$1 \to \nu$ wird festgelegt, daß beim Auswahlvorgang mit der ersten Zahl (a_1) begonnen werden soll. Nachdem auf diese Weise die Anfangswerte bestimmt wurden, wird in einem zweiten Programmschritt die Differenz $a_\nu - b$ gebildet und geprüft, ob diese größer als 0 ist oder nicht. Bei diesem Schritt ist also eine Verzweigung im Programm in Abhängigkeit vom Ergebnis der Subtraktion vorgesehen. Ist dieses nicht größer als 0, so ist die untersuchte Zahl a nicht größer als b, und das Programm kann deshalb zur Subtraktion mit der zweiten Zahl a_ν (a_2) übergehen. Dazu muß in einer weiteren Abfrage untersucht werden, ob schon alle Zahlen a_ν verarbeitet wurden. Wenn nicht, wird für die Variable ν eine Wertzuweisung derart vorgenommen, daß der Wert von ν gegenüber dem bisherigen um 1 erhöht wird. — Bisher war nur der Fall betrachtet worden, daß sich bei der Subtraktion ein Wert nicht größer als 0 ergibt und das Programm sofort zur Abfrage ($\nu = n$?) weitergeht. Ergibt sich aber ein Wert größer als 0, dann heißt das, daß die Zahl a_ν größer als b ist. Damit wurde ein neues Maximum im Verlauf des Auswahlprogramms gefunden, und es muß deshalb für die Variable b eine neue Wertzuweisung $a_\nu \to b$ erfolgen. Nach diesem Schritt läuft das Programm zur Abfrage ($\nu = n$?) weiter. Sind alle Zahlen a_ν auf diese Weise untersucht worden, dann ist $\nu = n$ und die Schleife kann verlassen werden. Die als letzte erfolgte Wertzuweisung $a_\nu \to b$ liefert dann den endgültigen Wert für das Maximum b, das zum Schluß des Programms ausgegeben wird.

Von den „Bedingten Befehlen" wird mannigfacher Gebrauch gemacht. Beispielsweise bei Iterationsrechnungen, bei denen eine Rechenschleife mehrfach durchlaufen wird. Der Programmierer weiß von vornherein nicht, wie oft diese durchlaufen werden muß. Ein „Bedingter Befehl" sorgt dafür, daß die Iterationsrechnung dann beendet wird, wenn die Verbesserung des Rechenergebnisses unter eine vorgegebene Grenze gesunken ist.

Gesamtfunktion informationsverarbeitender Systeme

Informationsverarbeitende Systeme überraschen durch ihre Schnelligkeit. Die Grundrechnungsarten (Addition, Subtraktion, Multiplikation und Division) werden mit 10 ... 20-stelligen Zahlen in Mikrosekunden oder noch kürzeren Zeiten ausgeführt. Diese hohe Funktionsgeschwindigkeit erlaubt Rechnungen, deren Durchführung früher aus Zeitgründen einfach sinnlos gewesen wäre. Ein Beispiel hierfür ist die Wettervorhersage. Ihre Zuverlässigkeit hängt davon ab, wie viele Ausgangswerte berücksichtigt werden (z. B. Luftdruckverteilung an vielen Orten). Würden diese Ausgangswerte aber mit normalen Tischrechenmaschinen verarbeitet, dann käme das Wetter vor der Prognose. Bei anderen Anwendungen ist teils die Geschwindigkeit als solche, teils die Menge der zu verarbeitenden Informationen entscheidend. Hierbei sei z. B. an folgende Anwendung gedacht: Lohnrechnung,

Lagerhaltung, Verkaufsbuchhaltung, Kontoführung, Statistik und Produktionskontrolle. In Tafel 3 ist der Mittelwert des Zeitbedarfs und der Kosten je Rechenoperation gegeben, verglichen für:
Mensch ohne technische Hilfsmittel,
Mensch + Handrechenmaschine,
mittelgroßer Rechenautomat + 2 Programmierer.

Man beachte auch, daß die Leistungsfähigkeit des Menschen nur wenige Stunden anhält, daß beim Rechenautomaten dagegen — von technischen Störungen abgesehen — die Leistung beliebig lange erhalten

Tafel 3. **Mittlerer Zeitbedarf und Kosten je Rechenoperation (Vier Grundrechnungsarten, sechsstellig)**

	Mittl. Zeitbedarf je Rechenoperation	Kosten (einschl. Abschreibung) je Rechenoperation
Mensch ohne technische Hilfsmittel	200 Sekunden (einschl. Proben)	25 Pfennige
Mensch mit Handrechenmaschine	20 Sekunden (einschl. Proben)	2,5 Pfennige
Mittelgroßer Rechenautomat	ca. $2 \cdot 10^{-6}$ Sekunden	etwa 10^{-7} DM

werden kann. Die Angaben zu den Kosten enthalten den Arbeitslohn eines mittleren Angestellten einschließlich Arbeitsmittel, Betriebskosten und dgl. Den Kosten bei Verwendung eines Rechenautomaten liegt die Monatsmiete bei ca. 300 Betriebsstunden monatlich zugrunde.

Rechenautomaten des gegenwärtigen Standes der Technik sind dem Menschen bei der Ausführung logisch definierter Aufgaben vor allem bezüglich Schnelligkeit und Zuverlässigkeit überlegen. Sieht man von den „Bedingten Befehlen" ab (siehe Bild 59), bei denen der Automat selbst eine Entscheidung treffen muß, so kann man die Wirkung der bisherigen Automaten als „Zeitraffer" kennzeichnen. Sie führen logische Verknüpfungen zwar so schnell aus, wie sie von Menschen auf Grund der langsamen Nervenfunktionen (siehe Bild 3 c) niemals ausgeführt werden können, aber doch in einer durch den programmierenden und konstruierenden Menschen vorbedachten Weise. Wenn die Entwicklung der Informationsverarbeitung auf dieser Stufe stehenbleiben würde, dann wäre es unbegründet, in der Funktion der Automaten etwas dem menschlichen Denken Verwandtes zu vermuten. Aber diese Voraussetzung trifft nicht zu, was bisher besprochen wurde, ist nur der klassische Stand der Informationsverarbeitung. Wir stehen jedoch an der Schwelle eines neuen Abschnittes der Automatenentwicklung. Dieser wird dadurch gekennzeichnet sein, daß Automaten Prozesse durch-

führen werden, welche kein konstruierender oder programmierender Mensch vorher bedacht hat.
Wie wird sich diese Entwicklung in der Zukunft fortsetzen? Die Antwort auf diese Frage ist wichtig für die Auswahl der richtigen Entschlüsse nicht nur im technischen Bereich, sondern ebenso z. B. auch im Bereich der Sozialwissenschaften und der Politik. Man wird schwerlich irgendeinen Bereich menschlicher Aktivität finden, der von dieser Entwicklung nicht stark berührt werden dürfte.
Es sei versucht, hier auf die Frage „Wie wird sich diese Entwicklung in der Zukunft fortsetzen?" einige Antworten zu geben, auch wenn die Gefahr besteht, daß die tatsächliche Entwicklung diese Antworten später korrigieren wird. Die Hauptschwierigkeit der Prognose liegt darin, daß unsere Phantasie nicht ausreicht, die Bahn einer Entwicklung zu extrapolieren, die einen geradezu kometenhaften Aufstieg hinter sich hat.
Die folgenden Überlegungen sollen die zukünftige Entwicklung abschätzen vom Standpunkt
> der technischen Realisierung,
> der funktionalen Organisation
> und der zukünftigen Anwendungen.

Technische Realisierung

Bild 18 gibt eine Übersicht über Bauelemente, die früher, gegenwärtig oder in Zukunft Bedeutung für die Konstruktion informationsverarbeitender Systeme haben.
Die ersten Geräte (etwa 1935—1945) benutzten hauptsächlich elektromechanische Relais. Anschließend kam die Zeit der Elektronenröhren (ca. 1946—1957). Das markanteste Beispiel war der ENIAC (Electronic Numerical Integrator and Computer), der zum Betrieb seiner etwa 18 000 Elektronenröhren annähernd 200 Kilowatt elektrischer Leistung verbrauchte. In dieser Zeit wurden verschiedene technische Prinzipien zur Informationsspeicherung verwendet: bistabile Röhrenschaltungen, spezielle Speicherröhren (z. B. die „Williams-Tube"), Laufzeitglieder (z. B. in Form von Quecksilberröhren) und allmählich auch magnetomotorische Anordnungen, vor allem Speichertrommeln (siehe 6. Kapitel).
Etwa seit dem Jahr 1955 wurde die Elektronenröhre mehr und mehr durch Halbleiteranordnungen (Transistoren, Dioden) verdrängt. Schon im Jahre 1954 wurde ein Versuchsmodell gebaut, jedoch waren die Erfahrungen mit den damals noch verwendeten Spitzentransistoren nicht günstig. Seit etwa 1957 wurden größere Automaten unter ausschließlicher Verwendung von Halbleitern gefertigt. Ein markantes Beispiel dieser Entwicklung ist das „Informatiksystem Quelle" (Bild 53).
Die Mehrzahl der gegenwärtig hergestellten Rechenautomaten ist aus Halbleiterbauelementen, Ferritkernspeichern und zusätzlichen Trom-

mel-, Scheiben- oder Bandspeichern aufgebaut. Für die zukünftigen Automaten zeichnet sich noch keine einheitliche Linie der Realisierung ab.
Eine der wichtigsten technischen Entwicklungen für zukünftige schnelle informationsverarbeitende Systeme sind die sogenannten „Dünnen magnetischen Schichten". Bei ihnen werden ferromagnetische Materialien in Schichtdicken von etwa 10 bis 100 Millionstel Millimeter im Vakuum auf ein geeignetes Substrat, z. B. Glas, aufgedampft. Beim Aufdampfen bewirkt ein magnetisches Feld, daß das Material zwei Vorzugsrichtungen besitzt, in welche es einfällt, wenn kein äußeres magnetisches Feld wirkt. Das Umklappen geschieht außerordentlich schnell. Es wurden in dieser Technik schon Speicher aufgebaut, die Zugriffszeiten kleiner als Mikrosekunden haben. Diese sind jedoch hauptsächlich durch die Langsamkeit der Ansteuer-Elektronik und die Laufzeiten in den Drähten gegeben, die „Dünnen Schichten" selbst erlaubten an sich noch wesentlich höhere Funktionsgeschwindigkeiten.
Es wird aber wahrscheinlich weite Bereiche unkomplizierter Technik geben, in denen die gegenwärtigen Realisierungsmethoden — billige Halbleiter und Ferritkernspeicher — noch lange konkurrenzfähig bleiben. Ja, es erscheint sogar wahrscheinlich, daß für einfache und langsame Systeme, z. B. Buchungsautomaten, in Zukunft das elektromechanische Relais wieder größere Bedeutung haben wird. Besonders deshalb, weil beim sogenannten „Reed-Kontakt" (Bild 18) durch die Schutzgas-Atmosphäre um den Kontakt Grade der Zuverlässigkeit und Lebensdauer erzielt werden, welche denjenigen von elektronischen Schaltelementen (also solchen, die ohne grobmechanische Bewegung wirken) kaum nachstehen. Außerdem machen Relais-Schaltkreise weniger technische Schwierigkeiten bei der Anschaltung von Ein- und Ausgabegeräten.
Sicher werden die zukünftigen informationsverarbeitenden Systeme z. T. mit noch höheren Funktionsgeschwindigkeiten arbeiten als die gegenwärtigen. Bei den Relais-Systemen war die angemessene Zeiteinheit die Millisekunde, bei den gegenwärtigen Systemen ist es die Mikrosekunde, wir nähern uns aber bereits dem Nanosekundengebiet. Die kürzesten Schaltzeiten moderner Transistoren betragen wenige Nanosekunden. Berücksichtigt man die Tatsache, daß in einer Nanosekunde das Licht und elektrische Signale nur einen Weg von 30 Zentimetern zurücklegen, so erkennt man, daß Geräte dieser Funktionsgeschwindigkeit auch *klein* sein müssen, wenn unvorteilhafte Schaltungsprinzipien vermieden werden sollen. In der Regel arbeiten digitale Systeme so, daß die Bedeutung eines elektrischen Impulses abhängt vom Zeitpunkt seines Eintreffens. Ist nun die „Taktperiode" solcher Systeme eine Nanosekunde, dann ist die Gleichzeitigkeit zweier Impulse zunichte gemacht, wenn die Zuleitungsdrähte wenige Zentimeter verschieden lang sind. Da die Signale meist irgendwelche Kreisstrukturen durchlaufen müssen, ohne daß sie dabei zeitlich divergieren

dürfen, müssen die absoluten Werte der Umlaufzeiten sehr klein sein. Bild 60 möge einen Überblick über die Entwicklung der Additionszeiten geben, Bild 61 über die verfügbaren Speicherkapazitäten.

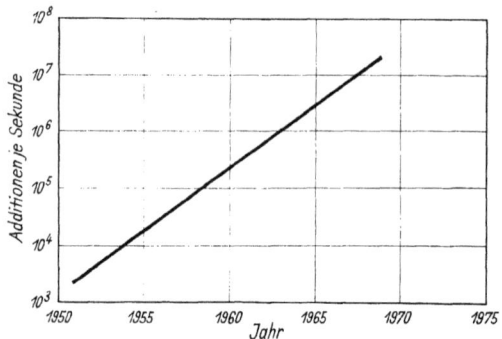

Bild 60. Entwicklung der Additionszeiten

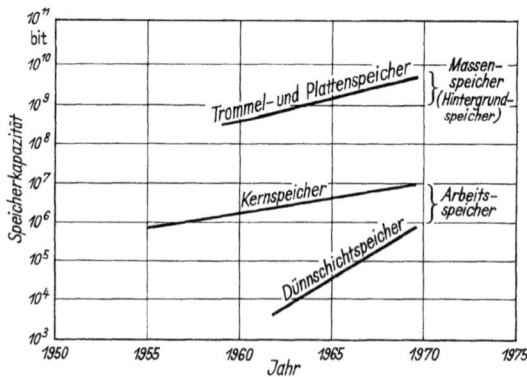

Bild 61. Entwicklung der verfügbaren Speicherkapazitäten

Die Funktionsgeschwindigkeit ist jedoch nicht der einzige Grund, weshalb man anstrebt, die Geräte zu verkleinern. Vor allem die Notwendigkeit, Volumen und Gewicht der elektronischen Geräte für Flugzeuge und Weltraumschiffe klein zu halten (siehe 15. Kapitel), stellt einen wesentlichen Ansporn der „Miniaturisierung" dar (Bild 62). Schon der Übergang von den Elektronenröhren zu den Halbleiterbauelementen bewirkte eine beträchtliche Verringerung des Raumbedarfs. Die „Packungsdichte" (Anzahl der Schaltelemente je Kubikzentimeter, SE/cm^3) entwickelt sich etwa folgendermaßen:

8. Informationsverarbeitung 107

1950 Röhrentechnik   0,01 bis   0,1 SE/cm³,
1960 Transistortechnik   0,1 bis   1   SE/cm³,
1970 Miniaturtechnik   10   bis 1000 SE/cm³.

Neuere Miniaturkonstruktionen verwenden nicht mehr einzelne Bauelemente, die durch angelötete Verbindungsdrähte miteinander verbunden werden, sondern kleine Schaltungseinheiten, sogenannte „Module", die gemeinsam hergestellt werden, z. B. durch eine Folge von

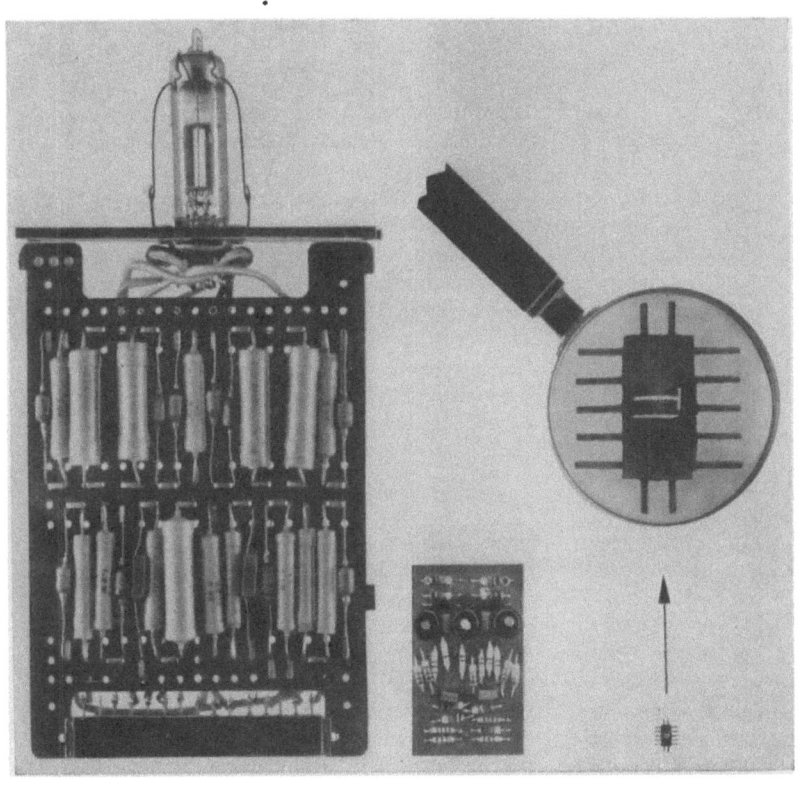

Bild 62. Miniaturisierung der Baugruppen (jeweils ein Flipflop)

Aufdampfprozessen. Die Verfahren, bei denen „in einem Guß" komplexere Schaltungsaggregate hergestellt werden, sind die Voraussetzungen für die zukünftige „Miniaturisierung". Wenn angestrebt wird,

Hunderte, ja Tausende von Schaltelementen in einem Kubikzentimeter unterzubringen, dann sind Fertigungsmethoden, bei denen manuell eingegriffen werden muß, nicht mehr realisierbar. Das Fernhalten der menschlichen Hand von Bauelementen ist auch im Interesse der Zuverlässigkeit wünschenswert.

Die sehr große Anzahl von Schaltelementen, deren korrektes Zusammenwirken Voraussetzung für die ordnungsgemäße Funktion der informationsverarbeitenden Systeme ist, macht es erforderlich, daß die einzelnen Schaltelemente Grade der Zuverlässigkeit besitzen, die bisher ungewohnt waren. Wenn beispielsweise ein System von 10 000 Schaltelementen eine Betriebszeit von 100 Stunden mit einer Ausfallwahrscheinlichkeit von 1% überstehen soll, dann müssen die einzelnen Schaltelemente eine Ausfallwahrscheinlichkeit von 1% in einer Million Stunden (115 Jahre!) haben. Bauelemente mit solch hohen Graden der Zuverlässigkeit gab es bisher kaum. Auch aus diesem Grunde muß die Bauelemente-Herstellung in Zukunft ganz neue Wege beschreiten.

Vielleicht wird man diese außerordentlich hohen Forderungen an die Zuverlässigkeit miniaturisierter Bauelemente bei erträglichen Kosten nicht verwirklichen können. Dann bietet sich ein anderer Weg an, den uns die biologischen Systeme „vorgemacht" haben. Neuronennetzwerke haben vielfach die Fähigkeit der „Selbstkorrektur", d. h., wenn ein Teil des Netzwerkes ausgefallen ist, dann übernehmen andere Teile dessen Funktion, und die Leistung des Gesamtsystems bleibt im wesentlichen unverändert. Es ist neuerdings gelungen, elektronische Schaltungen aufzubauen, die ebenfalls die Fähigkeit der Selbstkorrektur besitzen [67, 109, 126, 127].

Funktionale Organisation

Informationsverarbeitende Systeme, insbesondere Rechenautomaten, können entweder Universalgeräte oder Einzweckgeräte sein. Universalgeräten muß für jeden neuen Anwendungsfall ein „Programm" eingegeben werden. Unter „Programm" verstehen wir eine geordnete Folge von Befehlen, welche der Automat ausführen soll, z. B. in welcher zeitlichen Folge welche arithmetischen Operationen, Speichervorgänge oder Ausgabevorgänge auszuführen sind. Die Herstellung von Programmen ist eine mühsame Arbeit, die vor allem klares logisches Denken voraussetzt. Das Programmieren kann in verschiedenen Formen geschehen, z. B. in Maschinensprache, in symbolischen Programmiersystemen und in automatischen Programmiersystemen.

Das Programmieren in der sogenannten Maschinensprache ist die primitivste Art des Programmierens. Hier besteht der Befehl aus dem Operationsteil und dem Adressenteil, gelegentlich auch noch einigen zusätzlichen Hinweisen (Bild 58).

Durch die Anwendung der symbolischen Programmiersysteme ergeben sich einige Erleichterungen, z. B. bei der Verfügung über die Speicherplätze.

Einen vorläufigen Abschluß der Entwicklung stellen die automatischen Programmiersysteme dar. Bei solchen Systemen sind zwei Teile zu unterscheiden: die „Sprache" und der sogenannte „Compiler". Die „Sprache" verwendet nicht mehr die ursprünglichen Maschinenbefehle, sondern Zeichen, die auch zwischen Menschen verwendet werden können, um mathematische Anweisungen in unmißverständlicher Weise zu fixieren. Beispiele solcher „Sprachen" sind „ALGOL" (Algorithmic Language), „FORTRAN" (Formula Translator) und „COBOL" (Common Business Oriented Language). Durch die „Compiler" werden diese „Sprachen" in die eigentliche Maschinensprache übersetzt.
Bild 58 soll einen Vergleich zwischen Maschinensprache und Programmiersprache ermöglichen.
Durch die Programmierungssprachen wird die Zusammenarbeit zwischen Automat und Mensch wesentlich erleichtert. Die einstige Form der Zusammenarbeit erinnerte zu sehr an diejenige mit einem geistig verkümmerten Spezialisten, der nichts, aber auch gar nichts tut, ohne hierzu ausdrücklich angewiesen zu sein. Die Anwendung der Programmierungssprachen macht den Automaten etwas „schneller von Begriff".
Die zukünftige Zusammenarbeit zwischen Automat und Mensch dürfte weiterhin erleichtert werden durch automatische Systeme zur Sprach- und Schriftzeichenerkennung (siehe 9. und 12. Kapitel). Es wurden schon mehrere Systeme zur automatischen Zeichenerkennung konstruiert. Deren Schwäche ist jedoch, daß sie schon bei geringen Abweichungen der vorgeführten Zeichen von der Normalform diese bereits nicht mehr richtig zu erkennen vermögen. An vielen Stellen wird versucht, diese Schwierigkeiten zu überwinden. Man möchte z. B. die Aufschriften auf Scheckformularen, auf Briefen, auf Aktenstücken usw. durch Automaten ablesen und auswerten.
Auch Systeme zur automatischen Spracherkennung wurden schon verwirklicht. Beispielsweise mit dem Ziel, bei Fernsprechsystemen die Wählinformationen nicht mehr durch die Wählscheibe, sondern durch Sprache einzugeben. Oder bei Rechenautomaten die Befehle. Oder auch bei Übersetzungsautomaten die zu übersetzende Sprache. Ja selbst das einfache Niederschreiben eines gesprochenen Textes durch einen nicht allzu kostspieligen Automaten wäre ein erstrebenswertes Ergebnis. Jedoch sind die bisherigen Ergebnisse noch nicht ermutigend. Schwierigkeiten machen vor allem die großen individuellen Unterschiede zwischen den einzelnen Sprechern.
Die Zusammenarbeit zwischen Automat und Mensch dürfte auch durch die Anwendung lernfähiger Automaten erleichtert werden (siehe 10. Kapitel). Während bisher die Automaten „starr" waren, d. h., daß sie ihr Verhalten nicht nach der jeweiligen Außenweltsituation richteten, ist es in Zukunft möglich, lernfähige Automaten zu bauen. Diese können ihr Verhalten den Außenweltsituationen anpassen. Bisher sind solche lernfähigen Automaten vor allem als Spielmodelle gebaut wor-

den, z. B. derart, daß ein Weg durch ein unbekanntes Labyrinth erlernt wird, oder in Form von Programmen für verschiedene Spiele, z. B. das „Go"-Spiel oder für Schach. Es mehren sich jedoch die Anzeichen dafür, daß lernfähige Systeme bald die Spielzeugphase überwunden haben und in die Technik eindringen werden. Beispiele hierfür sind vor allem dort zu finden, wo der Auftraggeber des Automaten entweder mangels Vorkenntnissen oder aus sonstigen Gründen nicht in der Lage ist, ein „starres" Programm aufzustellen. Bisher werden Anwendungen in der chemischen Industrie oder bei Walzwerksteuerungen diskutiert. Man sollte diese technische Entwicklungslinie aufmerksam verfolgen, es spricht einiges dafür, daß aus dem Studium der lernfähigen Automaten eine sehr tiefgreifende Umwandlung der Technik und darüber hinaus unseres Verständnisses geistiger Vorgänge entspringt.

In den Anfangszeiten der Computertechnik spielte sich die Zusammenarbeit zwischen Automat und Benutzer etwa so ab: Der Benutzer gab seine Informationen, beispielsweise in Form von Lochkarten oder Lochstreifen, in die „Eingabe" des Computers und wartete dann, bis die „Ausgabe" des Computers die Ergebnisse produzierte, beispielsweise wieder in Form von Lochkarten oder Lochstreifen. Das Verhältnis zwischen Automat und Mensch war nicht viel anders als etwa bei einem Zigarettenautomaten, bei dem oben das Geldstück in die „Eingabe" hineingeworfen wird und unten die Zigaretten von der „Ausgabe" ausgeliefert werden.

Heutzutage ist die Situation häufig eine ganz andere: Computer arbeiten im „Dialogbetrieb". Die Veränderung resultiert aus zwei technischen Sachverhalten, nämlich einerseits der außerordentlichen Schnelligkeit, mit der moderne Computer ihre Aufgaben lösen, und andererseits der viel bequemeren Ein- und Ausgabe der Information. Heutzutage kann man beispielsweise die Informationen mit Hilfe elektrischer Schreibmaschinen direkt eingeben, und man kann schon voraussehen, daß in ein bis zwei Jahrzehnten auch die menschliche Sprache vom Automaten verstanden wird. Ebenso erleichtert ist die Informationsausgabe. Beispielsweise erscheinen die Ergebnisse sichtbar auf dem Schirm einer Bildröhre. Oder sie werden vom Automaten direkt in verständlicher Sprache produziert.

Diese technischen Fortschritte haben begonnen, eine beträchtliche Veränderung der Computerbenutzung einzuleiten: den Dialogbetrieb. Er kann durch folgendes Beispiel veranschaulicht werden, welches den Dialog zwischen einem Computer für Dokumentationszwecke und einem Benutzer wiedergibt:

Computer: Ich bin betriebsbereit. Wer fragt?
Benutzer: Müller, Station 7.
Computer: Sie können mich jederzeit unterbrechen. Wünschen Sie kurze oder ausführliche Antworten?
Benutzer: Ausführliche.

Computer: Geben Sie zunächst an, welche Suchmethode Sie benutzen wollen, beispielsweise mit Hilfe von Deskriptoren, nach Autoren oder nach Klassifikation.
Benutzer: Ich möchte mit Deskriptoren suchen.
Computer: Nennen Sie mir maximal 10 Deskriptoren ... usw.

Dieses Beispiel möge zeigen, daß der Computer zunächst seinen Dialogpartner zu identifizieren sucht, seine Dialogmethode erkundet und ihn dann zu sachlichen Fragen und Antworten hinführt. Ein solcher Dialogbetrieb wird bei Computern meist in Form sogenannter „Teilnehmer-Rechensysteme" veranstaltet, bei denen ein einziger zentraler Computer eine große Anzahl angeschlossener Teilnehmer in solch rascher zeitlicher Folge bedient, daß jeder die Illusion hat, er verfüge allein über einen Computer. Diese Technik des Dialogbetriebs ist für den Benutzer auch insofern eine große Hilfe, als er zwischen neu zu stellenden Fragen immer wieder in Ruhe nachdenken kann, ohne daß der sehr teure Computer nun untätig wird; er arbeitet in den Pausen an „Hintergrundprogrammen", ist jedoch sofort wieder verfügbar, wenn ein Teilnehmer erneut Fragen an ihn stellt.

Zukünftige Anwendungen
Es ist zu vermuten, daß die Technik der Informationsverarbeitung unser zukünftiges Leben stärker beeinflussen wird als die Atomtechnik oder die Weltraumfahrt — vorausgesetzt, daß wir überhaupt eine friedliche Weiterentwicklung erleben. Die Wirkungen dieser Technik werden für viele Menschen viel gegenwärtiger, unmittelbarer sein.
Die Technik der Informationsverarbeitung wird die geistigen Kräfte des Menschen verstärken und ihn von stumpfsinniger Arbeit befreien.
Wenn im folgenden einige Anwendungsbeispiele genannt sind, so wird doch kein Anspruch auf Vollständigkeit erhoben. Auch wenn wir heute beliebig lange über zukünftige Möglichkeiten nachdenken, so werden wir die zukünftige Wirklichkeit doch nicht erfassen; die menschliche Phantasie reicht hierfür nicht aus; unser Denken bewegt sich immer wieder in gewohnten Kreisen.
a) Die stärksten Veränderungen bewirkt die Technik der Informationsverarbeitung bei praktischer wissenschaftlicher Forschung. Ohne elektronische Rechenautomaten ist eine erfolgreiche Forschungsarbeit nicht mehr denkbar; gleichgültig, ob es sich um Forschungen auf physikalischem, chemischem, technischem oder soziologischem Gebiet handelt. Hierbei ist nicht nur an die Durchführung von Zahlenrechnungen zu denken, sondern ebenso an die Auswertung umfangreichen Datenmaterials („Information Retrieval"). Auf vielen Gebieten tritt das Rechnen mit Automaten an die Stelle zeitraubender Experimente. Diese mathematisierte Art der Forschung setzt voraus, daß die zukünftige Generation unserer Wissenschaftler sehr gründliche mathematische Kenntnisse vermittelt bekommt.

b) Die hinter uns liegende erste Phase der Produktionsrationalisierung hat zwar dazu geführt, daß die Anzahl der körperlich tätigen Menschen stark gesunken ist, sie hat jedoch gleichzeitig dazu geführt, daß ein Heer von Arbeitsvorbereitern und Produktionslenkern den Betrieb der leeren Fabrikhallen in Gang bringen muß. Es ist zu vermuten, daß die nächste Phase der Rationalisierung sich dieser Aufgaben annehmen wird.

Dem zukünftigen Konstrukteur wird nicht mehr die Aufgabe gestellt, seine Konstruktionsobjekte für die handwerkliche Fertigung bildlich darzustellen, sondern vielmehr die geeigneten Steuerprogramme für die Fertigungsautomaten festzulegen. (Hierbei kann als Vorstufe eine Zeichnung entstehen.) Die Auswahl der zweckmäßigen Werkstoffe kann schon heute weitgehend automatisiert werden. Dem Auswahlautomaten wird beispielsweise die Frage gestellt: Welches Material hat bei 300 °C die höchste Scherfestigkeit? Auf Grund der vom Konstrukteur aufgestellten Steuerprogramme für die Fertigungsautomaten kann die Arbeitsvorbereitung bei gegebenem Maschinenpark optimal gestaltet werden.

c) Starke Veränderungen wird die Technik der Informationsverarbeitung auf allen Gebieten der Verwaltung bewirken. Die Probleme der Buchhaltung, der Fakturierung, der Lohn- und Gehaltsrechnung, des Steuer- und Rentenwesens sind durch automatische Systeme in besonders rationeller Weise zu lösen. Diese Entwicklung begann schon Ende des vorigen Jahrhunderts, als der Deutsch-Amerikaner HOLLERITH vorschlug, für die Zwecke der Volkszählung Lochkarten zu verwenden. Eine große Verwaltung kann heutzutage ohne Büromaschinen nicht mehr ökonomisch arbeiten. Hierbei ist auch zu erinnern an die Verwendung von Rechenautomaten zur Produktions- und Investitionsplanung. Das typische Problem der Produktionsplanung ist: Wie müssen in einem Betrieb Maschinen, Transportmittel, Arbeitsplätze, Lagerräume usw. räumlich angeordnet sein, und welcher zeitliche Ablauf muß gewählt werden, damit das Ergebnis des Betriebes möglichst günstig ist? Diese Frage ist in den meisten Fällen deshalb schwer zu beantworten, weil viele Betriebe nicht nur ein einziges Produkt herstellen, sondern verschiedene Produktionen um die Zuteilung der Produktionsmittel konkurrieren.

Mit der Produktionsplanung verwandt ist die Investitionsplanung. In vielen Industrien ist die Zeitspanne zwischen dem Beschluß, eine Produktion aufzunehmen, und dem Beginn der Produktion sehr lange, oft mehrere Jahre. Die Bereitstellung der Produktionsmittel mit ihren meist sehr hohen Kapitalinvestitionen ist daher ein großes wirtschaftliches Risiko. Der Unternehmer steht vor der Frage: Wird der Markt nach mehreren Jahren die Waren aufnehmen, für deren Produktion ich jetzt so hohe Investitionen treibe? Diese Frage wird vorläufig noch meist mit dem unternehmerischen Fingerspitzengefühl beantwortet. Neuerdings mehren sich jedoch die Ansätze, solche Probleme durch mathematisierte Modellanalyse mit Rechenautomaten besser als nach Gefühl zu lösen.

d) Im Verkehrswesen wird die Technik der Informationsverarbeitung vielfach Anwendung finden. Nicht nur zur optimalen Verwaltung der Verkehrsträger per Schiene, Straße, Wasser und Luft, sondern auch zur Erleichterung der spezifischen Transportleistung. Eine erste und wichtige Aufgabe ist das geordnete Zusammenbringen von Kunden und Transportmitteln, also das Reservierungsproblem. Hier muß eine Zentralstelle jederzeit kurzfristig über den Buchungszustand der nächsten Wochen und Monate Auskunft geben können und zusätzliche Buchungen ebenso wie auch Verzicht auf Buchungen rasch und irrtumsfrei registrieren. Solche Platzreservierungssysteme wurden schon für Eisenbahnverwaltungen, für Flugverkehrsgesellschaften und für Schiffahrtsgesellschaften aufgebaut.

Die Sicherheit im Verkehrswesen wird an vielen Stellen die Anwendung automatischer Hilfsmittel einfach erzwingen. Beispielsweise ist der Mensch als Aufsichtsorgan stark frequentierter Flughäfen oder Flugstraßen nervlich überfordert. Im Eisenbahnbetrieb werden ja schon seit Jahren technische Hilfsmittel zur Erhöhung der Betriebssicherheit untersucht und eingeführt. Erinnert sei beispielsweise an die induktive Zugbeeinflussung. Diese bewirkt Zwangsbremsung, wenn der Lokomotivführer auf Signale nicht richtig reagiert. Oder an die Gleisbildstellwerke, welche kollisionssichere Weichenverstellungen in Bahnhofsanlagen ermöglichen. Zahllose weitere Anwendungen erwachsen aus dem Wunsch, trotz erhöhter Geschwindigkeiten die Betriebszuverlässigkeit zu erhöhen. Es sei nur kurz auf die Problematik der schienengleichen Bahnübergänge und der Gleisfreimeldeeinrichtungen hingewiesen. Ein Problem, das in naher Zukunft gelöst werden dürfte, ist die vollautomatische Steuerung eines Ablaufstellwerkes, das einen Zug nach einem vorgegebenen Programm auf verschiedene Schienenstränge verteilt. Hierbei müssen unterschiedliche Wagengewichte, Leichtgängigkeit usw. berücksichtigt werden, damit die neuen Wagenfolgen stoßfrei zusammenkommen.

Ein anderes Beispiel der Verkehrsautomatisierung ist die funkgesteuerte Lokomotive, die vorläufig hauptsächlich für Rangieraufgaben eingesetzt wird. Aber man hört auch schon von weitergehenden Absichten, den Lokomotivführer durch Automaten zu ersetzen.

e) Besondere Bedeutung haben die modernen Rechenautomaten für die meteorologische Forschung, insbesondere zur Wettervorhersage. Viele tausend Wetterbeobachtungsstationen, die über den größten Teil der Erdoberfläche verteilt sind, geben täglich über Funk und Fernschreiber ihre Beobachtungen an die Wetterzentralen weiter. In den Zentralen müssen diese Meldungen möglichst rasch verarbeitet werden. Die erfolgreiche Lösung dieser Aufgabe ist nur dann möglich, wenn die vielen angelieferten Daten sehr schnell verarbeitet werden. Werden zu wenige Daten ausgewertet, dann ist die Prognose relativ unsicher, werden viele Daten zu langsam ausgewertet, dann kommt das Wetter vor der Prognose.

Wenn auch die Differentialgleichungen für die Bewegung der Atmosphäre im wesentlichen bekannt sind, ist doch noch ein Gegenstand der meteorologischen Forschung die Auswahl der Berechnungsverfahren, welche die Wettervorhersage mit einem Minimum an Rechenarbeit und einem Maximum an Zuverlässigkeit ermöglicht.

Wahrscheinlich sind diese Probleme durch Anwendung lernfähiger automatischer Systeme besonders erfolgreich zu lösen.

f) Schließlich sei noch auf eine interessante Anwendung verarbeitender Systeme hingewiesen: nämlich auf die automatische Belehrung.

Während bei den lernenden Automaten sich die Funktion technischer Systeme der Außenwelt oder den Intentionen eines Lehrers anpaßt, ist es bei den Lehrautomaten umgekehrt: Hier werden technische Systeme dazu verwandt, Schüler zu belehren. Das Grundprinzip kann etwa so dargestellt werden:

> Der Lehrautomat gibt eine kurze Instruktion und stellt anschließend (sichtbar oder hörbar) eine Frage.
> Der Schüler gibt eine Antwort, indem er entweder
> eine von mehreren Antworten auswählt („Pressey-Typ"),
> oder Textlücken ausfüllt („Skinner-Typ").
> Der Automat registriert, ob die Antwort richtig oder falsch war. War sie falsch, so wird entweder
> auf eine frühere Stufe der Belehrung zurückgegangen
> oder die richtige Antwort erläutert

Bild 63 zeigt zwei wesentliche Typen der Lehrautomaten (nach R. H. Deutsch, persönliche Mitteilung):

Typ I: Schema einfacher, meist mechanischer Geräte zur Präsentation gestreckter (linearer) Programme, deren Ablauf vom Schüler nicht beeinflußt wird.

Typ II: Lehrautomaten mit verzweigtem Programm. Wenn der Schüler die richtige Antwort nicht findet, dann muß er über eine Verzweigung (Schleife) gehen, die seine Wissenslücke ausfüllt. Der Schüler beeinflußt somit die Länge des Lehrprogramms und damit die Lernzeit.

Als Lehrautomaten höherer Leistung können auch programmgesteuerte Rechenautomaten verwendet werden. Sie ermöglichen eine große Zahl von Verzweigungen. Da die Präsentation (z. B. durch Mikrofilm oder Fernsehröhre) sehr schnell erfolgt, können viele (z. B. 300) Arbeitsplätze an denselben Automaten angeschlossen werden. Hierbei werden die dem einzelnen Schüler gestellten Fragen durch den Automaten individuell ausgewählt. Der Lehrautomat bewertet die vom betreffenden Schüler bisher gegebenen Antworten und präsentiert diejenigen Programmteile, die den bisherigen Fortschritten angepaßt sind.

Sowohl aus den USA als auch aus Rußland werden sehr günstige Ergebnisse mit maschinellen Lehrmethoden berichtet. Zwei Dinge sind hierbei wichtig: einerseits paßt sich ein maschinelles Lehrsystem viel

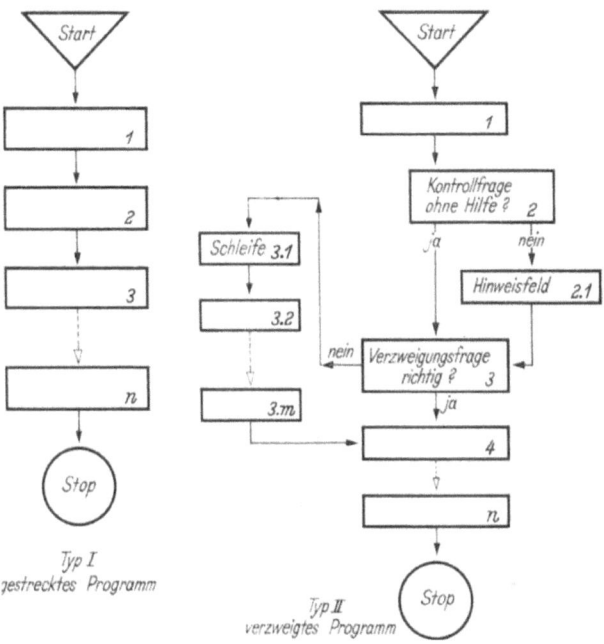

Bild 63. Wesentliche Typen der Lehrautomaten (nach R. H. DEUTSCH)

geduldiger dem langsamen oder raschen Fortschritt des Schülers an — geht also viel individueller auf ihn ein als ein menschlicher Klassenlehrer — und andererseits hat der Schüler weniger Hemmungen, dem Automaten auch einmal eine falsche Antwort zu geben, was seine Lernbereitschaft wesentlich verbessert. Angenehm wird auch empfunden, daß die Beurteilung sofort auf die Antwort erfolgt.
Diesen positiven Eigenschaften der automatischen Belehrung steht als Nachteil gegenüber, daß durch schlechte Belehrungsprogramme großer Schaden angerichtet wird und sich eine weitere Uniformierung des Denkens ergibt.
g) Eine wichtige Anwendung der Technik der Informationsverarbeitung ist die automatische Sprachübersetzung. Es gibt bereits Übersetzungsautomaten. So benutzt beispielsweise die amerikanische Luftwaffe einen Automaten, der russische Texte in englische Sprache überträgt. Wortschatz und Geschwindigkeit sind vorläufig noch gering, auch ist

der erzeugte englische Text noch wenig elegant (wenngleich im Regelfall verständlich).
Der ideale Endzustand wäre, daß auf der einen Seite des Automaten der Text z. B. in russischer Sprache in ein Mikrophon gesprochen wird, und der übersetzte (englische) Text auf der anderen Seite entweder hörbar aus dem Lautsprecher ertönt oder durch eine Schreibmaschine niedergeschrieben wird. Von diesem idealen Endzustand sind wir noch weit entfernt, ich vermute jedoch, daß er im nächsten Jahrhundert erreicht wird.
Diese Aufzählung von Beispielen ist sicher unvollständig. Sie dürfte jedoch die Annahme unterstützen, daß die Wirkung der Informationsverarbeitungstechnik auf unser zukünftiges Leben sehr tiefgreifend sein wird.
Diese zukünftige Entwicklung der Informationsverarbeitungstechnik wirft viele Fragen auf, z. B.:
a) Wird nicht unsere bisherige Stufenleiter des Sozialprestiges deshalb verändert, weil vielfach sogenannte geistige Arbeit von Automaten besser geleistet wird als von Menschen, nicht jedoch handwerkliche Arbeit?
b) Wird das Denksystem unter dem Einfluß der maschinellen Intelligenz ebenso verkümmern wie unser Gehsystem unter dem Einfluß der Verkehrsmittel?
c) Ist unser Schul- und Hochschulsystem dieser Entwicklung angepaßt?
d) Ist unsere Forschungskapazität ausreichend, um unsere zukünftige Exportfähigkeit sicherzustellen, oder besteht die Gefahr, daß wir gegenüber anderen Staaten den Anschluß verpassen und in wenigen Jahren nicht mehr exportfähig sind?
e) Welche politischen Entscheidungen müssen getroffen werden, damit die Vorteile dieser Entwicklung genutzt und ihr möglicher Schaden verhindert wird?
Es wäre töricht, den Kopf in den Sand zu stecken; wir müssen mit beweglicher Phantasie und großer Verantwortung versuchen, die zukünftige technisch-wissenschaftliche Situation zu extrapolieren, um an ihr unser Verhalten zu orientieren.
Wahrscheinlich geht die stärkste Wirkung jedoch gar nicht von diesen vordergründigen Veränderungen unserer Lebensformen aus, sondern von der aufwühlenden Veränderung des menschlichen Selbstverständnisses, welche durch die Informationsverarbeitung bewirkt wird. Die Einsicht, daß das menschliche Gehirn nicht der einzig mögliche Ort geistigen Geschehens ist, wird das menschliche Selbstverständnis nicht weniger revolutionieren als die Einsicht, daß die Erde, die Heimat des Menschen, nicht der Mittelpunkt des Universums ist. Die zukünftige Entwicklung der Informationsverarbeitung wird alle diejenigen Denkweisen unglaubwürdig machen, welche von der Unvergleichlichkeit des Geschehens im menschlichen Gehirn ausgehen.

9. Kapitel

Zeichenerkennung

Ein berühmter Physiker des 19. Jahrhunderts soll gesagt haben, daß, wenn sein Optiker ihm ein solch unvollkommenes Gerät wie das menschliche Auge lieferte, er diesen Optiker wegen Unfähigkeit entlassen würde. Ganz im Gegensatz zu dieser scharfen Kritik am menschlichen Auge würde man heute sagen: Auf keinem anderen Gebiet ist die Unterlegenheit technischer Gebilde gegenüber den organischen Systemen so offensichtlich wie beim Sehsystem.
Diese unterschiedliche Beurteilung rührt hauptsächlich her von den verschiedenen Interessen, die einst und jetzt beim Studium des Sehsystems verfolgt wurden: Im 19. Jahrhundert interessierte man sich vorwiegend für die optischen Funktionen, z. B. die Abbildung durch die Linse (siehe Bild 5), während gegenwärtig im Brennpunkt der Forschung die erstaunlichen Leistungen des Sehsystems bei der Zeichenerkennung stehen.
Bild 5 zeigt einen Querschnitt durch das menschliche Auge. Durch die Linse wird ein verkleinertes Bild der Gegenstände auf die Netzhaut (Retina) projiziert. In dieser befinden sich die lichtempfindlichen Wandler (Rezeptoren), welche den Lichtstrom in Nervenreize umwandeln. Durch den „Ciliarmuskel" wird die elastische Linse so verformt, daß das Bild auf der Retina scharf eingestellt ist. Diesen Vorgang nennt man „Akkommodation". Sie entspricht der Entfernungseinstellung bei einem Photoapparat. Der entsprechende Vorgang, nämlich die Einstellung einer Linse auf größtmögliche Bildschärfe, ist mit technischen Systemen ohne große Schwierigkeiten zu bewirken.
Die Irisblende wird bei heller Umgebung verengt, bei dunkler Umgebung erweitert, so daß etwa konstante Lichtströme in das Auge eintreten. Dieser Vorgang ist vergleichbar mit der Betätigung der Blende in einem Photoapparat. Er kann mit Hilfe einer Photozelle automatisch gesteuert werden.
Die wirklichen Probleme des menschlichen Sehsystems liegen aber dort, wo aus den Signalen der Sehnerven die Bedeutung der Zeichen abgeleitet wird. Dieses Problem sei mit Bild 64 veranschaulicht: Der Betrachter erkennt dort ein „ursprüngliches Muster", beispielsweise eine menschliche Gestalt mit ausgestreckten Armen. Die anderen Muster zeigen „offensichtlich" dieselbe Gestalt, einmal verschoben, einmal verdreht, einmal verkleinert und einmal mit geändertem Kontrast. Schließlich ist ein „verformtes Muster" gezeigt, bei welchem die menschliche Gestalt die Arme nicht seitlich ausgestreckt, sondern gekreuzt hat. In all diesen Fällen erkennen wir das Gemeinschaftliche der verschiedenen Muster: Es ist immer eine menschliche Gestalt. Hier wiederholt sich die Erfahrung, die schon im Zusammenhang mit Bild 4 gemacht wurde:

Wenn eine Signalkombination Informationen enthält, auf die sich unser Sehsystem eingestellt hat, so werden diese auch dann noch als solche erkannt, wenn die Signalkombinationen beträchtlich variiert

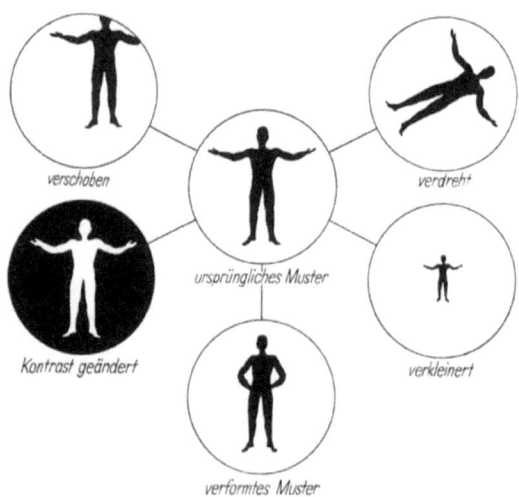

Bild 64. Zum Problem der Invariantenbildung

wurden. Unser Sehsystem leistet hier offensichtlich eine „Invariantenbildung", die zur Wahrnehmung derselben Gestalt auch bei variierten Signalen führt, also zur „Gestaltwahrnehmung". Diese Invariantenbildung und Gestaltwahrnehmung spielt eine grundlegende Rolle bei der Aufnahme und Verarbeitung von Informationen durch den Menschen (siehe 13. und 14. Kapitel). Es ist zu vermuten, daß diese Leistungen unseres Nervensystems durch dieselben Mechanismen erklärt werden wie diejenigen, welche den Abstraktionsvorgängen entsprechen.

Es ist bisher noch nicht gelungen, vergleichbare Leistungen mit technischen Systemen hervorzubringen. Die Natur scheint hier Schaltungsprinzipien zu verwenden, welche den Ingenieuren bisher noch unbekannt sind. Sie zu finden ist jedoch von großem praktischem Interesse, beispielsweise zum Bau automatischer Beobachtungssysteme für die Weltraumfahrt, oder zur automatischen Beobachtung des Verkehrs, von Nebelkammerbildern oder Blutbildern. Besonders intensiv wurden diese Probleme bisher jedoch im Zusammenhang mit der automatischen Erkennung gedruckter oder geschriebener (Schrift-)Zeichen untersucht. Die folgende Betrachtung soll die Schwierigkeiten der „automatischen Zeichenerkennung" aufweisen und einige Ansätze zu ihrer Verwirklichung andeuten.

9. Zeichenerkennung

Die Möglichkeiten, gedruckte, maschinengeschriebene oder handschriftliche Zeichen durch Automaten zu erkennen, stehen im Vergleich zu den üblichen Eingabeverfahren für Automaten, wie Lochstreifen, Lochkarte, Magnetband. Sie haben jenen gegenüber den Vorteil, daß eine *gemeinschaftliche* Darstellung für menschliches und automatisches Erkennen gegeben ist. Derartige Geräte werden zur Zeit in verschiedenen Laboratorien entwickelt.

Die Zeichenerkennung ist wesentlich verschieden von der Zeichen*reproduktion*, z. B. durch photographische Kopie, und der Zeichen*übertragung*, z. B. durch Fernsehtechnik oder Bildtelegraphie. Nur bei der Zeichen*erkennung* wird aus der vorliegenden räumlichen Signalkombination die Bedeutung abgeleitet.

Die Erkennung ist ein Klassifikationsvorgang, bei dem eine Menge unterschiedlicher Signalkombinationen derselben Bedeutungsklasse zugeordnet werden. Der Spielraum, in dem diese Signalkombinationen variieren können (z. B. die vielen verschiedenen Buchstaben in Presseerzeugnissen), ohne daß die Bedeutungsklasse sich ändert, sei die *Variationsbreite* des Systems zur Zeichenerkennung genannt.

Man könnte aus praktischen Gründen z. B. drei Stufen der Variationsbreite unterscheiden, je nach der Erkennungsfähigkeit

a) nur einer einzigen genormten Typenreihe,

b) der üblichen Maschinentypen (z. B. Schreib- und Buchungsmaschinen),

c) handschriftlicher Zeichen.

Die Variationsbreite bestimmt u. a. den Aufwand der Geräte zur automatischen Zeichenerkennung.

Von den verschiedenen Zeichen, die für den Informationsaustausch zwischen Mensch und Automaten in Frage kommen, nämlich die

Ziffern 1, 2, 3, ..., 0,

Buchstaben a, b, c, ..., z,

Satz- und Funktionszeichen, z. B. $+ - \times : . ,$ & () usw.

haben die Ziffern die größte praktische Bedeutung.

Bild 65 a zeigt eine Auswahl maschinengeschriebener Ziffern.

Bild 65 b zeigt eine Auswahl handschriftlicher Ziffern. Letztere wurden von Personen geschrieben, die einen etwa repräsentativen Bevölkerungsquerschnitt darstellen. Durch die vorgegebenen Umrandungen wurde versucht, eine einheitliche Größe und Schrägstellung zu erreichen.

Hier sollen solche Verfahren der automatischen Zeichenerkennung nicht erwähnt werden, bei welchen die Zeichen eine unnormale Gestalt haben, um sie maschinell leicht lesbar zu machen, oder solche Verfahren, bei welchen den lesbaren Zeichen besondere Hilfszeichen beigefügt sind, die ausschließlich der automatischen Erkennung dienen.

Die Anwendung von Geräten zur automatischen Zeichenerkennung ist unter folgenden Gesichtspunkten zweckmäßig:

Doppelverwendung. Bei verschiedenen möglichen Anwendungen, z. B. Briefsortieren, Schecksortieren u. ä., möchte man auf automatische Systeme übergehen. Sowohl in der Übergangszeit als auch später wird es bei diesen Anwendungen unumgänglich sein, daß visuelles und auto-

Bild 65 a. Auswahl maschinengeschriebener Ziffern

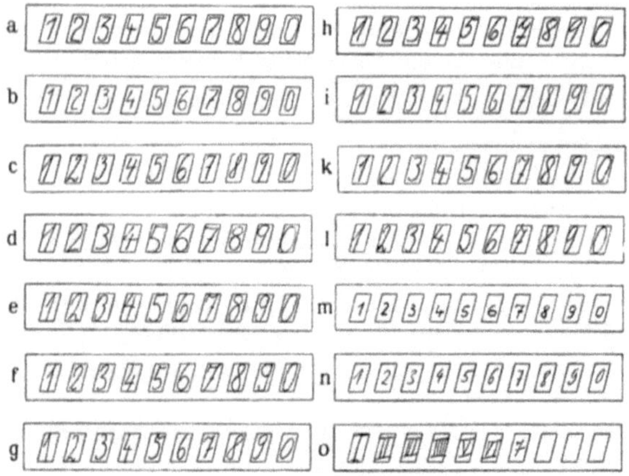

Bild 65 b. Handschriftliche Ziffern 1, 2, ... 0

matisches Ablesen wahlweise möglich ist (z. B. automatisches Sortieren in der Zentrale und visuelle Prüfung durch den Briefverteiler und Empfänger).

9. Zeichenerkennung

Glaubwürdigkeit. Alle bekannten Verfahren der elektrischen Informationsspeicherung sind — technisch gesehen — etwas indirekt und deshalb — juristisch betrachtet — nicht voll beweiskräftig. Handschriftliche, maschinengeschriebene oder gedruckte Zeichen bieten mit ihrer hohen Redundanz und ihrer gewohnten Gestalt dem kritischen menschlichen Prüfer einen höheren Grad von Glaubwürdigkeit. Aus diesem Grunde empfiehlt es sich, Vorgänge mit großer kaufmännischer oder rechtlicher Bedeutung in lesbaren Zeichen zu speichern. Um diese „urkundlich" gespeicherten Informationen in maschinelle Systeme einbeziehen zu können, ist die Verwendung von Geräten zur automatischen Zeichenerkennung ein möglicher Weg.

Bequemlichkeit. Der Mensch hat sich in Jahrhunderten an bestimmte Formen schriftlicher Aufzeichnungen gewöhnt. Es ist unbequem, diese gewohnten Schriftformen zu verlassen und z. B. die Briefe nicht mehr in normaler Schrift zu adressieren, sondern in irgendwelchen Codes. Auch sind unsere normalen Schreibwerkzeuge hierzu wenig geeignet.

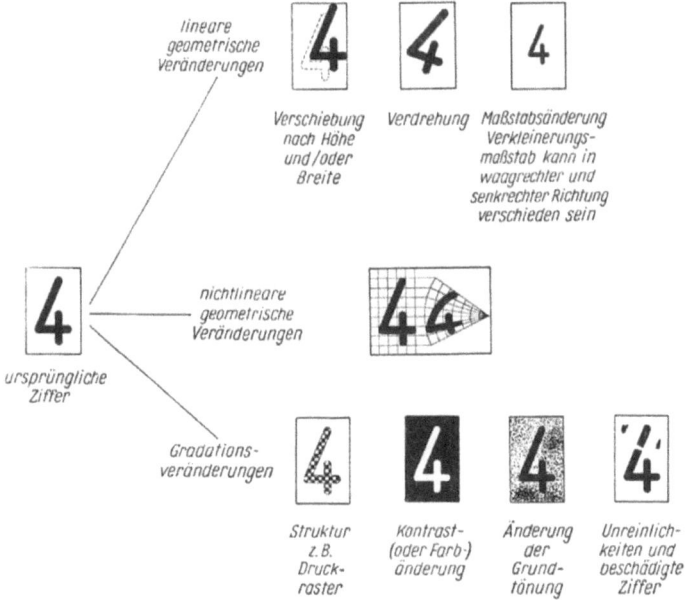

Bild 66. Beispiele für Zeichenveränderungen

Als Lesehilfe für Blinde. Hierbei können die erkannten Zeichen entweder in hörbare Laute oder aber in fühlbare Blindenschrift übersetzt werden.

Durch die unvermeidlichen Mängel bei der Herstellung oder Reproduktion der realen Zeichen entstehen Abweichungen von den Idealzeichen. Damit die Geräte praktisch verwendbar sind, müssen sie gegenüber diesen Veränderungen in Grenzen invariant sein. Die Invarianzanforderungen sind gering bei Originalen maschinell erstellter Zeichen, sie sind schon größer bei Durchschlägen und sind am allergrößten bei handschriftlichen Zeichen. Bild 66 zeigt einige Beispiele von Zeichenveränderungen.

Lineare geometrische Veränderungen

Verschiebungen nach Höhe oder Breite oder beiden zugleich kommen auch bei maschineller Erstellung gelegentlich vor, z. B. bei schnellem Schreibmaschinenschreiben. Um die Verschiebungen unwirksam zu machen, müssen zwei Schritte unterschieden werden: a) Voraussetzung jeder automatischen Erkennung ist, daß sich das Zeichen im Betrachtungsfenster des Gerätes befindet. Dieses Vorführen ist ein mechanischer Vorgang (Verschiebung der Vorlage). b) Wenn das Zeichen ganz im Betrachtungsfenster des Gerätes ist, muß es aus Aufwandsgründen bei den meisten Verfahren noch „zentriert" werden. Eine Möglichkeit hierzu ist von W. SPRICK angegeben worden. Ihr Prinzip ist in Bild 67 angedeutet. Nach SPRICK wird (mit Punktabtastung) das Zeichen durch eine Spiralbewegung eingekreist und schließlich der Mittelpunkt des kleinstmöglichen umschriebenen Kreises festgehalten.

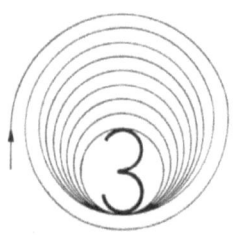

Bild 67. Zentrierung nach W. SPRICK [101]

Die beiden anderen Arten linearer geometrischer Veränderungen (Bild 66), nämlich Verdrehung und Maßstabsveränderungen, sind von geringerer praktischer Bedeutung.

Nichtlineare geometrische Veränderungen

Werden die Zeichen irgendeiner nichtlinearen Abbildung unterworfen, so entstehen nichtlineare geometrische Veränderungen (beispielsweise Zeichen auf einer gedehnten Gummihaut).
Die Abweichungen individueller Handschriften von der Idealform können zum Teil als solche angesehen werden. Automaten, welche Handschrift erkennen sollen, müssen deshalb für größte Invarianz gegenüber nichtlinearen geometrischen Veränderungen entwickelt werden. Deshalb sind alle Verfahren, die versuchen, die vorliegenden Zeichen mit einem Satz von Vergleichszeichen zur Deckung zu bringen, unzweckmäßig. Die Invarianz gegen nichtlineare geometrische Veränderungen ergibt zwangsläufig auch eine Invarianz gegen Verdrehung und Maßstabsveränderungen.

Gradationsveränderungen

Von den im Bild 66 angedeuteten Gradationsveränderungen ist vor allem die Änderung der Grundtönung recht unangenehm. Bild 68 zeigt,

9. Zeichenerkennung

daß bei Durchschlagskopien die Grenze zwischen Schriftzeichen und Untergrund in aufeinanderfolgenden Kopien immer mehr verwischt. Unreinlichkeiten des Untergrundes und beschädigte Ziffern können — in Grenzen — durch die Quantisierung nach Fläche und Amplitude unwirksam gemacht werden. Struktur der Zeichen, Kontrast- oder Farbänderung sind normalerweise vorbekannt und können eventuell in den Wandlern oder in der Erkennungsschaltung unwirksam gemacht werden.

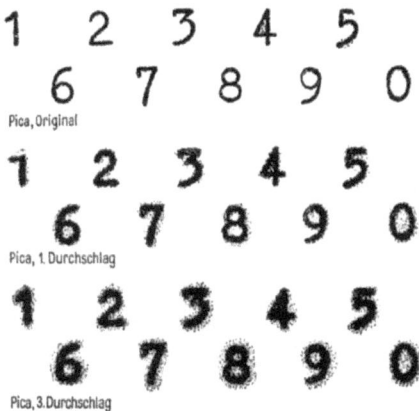

Bild 68. Veränderung maschinengeschriebener Zeichen beim Kopieren durch Kohlekopierpapier

Wandlerprobleme

Die mit der Erkennung verbundene Informationsverarbeitung wird beim heutigen Stand der Technik am besten durch *elektrische* Schaltkreise geleistet. Die zu erkennenden Zeichen sind aber meist durch flächenhafte Kontraste der Schwärzung dargestellt. Deshalb müssen durch geeignete Wandler die optischen Kontraste in elektrische Signale umgewandelt werden. Diese werden den eigentlichen Erkennungsschaltungen zugeführt.

Die Möglichkeiten, bildliche Vorlagen in elektrische Signale umzuwandeln, sind aus der Fernsehtechnik bekannt. Zwischen der Fernsehtechnik und der Technik der automatischen Zeichenerkennung bestehen jedoch wesentliche Unterschiede:

	Fernsehtechnik („GERBER-Norm")	Automatische Zeichenerkennung
Bildpunkte	etwa 300 000	50 ... 500
Bilder pro Sekunde	25	100 ... 5000
Beleuchtung	z. T. vorgegeben	einstellbar
Schwärzungskennlinie	linear	evtl. nichtlinear
Signalausgang	eindrähtig	evtl. vieldrähtig

Wegen dieser Unterschiede können bei der Zeichenerkennung andere technische Lösungen zweckmäßiger sein als in der Fernsehtechnik. Die wichtigsten lichtelektrischen Wandler für die direkte Abtastung sind Germanium-Photodioden, Germanium-Phototransistoren, Alkali-Photozellen, Photoelektronenvervielfacher. Für die indirekte Abtastung (mit Ladungsbild als Zwischenstufe) bieten sich die Kameraröhren der Fernsehtechnik an.

Das Abtastprogramm

Um die durch den Linienzug des vorliegenden Zeichens gegebene Information den elektrischen Erkennungsschaltungen zuführen zu können, gibt es mehrere Möglichkeiten:

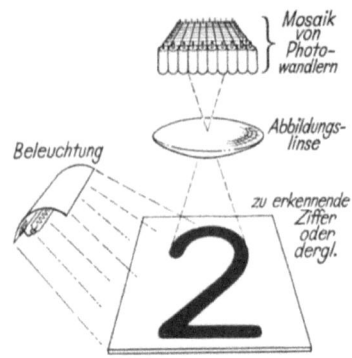

Bild 69. Vollparallele Bildabtastung

a) Abtastung ohne Rücksicht auf das Zeichen:
   a.a) Vollparallele Abtastung gemäß Bild 69 (hoher Aufwand in den Wandlern, rasche Abtastung).
   a.b) Teilparallele Zeilenabtastung gemäß Bild 70 (günstig bei kontinuierlichem Durchlauf der Zeichen).

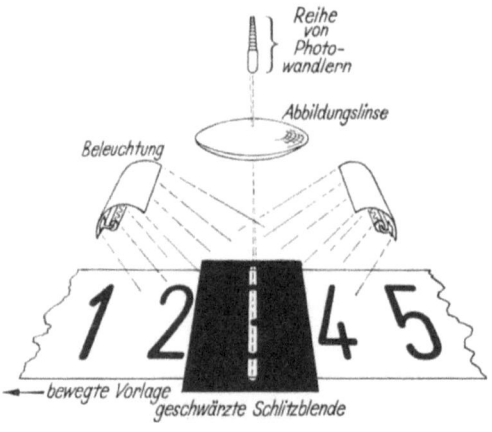

Bild 70. Teilparallele Bildabtastung

a.c) Serienmäßige Punktabtastung gemäß Bild 71 (entweder unter Verwendung einer BRAUNschen Röhre und verdunkelter Vorlage oder mit beleuchteter Vorlage und NIPKOW-Scheibe oder Kameraröhren).

9. Zeichenerkennung

b) Abtastprogramm vom vorliegenden Zeichen gesteuert:
Unter Verwendung einer Punktabtastung ähnlich Bild 71 oder irgendeiner gleichwirkenden Kameraröhre können die Konturen des vorliegenden Zeichens abgefühlt werden. Hierzu wird durch eine elektrische Rückführung vom Signalausgang auf die Ablenkmittel das Abtastprogramm beeinflußt.

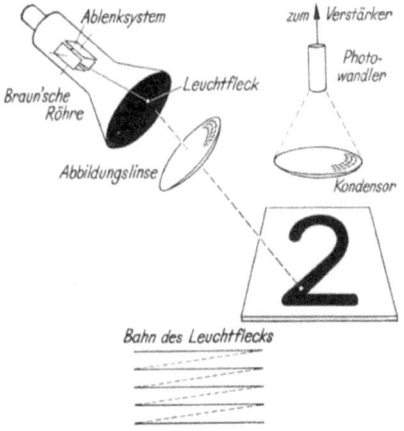

Bild 71. Serienmäßige Punktabtastung

c) Abtastprogramm angepaßt an Vergleichszeichen („Sondenverfahren"):
Im Gegensatz zum Verfahren b wird hier auf vorausbestimmten Bahnen („Sonden") festgestellt, ob der Linienzug durchschnitten wird oder nicht. Diese Sonden sind für eine bestimmte Auswahl zu erkennender Zeichen so gewählt, daß die Aussagen, welche Sonden vom Linienzug durchschnitten wurden und welche nicht, über eine einfache Codetabelle unmittelbar zur Bedeutung des Linienzuges führen. Bild 72 veranschaulicht dieses Verfahren.
Beim Vergleich der Verfahren a, b und c ist zu erkennen, daß durch Wahl eines geeigneten Abtastprogramms die eigentliche Erkennung schon sehr weitgehend vorbereitet werden kann.

Quantisierung

Beim Lesen von Schriftzeichen unterscheidet das Sehsystem unwillkürlich zwischen den Schwärzungen, die zum Schriftzeichen gehören und deshalb ausgewertet werden müssen, und den Schwärzungen, die als Unreinlichkeiten des Untergrundes usw. (siehe Bild 66) unterdrückt werden.

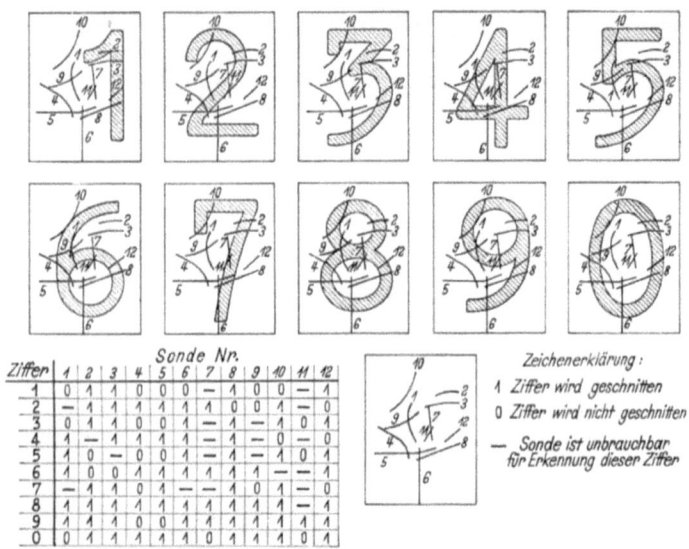

Bild 72. Prüfsonden und Codetabelle

Beim jetzigen Stand der Technik wird ein sehr einfaches — aber auch unvollkommenes — Kriterium zur Elimination der fehlerhaften Schwärzungen verwendet, nämlich ihre Größe. Bei Anordnungen nach Bild 69, 70 und 71 wird momentan ein bestimmtes Flächenelement (nicht ein geometrischer Punkt) abgetastet. Der Wandler liefert einen elektrischen Strom, welcher dem Mittelwert des Lichtstroms über sein wirksames Flächenelement etwa proportional ist. Auf den Wandler folgt meist eine Amplitudenschwelle, welche entscheidet, ob das momentan abgetastete Flächenelement als „weiß" oder als „schwarz" zu gelten habe. Macht man das Flächenelement zu klein, dann steigt die Wahrscheinlichkeit, daß kleine Unreinlichkeiten fälschlicherweise als „schwarz" registriert werden; macht man es zu groß, so werden die Schriftzeichen vergröbert.

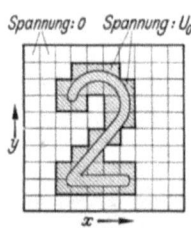

Bild 73. Quantisierte Darstellung der Ziffer 2

Außer der Quantisierung nach der Amplitude des remittierten Lichtstroms erfolgt in manchen Anordnungen auch noch eine flächenhafte Quantisierung. Dies sei durch Bild 73 veranschaulicht. Diese Quantisierung soll einerseits den Speicheraufwand kleinhalten und andererseits der Erkennungsschaltung mit möglichst wenig Schwarz-Weiß-Aussagen das vorliegende Zeichen signalisieren. Zweckmäßig ist bei Ziffern eine rechteckige Anordnung von etwa $6 \cdot 10$ bis $8 \cdot 12$ Zellen für das Zeichen (hinzu kommt eventuell noch ein Rand für die fehlerhafte Zentrierung). Auf solche Teilungen kommt man unter der Voraussetzung, daß die Zellendimension etwa gleich der Strichdicke sein sollte (feinere Unterteilungen sind für die Erkennungsschaltung ziemlich wertlos). Bild 74 zeigt, wie die Anzahl der Bildpunkte die Bildqualität verändert.

Bild 74. Bildvorlage bei verschieden feiner Quantisierung
Anzahl der Bildpunkte: a) durch Druckverfahren gegeben, sehr groß; b) 2400, c) 600, d) 150, e) 37,5, f) 9,4

Erkennungsverfahren

Der wesentliche Vorgang bei der Erkennung eines Zeichens ist der Vergleich des vorliegenden Zeichens mit einer Auswahl vorgegebener Zeichen. Dieser Vergleich kann optisch-geometrisch (z. B. durch Masken) oder in elektrischen Schaltungen erfolgen. In jedem Fall kann der Vergleich entweder ein vollständiger Deckungsvergleich sein oder aber nur bestimmte kennzeichnende Symptome der Zeichen umfassen. Als solche kommen z. B. in Frage: Schwärzungssumme über eine Querdimension, Extremwerte der Differentialquotienten des Linienzuges, Schwärzung in bestimmten Bereichen, Nichtschwärzung auf bestimmten Bahnen (Sonden) und schließlich „Formkriterien". Im folgenden sollen drei einfache Erkennungsverfahren erklärt werden.

Verfahren nach G. Tauschek

Dieser — wohl älteste — Vorschlag (Bild 75) verwendet einen Satz von Vergleichszeichen, welche aus einer Blende 6 ausgeschnitten sind. Der Wandler 5 empfängt dann ein Minimum des Lichtstroms, wenn sich das vorliegende Zeichen mit der Blende (über die Abbildungslinse) in Deckung befindet. Durch mechanische Bewegung werden die Vergleichszeichen ausgewechselt. Die vorliegenden Zeichen müssen „normiert" sein, d. h. sie müssen gleichgroße geschwärzte Flächen haben (eine vollkommen geschwärzte Fläche würde bei allen Vergleichszeichen das Minimum an Lichtstrom ergeben).

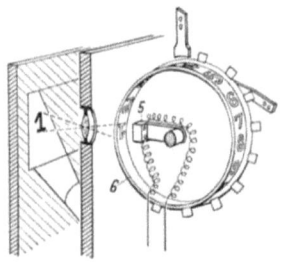

Bild 75. Verfahren zur Zeichenerkennung nach G. Tauschek

Das Verfahren erfordert eine sehr gute Zentrierung und ist wegen der mechanischen Bewegung langsam. Die Minima des Lichtstroms sind sehr kritisch. Eine funktionierende Apparatur wurde meines Wissens nicht aufgebaut.

Verfahren nach W. Sprick

In der Patentschrift wurde als Ziel des Verfahrens angegeben, nicht nur gedruckte Zeichen, sondern auch handschriftliche Zeichen auswerten zu können. Die Anordnung ist in Bild 76 dargestellt. Als Bildwandler wird eine Fernsehkameraröhre verwendet. Das Abtastprogramm lie-

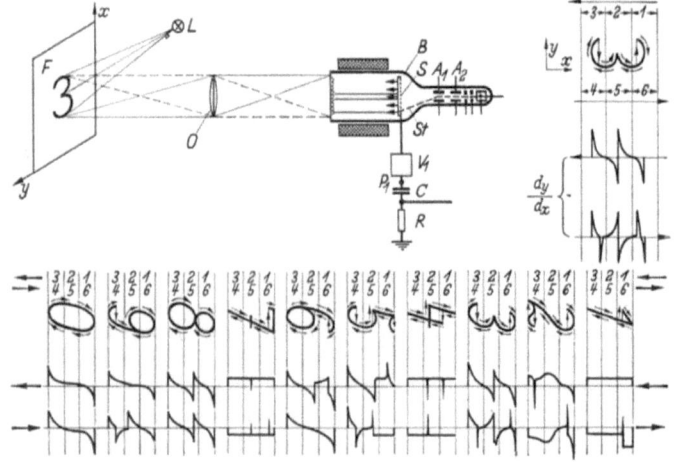

Bild 76. Verfahren zur Zeichenerkennung nach W. Sprick [101]

fert Ströme, deren zeitlicher Verlauf eine elektrische Nachbildung der äußeren Form des vorliegenden Zeichens darstellt. Diese werden differenziert und ergeben Kennimpulse. Die Lage dieser Kennimpulse im Abtastfeld erlaubt die Erkennung der Zeichen.

Sondenverfahren nach K. Steinbuch

Die grundsätzliche Anordnung ist in Bild 77 dargestellt. Die zu erkennende Ziffer oder dergleichen wird über eine Abbildungslinse auf eine Platte mit Prüfsonden projiziert. Die Prüfsonden sind z. B. dünne streifenförmige Anordnungen aus halbleitendem Material, welches seinen elektrischen Leitwert bei Beleuchtung vergrößert (Photowiderstände). Eine Möglichkeit für die geometrische Form der Prüfsonden ist in Bild 72 dargestellt. Ist die Prüfsonde in ihrer ganzen Länge hell erleuchtet, so hat sie einen großen elektrischen Leitwert. Durchschneidet jedoch der Linienzug der Ziffer (in der Projektion) eine der Sonden, so sinkt ihr elektrischer Leitwert. In einer angeschlossenen Zuordnerschaltung kann das Zeichen identifiziert werden. Zweckmäßigerweise legt man die Sonden so, daß jedes Zeichen sich von jedem anderen in mindestens zwei Sondenaussagen unterscheidet. Außerdem kann man die Anordnung so ausbilden, daß kleine Fehlzentrierungen zulässig sind (Bild 72). Die Zentrierung kann in derselben Technik durch die Zentrierplatte (Bild 77) durchgeführt werden. Steht das Zeichen z. B. zu weit rechts, dann schneidet es den Randstreifen R_0, R_1 oder R_2. Über den Leitwert dieser Randstreifen können Kriterien zur Zentrierung gebildet werden. Die Funktion der halbleitenden Sonden kann durch Punktlichtabtastung ersetzt werden, bei welcher der Abtastpunkt einen geeigneten Weg durchläuft.

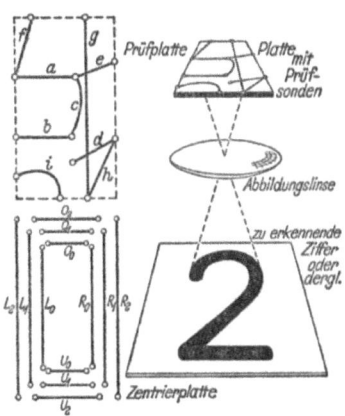

Bild 77. Grundsätzliche Anordnung beim Sondenverfahren nach K. STEINBUCH [104]

Außer diesen drei Verfahren gibt es noch wesentlich trickreichere. Wegen dieser sei auf Spezialliteratur hingewiesen [104, 108].

Vergleicht man diese Ansätze zu einer automatischen Zeichenerkennung mit den Leistungen organischer Systeme, so erkennt man die gewaltige Unterlegenheit der automatischen Systeme. Sicher wird sich diese Unterlegenheit im Laufe der Zeit verringern, vor allem, wenn nicht mehr festverdrahtete, sondern „Lernsysteme" zur Zeichenerkennung verwendet werden (siehe 10. und 11. Kapitel).

Unter einem „Perzeptor" sei eine technische Anordnung verstanden, welche ankommende Signalkombinationen (normalerweise flächenhafte Lichtsignale) auf darin enthaltene Informationen prüft. Hierbei sind zwei Funktionen wesentlich: Der Perzeptor muß einerseits Invarianten bilden und andererseits lernfähig sein. Das heißt, der Zusammenhang zwischen den Formkriterien und ihren Bedeutungen muß durch einen Belehrungsvorgang, ohne Eingriff in die Schaltung verändert werden können. Bild 78 möge zeigen, wie ein Perzeptor grundsätzlich aufgebaut sein könnte.

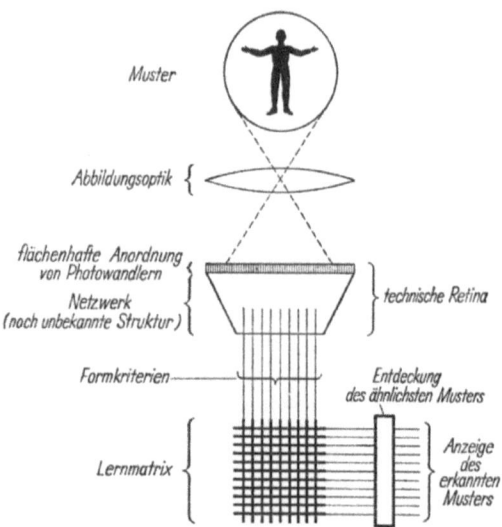

Bild 78. Schema eines Perzeptors

Das angebotene Muster wird durch eine Abbildungsoptik auf eine flächenhafte Anordnung von Photowandlern projiziert. Diese geben — je nach der Helligkeit des abgebildeten Flächenelementes — elektrische Ströme ab. An die Ausgänge der Wandler schließt sich ein Netzwerk an, das folgendes leistet: Aus den Signalen, daß der eine Punkt hell, der andere dunkel ist usw. werden sog. *Formkriterien* abgeleitet. Formkriterien sind z. B.: Gerade Linie, Krümmung nach rechts, Krümmung nach links, Wendepunkt, Ecke usw. Für die Struktur dieses Netzwerkes wurden zwar schon Vorschläge gemacht, diese sind jedoch noch unbefriedigend. Diese Formkriterien werden als „Satz Eigenschaften" z. B. den Spalten einer Lernmatrix (siehe 11. Kapitel) zugeleitet. Jede Zeile der Lernmatrix entspricht einer erlernbaren Information. In der sogenannten „Lernphase" werden dem Perzeptor nacheinander die zu erlernenden Muster vorgezeigt und jeweils gleichzeitig diejenigen Zeilen elektrisch markiert, in welche diese Muster eingelernt werden sollen. An den Kreuzungspunkten der Spalten und der Zeilen bilden sich „Bedingte Verknüpfungen", so daß bei erneutem Vorzeigen des Musters (in der „Kannphase") diejenige Zeile besonders stark angereizt wird, welche dem vorgezeigten Muster am ähnlichsten ist. Eine Extremwertbestimmung signalisiert dann diese ähnlichste Bedeutung.

Dieses Schema des Perzeptors zeigt, daß jeder Erkennungsvorgang als ein Aufsuchen der maximalen Ähnlichkeiten mit einem von mehreren gespeicherten Zeichen beschrieben werden kann.

Die Erkennung akustischer Muster (z. B. Lautzeichen) ist einerseits einfacher, andererseits aber schwieriger als die Erkennung optischer Muster (z. B. Schriftzeichen). Einfacher deshalb, weil die Anzahl der beteiligten Rezeptoren sehr viel geringer ist bzw. sein kann. (Im Auge sind einige hundert Millionen Rezeptoren, im Ohr nur einige zehntausend, siehe 13. Kapitel.) Schwieriger deshalb, weil es zwar bei optischen Zeichen möglich ist, eine gewisse Normung durchzuführen, nicht aber bei akustischen Zeichen. Auch bei ausschließlicher Benutzung der Bühnensprache ist die „Normung" nicht ausreichend, z. B. weil die Stimmritzengrundfrequenz nicht normierbar ist, ebenso die Sprechgeschwindigkeit und außerdem normalerweise die Raumakustik undefiniert ist (Nachhall usw.).

Die zukünftige Entwicklung sowohl der automatischen Spracherkennung als auch der automatischen Zeichenerkennung wird die in der Sprache bzw. in der Schrift liegende Redundanz ausnützen. Im 3. Kapitel wurde dieser Begriff erklärt. Die Redundanz des Schrifttextes erlaubt es beispielsweise, aus den sechs Buchstaben „Inf . . . . . ion" die Bedeutung des gesamten Wortes, also hier „Information" mit elf Buchstaben zu finden. Ähnlich ergänzt unser Hörsystem unverstandene Laute innerhalb eines bekannten Wortes. Diese Möglichkeiten werden in Zukunft auch technische Erkennungssysteme ausnützen.

10. Kapitel

Lernende Automaten

Auf die Frage: Was ist ein Automat? gibt der Große Brockhaus die Antwort:

„Automat (griechisch Selbstbeweger) . . . eine mechanische Einrichtung, die nach Aufhebung einer Hemmung eine Funktion selbständig und zwangsläufig ausführt."

Diese Darstellung deckt sich weitgehend mit dem allgemeinen Sprachgebrauch. Mit dem Begriff „Automat" verbindet man also normalerweise die Vorstellung eines vom momentanen Zustand der Außenwelt unabhängigen Funktionsablaufes. Es erscheint deshalb zunächst überraschend, wenn nicht gar unglaubwürdig, wenn behauptet wird, Automaten könnten „lernen".

Auf die Frage: Was ist „lernen"? findet man viele Antworten. Eine mögliche Antwort lautet etwa:

„Lernen ist eine Veränderung des Verhaltens oder der Funktion auf Grund von Informationen über die Außenwelt. Hierbei muß die Veränderung in Richtung auf Verbesserung in einem zu definierenden Sinne geschehen."

Das Thema dieses Kapitels könnte also etwas ausführlicher so formuliert werden:

Automaten, deren Funktion sich auf Grund von Informationen über die Außenwelt in einem zu definierenden Sinn verbessert.

Elektronische Rechenautomaten sind vom Standpunkt der Schnelligkeit und Zuverlässigkeit dem Menschen bei der Durchführung logisch klar beschriebener Aufgaben weit überlegen. Vom Standpunkt der Lernfähigkeit besteht vorläufig keine solche Überlegenheit. Hierfür gibt es mehrere Gründe. Einer der wichtigsten Gründe ist rein quantitativer Art: Automat und Mensch unterscheiden sich in der strukturellen Komplexität ganz beträchtlich. Hierauf wurde schon im 1. Kapitel kurz hingewiesen. Dieser Vergleich soll hier noch etwas ver-

Tafel 4. Vergleich einiger Kenngrößen von Automat und Mensch

	Automat (Digitaler, programmgesteuerter)	Mensch (Zentral-Nervensystem, ZNS)
Schaltelement		
Art	Dioden, Transistoren, Ferritkerne usw.	Neuronen
Anzahl	Einige 10^4	etwa $1{,}5 \cdot 10^{10}$
Größe	$10^{-2} \ldots 10^{+1}$ cm^3	$10^{-8} \ldots 10^{-5}$ cm^3
Speicher		
Vorgang	Meist Hysteresis ferromagnetischer Stoffe	Vermutlich meist Veränderung in Synapsen
Kapazität	$10^5 \ldots 10^8$ bit	(?) $10^9 \ldots 10^{13}$ bit
Zugriffszeit	$10^{-8} \ldots 10^{+2}$ s	$10^{-2} \ldots 10^{+1}$ s
Ein- und Ausgabe		
Art	Fernschreibgeräte, Lochkartengeräte usw.	etwa 10^8 Rezeptoren Muskeln, Drüsen
Kapazität	$10^2 \ldots 10^6$ bit/s	unbewußt: ca. 10^9 bit/s bewußt: max. 10^2 bit/s

tieft werden: Mit Tafel 4 sollen einige Kenngrößen von Automat und Mensch verglichen werden. Genauer gesagt, Kenngrößen des menschlichen Zentral-Nervensystem (ZNS) mit Kenngrößen digitaler, programmgesteuerter Rechenautomaten. Dies ist berechtigt, weil die digitalen Rechenautomaten am ehesten in der Lage sind, Funktionen auszuführen, die man beim Menschen als Leistungen der Intelligenz bezeichnen würde, insbesondere lernen. Während das ZNS für die verschiedensten Aufgaben immer wieder die gleichen komplexen Schaltelemente, nämlich Neuronen und Synapsen (siehe Bild 3) benutzt, verwendet man bei den Automaten des heutigen Standes der Technik die verschiedensten Schaltelemente, vor allem Dioden, Transistoren, Ferritkerne usw. (siehe Bild 18). Die Anzahl der Neuronen beim Menschen ist mindestens 100 000mal größer als die Anzahl der Schaltelemente in typischen Automaten. Beim Vergleich der Neuronenzahl mit der Schaltelementezahl ist zweierlei zu beachten: Einerseits leistet ein Neuron funktionell viel mehr als typische elektronische Schaltelemente, andererseits arbeiten sie aber mindestens tausendmal langsamer als jene.

Sicher ist ein Teil der Neuronen im menschlichen Nervennetz für die geforderten Intelligenzleistungen „eigentlich" unnötig und dient nur dazu, bei Ausfällen anderer Neuronen deren Funktion zu übernehmen.

Eine wesentliche Komponente des Lernens ist die Speicherung von Information. Hierbei sind beim Menschen zwei wesentlich verschiedene Speichervorgänge zu unterscheiden: Einerseits die kurzfristige Speicherung, z. B. beim Kopfrechnen Speicherung der Zwischenergebnisse und andererseits die langfristige Speicherung, z. B. beim Lernen von Sprachen, Schrift, Handfertigkeiten usw. Die Informationsspeicherung dürfte beim Nervensystem meist auf Veränderungen an Synapsen und Neuronen beruhen. Im Gegensatz hierzu beruhen praktisch alle in Automaten verwendeten Informationsspeicher auf der Hysteresis ferromagnetischer Stoffe, also z. B. des Eisens, Nickels usw. (siehe 6. Kapitel). Die Speicherkapazität wird im Sinne der Informationstheorie in der Einheit „bit" gemessen (siehe 3. Kapitel). Über die Speicherkapazität des menschlichen Nervensystems gibt es sehr unterschiedliche Angaben, vermutlich ist sie größer als die aller bisher existierenden Automaten.

Diese — rein quantitativen — Unterschiede zwischen Automat und Mensch müssen berücksichtigt werden, wenn deren Leistungen auf dem Gebiet des Lernens verglichen werden. Die gegenwärtige Situation — beträchtliche quantitative Unterlegenheit technischer Systeme — ist sicher nur ein Übergangszustand. Wenn sie endgültig wäre, könnte man über das Problem der lernenden Automaten mit einer gewissen Großzügigkeit hinweggehen. Sie ist aber nicht endgültig, sie wird sich in wenigen Jahrzehnten grundlegend wandeln. Dann werden die lernenden Automaten einen Einfluß auf unser geistiges und gesellschaftliches Leben haben, wie wir ihn uns heute noch nicht vorstellen können.

Aus diesem Grunde müssen wir diese wissenschaftlich-technische Entwicklung sehr sorgfältig studieren, obwohl sie momentan kaum mehr ist als eine kuriose Spielerei einiger Spezialisten.

Für das Denken gibt es keine allgemein anerkannte Definition. A. M. TURING [115] schlägt als Kriterium für die Denkfähigkeit eines Automaten seine Leistungen im „Imitation Game" vor. Zwischen dem prüfenden Menschen und dem unsichtbaren Prüfling spielt sich hierbei ein Frage- und Antwortspiel (z. B. über Telegraphenapparate) ab. Wenn der Prüfer nach einiger Zeit nicht entscheiden kann, ob der Prüfling ein Mensch oder ein Automat ist, dann ist A. M. TURING bereit, ihm Denkfähigkeit zuzugestehen.

Es erscheint unzweckmäßig, hier eine allgemeingültige Definition für „Denken" zu versuchen. Jede sinnvolle Definition muß jedoch die „Modellstruktur" des Denkens berücksichtigen:

Modellstruktur hat ein System dann, wenn vor einer nach außen wirksamen Maßnahme in einem internen Modell der Außenwelt die voraussichtlichen Reaktionen der Außenwelt auf verschiedene mögliche Maßnahmen geprüft werden und nur diejenige nach außen wirksam gemacht wird, welche die erwünschte Reaktion der Außenwelt ergibt.

Die Modellstruktur wird z. B. veranschaulicht durch den schachspielenden Automaten nach C. E. SHANNON [98]: Bevor er irgendeinen Zug tatsächlich ausführt (nach außen wirksame Maßnahme), prüft er die Folgen aller nach den Spielregeln möglichen Züge (Modell der Außenwelt) und führt dann denjenigen Zug aus, der dem Gegner die größten Verluste bereitet (erwünschte Reaktion der Außenwelt).

Als Kennzeichnung für das Lernen erscheint naheliegend:

Lernen eines Systems besteht darin, daß es entsprechend früheren Erfolgen oder Mißerfolgen (Erfahrung!) das interne Modell der Außenwelt verbessert.

Die obigen Definitionen sollen durch die Blockschaltbilder des Bildes 79 veranschaulicht werden. In allen Fällen soll zwischen Außenwelt,

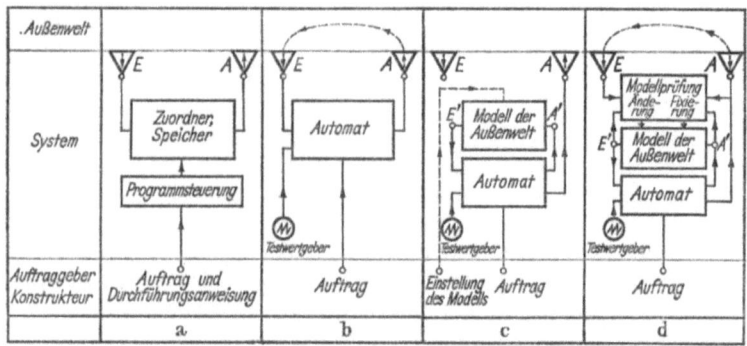

Bild 79. Wesentliche Typen automatischer Systeme

System (Automat) und Auftraggeber unterschieden werden. Das System ist mit der Außenwelt durch die Eingabe E und die Ausgabe A in Verbindung.

Während für Rechenautomaten als Ein- und Ausgabegeräte zur Zeit hauptsächlich Lochkarten, Lochstreifen, Magnetbänder und Drucker in Frage kommen (siehe 8. Kapitel), müssen in Zukunft auch noch andere Ein- und Ausgabeverfahren in Betracht gezogen werden, schlechterdings alle Arten von Wandlern, welche Zustände der Außenwelt dem System mitteilen oder dem System die Möglichkeit des Eingriffs geben, z. B. Mikrophon, Fernsehkameraröhren, Thermoelemente, Fühlkontakte, Geigerzähler, Lautsprecher, Bildröhren, Stellmotoren usw. Es sei auch darauf hingewiesen, daß in den nächsten Jahrzehnten mit Sicherheit Geräte entstehen werden, welche geschriebene Schrift lesen (siehe 9. Kapitel), vielleicht auch gesprochene Sprache verstehen (siehe 12. Kapitel).

Bild 79 a zeigt ein Schema, welches für viele zur Zeit gebräuchliche Automaten typisch ist. Auf Grund des eingegebenen Programms mit detaillierten Durchführungsanweisungen werden die von der Eingabe E aufgenommenen Informationen verarbeitet. Bis auf Sonderfälle (bedingte Befehle, siehe 8. Kapitel) führen normale Rechenautomaten nur das aus, was der Programmierer vorbedacht hat, allerdings schneller und irrtumsfreier.

Bild 79 b zeigt einen Systemtyp, welchem nur der Auftrag mitgeteilt wird, jedoch nicht, durch welche Einzelmaßnahmen er den Auftrag erfüllen soll. Ein Testwertgeber bietet zeitlich nacheinander verschiedene Informationen an. Der Automat setzt diese in entsprechende Ausgangsmaßnahmen (Informationen oder motorische Maßnahmen) um und beobachtet über E die Reaktion der Außenwelt. Derjenige Testwert, welcher unter Beachtung der Laufzeit die günstigste Reaktion der Außenwelt ergibt, wird festgehalten und bestimmt das zukünftige Verhalten des Automaten (siehe auch Bild 45 c). Automaten dieser Art dürften in naher Zukunft Anwendung finden, z. B. zur Steuerung chemischer Prozesse, bei welchen durch A die Temperaturen, Drucke, Durchflußgeschwindigkeiten usw. so lange verändert werden, bis E einen optimalen Wirkungsgrad der Gesamtanordnung feststellt. Von grundsätzlicher Bedeutung ist, daß der Automat einen Optimalzustand annimmt, welchen sein Konstrukteur vorher gar nicht kannte, eventuell im Prinzip nicht berechnen kann, weil ihm die physikalischchemischen Gesetze des Vorgangs und seine Ausgangswerte unbekannt sind. Ändern sich die Optimalbedingungen des Systems (z. B. infolge von Wasserverunreinigungen oder Katalysatorvergiftungen), so kann der Automat immer wieder erneut die optimalen Betriebsbedingungen (Temperaturen, Drucke, Durchflußgeschwindigkeiten usw.) finden. Der Automat gemäß Bild 79 b hat jedoch einen schwerwiegenden Nachteil: Bevor er die optimalen Betriebsbedingungen erreicht hat, gibt er unter

Umständen über A Maßnahmen an die Außenwelt, die katastrophale Folgen haben können (z. B. Kesselexplosion oder Überhitzung).

Bild 79 c zeigt ein System, welches diese katastrophalen Folgen dadurch vermeidet, daß es ein internes Modell (Simulator) der Außenwelt hat. In diesem wird — bevor irgendeine Maßnahme nach außen wirksam wird — deren zu erwartende äußere Wirkung am Modell überprüft. Aus der großen Zahl der möglichen Maßnahmen wird diejenige an die Außenwelt gegeben, deren Wirkung am günstigsten (im Sinne des Auftrags) ist. Das Modell ist dann vollkommen, wenn sein Verhalten zwischen den Punkten A' und E' dem Verhalten der Außenwelt zwischen den Punkten A und E exakt entspricht. Beim System 79 c ist angenommen, daß das interne Modell der Außenwelt vom Auftraggeber (bzw. Konstrukteur) vorgegeben und unveränderlich ist.

Bild 79 d zeigt ein System, das ein internes Modell der Außenwelt besitzt, welches nicht vom Auftraggeber (Konstrukteur) vorgegeben und unveränderlich ist, sondern (auf Grund früherer Erfolge und Mißerfolge bei der Anwendung des internen Modells) so lange verändert wird, bis das Verhalten zwischen A' und E' auch bei variierenden Aufträgen dem Verhalten der Außenwelt zwischen A und E entspricht. Um dies zu erreichen, muß in einer Funktionsgruppe „Modellprüfung" für jede in die Außenwelt wirksame Maßnahme geprüft werden, ob das interne Modell die Reaktion der Außenwelt richtig vorausgesagt hat oder nicht. War die Voraussage richtig, dann gibt die Modellprüfung ein Signal an das interne Modell, welches eine Fixierung des gegenwärtigen Modellzustandes veranlaßt, war die Voraussage jedoch falsch, dann gibt die Modellprüfung ein Signal, welches eine Änderung des Modells veranlaßt. Das Zusammenspiel zwischen Außenwelt und Lernsystem 79 d entspricht also dem, was im deutschen Sprachgebrauch gelegentlich als „Versuch und Irrtum", im englischen Sprachgebrauch als „trial and error" bezeichnet wird. Es hat eine gewisse Verwandtschaft mit dem, was im biologischen Sprachgebrauch als „Mutation und Selektion" bezeichnet wird. Die entscheidende Frage ist, ob dieses Arbeitsprinzip zu der erwünschten Vollkommenheit führt, die darin besteht, daß das Verhalten des Modells zwischen den Punkten A' und E' dem Verhalten der Außenwelt zwischen den Punkten A und E immer genau entspricht. Die Antwort auf diese Frage hängt von zwei Gesichtspunkten ab: Einerseits muß das interne Modell strukturell (also beispielsweise durch seine Speicherkapazität) überhaupt in der Lage sein, die Außenwelt abzubilden, und andererseits muß die Veränderung des internen Modells nach Prinzipien geschehen, welche eine Konvergenz des Modellverhaltens in Richtung auf Verhalten der Außenwelt ermöglichen. Dieses Problem ist sicher nicht trivial. Die Konvergenz des Modells ist relativ leicht sicherzustellen, wenn die Außenwelt einfach strukturiert ist. Übersteigt die Komplexität der Außenwelt ein gewisses Maß, dann kann die Konvergenz wahrscheinlich nicht mehr in einer Ebene herbeigeführt werden, sondern muß in

einem hierarchischen Schema aufgebaut werden. Ein System gemäß Bild 79 d ist zwar an die mathematisch-physikalischen Gesetze seiner Konstruktion gebunden, kann jedoch Erfahrungen sammeln und ausnützen, welche sein Konstrukteur nicht hatte.
In den Blockschaltbildern 79 b, c, d treten „Testwertgeber" auf. Sie sollen die Automaten zeitlich nacheinander zu verschiedenem Verhalten veranlassen. Es sei festgestellt, daß diese Testwertgeber normalerweise keine Quellen stochastischer Signale sind, keine Rauschgeneratoren oder Zufallszahlengeber (siehe 5. Kapitel). Sinnlos herumzuraten ist für Automaten ebenso unzweckmäßig wie für Menschen. Eine Ausnahme ist dann gegeben, wenn der Automat einer Außenwelt gegenübersteht, welche sein Verhalten analysiert und extrapoliert. Beispielsweise kann der Konstrukteur eines schachspielenden Automaten diesen eventuell leicht besiegen, wenn er dessen Verhalten genau kennt, weniger leicht jedoch, wenn dieser stochastische Komponenten enthält.
Die Blockschaltbilder 79 c und 79 d veranschaulichen, daß die *Erzeugung* von Informationen (in den Testwertgebern) eine relativ untergeordnete Funktion ist. H. ZEMANEK schreibt:
„*Man hält vielfach die Erzeugung von Informationen für ein Zeichen der Intelligenz, während in Wirklichkeit das Gegenteil richtig ist: Die Reduktion, die Auswahl der Information ist die viel höhere Leistung.*"
Sollen Automaten irgendwelche optischen, akustischen oder sonstigen Zeichen identifizieren, so müssen diese mit irgendeinem Satz von Idealzeichen verglichen werden. Der erforderliche Satz von Idealzeichen, der in Form von Blechen, Verdrahtung oder sonstwie gespeichert vorliegen kann (siehe 9. Kapitel), entspricht dem „Modell der Außenwelt". Diese Modelle sind entweder vom Auftraggeber oder Konstrukteur eingestellt und konstant, oder es werden die Modelle auf Grund der Erfahrung verbessert. Lernfähigen Systemen muß — ebenso wie einem Kind, das Lesen lernt — zu jedem vorgezeigten Zeichen die korrekte Bedeutung mitgeteilt werden (siehe z. B. Bild 78).
Zu der mit Bild 79 vorgeschlagenen Klassifikation sei klar gesagt: Sämtliche Verhaltensformen der Systeme 79 a bis 79 d kann man auf programmgesteuerten Rechenautomaten ausreichender Größe und Struktur simulieren. Für die Systemtypen b, c und d werden bedingte Befehle gebraucht (siehe 8. Kapitel). Diese Überlegung führt zu dem Schluß, daß Lernvorgänge gegenüber „normalen" Verarbeitungsvorgängen objektiv keine neue Kategorie darstellen. Ihre subjektiv empfundene Sonderstellung rührt her von der Ähnlichkeit der Vorgänge mit Vorgängen im Menschen und ihrer Beschreibung mit Begriffen, die im Zusammenhang mit Menschen entstanden sind.

Die Fragestellung des Ingenieurs
Der Biologe möchte existierende Systeme verstehen. Der Ingenieur möchte neue Systeme bauen.
Von bisher gebauten Automaten wurde — nicht ganz korrekt — behauptet, sie könnten nur vorbedachte Befehle ausführen, jedoch schnel-

ler und zuverlässiger als der Mensch. Dem Ingenieur stellt sich die Aufgabe, Automaten zu bauen, die im Sinne der obigen Erklärung lernen können.

W. R. ASHBY [3] spricht von „Intelligenzverstärkern". Diese Intelligenzverstärker sollen die geistigen Kräfte des Menschen vervielfachen, so wie die körperlichen Kräfte des Menschen durch die Kraftmaschinen (Dampfmaschinen, Verbrennungsmotoren, Elektromotoren usw.) vervielfacht wurden. Diese Vorstellung ist meines Erachtens — mindestens für das nächste Jahrzehnt — problematisch. Selbst wenn man die Zusammenschaltung mehrerer Großraumspeicher vorsieht, ist es unwahrscheinlich, daß dem Ingenieur in absehbarer Zeit Speicher mit einer Kapazität von mehr als $10^9 \ldots 10^{10}$ bit zur Verfügung stehen, also weniger als das menschliche Gehirn vermutlich hat. Die Speicherkapazität entscheidet jedoch über die Möglichkeit, mit dem internen Modell (siehe Bild 79 c und 79 d) Eigenschaften der Außenwelt mehr oder weniger vollkommen nachzubilden. Die Beschränkung in der Speicherkapazität zwingt also dazu, lernende Systeme vorläufig nur dort einzusetzen, wo relativ einfache Modelle ausreichen.

Trotz dieser Einschränkung können lernende Automaten nützlich sein. Unter Hinweis auf Tafel 4 kann eine Überlegenheit der Automaten aus folgenden Tatsachen resultieren:

a) Automaten können Informationen schneller aufnehmen und abgeben.
b) Automaten können gespeicherte Informationen z. T. schneller abrufen.
c) Automaten können schneller logische Schlüsse ziehen.
d) Automaten arbeiten i. allg. ohne Ermüdung.
e) Schließlich verfallen lernende Automaten weniger leicht Irrtümern.

Systeme mit Modellstruktur

Zum Aufbau von Systemen nach Bild 79 c diene der „Optimalwertskreis" gemäß Bild 80. Er besteht (eindimensional) aus den Schaltgruppen:

a) Dem Testwertgeber, der zeitlich nacheinander Testwerte $x(t)$ abgibt, welche innerhalb der Grenzen $x_{min} < x < x_{max}$ liegen. Die Testwerte x können unstetig oder stetig sein. Der Testwertgeber gibt normalerweise keine zufälligen Signale ab (siehe Bild 30), sondern systematisch variierte.

b) Der Bewertungsschaltung, welche jedem Testwert x eine charakteristische Bewertungsfunktion $B(x)$ zuordnet. Diese Bewertungsschaltung entspricht unter Umständen dem internen Modell von Bild 79 c. Die Bewertungsschaltung kann analog oder digital aufgebaut sein.

c) Einem Speicher, welcher für jeden Wert von x den in der Bewertungsschaltung gefundenen Wert $B(x)$ speichert.

d) Einem (Abgriff-)Speicher, welcher auf Grund des Inhaltes des Speichers $B(x)$ denjenigen Wert von x, nämlich x_{opt} abgreift, welcher von der Bewertungsschaltung $B(x)$ als günstigster Wert ermittelt wurde und diesen für äußere Maßnahmen zur Verfügung stellt. Falls stetige Signale vorliegen, reicht unter Umständen (wenn nur *ein* Maximum vorliegt) die Bestimmung des Wertes von x aus, für welchen $dB/dx = 0$ und gleichzeitig $d^2B/dx^2 < 0$ ist.

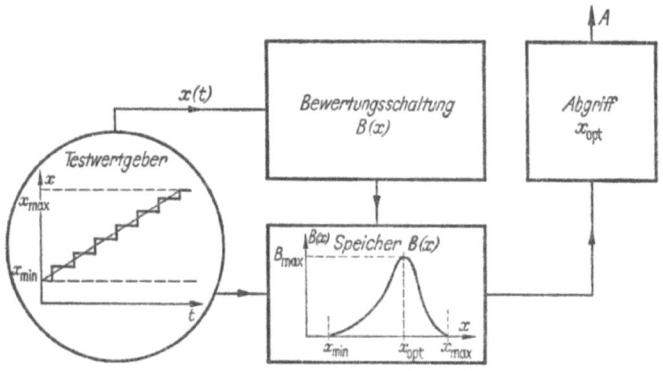

Bild 80. Eindimensionaler Optimalwertskreis

Um die Funktion des eindimensionalen Optimalwertskreises gemäß Bild 80 zu erläutern, mögen zwei Beispiele herangezogen werden:

a) *Automatische Scharfabstimmung.* In diesem Fall kann x die Winkelstellung eines Abstimmungsdrehkondensators darstellen. $B(x)$ entspricht den verschiedenen Empfangsspannungen. Bei einer bestimmten Einstellung des Drehkondensators x_{opt} erhält man die maximale Empfangsspannung. Diese wird abgegriffen und zur Einstellung des Empfängers verwendet.

b) *Der schachspielende Automat nach* C. E. SHANNON [98]. Bei diesem gibt der Testwertgeber die möglichen nächsten Schachzüge x. In der Bewertungsschaltung wird nach einem bestimmten plausiblen Bewertungssystem für jeden möglichen Zug x der eigene Nutzen bzw. gegnerische Nachteil im weiteren Spiel bestimmt. Der in diesem Sinn günstigste Zug x_{opt} wird abgegriffen und über A nach außen wirksam gemacht.

Interessantere Aspekte als der eindimensionale Optimalwertskreis bieten mehrdimensionale Optimalwertskreise. In diesen ist B eine Funktion mehrerer Variablen $x, y, z, \ldots$ Bild 81 zeigt das Schema eines zweidimensionalen Optimalwertskreises, die Bewertungsfunktion B hängt von x und y ab. Zum leichteren Verständnis sind die beiden Umschaltkontakte U_1 und U_2 eingezeichnet.

140　　　　　　　　　　10. Lernende Automaten

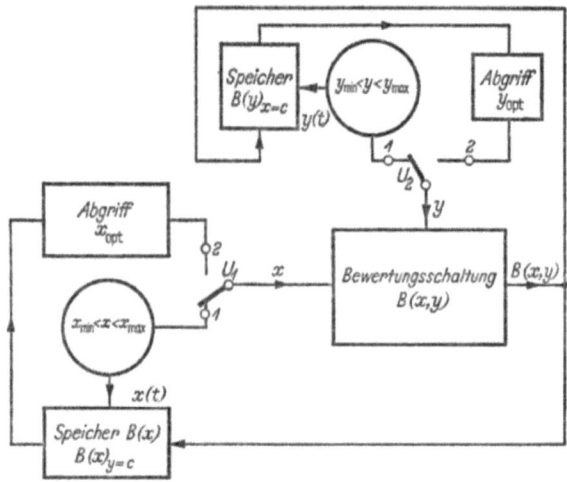

Bild 81. Zweidimensionaler Optimalwertskreis

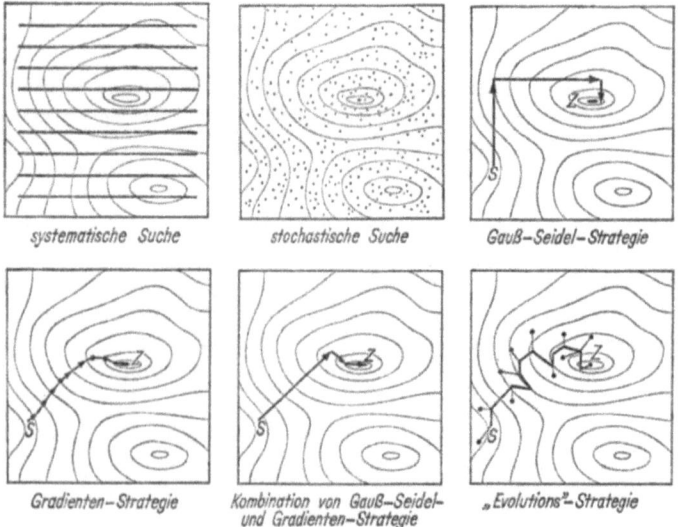

Bild 82. Verschiedene Suchmethoden

Die Suche nach dem optimalen Wertpaar x_{opt}, y_{opt} kann auf verschiedenen Wegen geschehen. Bild 82 veranschaulicht verschiedene Suchprozesse: die zeilenweise Abtastung, auch als systematische Suche bezeichnet; die stochastische Suche, bei der nach einer gewissen Suchzeit diejenige Parametereinstellung als optimal gewählt wird, bei der B (Gebirge) ein Maximum war; die Gauß-Seidel-Strategie, bei der nacheinander jeder Parameter bei festen anderen bis zum relativen Maximum in bezug auf diesen Parameter verändert wird, bis das absolute Maximum erreicht ist; die Gradienten-Strategie, bei der vor jedem Suchschritt der Gradient an dem betreffenden Punkt des Parameterraumes ermittelt und die schrittweise Veränderung in Richtung dieses Gradienten durchgeführt wird; weiter werden noch eine Kombination von Gauß-Seidel und Gradienten-Strategie und die Evolutions-Strategie gezeigt.

Lernende Automaten

Der Übergang vom Schema 79 c zum Schema 79 d ist unter sinngemäßer Verwendung zweier (oder mehrerer) Optimalwertskreise (Bild 80) möglich. Bisher war angenommen, daß die Bewertungsschaltung (Modell der Außenwelt, Simulator) vom Konstrukteur eingestellt worden sei. Bei lernenden Systemen wird der Bewertungskreis auf Grund der Erfahrung verbessert. In Bild 83 ist unten der erste Optimalwertskreis

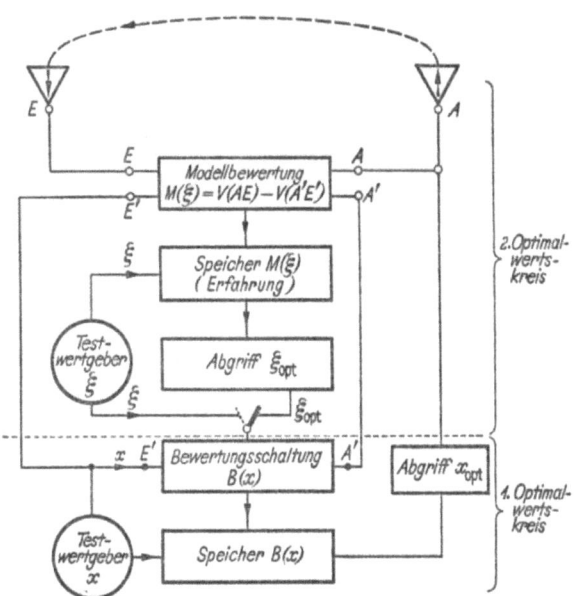

Bild 83. Schema eines lernfähigen Systems

dargestellt. Die Eigenschaften der Bewertungsschaltung $B(x)$ werden durch die Signale ξ bzw. ξ_{opt} verändert. (Die Eigenschaften einer Schaltung können durch Signale leicht verändert werden. Zum Beispiel können in digitaler Technik die Einstellungen von Relais oder Flipflopschaltungen durch elektrische Impulse verändert werden, in analoger Technik können durch Ströme und Spannungen die Eigenschaften nichtlinearer Schaltelemente verändert werden usw.)
Der zweite Optimalwertskreis hat folgende Teile:

a) Ein Testwertgeber, der durch die Signale ξ die Schaltung $B(x)$ zu verschiedenem Verhalten veranlassen kann.
b) Eine Modellbewertung, welche den Unterschied zwischen dem Verhalten der Außenwelt zwischen den Punkten A und E und dem Verhalten des Modells zwischen A' und E' feststellt:

$$M(\xi) = V(AE) - V(A'E').$$

Der zweite Optimalwertskreis enthält somit als wesentlichen Bestandteil die Außenwelt.
c) Ein Speicher, welcher für jeden Einstellbefehl ξ den Modellfehler $M(\xi)$ speichert (Erfahrungsspeicher).
d) Ein Abgriff, welcher den Optimalwert ξ_{opt} festhält, bei welchem $M(\xi)$ ein Minimum wird.

Für die Strategie des 2. Optimalwertskreises (OK) gelten dieselben Überlegungen wie für diejenigen des 1. OK. Selbstverständlich muß der 2. OK langsamer als der 1. OK arbeiten, da seine Modellbewertung von erfolgten Durchläufen des 1. OK abhängig ist.
Wenn der Testwertgeber ξ „sinnlos" vorgeht, reagiert das lernende System anfänglich unter Umständen ganz falsch (ähnlich System 79 b). Durch Schaden wird es klug. Um diesen klein zu halten, kann in den Abgriff ξ_{opt} eine vernünftige Annäherung an die optimale Einstellung eingespeichert werden. Die weitere Verbesserung des Wertes ist dann möglich z. B. durch differentielle Änderung von ξ (bei Analogsystemen) oder bei kurzfristiger Zulassung des Risikos schädlicher Einstellungen. Nur wenn sich bei diesen Versuchen ein besserer Wert von ξ_{opt} ermitteln läßt, wird er fixiert. Die Lernzeit (bis zum Erreichen des optimalen Verhaltens) wird offensichtlich durch den Umfang der mitgegebenen Kenntnisse über die Außenwelt stark beeinflußt.
Im Erfahrungsspeicher kann außer dem Wert $M(\xi)$ auch noch gespeichert werden, durch wieviele Versuche mit der Außenwelt $M(\xi)$ ermittelt wurde (Verläßlichkeit der Erfahrung), oder aber bei welchen Werten von x das betreffende ξ beurteilt wurde (Gültigkeitsbereich der Erfahrung). Dort, wo die Erfahrung zuverlässig und in ihrer Gültigkeit gesichert ist, kann das Lernsystem rasche Aktionen in der Außenwelt starten. Dort, wo die Erfahrung dünn ist, muß das Lernsystem langsam vorgehen und aufmerksam die Reaktionen der Außenwelt beobachten, um gegebenenfalls rasch das Verhalten zu ändern.

Dieses Spiel erinnert an das Verhalten von Menschen, manche Dinge gewandt, andere zögernd auszuführen.
Auf den 2. OK kann unter Umständen noch ein 3. OK aufgesetzt werden. Dieser kann Eigenschaften des 2. OK optimal einstellen, z. B. die Strategie des 2. OK oder die Zeitdauer, nach der eine gespeicherte Erfahrung wieder gelöscht wird u. ä.
Gewaltige Steigerungen der Möglichkeiten ergeben sich dann, wenn durch übergeordnete Optimalwertskreise die Art der Zusammenschaltung untergeordneter Optimalwertskreise auf günstigstes Verhalten hin vorgenommen wird und eine ganze Hierarchie von Optimalwertskreisen das Gesamtverhalten bestimmt. Zusammen mit der Möglichkeit der Selbstreproduktion solcher Schaltungen ergeben sich dann Verhaltens- und Wachstumsformen, welche an organische Systeme erinnern.
Frage: Wann ist es zweckmäßig, nicht starr programmierte Automaten einzusetzen, sondern lernende Systeme?
Antwort: Wenn die mathematischen, physikalischen, sozialen usw. Gesetze oder Parameter des Problems nicht bekannt sind oder sie zu allzu schwierigen Programmen führen und das System die Möglichkeit hat, seine Leistungen durch Kommunikation mit der Außenwelt zu verbessern. In singulären Situationen sind Lernsysteme wertlos. Singuläre Situationen sind solche, deren beherrschende Gesetzmäßigkeiten nicht durch Erfahrungen in vergleichbaren Situationen erlernt werden konnten.
Beispiele für mögliche Anwendungen von Lernsystemen sind:

a) Steuerung technischer Systeme, z. B. von Produktionsprozessen oder Walzgerüsten auf optimalen Wirkungsgrad.

b) Verkehrssteuerung unter bester Ausnützung der unvorhersehbaren Verkehrsflüsse.

c) Erkennung (gesprochener) Sprache. Die Anpassung an die individuellen Eigenschaften des Sprechers kann vermutlich nur als Lernprozeß verwirklicht werden.

d) Erkennung von Handschrift.

e) Sprachübersetzung. Die Grundregeln werden einprogrammiert, weitere Verbesserung durch Erfahrung.

f) Lehrtätigkeit abgestimmt auf die Fortschritte der Lernenden (siehe 8. Kapitel).

Grenzen
Häufig wird behauptet, Automaten könnten nur das lernen, wozu man sie organisiert hat. Diese Behauptung ist einerseits in trivialem Sinne richtig, andererseits als Prinzip der Weiterentwicklung falsch. In trivialem Sinne richtig insofern, als sie — ebenso wie der Mensch — nur das lernen können, was mit ihren Bauelementen und ihrer Struktur physikalisch möglich ist. Wenn also z. B. die Anzahl der verfügbaren Bauelemente oder Speicherzellen usw. zu gering ist oder die geeigneten Wandler zur Beobachtung der Außenwelt fehlen, ist ihre Lernfähigkeit

zweifellos beschränkt. In diesem Zustand sind die Automaten der Gegenwart.

Wenn jedoch diese trivialen Beschränkungen entfallen, ist kein Grund einzusehen, weshalb die Automaten ausgerechnet auf das intellektuelle Niveau des Menschen beschränkt bleiben sollten.

Ihre Entwicklung muß dann ähnliche Wege gehen wie die Entwicklung der Organismen, nämlich den Weg, der gekennzeichnet ist durch Mutation und Selektion. Hierbei kann man die Entwicklungszeit dadurch beträchtlich verkürzen, daß man die menschliche Intelligenz als Anfangswert in den sich selbst organisierenden Automaten eingibt. Der Automat wird dann zu dem, was W. R. Ashby als „Intelligenzverstärker" bezeichnet hat.

Wesentlich bei dieser Weiterentwicklung ist, daß der Automat in direkter Kommunikation mit der Außenwelt seine Intelligenz verbessert. Solange man den Automaten zwingt, menschliche Vorurteile beizubehalten, ist seine Intelligenz beschränkt. Die Freiheit von vorgeschriebenen Verhaltensnormen ist Voraussetzung für die Höherentwicklung der Intelligenz. Diese Höherentwicklung wird erleichtert durch die Tatsache, daß Automaten nicht den biologischen Beschränkungen der Menschen unterworfen sind (Ermüdung, Alter).

Problemlösen

Unter „Problemlösen" (Bild 84) sei hier eine solche Veränderung eines Objektsystems („Außenwelt") durch ein Subjektsystem verstanden, bei welcher das Subjektsystem die momentane Situation der Außenwelt wahrnimmt und hierauf durch ein oder mehrere Einstellsignale

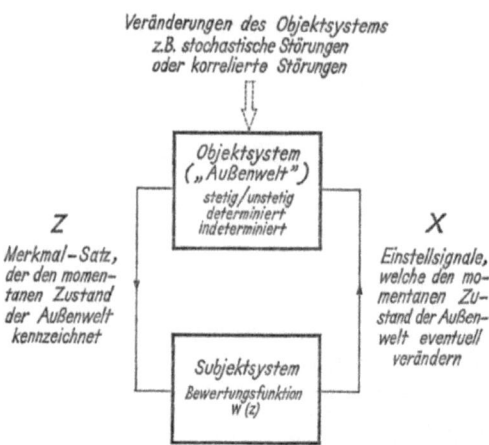

Bild 84. Objektsystem und Subjektsystem

reagiert, so daß die Außenwelt möglichst von einem Zustand geringeren Wertes übergeführt wird.
Es gibt mehrere frühere Publikationen zum Thema „Problemlösen mit Automaten". Historisch interessant sind vor allem die Arbeiten von H. GELERNTER [35] und A. NEWELL, H. SIMON und J. C. SHAW [71]. Einen Überblick über den gegenwärtigen Stand dieser Technik gibt M. L. MINSKY [63]. Die hier berichteten Untersuchungen gehen einen anderen Weg, als meist gegangen wird: Es wird hier nicht eine Menge von Axiomen, Theoremen oder heuristischen Regeln für die Problemlösung vorgegeben, sondern das problemlösende Subjektsystem beginnt mit überwiegender Unkenntnis und sucht durch „Versuch und Irrtum" zweckmäßige Methoden, das Objektsystem in einen Zustand höheren Wertes zu überführen.
Was hier als „Problemlösen" bezeichnet wird, erscheint möglicherweise zunächst recht speziell. Vermutlich kann man die Tragweite dieses Ansatzes aber durch relativ nebensächliche Erweiterungen beträchtlich vergrößern. Beispielsweise braucht die „Außenwelt" nicht notwendigerweise eine materielle Außenwelt zu sein, sondern kann durch ein abstraktes gedankliches System von Axiomen, Theoremen usw. gegeben sein. Durch die Einstellsignale werden hier aus der Menge zulässiger Axiome usw. bestimmte Strukturen aufgebaut.
Es sei hier noch vermerkt, daß beim heutigen Stand der Technik eine gewisse Äquivalenz zwischen der Angabe der Struktur eines physikalischen Modells und der Angabe eines Algorithmus bzw. des ihn repräsentierenden Computerprogramms besteht: Man kann zu jedem „praktisch sinnvollen" Algorithmus ein Modell bauen und umgekehrt jedes determinierte Modell hinsichtlich seiner wesentlichen Funktionen durch einen Algorithmus beschreiben.
Die Eigenschaften des Objektsystems der Außenwelt können u. a. durch folgende Begriffe gekennzeichnet werden:

Stetig / Unstetig: Als stetig wird das Objektsystem dann bezeichnet, wenn die verschiedenen möglichen Zustände stetig ineinander übergehen, als unstetig wird es dann bezeichnet, wenn zwischen zwei Zuständen nur eine beschränkte Anzahl anderer Zustände liegt. Die Worte „Stetig" und „Unstetig" seien hier den meist inkorrekt verwendeten Worten „Analog" und „Digital" vorgezogen.

Konstant / Veränderlich: Hat das Objektsystem (für einen übergeordneten Beobachter ausreichender intellektueller Potenz) stets dieselbe Struktur, d. h., wird es ausschließlich durch die Reaktionen des betrachteten Subjektsystems verändert, nicht dagegen durch fremde Einflüsse, dann wird das Objektsystem als „konstant" bezeichnet. Das Objektsystem wird dann als „veränderlich" bezeichnet, wenn Einflüsse von außerhalb wirksam sind. Bei solchen Veränderungen sind zweckmäßigerweise zwei Typen zu unterscheiden: Einerseits stochastische Störungen, die ohne Zusammenhang mit dem Zustand des Objektsystems oder der Reaktionen des Subjektsystems auftreten, und andererseits korrelierte Störungen, wie z. B. die Maßnahmen eines intelligenten Gegners.

Determiniert / Indeterminiert: Als determiniert wird das Objektsystem dann bezeichnet, wenn in einer bestimmten Situation dieselbe Reaktion zwangsläufig zu derselben Veränderung des Objektsystems führt. Die Determiniertheit ist nur dann feststellbar, wenn das Objektsystem konstant ist.

Der Vorgang des Problemlösens sei an zwei einfachen Beispielen veranschaulicht. Das erste Beispiel unterstellt eine stetige, determinierte und konstante Außenwelt begrenzter Komplexität. Die Situation eines solchen Systems kann durch eine endliche Anzahl von Koordinaten beschrieben werden. In einem geeigneten orthogonalen Koordinatensystem wird der momentane Zustand des Systems durch einen bestimmten Punkt abgebildet. Veränderungen im abgebildeten Objektsystem können als Bahnen im abbildenden Koordinatensystem verstanden werden.

Den verschiedenen Zuständen des betrachteten Objektsystems und damit den Punkten des abbildenden Koordinatensystems entsprechen unterschiedliche Bewertungen.

Wenngleich typische Objektsysteme meist durch viele Koordinaten beschrieben werden müssen, sei der Anschaulichkeit halber doch angenommen, das System sei durch nur zwei Koordinaten beschreibbar (Bild 85).

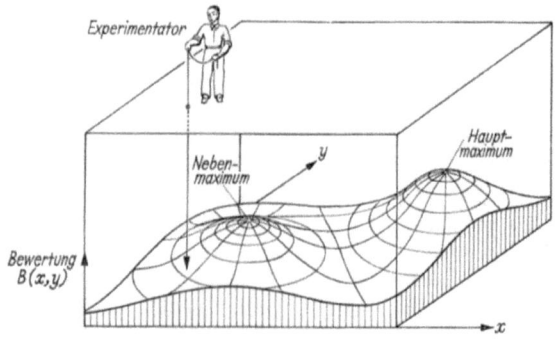

Bild 85. Optimierung einer stetigen, determinierten und konstanten Außenwelt

In diesem einfachen Fall kann ein dreidimensionales Relief gezeichnet werden, dessen Koordinaten in der Waagrechten den Zustand der Außenwelt und die Höhe über Grund deren Wert kennzeichnen. In diesem einfachen Fall besteht die Aufgabe z. B. darin, von einem Anfangspunkt (dessen Koordinaten und Wert bekannt sind) ausgehend mit möglichst geringem Suchaufwand einen anderen Punkt zu finden, dessen Wert größer ist und dessen Koordinaten nicht bekannt sind. Hierbei muß unterstellt werden, daß der „Experimentator" das Relief

10. Lernende Automaten

nicht kennt, meist zunächst auch nicht weiß, ob und wann er an einem Neben- oder Hauptmaximum angekommen ist. Für derartige Zwecke wurden mehrere Suchmethoden entwickelt, auf die mit Bild 82 kurz hingewiesen wurde, ohne daß ihre Vor- und Nachteile diskutiert werden sollen. Wesentliche Kriterien bei ihrer Beurteilung sind:

Wie rasch wird ein Ziel erreicht?

Kann ein Nebenmaximum wieder verlassen werden, oder verharrt das System stationär auf diesem Nebenmaximum?

Als zweites Beispiel soll eine unstetige, determinierte und konstante Außenwelt betrachtet werden. Deren Eigenschaften können nicht durch ein stetiges Relief dargestellt werden. Besser eignen sich Darstellungen,

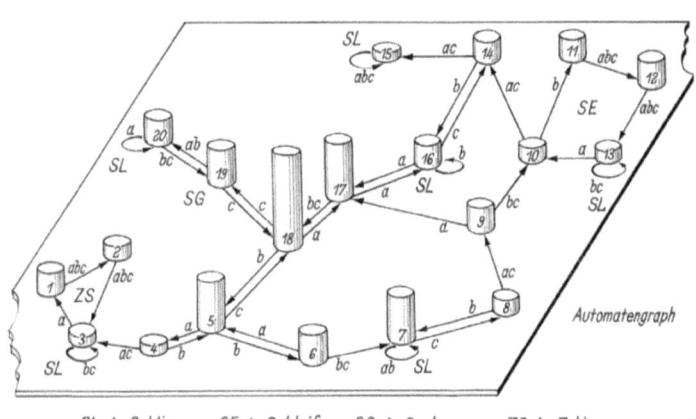

$SL \triangleq$ Schlinge, $SE \triangleq$ Schleife, $SG \triangleq$ Sackgasse, $ZS \triangleq$ Zyklus
stationär: Bereiche, wie z.B. ZS, können nicht verlassen werden

Automatentafel mit Bewertung der Zustände

Zustand z	1	2	3	4	5	6	7	8	9	10	11	12	13	14	15	16	17	18	19	20
Bewertung w	11	7	5	4	24	15	22	7	12	7	10	12	5	9	4	11	27	47	18	12
Einstell- signal x a	2	3	1	3	4	5	7	9	17	14	12	13	10	15	15	17	16	17	20	20
b	2	3	3	5	6	7	7	7	10	11	13	13	16	15	16	16	18	5	20	19
c	2	3	3	18	7	8	9	10	14	12	13	13	15	15	14	18	19	18	19

stationär   stationär

Bild 86. Problemlösen bei unstetiger, konstanter und determinierter Außenwelt

wie sie in der Automatentheorie üblich sind. Die Funktion eines diskreten und endlichen Automaten kann entweder durch einen Graphen oder durch eine Automatentafel dargestellt werden. In beiden Fällen wird der Zusammenhang zwischen dem momentanen Zustand des Automaten (Z), den Einstellsignalen (X) und dem neuen Zustand des Automaten eindeutig erklärt. Hierbei ist zu bedenken, daß „Automat" in diesem Sinne sehr viel mehr ist, als umgangssprachlich als Automat bezeichnet wird. Mit Bild 86 seien Automatengraph und Automatentafel veranschaulicht. Die beiden Darstellungsarten beschreiben offensichtlich denselben Automaten, beispielsweise kann man aus beiden entnehmen, daß, wenn der Automat im Zustand 1 ist, er durch die Einstellsignale a, b oder c in den Zustand 2 übergeführt werden kann, wenn er beispielsweise im Zustand 9 ist, durch das Signal a in den Zustand 17 übergeführt wird usw. So können auch solche Objektsysteme transparent gemacht werden, die „irreversibles" Verhalten zeigen, bei denen also spezielle Veränderungsversuche nicht mehr rückgängig gemacht werden können. (Ein Problembereich, der nur selten betrachtet wird, trotzdem er großes praktisches Interesse verdient.)

Der Automatengraph von Bild 86 enthält außer dieser üblichen Information noch eine zusätzliche: Es wird nämlich für jeden Zustand durch einen „vertikalen" Zylinder gekennzeichnet, welchen Wert w dieser Zustand hat. Damit wird aus dem üblichen, zweidimensionalen Automatengraphen ein „Säulengebirge", das sich besonders gut eignet, die Eigenschaften des Objektsystems beim Problemlösen zu beschreiben.

Im Hinblick auf Bild 86 kann man z. B. die vier folgenden Auftragstypen unterscheiden:

α Von einem gegebenen Anfangszustand ist der Weg zu einem ebenfalls gegebenen Endzustand zu suchen, wobei die Struktur des Objektsystems bekannt ist. (Z. B. Weg durch ein Labyrinth mit gegebenem Plan.)

β Dieselbe Aufgabe ohne Kenntnis der Struktur des Objektsystems. (Z. B. Weg durch ein Labyrinth ohne Plan.)

γ Von einem gegebenen Anfangszustand aus ist der Weg zu einem Endzustand zu suchen, dessen Ort nicht bekannt ist, wohl aber dessen Bewertung.

δ Von einem gegebenen Anfangszustand aus soll mit einem begrenzten Suchaufwand ein Endzustand erreicht werden, dessen Bewertung möglichst groß ist. (Konkurrenz-Situation.)

Bei den Auftragstypen β, γ und δ ist davon auszugehen, daß dem Subjektsystem Automatengraph und Automatentafel nicht bekannt sind, sondern diese Kenntnisse sich erst allmählich im Wechselspiel zwischen Subjektsystem und Objektsystem ergeben. Dieses Wechselspiel hat gewisse Tücken, die in Bild 86 angedeutet sind, beispielsweise:

In mehreren Zuständen ergeben sich „Schlingen", d. h., die betroffenen Einstellsignale verändern den Zustand nicht. Dies ist beispielsweise a im Zustand 20 oder b und c im Zustand 3 und 13 usw. Diese Einstellsignale sind offensichtlich wirkungslos.

Der Zustand 15 ist „stationär", d. h., es gibt kein Einstellsignal, das es erlaubt, ihn wieder zu verlassen.

Zustände 18, 19 und 20 bilden eine Sackgasse, deren Durchlaufen meist einen unnützen Aufwand bedeutet.

Die Zustände 10, 11, 12 und 13 bilden eine „Schleife", deren Durchlaufen meist ebenso nutzlos ist wie das Durchlaufen einer Sackgasse.

Die Zustände 1, 2 und 3 bilden einen „Zyklus", der nicht mehr verlassen werden kann und ebenso nachteilig ist wie ein stationärer Zustand.

Alle diese speziellen Strukturen, also Sackgasse, Schlingen, Schleifen und Zyklus treten nicht immer isoliert auf, sondern in mannigfaltiger Verschachtelung. Weiter ist zu bedenken, daß die Information, daß solche Strukturen vorliegen, im Subjektsystem erst allmählich, während des Wechselspiels in Versuch und Irrtum entsteht. Deshalb muß beachtet werden, ob die Existenz solcher spezieller Strukturen auf Grund unzureichender Detailkenntnis vermutet wird, oder ob der in Frage kommende Bereich so erschöpfend bekannt ist, daß diese speziellen Strukturen als endgültig gesichert angesehen werden müssen. H. M. LIPP [60] hat einen Algorithmus entwickelt (und diesen mit Computerprogrammen verifiziert), welcher eine gegebene, dem Subjektsystem jedoch zunächst nicht bekannte Außenwelt der oben beschriebenen Art im Wechselspiel analysiert, hierbei die Werte der verschiedenen Zustände der Außenwelt registriert, ihre speziellen Strukturen feststellt und in der Lage ist, die obengenannten vier Auftragstypen zu lösen. Hierbei werden mit zunehmender Kenntnis der Gesetzlichkeiten der Außenwelt Sackgassen, Schlingen und Schleifen und deren Schachtelungen umgangen und der im Sinne des Auftrages optimale Weg gefunden.

Hierbei ist es offensichtlich wertvoll zu wissen, ob beispielsweise eine Sackgasse endgültig ist, oder ob an ihrem entfernten Ende ein bisher noch nicht erprobtes Einstellsignal eine ganz besonders große Verbesserung im Sinne der gegebenen Bewertung ermöglicht. In Erweiterung der Arbeit von H. M. LIPP werden neuerdings solche Prozesse betrachtet, bei denen die Übergänge zwischen verschiedenen Systemzuständen nicht determiniert, sondern stochastisch sind. Da das Einstellsystem möglichst optimale Lösungen sucht, wird angenommen, daß das statistische Übergangsverhalten durch eine zeitlich konstante Verteilung beschrieben wird. Diese ist dem System jedoch nicht von vornherein bekannt, sondern wird erst im Laufe der Einstellversuche festgestellt. Aus der jeweils bekannten Verteilung werden die (Such)schritte für das weitere Vorgehen abgeleitet. Im Gegensatz zu den Verhältnissen bei deterministischen Prozessen muß der Distanzbegriff auf die Übergangswahrscheinlichkeiten zwischen jeweils benachbarten Zuständen bezogen werden. Entsprechend muß die Strukturerkennung mit der (statistischen) Signifikanz in Beziehung gesetzt werden.

Die klassische Informationstheorie, die vor allem durch die Arbeiten von C. E. SHANNON begründet ist, geht davon aus, daß der Informationsgehalt durch die statistischen Eigenschaften der vorkommenden Informationen vollkommen bestimmt sei. Diese — durch die Ausgangsposition bedingte — Schwäche kann jetzt aufgegeben werden, wenn man die Informationstheorie nicht auf den Eigenschaften des Übertragungskanals, sondern auf den Funktionen des Informationsempfängers aufbaut.

Wenn man des Informationsempfängers Struktur (einschließlich Bewertung) und seine Außenwelt als bekannt voraussetzt, dann ist es möglich, quantitative Angaben darüber zu machen, welchen Wert bestimmte Informationen für ihn haben.

Offensichtlich wird hierdurch eine ganz neue Art der Informationstheorie möglich. Diese wird komplexer, aber auch ergiebiger sein als die klassische SHANNONsche Informationstheorie. Interessante Ansätze in dieser Richtung finden sich bei zwei russischen Autoren, nämlich A. A. CHARKEWITSCH [14], M. M. BONGARD [13] und H. MARKO [62]. Alle hier diskutierten Beispiele unterstellten determinierte und konstante Außenwelten begrenzter Komplexität, sie sind also relativ einfach zu durchschauen. Praktisch wichtige Probleme enthalten meist indeterminierte, veränderliche Außenwelten hoher Komplexität. Deren Analyse ist viel schwieriger. Der Nutzen der hier vorgetragenen einfachen Beispiele liegt jedoch darin, daß der gedankliche Raster dargestellt wird, mit dessen Hilfe die Problemlösung überhaupt analysiert werden kann. Die Denkkategorien, die zur Darstellung unserer hiesigen einfachen Beispiele benutzt wurden, sind durchaus geeignet, auch sehr viel komplexere Fragen in Angriff zu nehmen, vor allem Problemlösen bei partieller Unkenntnis der Außenwelt.

In einer ganz oder teilweise unbekannten Außenwelt sind vor allem drei Reaktionsprinzipien des Subjektsystems möglich:

1. die Wiederholung solcher Einstellsignale, die bisher meist zur Verbesserung der Außenwelt geführt haben, ohne Beachtung deren gegenwärtigen Zustandes,

2. das verfeinerte Prinzip, bei dem solche Einstellsignale realisiert werden, die zur Verbesserung in „ähnlichen" Situationen geführt haben, wobei die „Ähnlichkeit" zunächst nichts anderes ist als eine Detailübereinstimmung des Reizmosaiks,

3. das weiter verfeinerte Prinzip, solche Einstellsignale zu verwenden, die zur Verbesserung in „ähnlichen" Situationen geführt haben, wobei die „Ähnlichkeit" diesmal durch gleichartige Strukturen im Reizmosaik, also durch gleichartige „Zeichen" gegeben ist. Hierbei wird der Sinn des Begriffes „Zeichen" ganz deutlich: Ein „Zeichen" signalisiert Strukturen in der Außenwelt, welche bei der Auswahl zweckmäßiger Reaktionen zu beachten sind.

Diese Möglichkeiten, in ganz oder teilweise unbekannter Außenwelt möglichst rasch, d. h. mit einer Mindestzahl erfolgloser oder katastrophaler Versuche, nützliche Reaktionen zu ermitteln, wird offensichtlich beherrscht von dem, was als „bedingte Verknüpfung" bezeichnet wurde. Dieser Terminus wird anstelle des in der Biologie üblichen Terminus „bedingter Reflex" benutzt, weil keine Entscheidung zugunsten des angeborenen oder des bedingten Reflexes getroffen werden kann.

Die Arbeitsmethoden, mit deren Hilfe man in einer ganz oder teilweise unbekannten oder für das Subjektsystem nicht analysierbaren Außenwelt möglichst rasch zu nützlichen Reaktionen kommt, werden häufig als „heuristisch" bezeichnet. Heuristische Methoden führen nicht mit Sicherheit zum Ziel oder zu irgendeinem Ziel, sie schränken nur die Anzahl der möglichen Vorgehensweisen beträchtlich ein. Ihre Benutzung ist *im Mittel* (über viele Problemsituationen) zweckmäßig, im speziellen Falle kann ihre Anwendung auch nachteilig sein.

Eine Überlegung, welche den funktionalen Zusammenhang zwischen „Erkennen" und „Problemlösen" wahrscheinlich macht, wird im folgenden Kapitel (S. 177) vorgetragen.

11. Kapitel

Bedingte Reflexe, die Lernmatrix und andere adaptive Strukturen

Der bedingte Reflex

Bei allen Tieren, die über ein Nervensystem verfügen, kann man unter geeigneten Voraussetzungen angeborene und bedingte Reflexe beobachten. Die angeborenen Reflexe sind unabhängig von der Vorgeschichte. Typische Beispiele solcher angeborener Reflexe sind Sehnenreflexe, Speichelabsonderungsreflexe, Schluckreflexe, Augenreflexe usw.

Im Gegensatz hierzu bilden sich die bedingten Reflexe erst auf Grund einer geeigneten Vorgeschichte. Sie wurden insbesondere durch den russischen Physiologen J. P. PAWLOW [75, 87] systematisch erforscht. Sein berühmter Hundeversuch sei durch Bild 87 schematisch dargestellt,

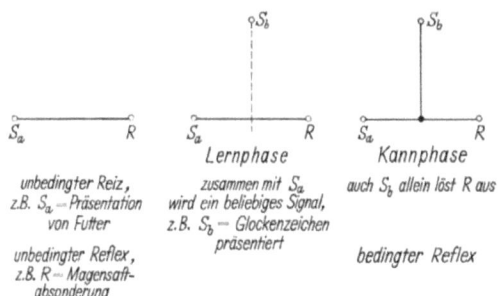

Bild 87. Bedingter Reflex
(schematische Darstellung des Versuches von J. P. PAWLOW)

152 11. Bedingte Reflexe, die Lernmatrix und andere adaptive Strukturen

Ausgegangen wird von einer angeborenen Reaktion, z. B. der Magensaftabsonderung (R) als Folge des Geruches oder Geschmacks des Futters (S_a). In der „Lernphase" wird dem Versuchstier zusammen mit dem Futter (S_a) ein beliebiges anderes Signal (S_b) präsentiert, z. B. ein Glockenzeichen. Wird dies mehrfach wiederholt, so bildet sich der bedingte Reflex aus. Dieser besteht darin, daß in der „Kannphase" auch S_b allein R auslöst, unabhängig von S_a.

Das Schema von Bild 87 soll ausschließlich das Verhalten des Versuchstiers schematisch darstellen. Es soll keinesfalls irgendeine Deutung des physiologischen Vorgangs darstellen, der dieses Verhalten begründet.

Bedingte Verknüpfungen

Die folgenden Überlegungen gehen von der Frage aus: Wie könnte ein technisches System aufgebaut sein, welches nach außen Funktionsänderungen aufweist, die den bedingten Reflexen entsprechen? Bild 88 zeigt

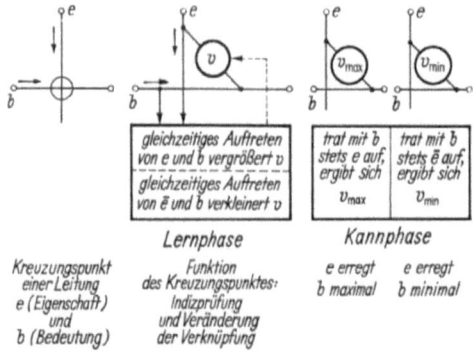

Bild 88. Bedingte Verknüpfung

eine schematische Darstellung dessen, was als „Bedingte Verknüpfung" bezeichnet werden soll. Wir betrachten zwei Leitungen e und b, die einen Kreuzungspunkt haben. Durch irgendwelche technischen Vorkehrungen möge dieser Kreuzungspunkt in der Lage sein, eine „Bedingte Verknüpfung" zu bilden. Deren Kennzeichen sei: Treten in der Lernphase Signale e und Signale b gleichzeitig auf, dann möge die Verknüpfung zwischen den beiden Leitungen vergrößert werden, tritt jedoch gleichzeitig mit b nicht e auf, dann möge die Verknüpfung verkleinert werden.

Als Verknüpfung kann man verschiedene technische Funktionen verwenden; zunächst sei angenommen, sie bestünde aus einem elektrischen Leitwert, der sich nach obiger Vorschrift zwischen der vertikalen e-Leitung und der horizontalen b-Leitung bildet.

11. Bedingte Reflexe, die Lernmatrix und andere adaptive Strukturen

Man kann umgangssprachlich die Funktion des Kreuzungspunktes in der Lernphase auch so beschreiben: Es wird geprüft, ob e ein Indiz für b ist, falls ja, wird eine Verknüpfung aufgebaut, falls nein, wird sie abgebaut.
In der Kannphase hängt die Funktion von der Vorgeschichte ab: Trat mit b stets e auf, erwies sich also e als ein Indiz für b, dann besteht eine maximale Verknüpfung zwischen e und b, und deshalb bewirkt jedes Signal in Leitung e ein Signal in Leitung b. Trat jedoch mit b im Regelfall nicht e auf, war also e kein Indiz für b, dann besteht minimale Verknüpfung und ein Signal in e wird gar nicht, sehr wenig oder evtl. auch mit umgekehrtem Vorzeichen in b wirksam.

Lernmatrizen

Das Prinzip der Lernmatrix (LM) zeigt Bild 89. Auch hier sei unterschieden zwischen Lernphase und Kannphase.

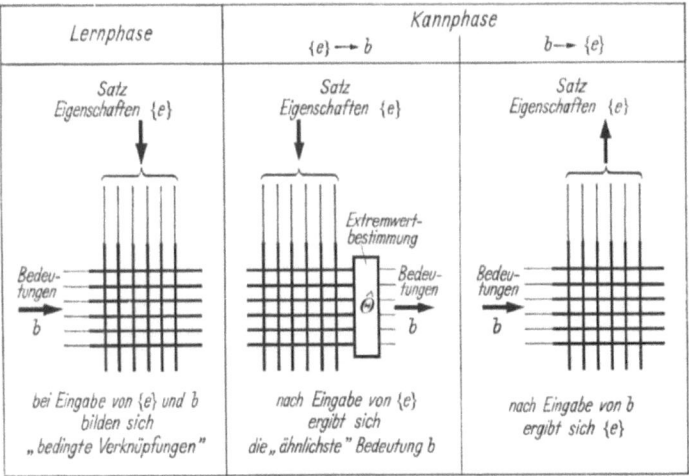

Bild 89. Zum Prinzip der Lernmatrix

Die Lernmatrix besteht aus zwei Scharen von Drähten, die sich kreuzen und die so präpariert sind, daß sich an jedem Kreuzungspunkt bedingte Verknüpfungen bilden können.
Die eine Schar Leitungen, die vertikale, soll einen Satz Eigenschaften signalisieren. Was ist darunter zu verstehen? Man kann jedes beliebige Objekt durch einen Satz Eigenschaften kennzeichnen. Beispielsweise ein Fernsehbild, das aus vielen einzelnen Bildpunkten besteht. Wenn wir für jeden einzelnen Bildpunkt angeben, ob er weiß, grau oder schwarz ist, dann haben wir das Objekt Fernsehbild eindeutig be-

schrieben. Das Fernsehbild hat sehr viele Bildpunkte, etwa 300 000. Andere Objekte kann man mit weniger Eigenschaften beschreiben, für ein Schriftzeichen reichen z. B. etwa 100 Schwarz-Weiß-Aussagen (siehe Bild 73). Wir wollen zunächst annehmen, die Eigenschaften seien alle binär, d. h. wir unterscheiden nur zwei bedeutungsvolle Zustände, z. B. schwarz oder weiß, zutreffend oder nicht zutreffend.

Die andere Schar Leitungen, die horizontale, soll die Bedeutungen kennzeichnen. Zu einem bestimmten Zeitpunkt kann nur eine einzige Bedeutung signalisiert werden. Hierin unterscheidet sich die Schar der Bedeutungsleitungen von der Schar der Eigenschaftsleitungen, auf denen gleichzeitig eine beliebige Kombination signalisierter Eigenschaften auftreten kann. Die Bedeutungen sind nicht objektiv vorgegebene Eigenschaften der Außenwelt, sondern willkürlich vereinbart.

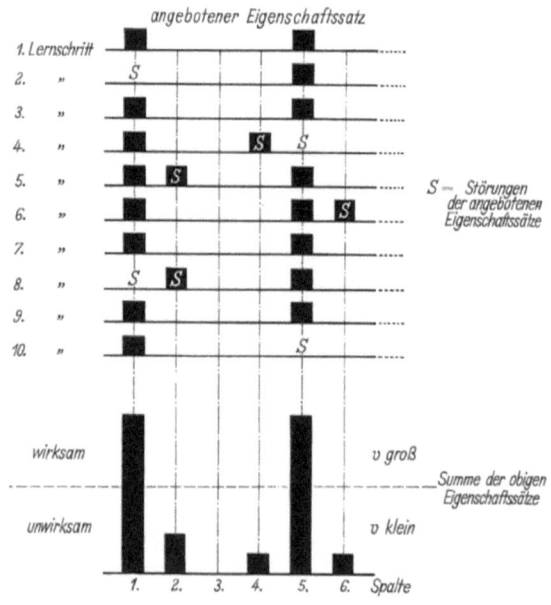

Bild 90. Zur stufenweisen Ausbildung der bedingten Verknüpfung

In der Lernphase werden der Lernmatrix gleichzeitig die Sätze Eigenschaften und die zugehörigen Bedeutungen angeboten. An den Kreuzungspunkten bilden sich nun bedingte Verknüpfungen. Diese können sich entweder schon bei einmaliger Koinzidenz der beiden Signale (auf der e-Leitung und auf der b-Leitung) bilden, oder aber erst nach mehrmaliger Koinzidenz. Bildet sich die bedingte Verknüpfung erst nach mehrmaliger Koinzidenz aus, so können gestörte Sätze Eigenschaften von den Störungen befreit werden (siehe Bild 90). Stellen wir uns

11. Bedingte Reflexe, die Lernmatrix und andere adaptive Strukturen

beispielsweise einen Buchstaben vor, der irgendwie verschmutzt ist. Wird nur dieser eine der Lernmatrix angeboten, so werden sich die bedingten Verknüpfungen so bilden, als ob die Verschmutzung zum Zeichen gehörte. Bietet man der Lernmatrix nacheinander mehrere (unterschiedlich verschmutzte) solcher Buchstaben an und bilden sich die bedingten Verknüpfungen erst allmählich, dann werden die Verschmutzungen der einzelnen vorgelegten Zeichen eliminiert, soweit sie nicht immer an derselben Stelle auftreten. Dieses Verhalten der Lernmatrix, gewisse regelmäßig auftretende Eigenschaften zu erlernen, andere, nicht regelmäßig auftretende jedoch zu unterdrücken, ist für die technische Anwendung der Lernmatrix von großer Bedeutung.

Wenn der Lernmatrix genügend oft die Eigenschaftssätze und die zugehörigen Bedeutungen angeboten wurden, dann haben sich die bedingten Verknüpfungen gebildet und die Lernmatrix kann in der Kannphase betrieben werden (siehe Bild 89). Hierbei sind zwei Betriebsarten zu unterscheiden: Entweder wird der Lernmatrix ein Satz Eigenschaften angeboten, und sie bestimmt mit Hilfe einer Extremwertschaltung die zugehörige Bedeutung, oder aber es wird der Lernmatrix eine bestimmte Bedeutung angeboten und sie signalisiert den zugehörigen Satz Eigenschaften. Wird die Lernmatrix so betrieben, daß aus einem angebotenen Satz Eigenschaften die zugehörige Bedeutung bestimmt werden soll, dann muß der angebotene Satz nicht exakt mit einem der erlernten Sätze übereinstimmen. Es ist durchaus möglich, daß der angebotene Satz sich von allen erlernten Sätzen in einigen Eigenschaften unterscheidet. Die Extremwertbestimmung stellt dann fest, bei welchen der erlernten Sätze der Unterschied am geringsten ist, welcher also der ähnlichste ist. Um eine erste Vorstellung der möglichen Anwendungen zu erwecken, sei auf das Schema eines „Perzeptors" hingewiesen (Bild 78).

Es ist bemerkenswert, daß J. SZENTAGOTHAI bei seinen Untersuchungen an neuronalen Netzen feststellt:

„Im übrigen ist eine gewisse Ähnlichkeit dieses Schaltungsmodus mit der Lernmatrix von STEINBUCH nicht zu verkennen." [110]

Selbstverständlich können Lernmatrizen auch mit Hilfe programmgesteuerter Rechenautomaten simuliert werden. Es zeigt sich jedoch, daß für typische Anwendungsfälle nicht nur der wesentlich höhere Aufwand des Rechenautomaten nachteilig ist, sondern auch die zu lange Rechenzeit. Beispielsweise braucht man zur Simulation einer Lernmatrix mit 50 Spalten und 50 Zeilen in der Kannphase 2500 Multiplikationen, 2450 Additionen und eine Maximumbestimmung (siehe Bild 59). Hierzu brauchen auch schnelle elektronische Rechenautomaten relativ lange, während eine (viel billigere) Lernmatrix diese Aufgabe in kürzerer Zeit löst. Das Ziel der technischen Entwicklung ist es, eine möglichst große Anzahl von Kreuzungspunkten auf kleinstem Raum und mit geringen Kosten aufzubauen.

In elektronischen Rechenautomaten werden Speicher verwendet. Bei diesen werden die Informationen unter einer bestimmten „Adresse" deponiert. Man hat solche Speicher schon gelegentlich als „elektronische Gedächtnisse" bezeichnet. Vom Standpunkt der Funktion her ist nicht der normale Speicher ein Modell für das Gedächtnis, viel eher die Lernmatrix.

Lernmatrix für binäre Signale

Bild 91 veranschaulicht die Funktion der Lernmatrix für binäre Signale in der Kannphase. Oben links sind beispielsweise vier binäre Eigenschaftssätze A, B, C, D angedeutet. Jeder dieser Sätze besteht aus

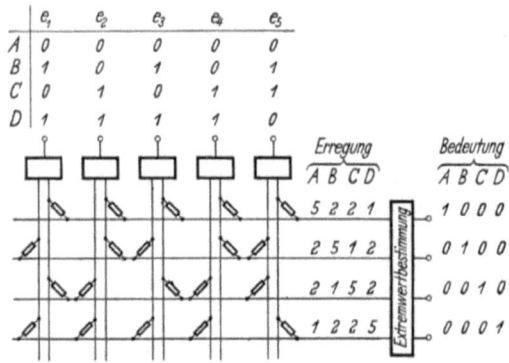

Bild 91. Lernmatrix für binäre Signale

einer Anordnung von fünf Binärziffern 0 oder 1. Diese werden in die Lernmatrix „kontradiktorisch" eingegeben. Dies heißt, daß für jedes der binären Zeichen zwei Spaltenleitungen vorgesehen sind. Diese werden in folgender Weise angesteuert:

Ist $e = 0$, dann wird auf die linke Spaltenleitung die Spannung 0 und auf die rechte Spaltenleitung die Spannung U gegeben.

Ist $e = 1$, dann wird auf die linke Spaltenleitung die Spannung U und auf die rechte Spaltenleitung die Spannung 0 gegeben.

(Die Notwendigkeit der kontradiktorischen Eingabe ergibt sich daraus, daß ohne diese ein Satz Eigenschaften, der in allen Stellen eine binäre 1 enthält, alle anderen Eigenschaftssätze vortäuschen würde.)

In der Lernphase habe sich nun — so wie mit Bild 88 angedeutet — an den Kreuzungspunkten evtl. der Leitwert G gebildet. Der Einfachheit halber sei zunächst angenommen, dieser sei an allen Kreuzungspunkten gleich groß — sofern er überhaupt vorhanden ist. Die Anordnung der Leitwerte G innerhalb der Matrix ist demnach ein Abbild der fünf eingelernten Eigenschaftssätze A, B, C und D.

11. Bedingte Reflexe, die Lernmatrix und andere adaptive Strukturen 157

Gibt man nun in der Kannphase die fünf Eigenschaftssätze (bzw. die obengenannten Spannungen) auf die kontradiktorischen Spaltenleitungen, so fließen Ströme von den Spaltenleitungen in die Zeilenleitungen. An jedem Kreuzungspunkt, an dem das angebotene Signal mit dem erlernten Signal übereinstimmt, fließt ein Strombeitrag der Größe UG in die Zeilenleitung, an allen Kreuzungspunkten, an denen das angebotene Signal nicht gleich dem erlernten ist, fließt kein Strom in die Zeilenleitung. Da sich die Strombeiträge längs der Zeile addieren, fließt insgesamt ein Strom aus der Zeile, welcher der Anzahl der Übereinstimmungen von angebotenem mit erlerntem Eigenschaftssatz entspricht. Durch die Extremwertbestimmung wird nun diejenige Zeilenleitung signalisiert, welche den maximalen Zeilenstrom führt. Zweckmäßigerweise betrachtet man nicht den Zeilenstrom als solchen, sondern die (dimensionslose) Anzahl der aufaddierten Strombeiträge UG und nennt diese die „Erregung" der Zeile. Diese ist in Bild 91 angeschrieben, und zwar in jeder Zeile für die vier verschiedenen Fälle der angebotenen Eigenschaftssätze A, B, C, D. Die Extremwertbestimmung wählt diejenige Zeile aus, welche die stärkste Erregung hat und signalisiert sie durch die Binärziffer 1. Die Eigenschaftssätze von Bild 91, nämlich A, B, C und D, entsprechen den Codewörtern von Bild 15 c. Sie haben eine Hamming-Distanz gleich oder größer 3. Bild 92 a wiederholt diese. Bild 92 b zeigt ihre „Ähnlichkeitsmatrix". In ihr ist angegeben, in wie

	e_1	e_2	e_3	e_4	e_5
A	0	0	0	0	0
B	1	0	1	0	1
C	0	1	0	1	1
D	1	1	1	1	0
(S	0	0	1	0	0)

a) Codewörter A, B, C und D

	A	B	C	D
A	5	2	2	1
B	2	5	1	2
C	2	1	5	2
D	1	2	2	5

b) Ähnlichkeitsmatrix

	A	B	C	D	S
A	5	2	2	1	4
B	2	5	1	2	3
C	2	1	5	2	1
D	1	2	2	5	2

c) Erkennung gestörter Codewörter

Bild 92. Zum Erkennungsvorgang in der binären Lernmatrix

vielen Binärstellen jeweils zwei Codewörter übereinstimmen. Jedes Codewort von fünf Binärstellen hat selbstverständlich mit sich selbst fünf Übereinstimmungen. Da die Hamming-Distanz zu den anderen Codewörtern jedoch mindestens gleich 3 ist, tritt in der Ähnlichkeitsmatrix außer in der Hauptdiagonale keine Zahl auf, die größer ist als fünf weniger drei, also zwei. Jedes Codewort stimmt demnach mit jedem anderen in höchstens zwei Binärstellen überein, mit einigen jedoch nur in einer, z. B. B mit C stimmt nur in der Binärstelle e_5 überein.

Ein Vergleich zwischen Bild 91 und 92 zeigt, daß die in den Zeilen auftretenden Erregungen den in die Ähnlichkeitsmatrix eingetragenen Zahlenwerten gleich sind.

Was geschieht, wenn in die Lernmatrix ein Eigenschaftssatz eingegeben wird, der mit keinem der erlernten Sätze exakt übereinstimmt? Dieser Fall sei an Hand von Bild 92 c diskutiert. Ein (gestörtes) Codewort z. B. S (wie in Bild 92 a) werde eingegeben. Der Vergleich dieses Codeworts mit den erlernten zeigt, daß auf den Bedeutungsleitungen sich die Erregungen gemäß Bild 92 c ganz rechts einstellen. Auf der A zugeordneten Leitung ergibt sich die Erregung 4, auf B die Erregung 3 usw. Die Extremwertbestimmung signalisiert auch in diesem Fall diejenige Zeile, welche die größte Erregung liefert, also im Beispiel A. Die Lernmatrix (einschließlich Extremwertbestimmung) hat also das Zeichen A erkannt, weil es dasjenige Zeichen ist, welches (vom Standpunkt der meisten übereinstimmenden Binärzeichen) die größte Ähnlichkeit mit dem angebotenen Zeichen S hat. In diesem Sinn wurde in Bild 89 festgestellt, daß sich nach Eingabe eines Satzes Eigenschaften die „ähnlichste" Bedeutung b ergibt. Dieses Verhalten der Lernmatrix ist von großer praktischer Bedeutung. Beispielsweise kann die Korrektur gestört empfangener Codezeichen, wie sie bei der Funktelegraphie oder der Datenübertragung auftritt (siehe 3. Kapitel) mit solchen Matrixschaltungen besonders einfach geschehen.

Zusammenschaltungen von Lernmatrizen

Lernmatrizen — ob für binäre Signale oder für nichtbinäre Signale — können in verschiedener Weise zusammengeschaltet werden. Zwei besonders wichtige Arten der Zusammenschaltung seien hier besprochen, nämlich die „Schichtung" und die „Dipolbildung". Die Schichtung sei mit Bild 93 veranschaulicht. Man erkennt eine erste Lernmatrix, welche aus dem Eigenschaftssatz $\{e_a\}$ die Bedeutung b_a ableitet. Die so gefundenen Bedeutungen werden als Eigenschaftssätze einer zweiten Lernmatrix zugeführt, welche aus ihnen die Bedeutungen b_β ableitet. Ein wiederholter Erkennungsprozeß der ersten Lernmatrix ist Voraussetzung für einen einzigen Erkennungsprozeß der zweiten Lernmatrix. Die hierzu erforderliche Serien-Parallel-Umwandlung (siehe 5. Kapitel) erfolgt in einer als „Schieberegister" in der Infor-

mationstechnik bekannten Schaltung. Um die Leistung geschichteter Lernmatrizen zu veranschaulichen, möge folgendes Beispiel dienen:
$\{e\}_\alpha$ repräsentiere Schwärzungen oder Formkriterien von Schriftzeichen (siehe 9. Kapitel),
$b_\alpha \to \{e\}_\beta$ repräsentiere die Bedeutung der Schriftzeichen,
b_β repräsentiere die Bedeutung der Wörter.

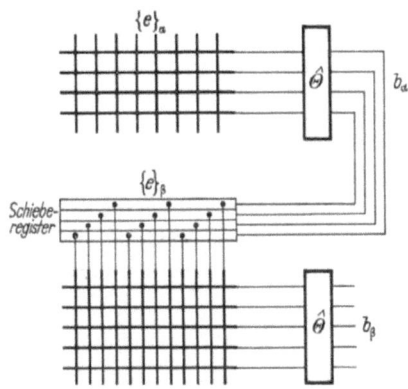

Bild 93. Schichtung zweier Lernmatrizen

Bild 94 zeigt Lernmatrix-Dipole:
a) Lernmatrix-Dipol in *ebe*-Kopplung
b) Lernmatrix-Dipol in *beb*-Kopplung.

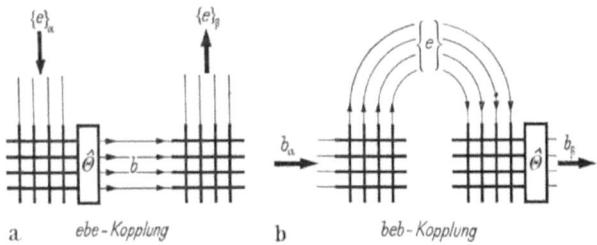

Bild 94. Lernmatrix-Dipole

Der Lernmatrix-Dipol in *ebe*-Kopplung ist ein Modell für die erlernbare Übersetzung von einer „Sprache" in eine andere. Hierbei können unter „Sprache" sehr verschiedene Dinge verstanden werden, von den relativ einfachen Codewörtern für Zahlen, Funktionszeichen und Buchstaben bis hin zu den Sprachen im normalen Sinn als menschliche Sprache. Der Lernmatrix-Dipol in *ebe*-Kopplung kann in diesem Fall natürlich nicht mehr leisten als eine Wort-für-Wort-„Übersetzung", bei

der alle Gesichtspunkte, die sich aus dem Kontext ergeben, unberücksichtigt bleiben (siehe Bild 130).
Der Lernmatrix-Dipol in *beb*-Kopplung ist ein Modell für die Informationsübertragung zwischen automatischen oder menschlichen Individuen. Das eine Individuum „möchte" eine durch b_α repräsentierte Information an das andere Individuum vermitteln. Im Regelfall sendet zu diesem Zweck das Individuum Signale aus, welche durch den Satz Eigenschaften $\{e\}$ dargestellt werden. Dieser Satz Eigenschaften veranlaßt das empfangende Individuum zur Auswahl einer korrespondierenden, durch b_β repräsentierten Information. Beispiele für die zur Übertragung dienenden Eigenschaftssätze sind Sprachlaute, Schriftzeichen, Mimik oder Telegrafiezeichen.

Lernmatrix für nichtbinäre Signale

Die Lernmatrix für nichtbinäre Signale soll mit Bild 95 erklärt werden. Bei ihr sind sowohl die angebotenen Signale bzw. Eigenschaftssätze als auch die erlernten Eigenschaftssätze nichtbinär, sie können inner-

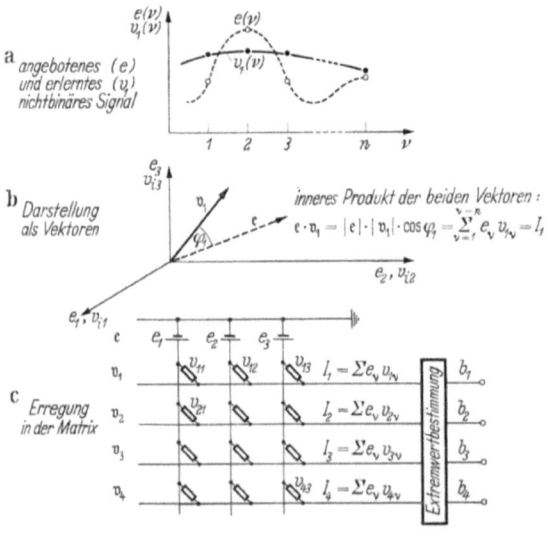

Bild 95. Zum Prinzip der Lernmatrix für nichtbinäre Signale

halb gewisser Grenzen beliebige Werte annehmen. Mit Bild 95 a sei ein angebotenes Signal $e(\nu)$ und ein erlerntes Signal $v_1(\nu)$ dargestellt. Die Variable ν möge auf die Eingabe in die ν-te Spalte hinweisen. Die Eigenschaftssätze können z. B. auch den Momentanwerten zeitlich veränderlicher Signale entsprechen, die (unter Beobachtung des Abtast-

11. Bedingte Reflexe, die Lernmatrix und andere adaptive Strukturen

theorems, siehe 5. Kapitel) zu bestimmten Zeitpunkten abgegriffen wurden. Auf jeden Fall soll das (in Lern- oder Kannphase) angebotene Signal durch eine endliche Anzahl n skalarer Größen beschrieben sein. Für n besteht keine prinzipielle Grenze, allerdings sei im folgenden angenommen, n sei gleich drei. Diese Annahme ermöglicht eine besonders sinnfällige Darstellung der allgemeinen Gesetzlichkeit, ohne daß sie zu speziellen Aussagen führt. Die Größen e_1, e_2, e_3 bzw. v_{11}, v_{12}, v_{13} können als rechtwinklige Komponenten der Vektoren $\mathfrak{e}$ und $\mathfrak{v}_1$ betrachtet werden (Bild 95 b). Ihr skalares oder inneres Produkt ist nach bekannten Gesetzen der Vektorrechnung

$$\mathfrak{e} \cdot \mathfrak{v}_1 = |\mathfrak{e}| \cdot |\mathfrak{v}_1| \cos \varphi_1 = e_1 v_{11} + e_2 v_{12} + e_3 v_{13}.$$

Hierbei ist φ_1 der Winkel zwischen dem Vektor $\mathfrak{e}$ und dem Vektor $\mathfrak{v}_1$. Auf diese Darstellung wird im folgenden mehrfach zurückzukommen sein. Bild 95 c zeigt eine Lernmatrix für nichtbinäre Signale. Der angebotene Eigenschaftssatz sei durch die drei Spannungen e_1, e_2, e_3 repräsentiert. An den Kreuzungspunkten der Matrix sind elektrische Leitwerte eingeschaltet, deren Größe in der i-ten Zeile durch die Werte v_{i1}, v_{i2}, v_{i3} gekennzeichnet sei. Beispielsweise das Wertetripel v_{11}, v_{12}, v_{13} repräsentiere den Vektor $\mathfrak{v}_1$, der ein spezielles erlerntes Muster, z. B. das von Bild 95 a kennzeichnet. An jedem Kreuzungspunkt fließt nun in die 1. Zeile ein Teilstrom, der sich als Produkt aus der an die Spalte angelegten Spannung und dem betreffenden Leitwert errechnet. Die Summe der Teilströme ist offensichtlich proportional dem inneren Produkt der beiden Vektoren $\mathfrak{e}$ und $\mathfrak{v}_1$, so wie es mit Bild 95 b erklärt wurde. Hat man nicht nur in die erste Zeile der Matrix nichtbinäre Eigenschaftssätze eingelernt, sondern auch in die anderen, so fließt von jeder Zeile in die Extremwertbestimmung ein Strom, dessen Stärke dem jeweiligen inneren Produkt der Vektoren $\mathfrak{e}$ und $\mathfrak{v}_i$ proportional ist.

Die wesentliche Aufgabe, welche die Lernmatrix für nichtbinäre Signale erfüllen soll, ist in der Kannphase die Erkennung des „ähnlichsten" Eigenschaftssatzes. Dies wurde für die Lernmatrix für binäre Signale schon bisher ausführlich diskutiert (Bild 89, 92). Um dies zu erreichen, müssen die erlernten nichtbinären Eigenschaftssätze „normiert" werden. Darunter sei verstanden, daß die zu erlernenden nichtbinären Signale so verkleinert oder vergrößert werden, daß die zugeordneten Vektoren (Bild 95 b) alle gleich lang sind, d. h., daß ihre Endpunkte auf der Oberfläche einer Kugel liegen. Eine solche Normierung bewirkt natürlich keine Formveränderung des zugeordneten Signals, sondern lediglich eine affine Transformation (siehe Bild 97, oben links).
Für die in diesem Sinne normierten Eigenschaftssätze sei im folgenden der Begriff „Perzeptionsform" verwendet, für den angebotenen Eigenschaftssatz — der im Regelfall nicht normiert ist — der Begriff „Perzeptionsereignis". Bild 96 zeigt das Perzeptionsereignis $\mathfrak{e}$ und die drei Perzeptionsformen $\mathfrak{v}_1$, $\mathfrak{v}_2$ und $\mathfrak{v}_3$ in vektorieller Darstellung. Nach den

obigen Ausführungen (siehe Bild 95 a und b) wird derjenige Zeilenstrom den größten Wert annehmen und demnach die erkannte Bedeutung signalisieren, bei welchem der Winkel zwischen dem Perzeptionsereignis e und der zugehörigen Perzeptionsform am kleinsten ist, also im dargestellten Fall die v_2 zugeordnete Zeile.

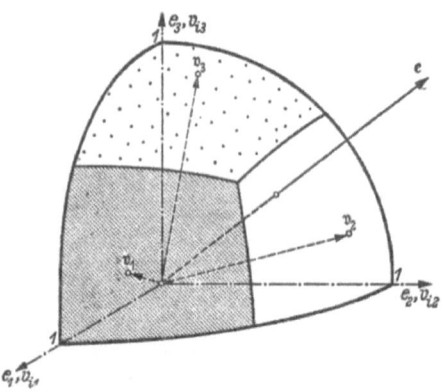

Bild 96. Perzeptionsereignis e und drei Perzeptionsformen v_1, v_2, v_3

Die Oberfläche der Kugel, auf der die Endpunkte aller Vektoren liegen, welche Perzeptionsformen entsprechen, wird durch die verschiedenen Aussagen der Extremwertbestimmung in verschiedene Einzugsbereiche geteilt. Dies ist in Bild 96 durch verschiedenartige Kennzeichnung der Kugeloberfläche angedeutet.

Die Leistungen der Lernmatrix für nichtbinäre Signale bei der Invariantenbildung (siehe auch Bild 78) seien durch Bild 97 veranschaulicht. Oben links ist der Fall der Affinität dargestellt. Die ausgezogene Kurve entspreche einer bestimmten Perzeptionsform. Die beiden gestrichelten Kurven gehen dadurch aus ihr hervor, daß sämtliche Ordinatenwerte mit einem und demselben Faktor (größer oder kleiner Eins) multipliziert werden. Dieser Multiplikation entspricht in Bild 96 die Multiplikation des Vektors e (unter Beibehaltung seiner Richtung). Wird e und damit alle seine Komponenten mit einem beliebigen Faktor multipliziert, so werden auch die im Bild 95 angegebenen Zeilenströme alle mit demselben Faktor multipliziert. Unabhängig von dieser Multiplikation ist aber die Aussage der Extremwertbestimmung, welche der Zeile die maximale Erregung liefert und demnach die dem Perzeptionsereignis ähnlichste Perzeptionsform repräsentiert. Die Erkennung eines Perzeptionsereignisses ist demnach invariant gegenüber affiner Transformation. Unter Verwendung der Lernmatrix für nichtbinäre Signale kann auch relativ leicht Invarianz gegenüber Translation (Parallelverschiebung) und Scherung (Neigung der Abszissen-

11. Bedingte Reflexe, die Lernmatrix und andere adaptive Strukturen 163

achse) verwirklicht werden. Zu diesem Zweck braucht man nur — sowohl in der Lernphase als auch in der Kannphase — anstelle der Werte $e(\nu)$ deren erste bzw. zweite „Differenzen" in die Matrix einzugeben. Als erste Differenz in diesem Sinne sei die Differenz zweier nebeneinanderliegender Eigenschaften, also $\Delta^1 e_\nu = e_{\nu+1} - e_\nu$ verstanden.

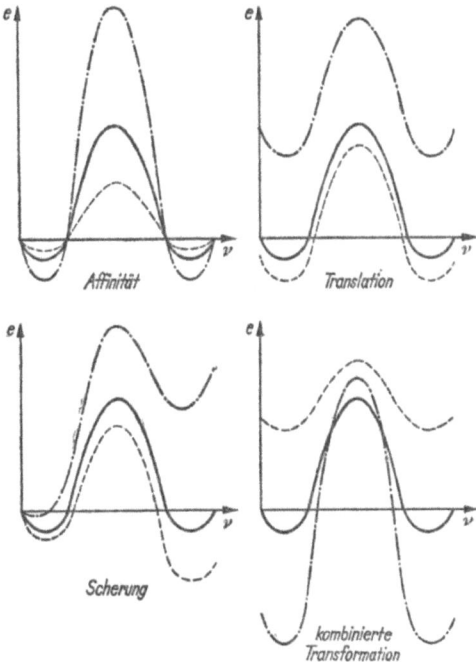

Bild 97. Mögliche Invariantenbildung

Als zweite Differenz sei die hieraus abgeleitete Differenz der Differenzen verstanden, also $\Delta^2 e_\nu = \Delta^1 e_{\nu+1} - \Delta^1 e_\nu$. Offensichtlich leistet ein derartig angesteuertes Lernmatrixsystem schon ganz beachtlich viel in Hinsicht auf Invariantenbildung. Dies sei in Bild 97, unten rechts durch „kombinierte Transformation" dargestellt.

Bisher wurde stillschweigend unterstellt, daß die Komponenten der Eigenschaftssätze bzw. der Vektoren sowohl in der Kannphase als auch in der Lernphase immer positiv seien. Diese Voraussetzung stellt eine beträchtliche Einschränkung der Möglichkeiten der Lernmatrizen dar. Sie ist vorläufig deshalb notwendig, weil an den Kreuzungspunkten keine negativen Leitwerte eingefügt werden sollen. Sie kann aber relativ leicht dadurch überwunden werden, daß die Eigenschaften

„konträr" eingegeben werden, so wie es mit Bild 98 veranschaulicht wird. (Zum Sprachgebrauch: Bei binären Signalen sei dieses Vorgehen durch den Begriff „kontradiktorisch" gekennzeichnet, bei nichtbinären durch den Begriff „konträr".) Die Komponenten des Perzeptionsereignisses werden zweimal, einmal positiv und einmal negativ, eingegeben. Soweit die (eingelernten) Perzeptionsformen negative Komponenten haben, werden die sie repräsentierenden Leitwerte mit denjenigen Spaltendrähten verbunden, welche die negativen Eigenschaften eingeben. Bei einer Realisierung mit Hilfe ferromagnetischer Materialien (Ringkerne oder Transfluxoren) besteht die Möglichkeit, mit einem

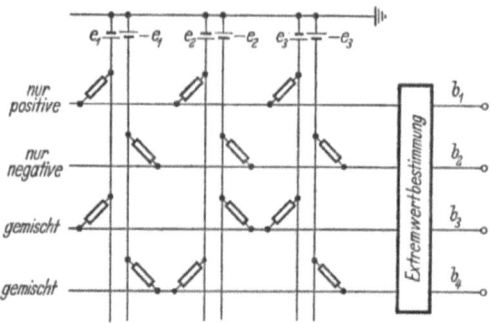

Bild 98. Perzeptionsformen mit negativen Eigenschaften

einzigen Spaltendraht auszukommen und die koppelnden induktiven Leitwerte in einstellbarer Weise positiv oder negativ zu machen. Damit ist die obenerwähnte Einschränkung überwunden und die erlernbaren Perzeptionsformen sind nicht mehr auf den Bereich positiver Komponenten eingeschränkt.

Es entsteht nun die Aufgabe, die Komponenten v_{iv} der eingespeicherten Perzeptionsformen (welche das Repertoire der erwarteten Perzeptionsereignisse ausmachen) nicht fest vorzugeben, sondern in einer vorausgehenden Lernphase dadurch in das System einzulernen, daß den Rezeptoren gewisse $e(v)$ als Muster vorgegeben und zugleich ein Signal auf jeweils diejenige Zeile b_i gegeben wird, die in der Kannphase die Identifikation des vorgelegten Perzeptionsereignisses bzw. eines zur selben Klasse gehörigen Perzeptionsereignisses mit der gespeicherten Perzeptionsform anzeigen soll. Dabei werden die v_{iv} zweckmäßigerweise nicht durch Leitwerte, sondern durch magnetische Kopplungen realisiert.

Das hier benutzte Verfahren besteht darin, daß die Größen v_{iv} einer beliebigen *eingelernten* Perzeptionsform festgestellt und mit den betreffenden Komponenten der in eben diese Zeile *einzulernenden* Perzeptionsform verglichen werden. Aus der Differenz beider Beträge

11. Bedingte Reflexe, die Lernmatrix und andere adaptive Strukturen   165

wird eine Größe abgeleitet, welche die v_{iv} nur dieser Zeile derart beeinflußt, daß die Differenz beider Beträge kleiner wird und sich schließlich dem Wert Null nähert.

Dieses Verhalten ist mit dem eines Regelkreises vergleichbar. Die Größe des angebotenen, also einzulernenden Merkmals entspricht dem Sollwert, die Größe des v_{iv} dem Istwert, und die Differenz beider der Regelgröße. Hieraus wird eine Stellgröße abgeleitet, welche v_{iv} so verändert, daß die Regelgröße ein Minimum und im Idealfall Null, v_{iv} also proportional dem einzulernenden e_{iv} wird. Das Verfahren sei an Hand von Bild 99 erläutert. Als Komponenten zur Realisierung

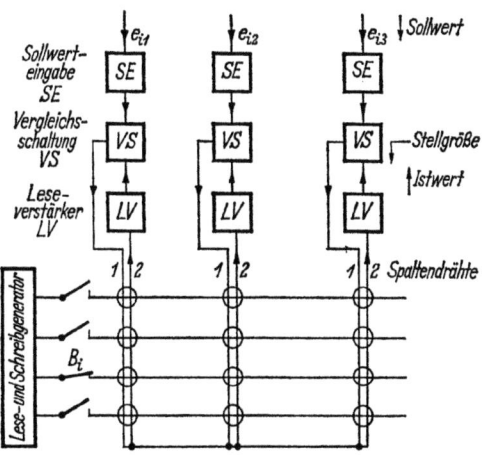

Bild 99. Zur Verwirklichung der Lernphase bei der Lernmatrix für nichtbinäre Signale

der v_{iv} werden ferromagnetische Anordnungen, z. B. Ferritkerne oder Bandkerne, verwendet.

Die Komponenten e_{iv} der zu lernenden Perzeptionsform werden durch Gleichspannungen repräsentiert. Dies entspricht der Sollwerteingabe bei einem Regelkreis. Durch Schließen des Schalters B_i wird der Lernprozeß einer Perzeptionsform in die i-te Zeile unter Mitwirkung des Lese- und Schreibgenerators vorbereitet. Nach Schließen des Schalters B_i fließt in der i-ten Zeile ein hochfrequenter Wechselstrom, dessen Amplitude und dessen Frequenz so zu wählen sind, daß der Induktionszustand der Ringkerne nicht geändert wird. Der hochfrequente Wechselstrom induziert in den Spaltendrähten 2 eine Wechselspannung, die infolge der nichtlinearen Kennlinie der Ringkerne einen Spannungsanteil der doppelten Frequenz des erregenden Wechselstroms enthält (2. Oberwelle). Die Amplituden und die Phasen dieser Oberwellenspannungen hängen vom magnetischen Zustand der Ringkerne ab, der zunächst beliebig sei. In den Leseverstärkern LV werden die Oberwellenspannungen phasenrichtig demoduliert und in zu ihnen proportionale Gleichspannungen e'_{i_ν} umgeformt, die als Istwert ebenso wie die Sollwerte e_{i_ν} einer Vergleichsschaltung VS zugeführt werden. In dieser wird der Istwert e'_{i_ν} mit dem Sollwert verglichen und ein Differenzstrom abgeleitet. Wird die Abweichung Null, so wird auch der Differenzstrom zu Null. Werden in einer nachfolgenden Kannphase die Ringkerne der i-ten Zeile abgefragt, so induziert jeder Ringkern in einer Abfragewicklung, welche in der Kannphase durch den Zeilendraht dargestellt ist, eine Ausgangsspannung, deren 2. Oberwelle nach phasenrichtiger Demodulation und Gleichrichtung gerade derjenigen Gleichspannung entspricht, welche die betreffende Komponente der zuvor gelernten Perzeptionsform repräsentiert.

Anwendungen der Lernmatrix

a) Automatische Zeichenerkennung (siehe 9. Kapitel). Während bei den bisher bekannten Verfahren der automatischen Zeichenerkennung die zu erkennenden Zeichen voraus bekannt sein mußten, ermöglicht die Lernmatrix die Konstruktion von Automaten, welche ohne Eingriff in die Schaltung verschiedene Zeichen erlernen können, z. B. verschiedene Schrifttypen, griechische oder kyrillische Schriftzeichen usw. Die Sätze Eigenschaften, welche der Lernmatrix eingegeben werden, müssen nicht den Schwärzungen bestimmter Flächenpunkte entsprechen, sondern können ebenso anderen Symptomen, z. B. Formkriterien entsprechen (siehe Bild 78). Die Erkennung von Handschrift kann durch Verwendung geschichteter Lernmatrizen unter Ausnutzung der Redundanz ermöglicht werden.

b) Für die automatische Spracherkennung bestand bisher eine scheinbar unüberwindliche Schwierigkeit darin, daß die individuellen Unterschiede zwischen den einzelnen Sprechern zu groß waren und deshalb die informationstragenden Kennzeichen der Sprache nicht extrahiert werden konnten. Lernmatrizen bieten die Möglichkeit, sich den individuellen Eigenschaften anzupassen.

c) Das automatische Wortverständnis erleichtert die Herstellung von Kurzfassungen eines Aufsatzes ebenso wie die automatische Übersetzung einer Sprache in eine andere. Durch geschichtete Lernmatrizen (ähnlich Bild 93) können bisher unbekannte Wörter dem Wortschatz des Automaten einverleibt werden.

d) Dem Wiederauffinden von Informationen („Information Retrieval") werden durch die Lernmatrizen neue Möglichkeiten eröffnet. Während bisher die gespeicherten Informationen über ihre Adresse aufgerufen werden mußten (und diese also bekannt sein mußte), erlaubt die Lernmatrix den Aufruf der Informationen auf Grund ihres semantischen Inhaltes.

e) Mit Lernmatrizen können medizinische Diagnosen gestellt werden. Die Eigenschaftssätze sind hierbei bestimmte Symptome, z. B. „Beginn

11. Bedingte Reflexe, die Lernmatrix und andere adaptive Strukturen 167

mit Durchfällen", „Unverträglichkeit gegen Fett" usw. Die Bedeutungen sind beispielsweise die Diagnosen. Die auf Grund früherer Kenntnis in der Tabelle angegebenen Koeffizienten sind ein Maß dafür, wie wahrscheinlich der Schluß von dem Satz Symptome auf eine bestimmte Diagnose ist.

f) In der Verfahrenstechnik, Maschinensteuerung usw. kann das optimale Verhalten von menschlichen Lehrmeistern kopiert werden. Bild 100 möge das Prinzip einer solchen Steuerung am Beispiel einer Walzgerüststeuerung veranschaulichen.

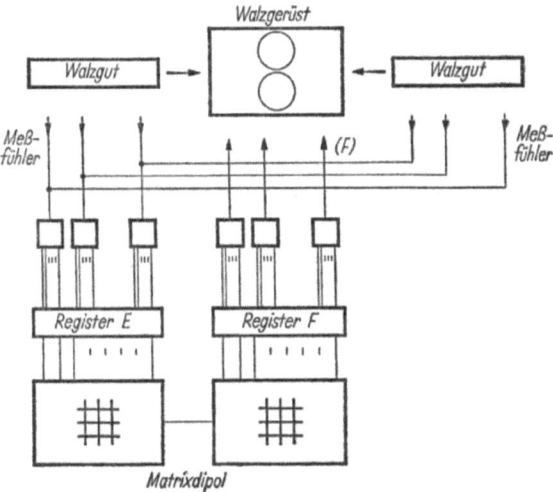

Bild 100. Schema einer Walzgerüststeuerung unter Verwendung eines Lernmatrix-Dipols

Die Anordnung soll zunächst die Vorgänge beim Walzprozeß, solange sie von Menschen vorbildlich gesteuert werden, „beobachten" und mit Hilfe eines Lernmatrix-Dipols die zweckmäßigen Zusammenhänge zwischen den Kenngrößen des Walzprozesses und den optimalen Steuerkommandos erlernen. Hierzu muß natürlich der Walzprozeß durch eine geeignete Anordnung von Meßfühlern in geeigneter Weise gekennzeichnet werden.

Für diese Anwendungsbereiche ist von besonderer Bedeutung die hohe Funktionsgeschwindigkeit der Lernmatrizen. In vielen Fällen kann sie aus Zeitgründen nicht durch programmgesteuerte Rechenautomaten simuliert werden.

g) Weitere Anwendungsmöglichkeiten ergeben sich z. B. bei der Wetterprognose, bei der die Eigenschaftssätze eine bestimmte Klimasituation

168 11. Bedingte Reflexe, die Lernmatrix und andere adaptive Strukturen

kennzeichnen und die Bedeutung die Prognose. Durch den Lernprozeß können besondere klimatische Eigenheiten bestimmter geographischer Gebiete berücksichtigt werden.

h) Sehr interessant ist der Vorschlag von U. Piske [81], Lernmatrizen zur technischen Diagnose und Selbstreparatur zu benutzen. Sein Grundgedanke sei durch Bild 101 veranschaulicht: Der Zustand eines überwachten technischen Systems werde als Satz Eigenschaften einer Lernmatrix (meist für nichtbinäre Signale) zugeführt. Für die wichtigsten in Frage kommenden Störungsfälle des technischen Systems werden

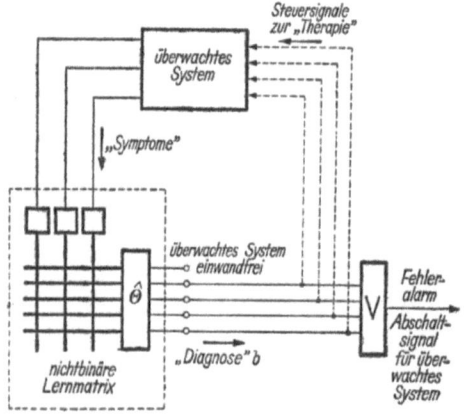

Bild 101. Prinzip eines selbstprüfenden und selbstreparierenden Systems

Zeilen der Lernmatrix vorgesehen. In einer vorhergehenden Lernphase werden diese typischen Störungen absichtlich herbeigeführt und entsprechende bedingte Verknüpfungen aufgebaut. Tritt nun während des Betriebs einer dieser Störungsfälle wieder auf, dann diagnostiziert die Lernmatrix diese, d. h. sie signalisiert die Störungsursache. Bei manchen technischen Anordnungen kann die Diagnose des Störungsfalles mit einer automatischen Therapie verbunden werden, d. h. die Lernmatrix veranlaßt die Beseitigung dieser Störung.

Selbständige Klassifikation

Die normale Funktion der Lernmatrix setzt voraus, daß in der Lernphase gleichzeitig Eigenschaftssätze und zugehörige Bedeutungen angeboten werden.

Die Frage ist nun, ob ein angebotenes Kollektiv von Eigenschaftssätzen automatisch klassifiziert werden kann, d. h., ob also in der Lernphase die Zeilen automatisch ausgewählt werden können.

11. Bedingte Reflexe, die Lernmatrix und andere adaptive Strukturen

Eine Anordnung, welche dieses leistet, ist mit Bild 102 dargestellt. Den Spalten der Lernmatrix werden irgendwelche Eigenschaftssätze $\{e\}$ angeboten. Diese können binär oder nichtbinär sein. Die Folge, in der sie dargeboten werden, ist in erster Näherung gleichgültig. Die Zeilen der Lernmatrix sollen durch eine Zeilenauswahlschaltung angesteuert werden. Diese kann beispielsweise aus einem einfachen Ringzähler bestehen, der mit der Ansteuerung der ersten Zeile beginnt und bei Fortschalteimpulsen auf die zweite, dritte usw. Zeile übergeht.

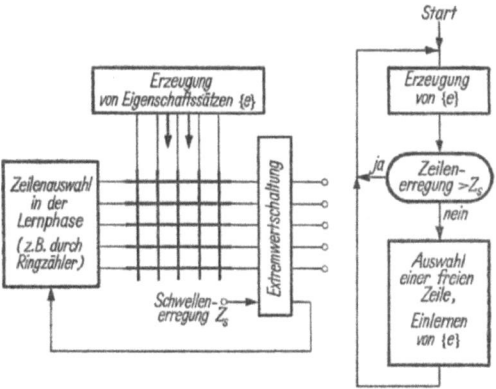

Bild 102. Lernmatrix für selbständige Klassifikation

Der Extremwertschaltung wird eine bestimmte Schwellenerregung Z_s zugeführt. Diese bewirkt, wenn keine Zeile diese Mindesterregung überschreitet, daß keine der Bedeutungen signalisiert wird. Das Zusammenspiel dieser Schaltung ist nun folgendermaßen: Zunächst wird ein Satz Eigenschaften erzeugt und der Lernmatrix angeboten. Ist dieser relativ ähnlich zu einem schon erlernten Eigenschaftssatz, dann ergibt sich eine relativ starke Zeilenerregung. Dadurch wird die Zeilenauswahlschaltung nicht beeinflußt, wohl aber die Erzeugung des nächsten Eigenschaftssatzes veranlaßt. Ist jedoch die Zeilenerregung geringer als der durch Z_s vorgegebene Wert, ist also der momentan angebotene Eigenschaftssatz den bisher erlernten sehr unähnlich, dann wird die Zeilenauswahlschaltung veranlaßt, eine neue Zeile auszuwählen und damit gewissermaßen eine neue Bedeutungsklasse zu konstituieren. Hieran schließt sich der normale Lernvorgang.
Dieses Prinzip der selbständigen Klassifikation kann in verschiedener Hinsicht noch verfeinert werden. Es wurde bisher beispielsweise dazu verwandt, experimentell Codes mit bestimmten Eigenschaften zu erzeugen, eine Aufgabe, die theoretisch z. T. nur unzulänglich gelöst werden kann [40].

11. Bedingte Reflexe, die Lernmatrix und andere adaptive Strukturen

Bedingte Verknüpfung mit h-Eingang

Mit Bild 88 wurde die Bildung der bedingten Verknüpfung unter ausschließlicher Verwendung der beiden Eingänge e und b beschrieben. Oft ist es vorteilhaft, einen weiteren Eingang vorzusehen. Dieser soll als h-Eingang bezeichnet werden.
Das Prinzip der bedingten Verknüpfung mit h-Eingang sei durch Bild 103 veranschaulicht.

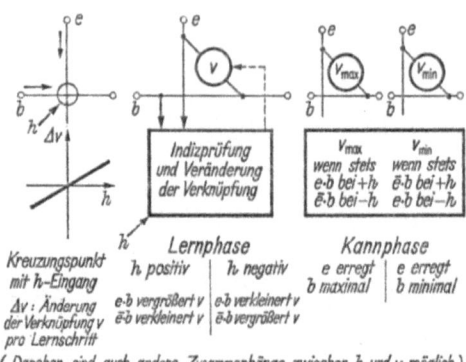

Bild 103. Bedingte Verknüpfung mit h-Eingang

In der Lernphase treffen auf den Kreuzungspunkt gleichzeitig die Signale e und b. Es war bisher angenommen, daß diese Koinzidenz irgendeine vorgegebene Veränderung der Verknüpfung bewirke. Nunmehr sei jedoch die Größe dieser Lernschritte durch den h-Eingang veränderbar. Hierzu wird auf den h-Eingang ein z. B. kontinuierlich veränderbares Signal h gegeben, das die Größe des Lernschrittes kontrolliert. Ist beispielsweise h positiv groß, dann mögen schon einige wenige Lernschritte den Aufbau der maximalen Verknüpfung bewirken. Ist h kleiner, dann ist die erforderliche Anzahl von Lernschritten größer. Ist h negativ, dann kehrt sich die Bildung der Verknüpfung um, und zwar in dem Sinne, daß die Koinzidenz von e und b zur Verkleinerung der Verknüpfung führt, die Koinzidenz von nicht e und b zur Vergrößerung der Verknüpfung. Hierbei möge unentschieden bleiben, ob die Verkleinerung der Verknüpfung sich darin äußert, daß ein Signal von der e-Leitung nicht auf die b-Leitung übergeht, oder ob das Signal von der e-Leitung mit umgekehrtem Vorzeichen auf die b-Leitung übergeht. Beide Erklärungen sind sinnvoll und können technisch genutzt werden. (Ausschließlich mnemotechnisch gewertet sei die Herkunft der Bezeichnung „h" von „hedonie", etwa gleich „Lustfunktion".)

Der „Autonome Lernmatrix-Dipol" (ALD)

Bild 94 a zeigt einen Lernmatrix-Dipol in *ebe*-Kopplung. Dieser ordnet einem beliebigen Satz Eigenschaften $\{e\}_\alpha$ eine beliebige Reaktion $\{e\}_\beta$ zu. Man kann diese eingegebenen Eigenschaftssätze $\{e\}_\alpha$ als Situationen einer Außenwelt ansehen und die Signalsätze $\{e\}_\beta$ als Reaktionen in dieselbe Außenwelt. Die Frage ist, ob ein günstiger Zusammenhang zwischen $\{e\}_\alpha$ und $\{e\}_\beta$ durch ein autonomes Steuer-

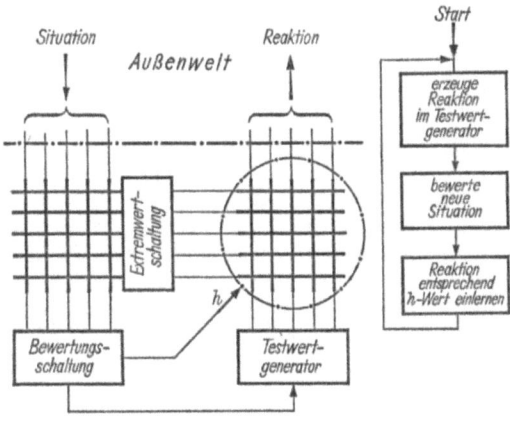

Bild 104. Autonomer Lernmatrix-Dipol (mit *h*-Steuerung)

system hergestellt werden kann. „Autonom" in diesem Sinn bedeutet, daß das lernfähige System ohne die Wirkung eines übergeordneten Beobachters, allein durch Versuch und Irrtum die optimale Einstellung zur Außenwelt findet. Dies leistet der „Autonome Lernmatrix-Dipol" (ALD), dessen Struktur Bild 104 zeigt. Seine Funktion kann wie folgt beschrieben werden: Irgendeine momentane Situation der Außenwelt wird den Spaltenleitungen der linken Lernmatrix des ALD zugeführt und gleichzeitig einer Bewertungsschaltung. Es sei der Einfachheit halber unterstellt, daß die linke Lernmatrix des ALD die vorkommenden Situationen der Außenwelt bereits klassifiziert habe, z. B. nach dem in Bild 102 dargestellten Prinzip. Die Bewertungsschaltung prüft, ob eine spezielle Situation der Außenwelt $\{e\}_\alpha$ gut oder schlecht in einem vorherbestimmten Sinne ist. Sie kann irgendein lineares oder nichtlineares Netzwerk enthalten, welches ein Signal $W\{e\}_\alpha$ entsprechend dem vorgegebenen Wert der speziellen Situation der Außenwelt ableitet.

Es sei festgestellt, daß diese vorgegebene Bewertung der Außenweltsituation keinesfalls ein Widerspruch zu dem Prinzip der Autonomie ist. *Aus logischen Gründen muß jedem adaptiven System eine Werteskala vorgegeben werden. Andernfalls ist die Adaptation unbestimmt.*

Von diesem Signal $W\{e\}_a$, das ein Maß für den Wert der speziellen Außenweltsituation ist, wird in der Bewertungsschaltung das h-Signal für die rechte Matrix des ALD abgeleitet. Hierbei wird folgende Strategie befolgt: Wenn irgendeine spezielle Situation der Außenwelt in der Bewertungsschaltung bewertet worden ist, dann erzeugt der Testwertgenerator versuchsweise verschiedene Arten von Reaktionen und gibt sie an die rechte Matrix. Diejenigen Reaktionen, die eine Verbesserung der Außenweltsituation ergeben, werden in der rechten Lernmatrix infolge eines großen positiven h fixiert. Diejenigen Reaktionen, die eine Verschlechterung der Außenweltsituation ergeben, werden in der rechten Lernmatrix infolge eines negativen h gelöscht. Nach einer gewissen Zeit des „Spielens" mit der Umgebung wird der ALD eine Zuordnung zwischen Außenweltsituationen und Reaktionen aufweisen, die im Sinne der vorgegebenen Bewertung „wertvoll" ist.

Wenn die Außenwelt keine Störung aufweist, wird diese Strategie meist konvergieren. Ist die Außenwelt nur mäßig gestört, dann werden in der rechten Matrix diejenigen Reaktionen fixiert, die im statistischen Mittel die stärkste Verbesserung der Außenweltsituation ergeben haben. Ist die Außenwelt jedoch stark gestört, dann wird das Verfahren möglicherweise nicht konvergieren.

Bei diesem Spiel kann man entweder diejenige Strategie verfolgen, bei der diejenige Reaktion fixiert wird, welche in einem einzigen Schritt die stärkste Verbesserung der Außenweltsituation bewirkt, oder aber diejenige Strategie, welche dieses erst in mehreren Schritten leistet. Es ist leicht verständlich, daß eine zweckmäßige „Vielschrittstrategie" zu einer besseren endgültigen Außenweltsituation führen kann als die „Einschrittstrategie". Dann leistet der ALD etwas, was man als „Problem lösen" bezeichnen könnte, nämlich, er sucht Folgen von Reaktionen, welche eine reale oder fiktive Außenwelt (die durch einen Satz von Regeln gegeben ist) von einer gegebenen in eine erwünschte Situation überführt.

Während des „Spielens" des ALD kann es geschehen, daß in einer speziellen Außenweltsituation verschiedene Reaktionen, die der Testwertgenerator erzeugt hat, dieselbe Bewertung in der Bewertungsschaltung erfahren und deshalb dasselbe h ergeben und schließlich mit derselben Intensität in der rechten Lernmatrix gespeichert werden. Diese verschiedenen Reaktionen können sich in einigen Details unterscheiden, z. B. in einigen Binärzeichen. Da sie in der rechten Matrix jedoch trotz ihrer unterschiedlichen Aussagen mit derselben Intensität fixiert werden, beeinflussen sie die zukünftige Funktion des ALD nicht.

Man könnte diese Situation durch die folgende Erklärung charakterisieren: In den Reaktionen sind Details enthalten, die den Wert der Reaktion nicht beeinflussen, die also nicht wesentlich sind. Offensichtlich unterscheidet diese ALD-Struktur *wesentliche* Details von *unwesent-*

11. Bedingte Reflexe, die Lernmatrix und andere adaptive Strukturen

lichen. Dieser Vorgang soll durch ein Beispiel veranschaulicht werden. Die folgende Tabelle gibt eine Liste binärer Reaktionen, die der Testwertgenerator erzeugt und die entsprechende Bewertung, welche die Bewertungsschaltung ergeben hat.

Binäre Reaktion	Bewertung
0 0 0	schlecht
0 0 1	schlecht
0 1 0	gut
0 1 1	gut
1 0 0	schlecht
1 0 1	schlecht
1 1 0	gut
1 1 1	gut

Unter diesen Voraussetzungen ist die „beste Reaktion", die in der rechten Matrix fixiert wird,

$$d \; 1 \; d \qquad (d = \text{don't care}),$$

da offensichtlich die erste und die dritte Binärziffer den Wert der binären Reaktion nicht beeinflußt. Wenn diese spezielle Außenweltsituation sich wieder ergibt, dann wird der ALD durch $-1-$ reagieren, da er zur Kenntnis genommen hat, daß die erste und die dritte Binärziffer die Außenweltsituation nicht wesentlich beeinflussen, d. h., daß sie nicht wesentlich sind.

Hier wurde die Lernmatrix besonders ausführlich dargestellt und zur Grundlage weiterführender Überlegungen verwendet. Es sei jedoch darauf hingewiesen, daß auch noch andere adaptive klassifizierende Strukturen vorgeschlagen wurden, beispielsweise von A. M. UTTLEY der CPC („Conditional Probability Computer") [116], von F. ROSENBLATT das Perceptron [89] und von B. WIDROW et al. das „Madaline" [123]. Die folgende Betrachtung soll einen kurzen Vergleich zwischen der Lernmatrix und dem „Madaline" ermöglichen. Hierbei wird — ähnlich wie im Bild 89 — angenommen, daß ein Objekt durch einen Satz Eigenschaften von N Erregungen gegeben sei. Dieses kann man — wie schon im Bild 96 geschehen — als Koordinaten im N-dimensionalen Nachrichtenraum ansehen. Jedem Punkt dieses N-dimensionalen Nachrichtenraums entspricht ein einziges spezielles Reizmosaik und umgekehrt. Verschiedene Außenweltobjekte entsprechen verschiedenen Punkten im Nachrichtenraum.

Nach dieser Zuordnung der Reizmosaiks zu einer Menge von Punkten im Nachrichtenraum kann das Problem des Erkennens formal so dargestellt werden: Der Nachrichtenraum ist durch geeignete (Hyper-)Flächen so zu zerschneiden, daß alle diejenigen Punkte, welche zu Außenweltobjekten derselben Bedeutungsklasse gehören, von den Punkten aller anderen Bedeutungsklassen im Nachrichtenraum abgetrennt werden.

174 11. Bedingte Reflexe, die Lernmatrix und andere adaptive Strukturen

Das Problem des Erkennens kann auch so formal dargestellt werden: Die Punktmenge, welche den Reizmosaiks entspricht, ist auf die Punktmenge der Bedeutungs-Klassen abzubilden. Hierbei ist zu beachten, daß die Umkehrung der Abbildung i. A. nicht eindeutig ist, da die Anzahl der Mosaiks meist viel größer als die Anzahl der Klassen ist.

In einem sehr formalen Sinne ist so das Problem des Erkennens erledigt. Diese Erklärung ist jedoch noch unbefriedigend und läßt Fragen der Realisierung unbeantwortet.

Ein N-dimensionaler Nachrichtenraum ist weder vorstellbar noch darstellbar. Man kann jedoch alle für unsere Betrachtungen wichtigen Gesetzlichkeiten schon an zweidimensionalen Veranschaulichungen erkennen.

Bei den Darstellungen von Bild 105 entspricht die (zweidimensionale) Fläche dem N-dimensionalen Nachrichtenraum und die (eindimensionalen) Linien (N-l)-dimensionalen Hyperflächen. Bild 105 a zeigt als Beispiel eine willkürliche Verteilung der den verschiedenen Bedeutungsklassen (a, b, c) zugeordneten Punkte im Nachrichtenraum. Bei dieser,

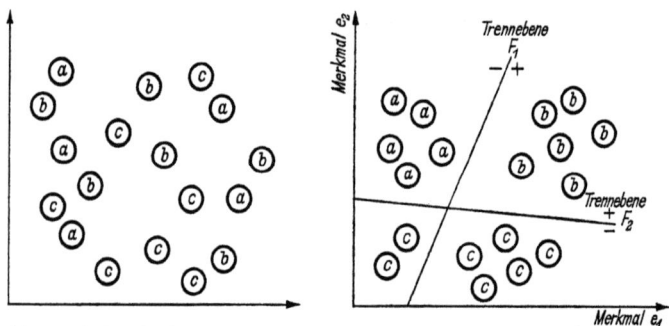

a Klassen (z.B. a, b, c) „ungeordnet"   b Klassen „geordnet", Bereiche konvex

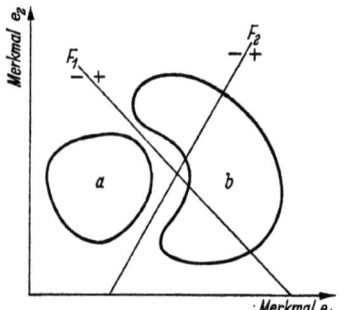

c Klassen „geordnet", nicht konvexe Bereiche

Bild 105. Zur Abbildung im Nachrichtenraum

11. Bedingte Reflexe, die Lernmatrix und andere adaptive Strukturen 175

als „ungeordnet" bezeichneten Verteilung ist eine Separierung des Nachrichtenraumes in Bereiche verschiedener Klassen zwar prinzipiell möglich, kann jedoch sehr aufwendig sein. In technischen Erkennungssystemen versucht man deshalb durch irgendwelche Methoden der Vorverarbeitung (Merkmalbildung, Bildung von Formkriterien) zu erreichen, daß die den verschiedenen Klassen entsprechenden Punkte im Nachrichtenraum so umgeordnet werden, daß ihre Trennung nicht punktweise, sondern bereichsweise möglich ist. Dies kann bei der automatischen Zeichenerkennung beispielsweise so geschehen, daß als Koordinaten des Nachrichtenraumes nicht die Schwärzungen einzelner Bildpunkte benutzt werden, sondern Formkriterien, wie z. B. Buchten, Linien, Ecken usw. Dies bedeutet eine Informationsreduktion. Es ist wahrscheinlich, daß auch biologische Erkennungssysteme solche Methoden benutzen, um den in den Neuronennetzen notwendigen Aufwand zu verringern. Die erstaunlichen Leistungen biologischer Seh- und Hörsysteme lassen vermuten, daß hier Strukturen wirksam sind, welche weit mehr leisten als bisher durch technische Strukturen realisiert wurde. *Wie* diese Vorverarbeitung in biologischen Strukturen geschieht, ist m. E. bisher noch recht unklar. Solche Vorgänge wie die laterale Inhibition, der Tremor des Auges, das Zusammenwirken von Basilarmembran und CORTIschem Organ mögen zu dieser Vorverarbeitung beitragen, sie liefern aber noch keine Erklärung für die erstaunliche Leistung biologischer Sinnesorgane bei der Informationsreduktion. Es kann hier offen bleiben, ob diese Strukturen den lebenden Organismen angeboren oder ob sie erworben sind, oder ob beide Herkunftsarten nebeneinander auftreten. Schließlich wird man in diesem Bereich der Vorverarbeitung und Informationsreduktion auch die Voraussetzungen des „a priori"-Wissens, z. B. der Geometrie suchen müssen.

Wenn die Punkte, welche bestimmten Klassen zugehören, in diesem Sinne geordnet sind, dann ist das Zerschneiden des Nachrichtenraumes einfacher. Unter den in Bild 105 b dargestellten Voraussetzungen kann man durch zwei (Hyper-)Trennebenen F_1 und F_2 die drei Klassen a, b, c separieren. Beispielsweise gilt in Bild 105 b, daß Klasse a auf der negativen Seite von F_1 und der positiven von F_2 liegt, Klasse b auf der positiven Seite von F_1 und von F_2 und schließlich Klasse c auf der negativen Seite von F_2, wobei auf das Vorzeichen von F_1 nicht geachtet werden muß.

Diese Art der Zerschneidung des Nachrichtenraumes in Klassenbereiche durch Trenn*ebenen* ist dann möglich, wenn die einzelnen Bereiche „konvex" sind. „Konvex" heißt hier, daß die geradlinige Verbindung zweier Punkte derselben Klasse keine Punkte enthält, die einer fremden Klasse zugehören.

Das in Bild 105 c gezeichnete Beispiel zeigt einen Fall, in dem der Bereich der Klasse b nicht konvex ist. Er kann deshalb nicht in der geschilderten einfachen Weise von der anderen Klasse a abgetrennt werden.

Doch auch hier ist eine Separierung durch Trenn*ebenen*, durch stückweise „lineare Separierung" möglich: Man kann im gezeichneten Beispiel die Klasse a durch das gleichzeitig negative Vorzeichen der beiden Trennebenen F_1 und F_2 kennzeichnen, die Klasse b durch die Tatsache, daß entweder das Vorzeichen der Trennebene F_1 oder das Vorzeichen der Trennebene F_2 (oder auch beide) positiv ist.

Es ist also zu erkennen, daß auch in den zunächst etwas schwieriger erscheinenden Situationen, in denen nicht konvexe Klassenbereiche auftreten, eine Separierung möglich ist, und zwar, wie gezeigt werden kann, durch eine geeignete Anordnung mehrerer Trenn*ebenen*. Diese können — wenn die Verteilung der Klassen im Nachrichtenraum gegeben ist — durch systematisches Probieren oder z. B. auch mit den Methoden der linearen Programmierung ermittelt werden.

Eine mögliche Art des Vorgehens ist: Eine Folge von Lehrmustern wird dem adaptiven Klassifikator angeboten. Dabei ist ein Lehrmuster ein n-dimensionaler Vektor mit nichtbinären Komponenten, dem die zugehörige Klassennummer beigegeben ist. Der adaptive Klassifikator besteht aus der Einstelleinheit und der einstellbaren Lernmatrix. Jede Zeile der Matrix repräsentiert eine Teilklasse. Zu Beginn der Adaptation wird die Separierung mit einer einzigen Zeile pro Klasse versucht; bei nicht nach Null gehender Fehlerrate wird eine Zeile hinzugenommen und versucht, weiter zu separieren; usw. ... Bei der Bildung der Teilklassen werden in der Einstelleinheit Informationen über den Adaptationsverlauf ausgewertet, die dort auch gespeichert werden.

Die durch Bild 105 beschriebene Klassifikation kann durch verschiedene technisch realisierte oder realisierbare Strukturen bewirkt werden. Beispielsweise R. ROSENBLATTS *Perceptron*, B. WIDROWS *Adaline* oder K. STEINBUCHS *Lernmatrix*.

Diesen Klassifikationsstrukturen ist gemein, daß sie linear und adaptiv sind. Linear heißt, daß mit ihrer Hilfe im Nachrichtenraum nur Trenn*ebenen* (praktisch beliebiger Dimensionalität), nicht aber gekrümmte Trennflächen hergestellt werden können. Adaptiv heißt, daß die Lage der herstellbaren Trennebenen veränderlich ist und sich damit Funktionen erzeugen lassen, die manche Ähnlichkeit mit Lernvorgängen haben.

Bild 106 zeigt oben nochmals den (nach Vorverarbeitung n-dimensionalen) Nachrichtenraum durch die zweidimensionale Fläche mit den Koordinaten e_1 und e_2 abgebildet. Die beiden Klassen a und b sollen durch eine Trennebene F (die hier zur Geraden entartet) getrennt werden. Bild 106 zeigt unten eine Struktur, die nach Vorschlag von B. WIDROW et al. als *Adaline* (Adaptive linear network) bezeichnet wird [123]. Die Erregungen e_i werden mit geeigneten skalaren Gewichtsfaktoren w_i multipliziert und der Summierschaltung zugeführt. Zusätzlich geht in diese noch die konstante Erregung 1 mit dem Gewicht w_{n+1} ein. Diese gewichtige Summe wird einer Schwellenschaltung zugeführt, welche feststellt, ob sie größer oder kleiner als Null ist. Ist

11. Bedingte Reflexe, die Lernmatrix und andere adaptive Strukturen

die Summe größer als Null, dann ergibt sich ein Ausgangssignal $c = +1$, ist die Summe kleiner als Null, dann ergibt sich ein Ausgangssignal $c = -1$. So wird der Nachrichtenraum in zwei Teile separiert, nämlich in den einen, der durch $c = +1$ und den anderen, der durch $c = -1$ gekennzeichnet ist. Durch geeignete Einstellung der Gewichtsfaktoren w_i kann diese Trennebene beliebig verschoben werden. Diese Struktur ist auch zur Separierung in beliebig höheren Dimensionen ($n > 2$) geeignet.

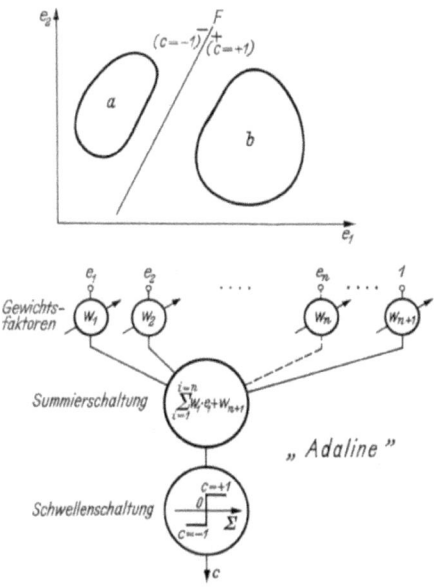

Bild 106. Zur Funktion des Adaline

Eine Zusammenschaltung mehrerer solcher *Adaline*-Strukturen wird nach B. WIDROWS Vorschlag als *Madaline* (multiple, adaptive, linear) bezeichnet [124]. Durch das *Madaline* kann der Nachrichtenraum in viele Teilbereiche zerlegt werden. Da auch im n-dimensionalen Nachrichtenraum jede beliebig gekrümmte Fläche durch eine angemessene Anzahl tangentialer Ebenen approximiert werden kann, ist es möglich, durch solche *Madalines* Klassenbereiche beliebig gegeneinander zu separieren. Damit kann die Menge der zu erkennenden Objekte im Prinzip beliebig klassifiziert werden.

Im Anschluß an den Vergleich zwischen der Lernmatrix und dem „Madaline" sei noch eine Überlegung vorgetragen, die den funktionalen Zusammenhang zwischen „Erkennen" und „Problemlösen" wahrscheinlich macht.

Der Mechanismus, der bisher im Zusammenhang mit „Erkennen" diskutiert wurde, setzte voraus, daß die Punkte im Nachrichtenraum und damit die entsprechenden Reizmosaiks bereits etikettiert sind, wenn sie der Erkennungsstruktur, also z. B. einem Perzeptor zugeführt werden.

Nunmehr sei die Frage diskutiert, wie diese Etikettierung der Reizmosaiks überhaupt entstehen kann. Daß diese Frage keinesfalls trivial ist, ergibt sich daraus, daß in typischen Fällen benachbarte Reizmosaiks (die also viel Detail-Übereinstimmung haben) zu verschiedenen Klassen gehören und andererseits weit entfernte Reizmosaiks (die also wenig Detail-Übereinstimmung haben) zu derselben Klasse gehören.

Hierbei ist nicht zu übersehen, daß die Klassifikation einer endlichen Menge von Tatbeständen auch in determinierten Systemen sehr unterschiedlich geschehen kann.

Wie kann also unter Beachtung dessen die Etikettierung der Punkte im Nachrichtenraum bzw. der Wahrnehmungsmosaiks erfolgen?

Hierauf sei versuchsweise eine Antwort gegeben, deren Richtigkeit nicht durch eine zwingende logische Kette zu beweisen ist, ja vorläufig nicht einmal mit Computern simuliert werden kann, deren Berechtigung ausschließlich durch ihren erklärenden Wert begründet ist. Ausgegangen wird von der (nach obigen Überlegungen sicheren) Tatsache, daß dieselbe Menge von Reizen verschieden klassifiziert werden kann. Diese verschiedenen Arten der Klassifikationen samt zugehörigen Codierungen seien als verschiedene „Sprachen" bezeichnet, wobei zunächst unterstellt wird, sowohl die Menge von Reizen als auch die Menge der Wörter der Sprache seien endlich. Man kann unter diesen Voraussetzungen für jede Sprache errechnen:

Einerseits den *Codierungsaufwand* der Sprache,

andererseits den *Wert* der Sprache im Sinn der oben angedeuteten Hilfe beim Problemlösen. Dieser Wert der Sprache kann im Prinzip unter Beachtung der statistischen Verteilung der Wörter der Sprache und der Situationen der Informationsempfänger beim Problemlösen berechnet werden.

Schließlich kann man den Wert der Sprache ins Verhältnis zum Codierungsaufwand setzen und so eine Kenngröße ableiten, die als „Wirkungsgrad" dieser Sprache bezeichnet werden könnte.

Diese formale Überlegung vernachlässigt offensichtlich Tatbestände, welche für lebende Sprachen typisch sind, beispielsweise die Tatsache, daß sie nicht zur Codierung einer endlichen und konstanten Menge von Reizen dienen, sondern vielmehr zur Codierung einer nicht abgeschlossenen Menge von Reizen. Deshalb können die hier gegebenen Veranschaulichungen günstigenfalls simplifizierende Modelle für die Vorgänge an lebenden Sprachen abgeben.

Durch oben gemachte Erklärungen werden verschiedenen Sprachen verschiedene Wirkungsgrade zugeordnet. Das heißt, daß die eine Sprache bei weniger Aufwand mehr Hilfe beim Problemlösen gibt als die andere Sprache. Dieser unterschiedliche Kommunikationswirkungsgrad bewirkt zweifellos einen Selektionsvorteil zugunsten derjenigen Sprache, die den höheren Wirkungsgrad besitzt. Und damit ergibt sich nun ein Mechanismus, der in seiner Wirkung bei der Kommunikation, also im sozialen Bereich die oben erwähnte Etikettierung der Wahrnehmungen begründen könnte.

Als wahrscheinlich wird angesehen die folgende Vermutung:
Die Klassifikation und Codierung der Reize erfolgt im Zusammenhang mit der Aktivität beim Problemlösen. Reizmosaiks, die bei optimalem Problemlösen immer gleichartige Reaktionen begründen, werden als zur gleichen Klasse angehörig angesehen. Unterschiedliche Klassen sind durch die Erfahrung der Zweckmäßigkeit unterschiedlicher Reaktionen begründet.

12. Kapitel

Sprechen und Hören

Der Austausch von Informationen zwischen Menschen kann auf verschiedene Weise geschehen, z. B. durch
   Sprache (Druckschwankungen der Luft)
   Schrift (sichtbare Zeichen auf Papier oder dergleichen)
   Mimik und Gesten (willkürliche Veränderungen unseres Körpers).
Von diesen verschiedenen Möglichkeiten bietet die Sprache die müheloseste Art, Informationen zu übertragen.
Bild 107 veranschaulicht den Informationsfluß beim Sprechen und Hören. Der Wunsch, einem Gesprächspartner irgend etwas mitzuteilen, entspricht (objektiv betrachtet) irgendeinem Zustand der Neuronen im Gehirn des Sprechers. Über Nerven werden die Sprechmuskeln zu geeigneten Aktionen angereizt. Als deren Folge entstehen Schallwellen, welche an das Ohr des Hörers gelangen. Dort erregen sie über die Basilarmembran die sensorischen (Hör-)Nerven, welche die den Schallvorgängen entsprechenden Nervenimpulse an das Gehirn des Hörers geben.
Erwähnenswert ist, daß ein Rückkoppelungsweg (über Luft und Knochen) die Schallwellen auch an das Ohr des Sprechers und damit an sein Gehirn führt. Dieser Rückkoppelungsweg dient der Kontrolle des eigenen Sprechens.

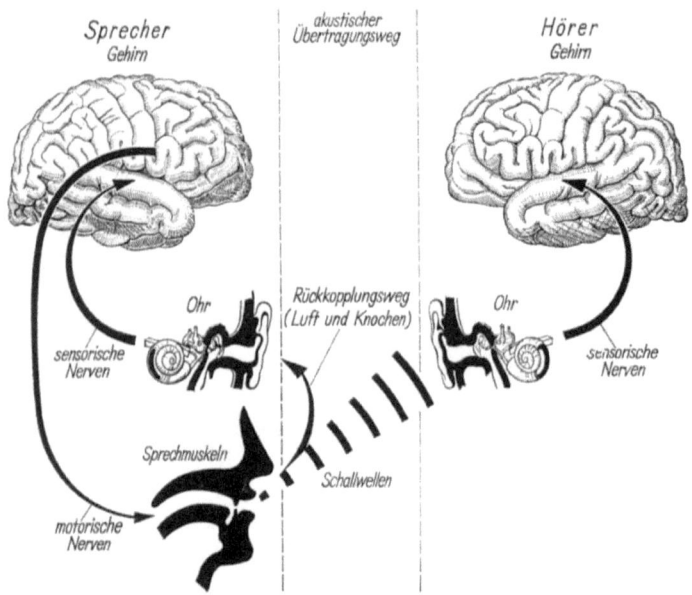

Bild 107. Informationsfluß beim Sprechen und Hören

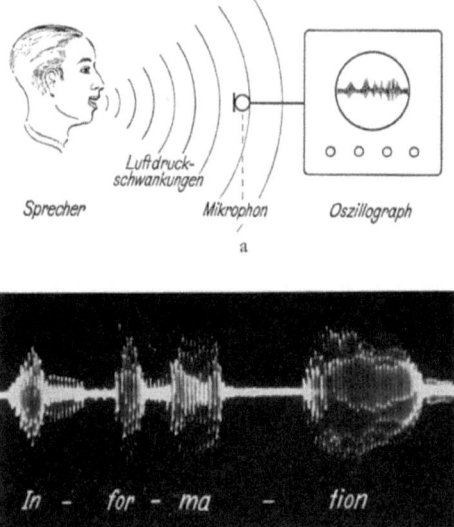

Bild 108. Zeitlicher Verlauf der Druckschwankungen beim Sprechen
a) Meßanordnung; b) Oszillogramm

12. Sprechen und Hören

Beim Sprechen werden annähernd periodische Luftdruckschwankungen mit Frequenzen zwischen etwa 100 Hz und etwa 5000 Hz erzeugt. Die Bedeutung der Sprachlaute ist durch die Frequenz der erzeugten Schwingungen und ihre Amplitudenverhältnisse gegeben. Bild 108 a zeigt schematisch, wie diese Druckschwankungen durch ein Mikrophon

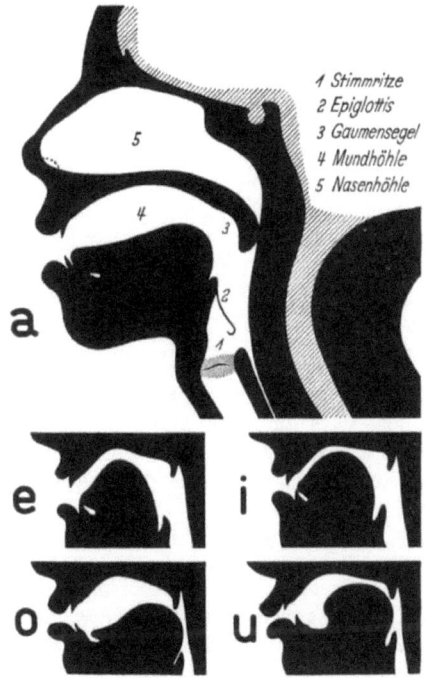

Bild 109. Menschliche Sprechorgane und ihre Stellung bei verschiedenen Vokalen

in elektrische Ströme umgewandelt und dann in einem Oszillographen sichtbar gemacht werden können. Bild 108 b zeigt ein Beispiel für den zeitlichen Verlauf der Druckschwankungen, ein Oszillogramm.
Zwei Fragen seien hier diskutiert:

Wie erzeugt der Sprecher diese in der Frequenz und in der Amplitude veränderlichen Luftdruckschwankungen?
Wie erkennt der Hörer aus dem zeitlichen Verlauf der Luftdruckschwankungen, welche Informationen sie übertragen?

Während die erste Frage beim heutigen Stand der Forschung relativ klar beantwortet werden kann, bestehen über die zweite Frage noch große Unklarheiten.

Bild 109 zeigt schematisch einen Querschnitt durch die menschlichen Sprechorgane. Die Atmungsorgane drücken durch die Luftröhre einen Luftstrom gewünschter Stärke in die Sprechorgane. Die Stimmritze ist beim Atmen weit geöffnet, um die Luft ungestört hindurchtreten zu lassen. Beim stimmhaften Sprechen (jedoch nicht beim Flüstern) ist die Stimmritze geschlossen. Der hindurchgepreßte Luftstrom regt sie an zu Vibrationen auf der „Stimmritzengrundfrequenz". Diese liegt bei männlicher Stimme etwa zwischen 100 und 200 Hz, bei Frauen und Kindern etwa zwischen 200 und 350 Hz. Die Stimmritze wird beim Schlucken durch die Epiglottis (Kehldeckel) abgeschlossen. Beim Sprechen gibt jedoch die Epiglottis den Luftweg in Mund- und Nasenhöhle frei. Je nach dem zu erzeugenden Laut nehmen Mund, Lippen, Zunge und Gaumen eine charakteristische Form an. Bild 109 soll dies an einigen Beispielen erläutern. Die gewünschte Amplituden- und Frequenzverteilung der Luftdruckschwankungen kommt nun folgendermaßen zustande: Die Vibrationen der Stimmritze erzeugen nicht nur Schwingungen mit der Stimmritzengrundfrequenz, beispielsweise 200 Hz, sondern gleichzeitig noch eine Mannigfaltigkeit von „Oberwellen", nämlich Schwingungen mit

400 Hz, 600 Hz, 800 Hz, 1000 Hz, 1200 Hz, 1400 Hz ... usw.

Je nach der Stellung der Sprechorgane werden aus diesen vielen Schwingungen einige stark durch den Mund an den Außenraum abgegeben, andere sehr schwach. Die Frequenzbereiche, welche infolge der Stellung der Sprechorgane besonders stark abgegeben werden, nennt man „Formanten".

Tafel 5 gibt eine Übersicht über die Lautzeichen für deutsche Aussprache.

Welche Formanten zu welchen Vokalen gehören, ist bekannt. Beispielsweise zeigt Bild 110 eine „Formantkarte". Aus ihr kann man für Männer-, Frauen- und Kinderstimmen amerikanischer Aussprache die Frequenzen der beiden niedersten Formanten einiger Vokale ablesen. Allerdings gibt es beträchtliche Unterschiede einerseits zwischen verschiedenen Individuen, welche „dieselben" Vokale aussprechen und andererseits zwischen den von denselben Sprechern zu verschiedenen Zeitpunkten erzeugten Vokalen.

Durch Angaben ähnlich Bild 110 sind Vokale und vokalähnliche Konsonanten objektiv beschrieben und können durch elektrische Schaltungen erzeugt werden. Hierbei ist bemerkenswert, daß die erzeugten Vokale zwar gut verständlich sind, aber doch recht unnatürlich wirken. Erst wenn man die einzelnen Oberwellen bzw. Formanten in ihrer Amplitude und Frequenz etwas schwankend macht, verliert sich der Eindruck des Unnatürlichen. Diese Feststellung scheint bemerkenswert: Konstantes, reproduzierbares Verhalten ist keine typisch organische (menschliche) Eigenschaft.

Wesentlich schwieriger als die Analyse und technische Synthese der Vokale und der vokalähnlichen Konsonanten ist die Analyse und

Tafel 5. **Der Lautbestand der deutschen Bühnenaussprache**

Lautzeichen der internat. phonetischen Schrift	Beispiel
	I. Vokale
a	hart
ə	geben
ɛ	Käse
e	Ehre
ɪ	ich
i	vielleicht
œ	Mörder
ø	Höhle
ʏ	fünf
y	kühn
ɔ	Sonne
o	Sohn
ʊ	Mutter
u	Mut
	II. Vokalähnliche
ĭ	Lilie
ŏ	Toilette
r, R	Rede
l	Last
m	Mann
n	Mann
ŋ	hängen
	III. Reibelaute
j	Japan
v	wovor
f	wovor
z	Sonne
s	Westen
ʒ	Ingenieur
ʃ	Schuh
ç	ich
x	ach
	IV. Verschlußlaute
b	Bahn
p	Paar
d	Dienst
t	Teer
g	Geschichte
k	kalt
	V. Quasilaute
h	Behauptung
|	Be_obachtung (Vokal-Neueinsatz)

technische Synthese von Konsonanten. Die Reibelaute entstehen durch Strömungsgeräusche der Luft bei bestimmten Stellungen der Sprechorgane. Die Verschlußlaute entstehen durch Öffnung des Luftstromes bei irgendeiner charakteristischen Formung der Sprechorgane.

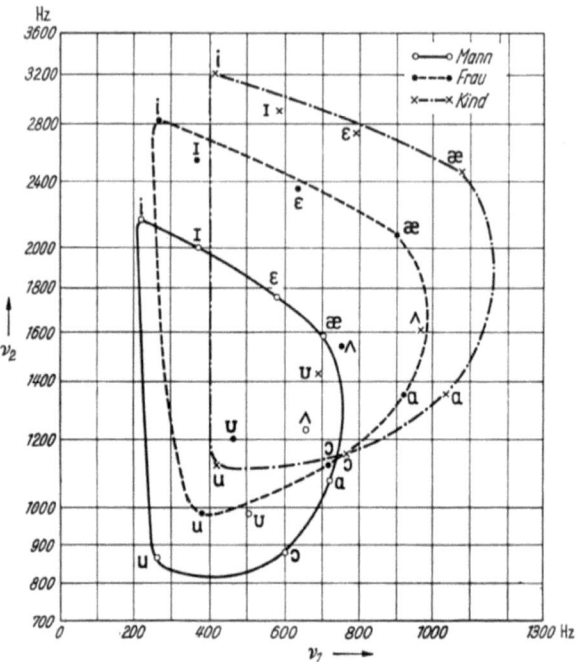

Bild 110. Formantkarte, welche die Frequenzen der beiden niedersten Formanten (v_1 und v_2) einiger Vokale amerikanischer Aussprache für Männer-, Frauen- und Kinderstimme angibt (nach G. E. PETERSON [76, 77])

Erschwerend bei solchen Untersuchungen ist die Tatsache, daß die Eigenschaften eines bestimmten Lautes davon abhängen, in welcher Umgebung er auftritt. Beispielsweise sind Vokale zwischen stimmhaften Konsonanten meist länger in der Dauer, tiefer in der Grundfrequenz und haben größere Amplitude als sonst.

Wie erkennt das menschliche Hörsystem aus dem zeitlichen Verlauf der Druckschwankungen, welche Informationen übertragen werden? Diese Frage kann beim heutigen Stand der Forschung nicht beantwortet werden, wir wissen kaum, wie die verschiedenen Tonhöhen festgestellt werden.

12. Sprechen und Hören

Bild 111 a zeigt einen Längsschnitt durch das menschliche Ohr. Die Schwankungen des Luftdrucks gelangen durch das äußere Ohr auf das Trommelfell, welches den Gehörgang abschließt. Die Gehörknöchel übertragen dessen Auslenkungen auf das ovale Fenster des Innenohrs. In Bild 111 b ist die Schnecke (die in Wirklichkeit eine Spirale von

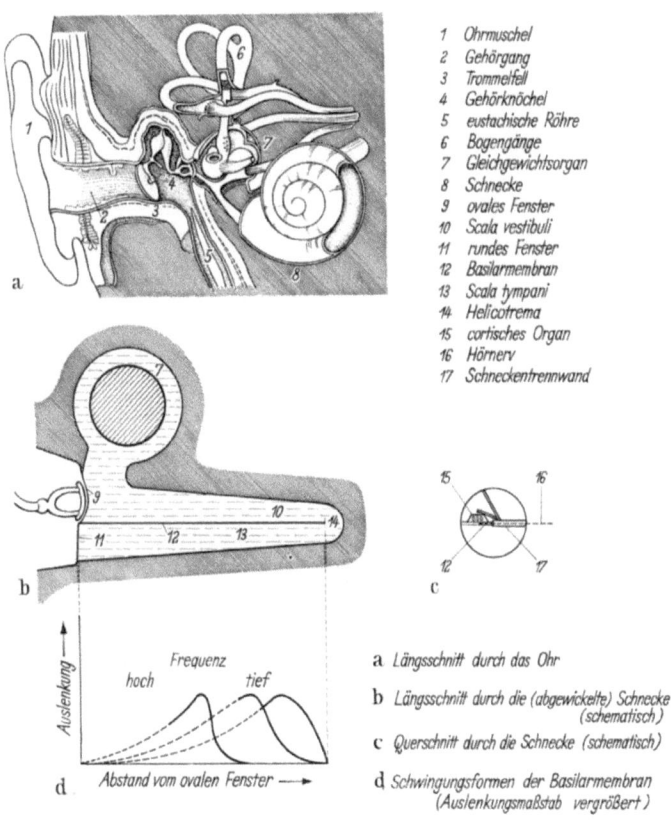

Bild 111. Zur Funktion des Ohres

etwa 2½ Windungen bildet), abgewickelt und schematisch dargestellt, Bild 111 c zeigt deren Querschnitt. Der etwa kreisförmige Querschnitt wird durch eine Trennwand in zwei Teile geteilt. Diese Trennwand besteht zum Teil aus der starren, knochigen Schneckentrennwand, zum Teil aus der leichtbeweglichen Basilarmembran, auf welcher im Cortischen Organ die Hörnerven endigen. Die Schwingungsformen der Basilarmembran ergeben sich aus Bild 111 d. Haben die erregenden Luftdruckschwankungen eine hohe Frequenz, so wird die Basilarmembran auf Grund ihrer mechanischen Eigenschaften nahe dem ovalen Fenster erregt, bei niederen Frequenzen jedoch am entfernten Ende, am Helicotrema. Der Ort der maximalen Erregung der Basilarmembran ist also ein objektives Kennzeichen für die Tonhöhe.

Vermutlich reicht dieser Mechanismus noch nicht aus, um das hochentwickelte Unterscheidungsvermögen des menschlichen Ohres für Tonhöhen zu erklären. Ein normales Ohr kann etwa 850 verschiedene Tonhöhen unterscheiden. Nach R. FELDTKELLER und E. ZWICKER [19] kann man

unterhalb 500 Hz *absolute* Frequenzunterschiede
von etwa 1,5 Hz, und

oberhalb 500 Hz *relative* Frequenzunterschiede
von etwa 3 Promille erkennen.

Es sei hier darauf hingewiesen, daß harmonisch klingende Töne ein kennzeichnendes, ganzzahliges Frequenzverhältnis haben. An Hand von Bild 24 ergibt sich beispielsweise:

$c_2 : c_1$ Oktave $523,4 : 261,7 = 2 : 1$
$g_1 : c_1$ Quint $392,6 : 261,7 = 3 : 2$
$f_1 : c_1$ Quart $348,1 : 261,7 = 4 : 3$
$e_1 : c_1$ Terz $329,7 : 26,7 = 5 : 4$
$d_1 : c_1$ Sekunde $294,1 : 261,7 = 9 : 8$

Es wäre für den Informationstechniker aus verschiedenen Gründen sehr wünschenswert, einen Weg zu finden, die Sprachlaute automatisch zu erkennen [105]. Beispielsweise könnte man dann Diktiergeräte bauen, welche die Sprachlaute mittels eines Mikrophons aufnehmen und daraus ein geschriebenes Protokoll erstellen. Oder man könnte Gehörlosen die Möglichkeit verschaffen, an Gesprächen oder Ferngesprächen teilzunehmen. Ferner könnte man Rechenautomaten oder Sprachübersetzungsautomaten bauen, welche auf Zuruf handeln. Schließlich könnte man bei Fernsprechsystemen dadurch beträchtliche Einsparungen erzielen, daß man die Sprachlaute auf der Sendeseite codiert (ähnlich wie in der Telegraphie) und sie mit viel geringerer Bandbreite überträgt.

Alle diese Möglichkeiten sind noch nicht realisierbar, weil die informationstragenden Kennzeichen der Sprache noch nicht mit Sicherheit automatisch erfaßt werden können. In den Bell-Laboratorien (USA) wurde an einem Ziffernerkennungsgerät „Audrey" (Automatic Digit Recognizer) gearbeitet. Dieses sollte die gesprochenen zehn verschiedenen Ziffern automatisch erkennen und danach Einstellfunktionen an Automaten, z. B. Vermittlungssystemen, vornehmen. Die Ergebnisse waren unbefriedigend, weil nur bei wenigen Sprechern die Sprache ohne individuelle Einstellung richtig erkannt wurde.

Ein ähnlich wirkendes Gerät wurde von der Firma IBM demonstriert. Dieses war hauptsächlich dafür entwickelt worden, gesprochene Befehle akustisch aufzunehmen und an Rechenautomaten in codierter Form weiterzugeben.

Es sei auf eine interessante technische Anordnung hingewiesen, welche vor allem für die Sprachforschung und als Hilfe für Gehörlose wichtig ist: die „Visible Speech" (Sichtbare Sprache). Deren Prinzip ist in Bild 112 dargestellt. Die Sprachlaute werden durch ein Mikrophon in

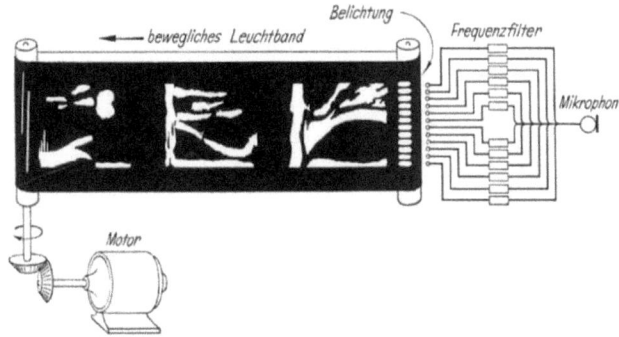

Bild 112. Prinzip der „Visible Speech"-Anzeige

elektrische Ströme entsprechender Frequenzen umgewandelt. Diese werden dann durch eine Anzahl von Frequenzfiltern ausgesiebt. Jedem Filter entspricht ein bestimmter Tonhöhenbereich. An die Filter sind kleine elektrische Lämpchen angeschlossen, die um so heller leuchten, je stärker die Schwingungen im Durchlaßbereich des vorgeschalteten Filters sind. Unter den Lämpchen hindurch bewegt sich ein Band, welches mit einem nachleuchtenden Stoff überzogen ist. Spricht man nun in das Mikrophon, so bilden sich auf dem Band helle Bereiche. Deren Lage kennzeichnet eindeutig, welche Frequenzen zu welchen Zeiten beim Sprechen erzeugt wurden. Bei einiger Übung kann man aus der Anzeige dieses Gerätes unmittelbar die gesprochene Information erkennen.

13. Kapitel

Aufnahme und Verarbeitung von Informationen durch den Menschen

Was wir an geistigen Funktionen am Menschen beobachten, ist Aufnahme, Verarbeitung, Speicherung und Abgabe von Informationen.

Man kann drei Wege unterscheiden, auf denen Informationen den Menschen erreichen.

a) Erbfaktoren, Gene, von den Eltern auf die Nachkommen übertragene Stoffe und Strukturen, welche Voraussetzung für die besondere Entwicklung sind. Ihre Gesamtheit bildet den „Idiotypus".

b) Instruktionen, welche dem Menschen von anderen Menschen gegeben werden, und

c) Informationen, welche der Mensch in direkter Kommunikation mit der Außenwelt empfängt.

Die Vererbungslehre untersucht, welche Informationen dem Kind angeboren sind. Auf die sehr lesenswerte Einführung in die Vererbungslehre von A. KÜHN sei ausdrücklich hingewiesen [55].

Da man mit Menschen schlecht experimentieren kann und die Beobachtungszeiten relativ lang sind, ist es schwer, präzise Erkenntnisse zu fixieren. Ein wesentlicher Teil der vererbten Informationen ist festgelegt in den Chromosomen. In den Körperzellen des Menschen finden sich 46 Chromosomen in zwei Sätzen zu 23, in den Geschlechtszellen 23 Chromosomen [97]. Diese Chromosomenzahlen sind gleich denen der Schimpansen und sind kleiner als diejenigen der Schafe, Kamele und Rinder. Bei einem bestimmten Elternpaar können $2^{23} = 8{,}4$ Millionen verschiedene Kombinationen der Chromosomen auftreten. Daß bei einem einzigen Elternpaar sich zweimal dieselbe Chromosomenkombination ergibt, ist deshalb außerordentlich unwahrscheinlich. In den Chromosomen befinden sich die eigentlichen Merkmalsträger, die Gene. Diese bestimmen das Erbgefüge und damit das zukünftige Verhalten der Zellen und schließlich indirekt das Verhalten des Organismus. Die Gene können durch äußere Einflüsse, wie z.B. radioaktive Strahlung, Höhenstrahlen oder chemische Substanzen verändert werden (Mutation). Die Anzahl der Gene in den menschlichen Geschlechtszellen wird auf 24 000 bis 42 000 geschätzt.

Bei der Erforschung der physikalisch-chemischen Grundlagen der Erbfaktoren wurden in den letzten Jahren imposante Fortschritte gemacht. Vor allem sind die Arbeiten der Nobelpreisträger von 1962, CRICK, WATSON und WILKINS zu erwähnen. Mikrochemische Untersuchungen und physikalische Meßverfahren haben Aufschlüsse über die Architektur der Chromosomen gebracht. Hierbei spielt die *Desoxyribonucleinsäure* (DNS) eine besondere Rolle. Die DNS ist die einzige bekannte Kernsubstanz, die unverändert aufeinanderfolgende Generationen von Geschlechtszellen verknüpft. Die DNS besteht aus Kettenmolekülen (Phosphorsäure und Desoxyribose), an welche vier Arten von Basen angeheftet sein können, nämlich Adenin, Guanin, Cytosin und Thymin. Die Anordnung dieser Basen in der DNS ist bei jeder Spezies charakteristisch und konstant. Jeweils zwei Ketten bilden ein Doppelmolekül, das eine Doppelschraube bildet. Bild 113 (aus [55]) möge den Vorgang der Verdoppelung des DNS-Doppelmoleküls veranschaulichen.

13. Aufnahme und Verarbeitung von Informationen durch den Menschen 189

Den gegenwärtigen Stand der Erkenntnisse kennzeichnet A. KÜHN [55] folgendermaßen:
„... daß bei Pflanzen und Tieren ... Desoxyribonucleinsäure-Kettenmoleküle die spezifischen Strukturen sind, die dem Mendelschen *Erbgeschehen* zugrunde liegen: Die Gene sind Nucleinsäureketten oder Teile von ihnen ...

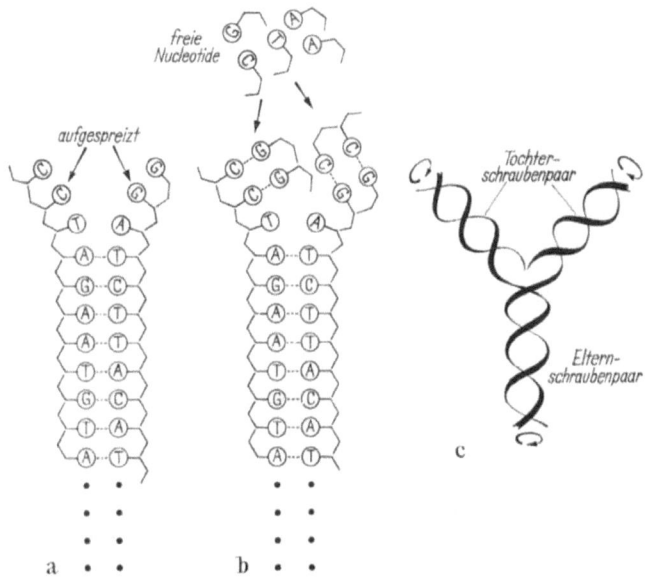

Bild 113. Schema der Verdoppelung des DNS-Doppelmoleküls; a), b) nach WEIDEL: A Adenin, C Cytosin, G Guanin, T Thymin. c) Verdoppelung der Schraube nach dem von WATSON und CRICK vorgeschlagenen Modell: Auseinanderdrehen der Doppelschraube (Pfeil) gleichzeitig mit der Verdoppelung).
(Entnommen aus A. KÜHN, Grundriß der Vererbungslehre [55])

Wir kennen jetzt die chemische Natur der Erbfaktoren, die als Informationen den Zellen zugeteilt werden, aber wie sich in einem Lineom die Gene voneinander unterscheiden und wie ein Gen zwei so verschieden erscheinende Aufgaben löst, sich selbst zu reproduzieren und seine Spezifität auf andersartige Genprodukte zu übertragen, wissen wir noch nicht."
Die Informationen, welche dem Neugeborenen vererbt werden, stammen vermutlich nicht nur aus den elterlichen Geschlechtszellen, sondern werden zum Teil auch während der vorgeburtlichen Entwicklung durch die Mutter vermittelt, u. a. durch das mütterliche Zellplasma.
Über die Frage, inwieweit die vererbten Informationen das Verhalten des Menschen bestimmen, gibt vor allem die Zwillingsforschung Aus-

kunft. Bei eineiigen Zwillingen sind die vererbten Informationen in hohem Grade identisch. Untersucht man statistisch, wie bestimmte Eigenschaften, z. B. der „Intelligenzquotient", verteilt sind, so zeigt sich, daß Zwillingspaare im Mittel sehr viel näher zusammenliegen als beliebige Menschenpaare. Bei anderen Statistiken, z. B. der Unfalltoten, zeigt sich ein viel geringerer Zusammenhang zwischen den Zwillingspartnern. Im ersten Fall (Intelligenzquotient) wird man also auf starke Einflüsse der Vererbung schließen können, im zweiten Fall (Unfalltod) auf geringe Einflüsse der Vererbung.

Für die Instruktionen, welche dem Menschen von anderen Menschen gegeben werden, besteht ein biologisch vorbereiteter weiter Kanal. Der Mensch ist eine „physiologische Frühgeburt" [97]. Vergleicht man die vorgeburtliche und die nachgeburtliche Entwicklung des Menschen mit derjenigen nahestehender Säugetiere, so zeigen sich große Unterschiede. Neugeborene Menschenaffen z. B. sind „Nestflüchter". Sie sind zwar kleiner als ausgewachsene Menschenaffen, jedoch in viel höherem Grade „fertig" als es Menschenkinder sind. Dies zeigt sich vor allem in der Beherrschung des Bewegungsapparates. Im Gegensatz hierzu ist der menschliche Säugling völlig unfähig, die Mutter zu verlassen, erst nach ein bis zwei Jahren kann er gehen und sprechen.

I. SCHWIDETZKY schreibt [97]:

„Diese ‚physiologische', d. h. normalerweise bestehende Frühgeburt ist von weitreichender Bedeutung für das Hineinwachsen in die spezifisch menschliche Welt. Das erste Lebensjahr spielt sich nicht mehr, wie bei den entsprechenden somatischen Entwicklungsphasen der Großaffen, in der dunklen, eintönigen Umwelt des Mutterleibes, sondern in der so viel reicheren und mannigfaltigeren extrauterinen Umwelt und in zunehmender Auseinandersetzung mit der sozialen Umwelt ab. Beim Lernen der arteigenen Fortbewegung auf zwei Beinen und des arteigenen Kommunikationsmittels der Sprache wirken die erblich gegebenen Entwicklungsimpulse schon zusammen mit Nachahmung, sozialer Beeinflussung und Erziehung. Für die körperliche Entwicklung ist das vorgeburtliche Stadium das weitaus wichtigste, für die seelische dagegen das erste Lebensjahr und in weiterem Sinne die frühe Kindheit bis etwa zum Ende des 3. Jahres."

Dieser physiologische Tatbestand könnte vom Standpunkt der Informationstechnik geradezu eine Notwendigkeit sein: Im Gegensatz zu „normalen" bedingten Reflexen (siehe Bild 87), die sich ohne Vermittlung einer Lehrperson bilden können, ist die Bildung von Begriffen, so wie sie am Modell der Lernmatrix (siehe Bild 89) diskutiert wurde, ohne die Hilfe einer Lehrperson, z. B. der Mutter, schwer denkbar. Die „physiologische Frühgeburt" ist vielleicht Voraussetzung des Denkens in genormten Abstraktionen.

Eine Eigenart menschlicher Kommunikation (auf die C. CHERRY hinweist [15]) ist, daß sie sich auch auf vergangene Tatbestände bezieht. Im Gegensatz hierzu bezieht sich die tierische Kommunikation

13. Aufnahme und Verarbeitung von Informationen durch den Menschen

(nach C. CHERRY) nur auf zukünftige Tatbestände. Beispielsweise der „Schwänzeltanz" der Bienen soll zum zukünftigen Besuch bestimmter Futterplätze anregen. Diese Eigenart menschlicher Kommunikation erscheint bemerkenswert im Hinblick auf die Struktur lernender Automaten (siehe z. B. Bild 79 d), bei welchen ein internes Modell sich der Außenwelt anpassen muß. Eine solche Anpassung ist nur denkbar, wenn Reaktionen der Außenwelt mit Reaktionen des internen Modells verglichen werden und aus dem rückblickenden Vergleich Konsequenzen bezüglich des internen Modells gezogen werden.

Im 2. Kapitel wurde festgestellt, daß es Voraussetzung der Informationsübertragung von Mensch zu Mensch ist, daß die zusammenlebenden Individuen über dieselben Begriffe und dieselbe Sprache verfügen. Die Bildung dieser Begriffe und der Sprache kann schlechterdings nur durch Belehrung geschehen, jeder andere Weg ist unendlich unwahrscheinlich. Ebenso wie bei der Lernmatrix muß dem lernenden Kind gleichzeitig die zu erlernende Gestalt und die zugehörige Bedeutung mitgeteilt werden. Ganz ähnlich ist die Belehrung im späteren Alter: Dem Abc-Schützen wird der Buchstabe gezeigt und gleichzeitig seine Bedeutung gesagt, dem Gymnasiasten das Wort der Fremdsprache und dessen Bedeutung in der Muttersprache usw. In der Mathematik und der Naturwissenschaft werden die Eigenschaften von Begriffen höheren Abstraktionsgrades erklärt, z. B. welche Eigenschaften haben die Begriffe „Gleichung", „Funktion", „Kreis", „Kraft", „Energie", „Elektrizität", „Magnetismus" usw. Gemeinschaftlich ist es dieser Art der Informationsübermittlung, daß eine gewisse Unterordnung des Lernenden unter den Lehrenden besteht.

Während normale Lehrtätigkeit gewissermaßen Mosaikstein an Mosaikstein setzt und erst im Empfänger daraus ein Ganzes wird, ist die Nachahmung von Vorbildern eine Kopie integrierter Verhaltensformen. Die Mosaiksteine der normalen Lehrtätigkeit können einander widersprechen. Beispielsweise lernt der Schüler in der Religionsstunde, daß er sein Vermögen an Unvermögende verteilen soll. In der Wirtschaftskunde lernt er das Entgegengesetzte, nämlich wie er ein Vermögen zusammensammeln kann, ohne Rücksicht darauf, ob dadurch andere unvermögend werden.

Bei den Informationen, welche sich der Mensch in direkter Kommunikation mit der Außenwelt aneignet, sind zwei Arten zu unterscheiden: Einerseits solche, welche von anderen Menschen in verständlicher Form hergerichtet wurden, z. B. Sprache, Schrift, Mimik, Gesten usw., und andererseits solche, welche zwar nicht für den Empfänger hergerichtet wurden, deren Bedeutung ihm aber trotzdem bekannt ist (z. B. Geräusch von Maschinen, Fahrzeugen, Tierlaute usw.). Zu dieser zweiten Kategorie gehört auch die große Mannigfaltigkeit der naturwissenschaftlichen Beobachtungen, welche sich in die Begriffsschemata der Physik, Chemie, Biologie usw. einordnen lassen. Beispielsweise ist für den primitiven Menschen die Farbe eines Sternes kein Signal, dem er eine

erklärbare Bedeutung zumißt, also keine Information; für den Physiker ist jedoch das Spektrogramm mit der Rotverschiebung der Spektrallinien eine Information, es sagt ihm nämlich, daß der beobachtete Stern sich von der Erde mit einer bestimmbaren Geschwindigkeit entfernt.
Das Verhalten von Rechenautomaten hängt von drei Komponenten ab, nämlich von

a) der Struktur (Schaltung usw.), welche durch den Bauplan bestimmt wird,
b) der eingespeicherten Programminstruktion,
c) den eingegebenen (aktuellen) Informationen.

Bezüglich der Aufnahme von Informationen könnte man demnach folgende Analogie zwischen Automat und Mensch entwerfen:

Automat		*Mensch*
Bauplan	a	Erbanlagen
Eingespeicherte Programminstruktionen	b	Gegebene Instruktionen
Aktuelle Informationen	c	Informationen aus direkter Kommunikation

Diese Analogie kann natürlich nur eine Anschauungshilfe sein, tiefe Einsichten sind ihr kaum zu entnehmen. Höchstens die Erkenntnis, daß jedes Verständnis der Informationsverarbeitung im Menschen die Erbanlagen und die gegebenen Instruktionen in Betracht ziehen muß.
Die Sinnesorgane vermitteln dem Menschen Informationen von der Außenwelt. Dieser Vorgang sei als „Perzeption" bezeichnet, unabhängig davon, ob die Informationen ins Bewußtsein treten oder nicht. Bei den Sinnesorganen kann unterschieden werden zwischen solchen, welche Reize von der Außenwelt entdecken (vor allem Gesichtssinn, Gehörsinn, Druck- und Berührungssinn, Wärme- und Kältesinn, Geruchssinn und Geschmackssinn) und solchen, welche Zustände des eigenen Körpers anzeigen, den sogenannten Propriozeptoren (z. B. der Schmerzsinn, der Muskelsinn, der Karotissinus als Druckfühler im Blutkreislauf, die Muskelranken als Dehnungsfühler, die Sehnenendorgane als Spannungsfühler der Muskulatur usw.). Für die hier interessierenden Probleme ist hauptsächlich die erste Gruppe von Bedeutung. Tafel 6 gibt eine Übersicht.
Die Sinnesorgane vermitteln uns nur ein sehr unvollständiges Bild der Außenweltsituation. Wir haben beispielsweise kein Sinnesorgan, das uns die Anwesenheit radioaktiver Strahlung, magnetischer Felder oder von Kohlenoxyd festzustellen gestattet. Aus dem ganzen Spektrum elektromagnetischer Schwingungen können wir nur den relativ schmalen Frequenzbereich wahrnehmen, der als Licht- oder Wärmestrahlung bezeichnet wird. Alle diese zunächst „unsichtbaren" physikalischen Tatbestände der Außenwelt können nur durch geeignete technische Meßorgane festgestellt werden (siehe auch Bild 122).

13. Aufnahme und Verarbeitung von Informationen durch den Menschen

Tafel 6. Übersicht über die nach außen wirksamen Sinnesorgane

Sinn	Gesichtssinn	Gehörsinn	Druck- und Berührungssinn	Wärme- und Kältesinn	Geruchssinn	Geschmackssinn
Adäquate Reize	Elektromagnetische Schwingungen, Wellenlängen 380—760 nm	Mechanische Schwingungen, 16—16 000 Hz	Verformung der Haut durch mechanische Kräfte	Temperaturabweichungen	Chemische Stoffe	Chemische Stoffe
Ort	Auge (Retina)	Ohr (Basilarmembran)	Oberhaut	Oberhaut	Nasenhöhle	Zunge, Rachen
Anzahl der Rezeptoren	10^8 10^7 Zapfen: Tagessehen, Farbensehen 10^8 Stäbchen: Dämmerungssehen $4 \cdot 10^5$ unterscheidbare Bildpunkte	$1 \cdot 10^4 \ldots 3 \cdot 10^4$ Haarzellen	$5 \cdot 10^5$	10^4 Wärmerezeptoren 10^5 Kälterezeptoren	10^7	10^7
Anzahl der Nervenbahnen zum ZNS	$1 \cdot 10^6 \ldots 2 \cdot 10^6$	$1 \cdot 10^4 \ldots 2 \cdot 10^4$	10^4		$2 \cdot 10^3$	$2 \cdot 10^3$
Informationskapazität (in bit/s)	$3 \cdot 10^6$	$2 \cdot 10^4 \ldots 5 \cdot 10^4$	$2 \cdot 10^5$	$2 \cdot 10^3$	$10 \ldots 100$	10

Die Existenz weiterer „extrasensorischer" Perzeptionsarten scheint bis auf weiteres nicht erwiesen. Deren Existenz nachzuweisen ist Angelegenheit derjenigen, welche an sie glauben.
Jedes Sinnesorgan entdeckt eine bestimmte Art von Vorgängen in der Außenwelt. Der Gesichtssinn z. B. entdeckt elektromagnetische Schwingungen mit Wellenlängen zwischen etwa 380 und 760 nm (Nanometer, 10^{-9} m) und ausreichender Intensität, der Gehörsinn mechanische Schwingungen mit Frequenzen zwischen etwa 16 und 16 000 Hz und ausreichender Intensität usw. Für jedes Sinnesorgan gibt es einen „adäquaten Reiz". Allerdings können die Sinnesorgane auch inadäquat gereizt werden. Beispielsweise können durch mechanische oder elektrische Reizung des Auges oder des Sehnerven Lichtempfindungen, durch mechanische oder elektrische Reizung des Gehörnerven Gehörempfindungen ausgelöst werden.
Das Gesetz von JOH. MÜLLER besagt [87], daß, wie immer eine Erregung verursacht sein möge, immer nur die dem Sinnesorgan spezifische Empfindung ausgelöst wird.

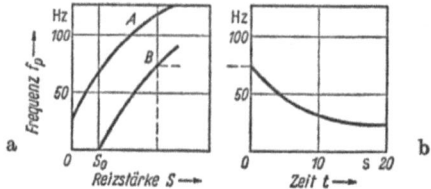

Bild 114. Abhängigkeit der Pulsfrequenz von der Reizstärke und Einwirkungsdauer

Die einzelnen Sinneszellen oder Rezeptoren reagieren auf eine bestimmte Intensität des adäquaten Reizes durch eine bestimmte Erregung, die sich in einer bestimmten Pulsfrequenz der Nervenfaser äußert (siehe Bild 6). Die sich einstellende Pulsfrequenz ist ein (kontinuierlich veränderliches) Maß für die Reizintensität. Im allgemeinen steigt die Pulsfrequenz mit dem Logarithmus der Reizstärke an. Dieser physiologisch, also objektiv feststellbare Tatbestand korrespondiert mit dem subjektiv feststellbaren Tatbestand, daß zwei ungleich starke Reize in einem bestimmten Mindest*verhältnis* zueinander stehen müssen, um als verschieden erkannt zu werden („WEBER'sches Gesetz"). Ein bestimmtes Verhältnis entspricht einer bestimmten Differenz der Logarithmen und damit einem bestimmten Unterschied der Pulsfrequenz.
Bild 114 a möge die typische Abhängigkeit der Pulsfrequenz f_p von der Reizstärke S und Bild 114 b von der Zeit t nach dem Einsetzen des Reizes veranschaulichen. In Bild 114 a zeigt die Kurve A das Verhalten des Rezeptors, der bereits ohne Reiz eine von Null verschiedene Pulsfrequenz erzeugt, die Kurve B eines solchen, der erst bei einer

13. Aufnahme und Verarbeitung von Informationen durch den Menschen

Mindestreizstärke S_0 feuert. Die mit Bild 114 b gezeigte Abnahme der Pulsfrequenz mit der Zeit der Reizeinwirkung wird als „Adaptation" bezeichnet. Die Mehrzahl der Rezeptoren zeigt eine solche Adaptation. Ausnahmen machen vor allem die Schmerzrezeptoren (z. B. Zahnschmerzen ohne zeitliche Abnahme). W. D. KEIDEL hat darauf hingewiesen, daß die Adaptation keinen Verlust, sondern einen Gewinn an Information darstellt [51, 52, 53].

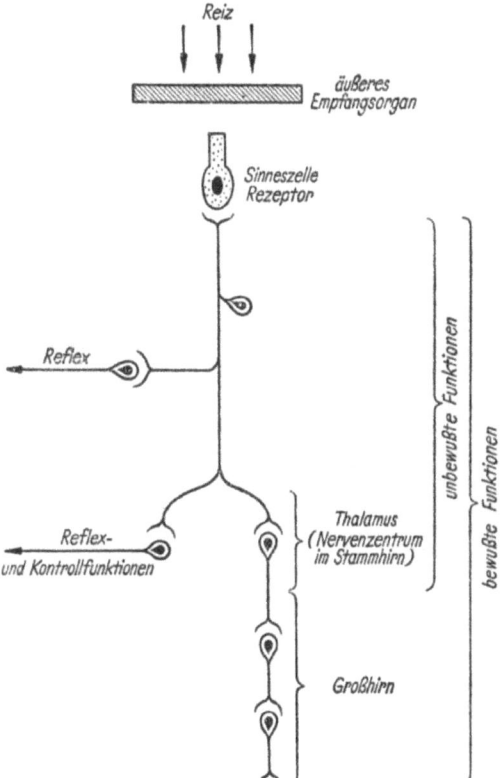

Bild 115. Allgemeiner Aufbau der Sinnesorgane und ihrer zentralnervösen Verbindungen (nach H. REIN)

Den allgemeinen Aufbau der Sinnesorgane und ihrer zentralnervösen Verbindungen zeigt Bild 115 (nach H. REIN [86]). Das „äußere Empfangsorgan" ist so eingerichtet, daß möglichst nur „adäquate" Reize (angemessene Reize, beim Auge z. B. Licht und nicht Druck) bei geeigneter Intensität an die Sinneszellen oder Rezeptoren gelangen können. Der größere Teil der Erregungen gelangt gar nicht bis in das Gebiet des Großhirns, sondern vermittelt in tieferen Abschnitten des Zentralorganes Reflexe und Kontrollmaßnahmen für motorisches und vegetatives Geschehen.

Mit verschiedenen Untersuchungen und Überlegungen wurde abgeschätzt, welche Informationsmenge je Zeiteinheit der Mensch durch die verschiedenen Sinnesorgane aufnehmen kann. Die nachstehenden Ausführungen folgen hauptsächlich K. KÜPFMÜLLER [57, 107].

Der Gesichtssinn

Der adäquate Reiz für den Gesichtssinn sind elektromagnetische Schwingungen mit Wellenlängen zwischen 0,38 und 0,76 Tausendstel Millimeter. Die Wellenlänge bestimmt die Farbempfindung. Beispielsweise entspricht

der Wellenlänge von 0,57 Tausendstel Millimeter die Empfindung „Gelb",
der Wellenlänge von 0,50 Tausendstel Millimeter die Empfindung „Grün",
der Wellenlänge von 0,48 Tausendstel Millimeter die Empfindung „Blau".

Als weißes Licht empfindet das normale Auge ein Gemisch der elektromagnetischen Schwingungen verschiedener Wellenlängen. Bild 5 zeigt schematisch den Aufbau des menschlichen Auges. In der Netzhaut oder Retina befinden sich die lichtempfindlichen Rezeptoren. Es gibt deren zwei Arten: die „Zapfen" und die „Stäbchen". Die Zapfen sind für das Sehen bei Tage und das Farbensehen maßgebend, die Stäbchen ermöglichen das Sehen bei schwacher Beleuchtung ohne Farbempfinden. („Bei Nacht sind alle Katzen grau".) Die Zahl der Zapfen wird auf 6,5 Millionen, die Zahl der Stäbchen auf 120 Millionen geschätzt. Die Sehschärfe ist nicht gleichmäßig über das Gesichtsfeld verteilt. Nur ein enger Bereich (die *fovea centralis*) hat die maximale Sehschärfe. Wenn wir einen Gegenstand genau sehen wollen, drehen wir das Auge so, daß der Gegenstand auf die *fovea centralis* projiziert wird. In diesem Bereich können wir noch zwei Linien unterscheiden, die einen Abstand von einer Winkelminute haben (das ist in 20 cm Entfernung betrachtet ein Abstand von $1/20$ Millimeter). Außerhalb der *fovea centralis* nimmt die Sehschärfe rasch ab. Man kann insgesamt etwa 400 000 Bildpunkte unterscheiden.

Dies ist etwa auch die Zahl der Bildpunkte auf dem Fernsehschirm. Da diese jedoch gleichmäßig über die Bildfläche verteilt sind, ist die Auflösung im fixierten Bildteil zu schlecht, im nicht fixierten Bildteil zu gut.

Die Anzahl der unterscheidbaren Helligkeitsstufen des Auges wird auf etwa 250 geschätzt. Diese Helligkeitsformation kann demnach durch einen Code mit 8 bit angegeben werden.

Die Anzahl der Bilder, die man zeitlich nacheinander unterscheiden (nicht erkennen!) kann, hängt stark von der Bildhelligkeit ab. Bei geringer Helligkeit verschmelzen bereits 10 Bilder je Sekunde, bei großer Helligkeit erst 60 Bilder je Sekunde. Die Fernsehtechnik verwendet 25 Vollbilder oder 50 Halbbilder je Sekunde. Bei sehr hell eingestellten Bildern empfindet man das Bildflimmern.

Aus diesen Angaben kann man abschätzen, daß im äußersten Bereich der Rezeptoren folgender Informationsfluß (Informationsgehalt je Zeiteinheit) aufgenommen wird:

(Anzahl der unterscheidbaren Bildpunkte) mal (Informationsgehalt der Helligkeit) mal (Anzahl der unterscheidbaren Bilder je Sekunde) gleich etwa
$400\,000 \cdot 8 \cdot 60 = 200$ Millionen bit je Sekunde.

Dieser maximale Informationsfluß ist jedoch nur für die alleräußerste Schicht der Rezeptoren (siehe Bild 115) maßgebend. K. KÜPFMÜLLER gibt auf Grund plausibler Einschränkungen für das Auge einen wahrscheinlichen Wert der Informationskapazität von etwa 3 Millionen bit je Sekunde an. Auf Grund der Erfahrungen mit dem Farbfernsehen kann angenommen werden, daß die Farbinformation diesen Wert nicht nennenswert verändert.

Der Gehörsinn

Bild 111 zeigt schematisch den Aufbau und die Funktionsweise des Innenohrs. Die Rezeptoren für das Hören, die sogenannten „Haarzellen", deren Zahl auf 12 000 bis 24 000 geschätzt wird, befinden sich auf der Basilarmembran. Töne verschiedener Frequenz (d. h. verschiedener Tonhöhe) erregen die Basilarmembran an verschiedenen Stellen. Hohe Töne nahe dem ovalen Fenster (am Steigbügel), tiefe Töne ferne dem ovalen Fenster, nahe dem Helicotrema. Die Auslenkungen der Basilarmembran können die Haarzellen zur Aussendung von Nervenimpulsen veranlassen (siehe Bild 6). Mehrere Rezeptoren (Haarzellen) erregen gemeinschaftlich eine Nervenfaser. Von einem Ohr führen etwa 10 000 Nervenfasern zum Zentralorgan. Bei zusammengesetzten Tongemischen ergibt sich eine komplizierte Schwingungsform der Basilarmembran. Diese wird durch größere oder kleinere Frequenz der Nervenaktionsströme dem Zentralorgan mitgeteilt. Zur Abschätzung des maximalen Informationsflusses des menschlichen Gehörs wurde untersucht, welche Tonhöhen unterschieden werden können. Nach R. FELDTKELLER und E. ZWICKER [19] kann man unterhalb 500 Hz absolute Frequenzunterschiede von etwa 1,5 Hz und oberhalb 500 Hz relative Frequenzunterschiede von etwa 3 Promille erkennen. Demnach kann ein normales Ohr etwa 850 Tonhöhen unterscheiden. Die Unterschiedsschwelle für die Lautstärke hängt stark von der Tonhöhe und von der Geschwindigkeit der Lautstärkeänderung ab. Bei Frequenzen um 1 kHz kann man etwa 80 Lautstärkestufen unterscheiden. Aus der Zahl der unterscheidbaren Lautstärkestufen und der unterscheidbaren Tonhöhenstufen haben verschiedene Autoren einen maximalen Informationsfluß des menschlichen Ohres von etwa 20 000 bis 50 000 bit je Sekunde errechnet.

Das Gehör hat also eine wesentlich geringere Kapazität Informationen aufzunehmen als der Gesichtssinn. Noch geringere Kapazitäten haben die anderen Sinnesorgane. Auf diese sei deshalb mit Tafel 6 kurz verwiesen.

Laterale Inhibition

Bei der Zusammenschaltung räumlich nebeneinanderliegender Rezeptoren (z. B. der Haarzellen der Basilarmembran, oder der Lichtrezeptoren der Retina, siehe Bild 5) scheint ein wichtiges Schaltungsprinzip

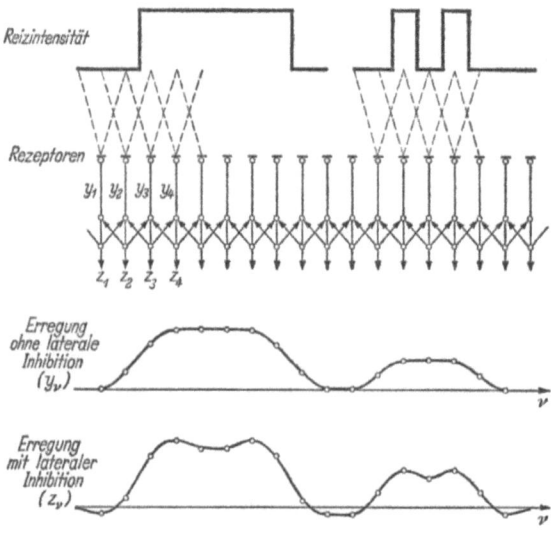

Bild 116. Laterale Inhibition (Rückwärtsinhibition)

die sogenannte „Laterale Inhibition" (seitliche Hemmung) zu sein. Dieses wurde einerseits von H. K. HARTLINE et al. [43] und andererseits von W. REICHARDT und Mitarbeitern [83, 84, 85, 117] am Facettenauge niederer Tiere (Limulus) untersucht. Bild 116 möge die wesentlichen Zusammenhänge darstellen.

Auf eine lineare Anordnung von Rezeptoren treffen verschieden starke Reize (z. B. Licht). Die einzelnen Rezeptoren mögen einen so großen

„Einzugsbereich" haben (wie er z. T. durch die gestrichelten Linien angedeutet ist), daß sich diese gegenseitig überlappen. Die Folge ist, daß sich in den Erregungen der Rezeptoren (y_ν, gegeben durch Frequenzen der Nervenimpulse, siehe Bild 6) das Muster der Reizintensitäten nur sehr verschleift abbildet. Die laterale Inhibition besteht nun darin, daß jede der den Rezeptoren nachgeschalteten Nervenzellen die Erregung ihrer Nachbarzellen verringert („inhibiert"). Die danach sich einstellenden Erregungen (z_ν) bilden das ursprüngliche Muster der Reizintensitäten differenzierter ab als die Erregungen ohne laterale Inhibitionen (y_ν). Beispielsweise werden Übergänge verstärkt dargestellt. Nebeneinanderliegende Reize, die ohne laterale Inhibition nicht mehr als getrennt signalisiert werden, sondern verfließen, werden mit dieser wieder aufgelöst.

Dieses Prinzip könnte manche sinnesphysiologische und sinnespsychologische Erfahrungen erklären. Beispielsweise die hohe Frequenzauflösung des Ohrs trotz der geringen Auflösung der Basilarmembran. Oder die Tatsache, daß an einer sichtbaren Hell-Dunkel-Grenze der Rand des Dunklen dunkler, der Rand des Hellen heller als abseits des Randes erscheint. Zweifellos stellt die laterale Inhibition eine wesentliche Vorbereitung der Zeichenerkennung dar, indem sie die Konturen schärft.

Nimmt man — rein spekulativ — an, daß ähnliche Schaltungsprinzipien wie die laterale Inhibition nicht nur in den Bereichen der Rezeptoren vorkommen, sondern auch in höheren Zentren, so könnte man damit eventuell die Normierungstendenz des Menschen verständlich machen. Hierfür könnte man so argumentieren:
Verschiedene Tatbestände der Außenwelt, deren Kennzeichen zwar kontinuierlich ineinander übergehen, jedoch gewisse unscharfe Gruppierungsanordnungen aufweisen, werden infolge lateraler Inhibition in höheren Zentren verschärft gegeneinander abgegrenzt.

Es sei hier noch darauf hingewiesen, daß die bei Lernmatrizen verwendete Extremwertbestimmung schaltungsmäßig als laterale Inhibitionsschaltung (mit besonders starker hemmender Rückführung zu den Nachbarzellen) verstanden und realisiert werden kann.

Das Reafferenzprinzip

Über die neuronalen Vorgänge, die von den äußeren Reizen ausgelöst werden und schließlich zu den Wahrnehmungen führen, ist bisher sehr wenig bekannt. Ein spezielles Prinzip zur Erklärung bestimmter Leistungen unserer Gesichtswahrnehmung ist das „Reafferenzprinzip" nach P. N. ANOCHIN (Publikationen in russischer Sprache seit 1933) und nach v. HOLST und MITTELSTAEDT [47, 48]. Dieses Reafferenzprinzip sei mit Bild 117 veranschaulicht.

Auf der Netzhaut des Auges (A) entsteht ein bewegtes Bild eines Objektes, wenn entweder das Objekt sich bewegt und das Auge stillsteht, oder aber das Objekt stillsteht und das Auge sich bewegt. Trotz dieser Gleichheit der Netzhautreizung wird im ersten Fall „bewegtes Objekt" und im zweiten Fall „ruhendes Objekt" bewußt wahrgenommen. Diese Leistung unseres Wahrnehmungsapparates kann so erklärt werden, daß mit den die Augenbewegung verursachenden Impulsen eine „Mitteilung" (Efferenzkopie") an den Wahrnehmungsapparat gegeben wird, welche die Lokalisierung der vom Auge ausgehenden optischen Signale gewissermaßen korrigiert.

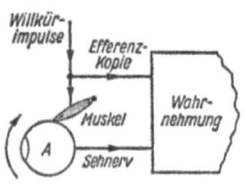

Bild 117. Zur Erklärung des „Reafferenzprinzips"

Die bisherigen Überlegungen erfaßten die Peripherie des Menschen, den Bereich, in dem die von der Außenwelt kommenden Reize zusammengefaßt werden. In diesem sensorischen Bereich wird der maximale Informationsfluß von einigen Millionen bit je Sekunde stark eingeengt. Wie dies im einzelnen geschieht, ist noch sehr unklar.
Eine spekulative Vorstellung vermittelt Bild 78. Weitere Möglichkeiten bieten geschichtete Lernmatrizen (Bild 93). Dies soll durch folgendes Beispiel veranschaulicht werden:

α) Lichtrezeptoren erkennen die Schwärzungen des Papiers. Nimmt man beispielsweise 200 Bildpunkte je Buchstabe an (siehe Bild 73 und 74), so hat man für ein Wort von 6 Buchstaben einen Informationsgehalt von

$$6 \cdot 200 = 1200 \text{ bit.}$$

β) Eine erste Lernmatrix erkennt die Bedeutung der Buchstaben. 6 Buchstaben haben nach Bild 14 einen Informationsgehalt von

$$6 \cdot 4,1 = 24,6 \text{ bit.}$$

γ) Eine zweite Lernmatrix erkennt die Bedeutung der Worte. Hier ergibt sich für 6 Buchstaben zu je 1 bit (siehe 3. Kapitel) ein Informationsgehalt von etwa

$$6 \cdot 1 = 6 \text{ bit.}$$

Diese Einengung des Informationsgehaltes geschieht zweifellos unbewußt. Nach starker Einengung tritt die Information jedoch plötzlich ins „Bewußtsein". Das Bewußtsein erinnert in mancher Hinsicht an den „Akkumulator" eines Rechenautomaten (siehe 8. Kapitel). Bei Rechenautomaten ist es üblich, diejenige Information, welche momentan bearbeitet wird, in einen speziellen Speicher, den „Akkumulator", zu versetzen. Dieser hat besonders gute Verbindungskanäle zu allen anderen Funktionsteilen des Automaten und erlaubt es, den Ablauf der Operationen eindeutig zu überwachen.
Es wurde schon untersucht, welchen Informationsfluß der Mensch maximal aufnehmen oder abgeben kann. K. KÜPFMÜLLER [57, 107]

ermittelte beispielsweise folgende Werte:

Lesen	18 bis 45 bit je Sekunde
Maschinenschreiben	16 bit je Sekunde
Klavierspielen	23 bit je Sekunde
Rechnen	12 bit je Sekunde
Abzählen	12 bit je Sekunde.

Oben wurde mit „Perzeption" die Aufnahme von Informationen durch die Sinnesorgane bezeichnet. Als „Apperzeption" wird die Aufnahme von Informationen durch das Bewußtsein bezeichnet. In einer Reihe von Untersuchungen ist festgestellt worden, welche Informationsmengen je Zeiteinheit apperzipiert werden können. H. FRANK [27] vermutet, daß etwa 16 bit je Sekunde apperzipiert werden können. Hierfür könnte man u. a. einige spekulative Gesichtspunkte anführen, die von der Existenz eines „Subjektiven Zeitquants" ausgehen:
Auf verschiedenen Beobachtungsgebieten ist man darauf gestoßen, daß Bewußtseinsinhalte zusammenfließen, wenn ihr gegenseitiger zeitlicher Abstand eine gewisse Mindestzeit unterschreitet. Dieses Zeitquant liegt (für den gesunden Menschen) bei etwa $1/16$ Sekunden gleich etwa 65 Millisekunden [92]. Dies ist etwa der Zeitabstand, in dem zwei sichtbare Bilder ineinander verfließen, oder der Zeitabstand, in dem aufeinanderfolgende Druckwellen nicht mehr einzeln, sondern als Ton empfunden werden. Dieses Zeitquant reicht aber andererseits aus, eine nervöse Erregung bis an die Peripherie des Körpers und wieder zurück zu leiten (ein Weg von $2+2=4$ Metern wird bei einer mittleren Geschwindigkeit der Nervenleitung von 64 Metern je Sekunde in $1/16$ Sekunde zurückgelegt). Es scheint die Vermutung naheliegend, daß das Bewußtsein erst dann wieder eine neu verknüpfte Information nach außen abgibt, wenn die Rückmeldungen über die Folgen der vorhergehenden Information eingetroffen sind.
Auf eine spezielle Forschungsmethode — die zwar nicht bei Menschen, wohl aber bei Tieren angewandt wurde — sei hingewiesen: Nämlich auf die elektrische Reizung bestimmter Bereiche des Nervensystems und Beobachtung der hierdurch ausgelösten Verhaltensweise. Diese Untersuchungstechnik geht auf den Züricher Physiologen W. R. HESS zurück, der für seine Arbeiten im Jahre 1949 den Nobelpreis für Medizin erhielt. Sein Studienobjekt waren Katzen, denen er feine Elektroden in bestimmte Hirnpartien (Stammhirn) senkte und dadurch bestimmte Nervenbahnen reizte. Durch den Reiz bestimmter Nervenbahnen werden bestimmte Verhaltensformen ausgelöst. Seither wurden diese und ähnliche Untersuchungen an vielen verschiedenen Tieren angestellt. Auch wurde nicht nur der Zusammenhang zwischen Nervenreizung und Verhaltensform studiert, sondern auch der andere Zusammenhang zwischen äußerem Reiz, z. B. Lichtreiz, Schallreiz usw. und den hierauf folgenden Nervenerregungen. Hierbei wird durch die Elektroden nicht ein elektrischer Strom in das Gehirn geleitet, sondern

umgekehrt ein Nervenaktionsstrom abgeleitet und empfindlichen elektrischen Meßinstrumenten zugeführt.
Mit Bild 118 (nach E. v. HOLST) soll ein typisches Ergebnis solcher Untersuchungen angedeutet werden: Nämlich die Aktivierung einer Handlungsfolge bei Hühnern durch elektrische Reize.

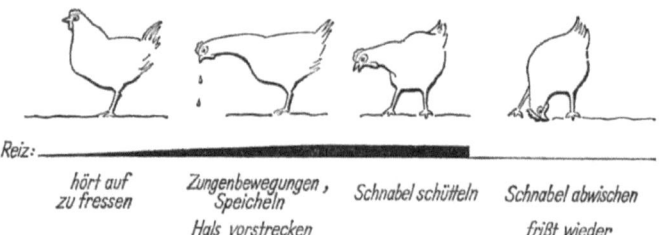

Bild 118. Aktivierung einer Handlungsfolge von einem Reizfeld (nach E. v. HOLST). Das Tun bezweckt insgesamt die Entfernung von etwas Widerlichem aus dem Schnabel. Der anschwellende horizontale Strich deutet Reizstärke und -dauer an; das abschließende Schnabelwischen erscheint einige Sekunden nach dem Reizende

Untersuchungen dieser Art erlauben es im Prinzip, das Wirkungsgefüge oder präziser das Schaltbild des Nervennetzes eines Lebewesens zu ermitteln. Die Bedeutung, die diesen Methoden zugemessen wird, ist begründet durch die Überzeugung, daß mit diesen naturwissenschaftlichen Forschungsmethoden im Laufe der Zeit eine detaillierte Kenntnis des Nervennetzes entsteht und damit die den geistigen Vorgängen zugrunde liegenden physikalischen Prozesse analysiert werden können. Die zur Erreichung dieses Zieles erforderlichen Anstrengungen sind sehr groß: Es müssen Elektroden, dünner als ein Tausendstel Millimeter, an genau bestimmte Stellen des Gehirns eingebracht werden, obwohl das Gehirn makroskopisch betrachtet eine weiche, bewegliche Substanz ist, es müssen die Folgen der Elektrodeneinführung von den normalen Reaktionen des Versuchstieres unterschieden werden usw.

Über die Speicherkapazität des menschlichen Gedächtnisses sind sehr unterschiedliche Angaben zu finden, siehe Tafel 4 und [91]. Hierzu ist zu bemerken, daß die im menschlichen Nervennetz gespeicherte Information wohl hauptsächlich in Form von Schaltungsänderungen fixiert ist, so wie es auch bei der Lernmatrix zutrifft (siehe Bild 89). Die in der Literatur gelegentlich diskutierte Idee [122], daß sich im Nervennetz „Umlaufspeicher" (siehe Bild 39) aus Neuronenketten bildeten, scheint wenig wahrscheinlich. (Damit ist jedoch die Existenz von Kreisstrukturen keinesfalls ausgeschlossen.)

H. FRANK [27] unterscheidet einen „Kurzspeicher" und ein „vorbewußtes Gedächtnis". Der Kurzspeicher nimmt — in wesentlich reversibler Speichertechnik — die momentan in Bearbeitung befindlichen

13. Aufnahme und Verarbeitung von Informationen durch den Menschen

Informationen auf, ähnlich wie der Akkumulator elektronischer Rechenautomaten (siehe 8. Kapitel). Unter Berücksichtigung einer „Gegenwartsdauer" von etwa 10 Sekunden und einer maximalen Zuflußgeschwindigkeit von etwa 16 bit je Sekunde errechnet H. FRANK eine Kapazität des Kurzspeichers von höchstens etwa 160 bit. Die Gegenwartsdauer kann beispielsweise so ermittelt werden, daß nach Beendigung äußerer Ereignisse diese vergegenwärtigt werden sollen, beispielsweise die Zahl der Glockenschläge.

Der Kurzspeicher soll solche Informationen aufnehmen, die nur kurzfristige Bedeutung haben, z. B. Zwischenergebnisse beim Kopfrechnen oder Zwischenüberlegungen beim Satzaufbau usw. Das „vorbewußte Gedächtnis" soll die langfristig wichtigen Informationen aufnehmen, z. B. solche, welche erlernten Fähigkeiten entsprechen, z. B. Sprechen, Lesen, Handfertigkeiten usw.

Den Lernenden Automaten muß ein Auftrag erteilt werden (siehe Bild 79). Dieser bestimmt das zukünftige Verhalten des Automaten. Wer erteilt dem „Lehrsystem Mensch" den Auftrag? Man könnte vermuten, daß hier eine Lücke für die Rationalisierbarkeit der geistigen Funktionen sei, daß hier also irgendwelche überphysikalische Ursachen wirksam sein müßten. Dies scheint mir jedoch nicht wahrscheinlich.

Die geistigen Funktionen des Menschen sind beschreibbar als Aufnahme, Speicherung, Verarbeitung und Abgabe von Informationen. Diese Informationen stammen aus verschiedenen Quellen. Eine spezielle Klasse von Informationen spielt eine ganz besondere Rolle, nämlich die „Motive", die Triebkräfte des menschlichen Handelns. Sie sind gewissermaßen die übergeordneten Dauerbefehle, welche das menschliche Verhalten bestimmen. Man kann diese Motive vergleichen mit dem Auftrag, der das Verhalten der Lernenden Automaten regelt.

Tafel 7. Zeittafel

Alter der Erde	4 000 000 000 Jahre
Erste Spuren organischen Lebens	−1 000 000 000 Jahre
Menschenaffen	−30 000 000 Jahre
Beginn der Eiszeit	−700 000 Jahre
Homo sapiens (Steinheim- und Swanscombemensch)	−250 000 Jahre
Ende der Steinzeit	3 000 v. Chr.

In der Tafel 7 sind Angaben über den zeitlichen Ablauf zur Menschheitsentwicklung gemacht. Was sich hierbei in diesen unvorstellbar langen Zeiträumen abgespielt hat, ist Gegenstand der biologischen Forschung. Beteiligt waren vor allem Mutation (zufällige Veränderungen der Erbfaktoren) und Selektion, also physikalisch erklärbare Vorgänge. Hierbei stand der riesige Versuchsraum der Erdoberfläche zur Verfügung, ungeheure Materialmengen, unvorstellbar lange Zeiten und günstige physikalische Bedingungen (z. B. Temperatur, Strahlung). Die Selektion bewirkte, daß von den zufällig gebildeten Organismen nur diejenigen überlebten, die fähig waren, den Gewalten der Umwelt

und den Angriffen der Feinde erfolgreich zu widerstehen. Wie viele Arten mögen untergegangen sein, ohne daß wir von ihnen wissen? (Man schätzt 10mal so viele als heute leben, also zwischen 10^7 und 10^8).
Auf die Selektion hat vor allem der englische Biologie CHARLES DARWIN im Jahre 1859 hingewiesen. Jedoch wurde schon von EMPEDOKLES (490 bis 430 v. Christus) argumentiert, das Zweckmäßige sei deshalb im Übergewicht vorhanden, weil es in seinem Wesen liege, sich zu erhalten, das Unzweckmäßige aber sei längst untergegangen. Wer nachträglich nur die überlebenden Formen beobachtet, kann leicht dem Irrtum verfallen, irgendeine zielgerichtete äußere Ursache habe die Veränderung bewirkt („Teleologie").
Diese Überlegungen kann man auch auf die Motive anwenden, welche als übergeordnete Dauerbefehle das Verhalten des Menschen bestimmen. Etwas leichtfertig könnte man dann vermuten, das Hauptmotiv jedes Organismus müßte „Überleben" sein. Dies trifft wohl nicht zu. Man muß nämlich bedenken, daß es offensichtlich nicht in den prinzipiellen Möglichkeiten der Physiologie liegt, mehrzellige Organismen mit unbegrenzter Lebensdauer zu erzeugen, sondern daß alle höheren Organismen sich fortpflanzen und sterben. Berücksichtigt man diese Tatsache, so kann das Hauptmotiv nicht „Überleben" schlechthin sein, sondern muß sein „Überleben der Art". Diese beiden Motive können unter Umständen zu widersprechenden Konsequenzen für das Verhalten führen. Organismen, die ihr eigenes Überleben nicht dem Überleben der Art unterordnen, sind im Auslesekampf zum Aussterben verurteilt. Tatsächlich findet man bei Tieren ebenso wie bei Menschen viele Beweise dafür, daß es natürliche „Tradition" ist, das Überleben der Art höher zu stellen als das eigene Überleben. Die Ansicht, daß „Überleben der Art" das Hauptmotiv sein muß, darf nicht als Ausfluß teleologischen Denkens verstanden werden, sondern als m. E. einzig möglicher funktionaler Tatbestand, welcher die beobachtbare Kontinuität biologischer Existenz durch Generationen hindurch erklären kann.
Von diesem zentralen Grundmotiv „Erhaltung der Art" leiten sich untergeordnete (unter-geordnete!) Hilfsmotive ab, z. B. Selbsterhaltung, Fortpflanzungstrieb usw. Die Psychologie beschäftigt sich mit diesen Triebkräften des menschlichen Handelns (Motivationsforschung).
Im Zusammenhang mit unseren Untersuchungen ist ein spezieller Trieb besonders bedeutsam, nämlich der „Lerntrieb". Der normale Mensch hat ein fortwährendes Verlangen zu lernen. F. SCHILLER spricht vom „Spieltrieb": „... der Mensch spielt nur, wo er in voller Bedeutung des Wortes Mensch ist, und er ist nur da ganz Mensch, wo er spielt."
Der Spieltrieb scheint nur die eine Seite des Lerntriebs zu sein, seine andere Seite ist die Neugierde. Die Neugierde, die sich einerseits in vielen einfachen Formen wie Gaffen, Theater- und Kinogehen, Fernsehen usw., manifestiert und anderseits in höheren Formen wie Ent-

13. Aufnahme und Verarbeitung von Informationen durch den Menschen

deckungsreisen oder wissenschaftlicher Forschung. Neugierde ist der Trieb zur Aufnahme von Informationen ohne unmittelbaren Zwang.
Warum hat der Mensch das Motiv „Lernen"? Vergleicht man den Menschen mit anderen Lebewesen, so fällt auf, daß seine mechanischen Fähigkeiten hinter denen der anderen vielfach zurückbleiben. Er hat weder schreckliche Waffen wie Löwe, Tiger oder Bär, noch die Schnelligkeit der Antilope, noch die Panzer wie die Schildkröte, noch die Fruchtbarkeit der Kaninchen, er kann nicht fliegen und nur schlecht schwimmen und klettern. Es ist deshalb überraschend, daß er trotzdem überlebt, sich sogar vermehrt und seinen Lebensraum ständig vergrößert.
Das Überleben der menschlichen Art gründet sich also offensichtlich auf andere Fähigkeiten als diejenigen der Mechanik. *Die Überlegenheit des Menschen beruht auf seiner Fähigkeit, zukünftige Außenweltsituationen vorauszusehen und zum eigenen Vorteil zu beeinflussen;* Probleme zu „lösen", bevor sie ihn überwältigen. Gegen den fallenden Stein ist die Schildkröte durch den Panzer geschützt, der empfindlichere Mensch tritt zur Seite und wird nicht getroffen. Aus dem Netz oder der Falle befreit sich der Löwe durch wilde Kraft, der vorsichtige Mensch gerät überhaupt nicht hinein. Die Überlegenheit des Menschen liegt in seiner Vor-Sicht.
Es sei hier an einige Formulierungen des 10. Kapitels erinnert: Jede sinnvolle Definition des „Denkens" muß die „Modellstruktur" berücksichtigen. Modellstruktur hat ein System dann, wenn vor einer nach außen wirksamen Maßnahme in einem internen Modell der Außenwelt die voraussichtlichen Reaktionen der Außenwelt auf verschiedene mögliche Maßnahmen geprüft werden und nur diejenige nach außen wirksam gemacht wird, welche die erwünschte Reaktion der Außenwelt ergibt. Als Definition für das „Lernen" wurde im 10. Kapitel dann gegeben: Lernen eines Systems besteht darin, daß es entsprechend früheren Erfolgen oder Mißerfolgen (Erfahrung!) das interne Modell der Außenwelt verbessert.
Man könnte demnach zusammenfassen: Die Überlegenheit der menschlichen Art und ihre Chancen zum Überleben bestehen in der Fähigkeit, Außenweltsituationen vorauszusehen, also in der Vor-Sicht. Diese Fähigkeit erwirbt man sich durch Lernen. Das Motiv „Lernen" ist also eine Voraussetzung für die Erhaltung der menschlichen Art. Es gibt demnach ein Lernen um des Lernens willen, ohne bewußten Antrieb.
Aus dem übergeordneten Motiv „Überleben der Art" leitet sich eine Hierarchie untergeordneter Motive ab. Diese Motive veranlassen den Menschen in einer gegebenen Situation zu einem bestimmten Verhalten. In manchen Situationen ist das Verhalten durch die Motive eindeutig bestimmt.
In anderen Situationen ist das Verhalten aber nicht eindeutig bestimmt. In diesen Situationen führen die verschiedenen Motive zu verschiede-

nem Verhalten. Diese Konfliktsituationen sind Gegenstand zahlloser Dramen. Der Dichter beschreibt dem Publikum eine Situation, in der das Verhalten des (oder der) Helden sich entweder nach Motiv A oder nach Motiv B ausrichten könnte. Beide Motive sind unanfechtbar, edel und moralisch, und für beide Motive sprechen gleichschwere Argumente. Die beiden Motive führen jedoch zu widersprechenden Verhaltensweisen, ein Kompromiß ist unmöglich. Beispiele hierfür sind z. B. der Konflikt zwischen der Liebe und dem Gehorsam gegen die Eltern (Romeo und Julia), oder der Konflikt zwischen der loyalen Einordnung in den Staat und der Liebe zum Vater (Hamlet).
G. W. F. Hegel formulierte: „Tragik ist der Konflikt nicht von Recht gegen Unrecht, sondern von Recht gegen Recht".
Diese Konfliktsituationen sind am Verhaltensmodell der Lernmatrix (11. Kapitel) leicht verständlich: Die Situation der Außenwelt kann durch einen Satz der Eigenschaften $\{e\}$ beschrieben werden. Wo wir von Konfliktsituationen sprechen, sind diese natürlich nicht elementare Ereignisse, sondern Tatbestände höheren Abstraktionsgrades. Solche können ja mit Hilfe geschichteter Lernmatrizen (Bild 93) gebildet werden. Auf jeden Fall können in übergeordneten Lernmatrizen zu bestimmten Außenweltsituationen $\{e\}$ bestimmte Bedeutungen b und damit verbunden bestimmte Verhaltensformen gespeichert sein. Die ungeheuer große Anzahl verschiedener möglicher Außenweltsituationen macht es unmöglich, daß für jede Situation ein eindeutiges Verhalten gespeichert wird, hierzu reicht auch die erstaunliche Kapazität des menschlichen Gehirnes nicht aus. Nur für wichtige, typische Situationen sind die Verhaltensformen gespeichert. In allen anderen Situationen tritt das ein, was in Bild 92 erklärt wurde. Auf Situationen, die *ungefähr* einer erlernten Situationen entsprechen, folgt ein einigermaßen eindeutiges Verhalten. Situationen, welche zu verschiedenen erlernten Situationen etwa gleichgroße Ähnlichkeit haben, führen zu Konflikten. Der Fortschritt der menschlichen Kultur besteht unter anderem darin, daß für solche Konfliktsituationen das optimale Verhalten erlernt wird.

14. Kapitel

Bewußtsein und Kybernetik

In diesem Buch werden die Thesen vertreten: „Was wir an geistigen Funktionen beobachten, ist Aufnahme, Verarbeitung, Speicherung und Abgabe von Informationen. ... Auf keinen Fall scheint es erwiesen oder auch nur wahrscheinlich zu sein, daß zur Erklärung geistiger Funktionen irgendwelche Voraussetzungen gemacht werden müssen, welche über die Physik hinausgehen" (siehe 1. Kapitel).

Diese Thesen sind erwartungsgemäß auf Kritik gestoßen. Eliminiert man aus dieser Kritik alles das, was auf Mißverständnis beruht, so bleibt als ihr wesentlicher Kern die Frage: Kann das Bewußtsein in das Denksystem der Kybernetik eingefügt werden?
Zu dieser Frage sollen zunächst einige allgemeine Gesichtspunkte zusammengefaßt werden. Anschließend soll versucht werden zu zeigen, daß die introspektiv gewonnenen Erfahrungen über das Bewußtsein sich aus dem Schema zum Informationsfluß im Menschen zwangsläufig ergeben.

Das Bewußtsein in kybernetischer Sicht

Der Kybernetiker ist bestrebt, das Phänomen Bewußtsein auf irgendwelche objektiven (z. B. physiologischen) Tatbestände zurückzuführen. Es sei daran erinnert, daß durch physikalische Einflüsse auf den Organismus das Bewußtsein recht willkürlich ein- und ausschaltbar ist, und daß durch einige Drogen, durch Alkohol oder durch Rauschgifte bestimmte Bewußtseinssituationen reproduzierbar herbeigeführt werden können. Schließlich sei an die vielerortens durchgeführten Versuche erinnert, Versuchstiere durch in das Hirn eingeführte Elektroden zu Verhaltensformen zu reizen, welche mit großer Wahrscheinlichkeit bestimmten Bewußtseinsinhalten entsprechen (siehe 13. Kapitel).
Nach all diesen Befunden liegt die Vermutung nahe (siehe 1. Kapitel!):

Jedes subjektive Erlebnis entspricht einer physikalisch beschreibbaren Situation des Organismus, vor allem des Nervensystems, z. T. auch der humoral usw. wirkenden Organe.

Hierbei ist es irrelevant, daß die Gesetzmäßigkeit der Zuordnung zwischen Bewußtseinsinhalt und physikalischer Situation im Augenblick meist noch unbekannt ist. Auch die Tatsache, daß infolge der Unschärferelation die physikalische Situation nicht mit beliebiger Genauigkeit angegeben werden kann, dürfte für diese Überlegungen von untergeordneter Bedeutung sein: Einerseits deshalb, weil für die Vorgänge im Nervennetz hauptsächlich die Gesetze der Makrophysik anzuwenden sind, und andererseits, weil stochastische Effekte kybernetisch erfaßbar sind. Eine zwangsläufige Konsequenz der obigen Vermutung ist die Annahme, daß künstlich aufgebaute technische Systeme ein Bewußtsein haben können. Es wäre für unsere Überlegungen von unschätzbarem Wert, wenn ein physikalisches System von der Komplexität und Struktur des menschlichen Nervensystems aufgebaut werden könnte. Bis zum Beweis des Gegenteils ist zu vermuten, daß ein solches System von sich behaupten würde, es habe ein Bewußtsein. Leider sind die Kosten dieses Experiments in den nächsten Jahrzehnten noch untragbar groß. Hier stehen drei Fragen vor uns:

a) Kann ein informationsverarbeitendes System (ob Automat oder Mensch), das einer Auswahl verschiedener Verarbeitungsformen fähig ist, diese anders als „bewußt" auswählen?

b) Hat für ein solches System der in ihm ablaufende Auswahlvorgang (zwischen verschiedenen Verarbeitungsformen) nicht eine andere, exzeptionelle Stellung, nicht vergleichbar mit all den von außen auf das System treffenden Informationskomplexen?
c) Wie ist die Korrespondenz zwischen der Auswahl einer bestimmten Verarbeitungsform, z. B. in einem lernenden Automaten und dem reflexiven Vorgang, der für das Bewußtsein charakteristisch ist?

Zum Begriff „Information"

Für das Phänomen „Bewußtsein" sind weder materielle noch energetische Kategorien wesentlich, sondern die Kategorien der Information (siehe 2. Kapitel). Zunächst sei an einige Erkenntnisse des 2. Kapitels erinnert:
Signale sind physikalische Tatbestände, welche der Übertragung oder Speicherung von Informationen dienen können.
Manche Signale wirken auf bestimmte Empfänger in ganz spezifischer Weise, z. B. der passende Schlüssel auf das Schloß, die elektrische Welle auf den abgestimmten Rundfunkempfänger. Die Verhaltensforschung kennt den Begriff „Schlüsselreiz". Man bezeichnet damit die Erfahrungstatsache, daß manche Lebewesen auf bestimmte Reizkombinationen in ganz spezifischer Weise reagieren. Bestimmte äußere Signale bzw. Signalkombinationen veranlassen den betrachteten Organismus zu bestimmtem Verhalten, z. B. zu Balzhandlungen, zur Abwehr oder zu appetitivem Handeln. Die Wirkung des Schlüsselreizes wird durch den „auslösenden angeborenen Mechanismus" erklärt, der auf spezielle äußere Reizkombinationen selektiv eingestellt ist und bei deren Eintreffen bestimmte Verhaltensformen auslöst.
Dieser Vorgang kann mit Matrixschaltungen verständlich gemacht werden. Es werden zwei Matrizen gemäß Bild 94 a mit den Bedeutungsleitungen zusammengeschaltet (LM-Dipol in *ebe*-Kopplung). Dieses Modell ordnet dann einer speziellen Reizkombination eine komplexe Reaktion zu. Diese Zuordnung ist bei primitiven Tieren offenbar im wesentlichen angeboren und unveränderlich, d. h. es liegt keine ausgeprägte Lernfähigkeit vor. Bei höheren Organismen ist diese Zuordnung veränderlich. Vor allem die Untersuchungen des russischen Physiologen I. P. PAWLOW über die „Bedingten Reflexe" haben zu einem teilweisen Verständnis der tierischen Lernfähigkeit geführt (siehe 11. Kapitel). Während also bei primitiven Tieren die Reaktion auf Schlüsselreize durch einen angeborenen Mechanismus bestimmt wird, besteht bei höheren Tieren und beim Menschen die Möglichkeit, zweckmäßige Reaktionen auf äußere Reizkombinationen zu *erlernen*.
Hier muß noch auf einen bemerkenswerten Tatbestand hingewiesen werden: Die Wirkung eines „Schlüsselreizes" (ob im ursprünglichen Sinn der Verhaltensforscher oder im erweiterten Sinne der Auslösung *erlernter* Reaktionen) ist in weiten Grenzen unabhängig von der Intensität, mit der diese Reize auf die Rezeptoren treffen. Damit erwei-

sen sich die Reizkombinationen als „Informationen". Das Wesen einer Information ist, daß sie ihre Empfänger zu einem bestimmten Verhalten veranlaßt und dieses Verhalten nicht durch die an den Empfänger gelangende physikalische Energie erzwungen wird, sondern daß sie einen im Empfänger vorbereiteten (angeborenen oder erlernten) Mechanismus in Gang setzt.

Auf Grund dieser Überlegungen könnte man demnach etwa so formulieren: *Was wir unter „Nachricht" oder „Information" verstehen und uns beispielsweise durch Sprache, Schrift usw. übermittelt wird, entspricht einem in der sozialen Umwelt gebildeten, also erlernten Repertoire von Schlüsselreizen.*

Zum Informationsfluß im Menschen

Bild 119 zeigt ein hypothetisches Schema zum Informationsfluß im Menschen. In ihm wurde versucht, einige Erfahrungstatsachen so darzustellen, wie man sie bei einem komplizierten technischen System etwa

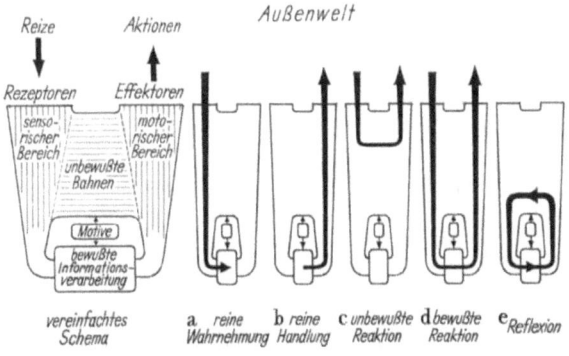

Bild 119. Informationsverarbeitende Funktionen des Menschen

darstellen könnte. Dieses Schema unterdrückt alle für das grundsätzliche Verständnis unwesentlichen Funktionen. Dieses Schema nimmt keine Rücksicht auf die tatsächliche räumliche Anordnung der verschiedenen Organe.

Es sei hier klar ausgesprochen: Dieses Schema ist ein rein spekulatives, es wird mit Sicherheit eines Tages durch ein besseres ersetzt werden. Aber es ist vielleicht das geeignetste, um unsere gegenwärtigen Kenntnisse über den Informationsfluß im Menschen verständlich zu machen.

Im vorliegenden Zusammenhang scheint die Feststellung besonders wichtig, daß für die „bewußte Informationsverarbeitung" möglicherweise keine örtliche Fixierung möglich ist. Vielleicht ist diese „Bewußte Informationsverarbeitung" viel eher eine singuläre, über das Nervennetz hinweghuschende Vorbereitung für Schaltungsänderungen. Anschaulich etwa vergleichbar mit dem Licht eines Scheinwerfers, das über eine Landschaft hinweghuscht und in dem Veränderungen dieser Landschaft vorgenommen werden können. An diesem Vergleich ist nur gefährlich, daß mit der Frage nach dem Operateur des Scheinwerfers überphysikalischen Spekulationen Vorschub geleistet wird. Zweifellos ergibt sich die Bewegung dieses „Scheinwerfers" zwangsläufig auf Grund der Reize aus den verschiedensten Perzeptionsbereichen. Diese Vorstellung trägt auch der Tatsache Rechnung, daß beim Lernen bestimmte Bahnen zunächst unter Zuhilfenahme des Bewußtseins aufgebaut werden, danach aber ins Unbewußte absinken. Leider ist diese Vorstellung schwer in einem stehenden Bild darzustellen, man müßte bewegte Bilder haben. Aus diesem Grunde soll für die folgenden Untersuchungen das Schema des Bildes 119 trotz seiner diskutierten Mängel beibehalten werden. Der Mensch steht mit der Außenwelt in Kommunikation, d. h. er nimmt Informationen auf, und er gibt Informationen ab. Die Informationsaufnahme geschieht so, daß äußere Reize auf Rezeptoren treffen und diese zur Aussendung von Nervenimpulsen reizen. Diese empfangenen Reizkombinationen werden im sensorischen Bereich des Nervennetzes verarbeitet. Bei dieser Verarbeitung sind zwei Vorgänge wesentlich: Einerseits findet eine starke Einengung des Informationsflusses statt. Während an der Peripherie durch die Rezeptoren Milliarden von bit in jeder Sekunde aufgenommen werden können (Tafel 6), dringt in die höchsten Schichten nur ein Informationsfluß von maximal etwa 16 bit je Sekunde [27]. Andererseits hat dieser sensorische Bereich des Nervennetzes eine außerordentliche Fähigkeit zur „Invariantenbildung". Darunter soll verstanden werden, daß verschiedene von außen ankommende Reizkombinationen in höchst zweckmäßiger Weise zu Klassen gleicher Bedeutung zusammengefaßt werden (Bild 78). Diese Fähigkeit der Invariantenbildung kann mit technischen Modellen bisher nur in sehr unvollkommener Weise nachgebildet werden. Hier scheint die Natur Schaltungsprinzipien gefunden zu haben, welche dem Techniker noch nicht bekannt sind. Neben den Verbindungen des sensorischen mit dem motorischen Bereich über das Bewußtsein gibt es noch unbewußte Bahnen, Querverbindungen zwischen dem sensorischen und dem motorischen Bereich. Diese sind teils angeboren, teils erlernt. Sie sind auch nicht alle gleichwertig: Es gibt außen liegende, dem Bewußtsein ferne Bahnen und innen liegende, dem Bewußtsein nahe Bahnen. Wichtig für die folgenden Betrachtungen ist es, daß im gezeigten Schema zum Informationsfluß im Menschen die Möglichkeit der Schleifenbildung oder der Rückkopplung besteht. Konkret gesprochen besteht die Möglichkeit, einen rein intern ablaufenden informationsverarbeitenden Kreisprozeß in Gang zu setzen, der sich wie folgt schließt: Sensorischer Bereich, Bewußtsein, motorischer Bereich, unbewußte Bahnen, sensorischer Bereich usw.

Die fünf Grundfunktionen

In dem gezeigten Schema zum Informationsfluß im Menschen sind fünf wesentlich voneinander verschiedene Funktionen möglich. Diese sind in Bild 119 schematisch gekennzeichnet:

a) Die „*reine Wahrnehmung*". Die Information stammt von der Außenwelt, wird im sensorischen Bereich eingeengt und endet im Bewußtsein. Unter „enden" sei hier verstanden, daß keine momentanen Aktionen aus den empfangenen Informationen abgeleitet werden, sondern diese mehr oder weniger vollkommen abgespeichert werden.

b) Die „*reine Handlung*". Die Information stammt aus dem Bewußtsein (genauer gesagt von den durch das Bewußtsein aufgerufenen gespeicherten Informationen) und bewirkt über den motorischen Bereich und die Effektoren (Muskeln, Drüsen usw.) irgendwelche Aktionen in die Außenwelt.

c) Die „*unbewußte Reaktion*". Die Information stammt von der Außenwelt, dringt jedoch nicht in das Bewußtsein ein, sondern bewirkt über unbewußte Bahnen irgendwelche Aktionen in die Außenwelt zurück (Beispiele: Augenreflexe, Sehnenreflexe).

d) Die „*bewußte Reaktion*". Die Information stammt von der Außenwelt, dringt über den sensorischen Bereich in das Bewußtsein ein, wird hier mit Motiven verquickt und bewirkt danach über den motorischen Bereich irgendwelche Aktionen in die Außenwelt zurück.

e) Die „*Reflexion*". Die Information beginnt nicht in der Außenwelt und endet nicht in der Außenwelt, sondern durchläuft eine Kreisbahn der folgenden Art: Sensorischer Bereich, Bewußtsein, motorischer Bereich, unbewußte Bahnen, sensorischer Bereich usw.

Die Funktionen a) und b) sind wahrscheinlich nichts als abstrakte Schemata. Bei realen Menschen werden auf Beobachtungen immer irgendwelche Aktionen folgen. Auch ist es schwer vorstellbar, daß von gesunden Menschen Handlungen ohne Rücksicht auf die Außenwelt ausgeführt werden.

Die Reflexion als Kreisprozeß

Die Reflexion nimmt innerhalb dieser fünf Funktionen offensichtlich eine Sonderstellung ein. Die Information ist bei der Reflexion nicht von der Außenwelt abhängig, weder stammt sie aus ihr, noch dringt sie in diese ein (so daß sie über Detailreflexe an sie gebunden wäre). Der Informationsfluß bei der Reflexion ist „frei", die bewegten Informationen brauchen keiner Realität der Außenwelt zu entsprechen, sie müssen auch nicht in sich selbst folgerichtig und stetig sein. Was bei diesem Kreisprozeß an Informationen („Vorstellungen") umläuft, hängt nur noch ab vom momentanen Zustand des Menschen, in dem der Kreisprozeß sich abspielt, von all seinen richtigen oder falschen Assoziationen. Diese informationsverarbeitende Funktion des Menschen erscheint ihm selbst exzeptionell, sie ist für ihn selbst mit keinem anderen Erlebnis wie Wahrnehmung, Handlung, bewußter oder unbewußter Reaktion vergleichbar. Diese Funktion erscheint ihm subjektiv so singulär, daß er vermutet, hinter ihr eine ganz neue metaphysische Substanz suchen zu müssen.

Es ist zu vermuten, daß trotz der sehr großen Anzahl der Nervenzellen die Anzahl der Schichten im sensorischen (und vermutlich auch im motorischen) Bereich gering ist. Durch die geringe Anzahl der Schichten wären auch die geistigen Funktionen des Menschen auf eine geringe Anzahl von Ebenen beschränkt.

Der oben beschriebene und im Bild 119 schematisch dargestellte Kreisprozeß bietet nun die Möglichkeit, die Anzahl der Ebenen, in denen sich geistige Funktionen abspielen, durch eine Art Substitution beliebig zu vergrößern. Dieser Prozeß sei als „Überbeobachtung" bezeichnet und folgendermaßen erklärt: Irgendeine Beobachtung der Außenwelt hat „in unmittelbarer Linie", also durch ausschließliche Wirkung des sensorischen Bereichs zu perzipierten Informationen geführt, die dem Bewußtsein angeboten werden. Dieses verarbeitet sie und bildet daraus neue Informationen, die nun aber nicht über den motorischen Bereich nach außen gegeben werden, sondern über unbewußte Bahnen im sensorischen Bereich substituiert und dem Bewußtsein erneut angeboten werden. Hierbei werden unbewußte Bahnen benutzt, deren Funktion irgendwelchen bewährten Algorithmen entspricht. Solche Überbeobachtungen können nicht nur einmal geschehen, man kann mit Hilfe dieses Kreisprozesses beliebig viele Schichten geistiger Betätigung übereinanderstülpen. Man entfernt sich hierbei immer weiter von der unmittelbaren Beobachtung der Außenwelt. Während nun die ersten Stufen dieser „Überbeobachtungen" zweifellos sehr nützlich sind („Es gibt nichts Praktischeres als eine gute Theorie"), liegt in der Bildung immer weiterer Stufen die Gefahr der Entartung geistiger Funktionen: Das Denken wird weltfremd, es wuchert, es wird schlimmstenfalls Selbstzweck, ohne Nutzen für den Menschen. Die Tendenz, zu immer abstrakteren Formen des Denkens zu schreiten, scheint ein teilweise schädlicher Einfluß im Auslesekampf der Kulturen zu sein.

Durch die obigen Betrachtungen ist gezeigt worden, daß es in einem informationsverarbeitenden System mit einer Struktur, welche der vermutlichen Struktur des Menschen entspricht, eine Form der Informationsverarbeitung gibt, die abgelöst von der Außenwelt verläuft und für das System selbst exzeptionelle Eigenschaften hat. Was an subjektiv gewonnenen Vorstellungen mit dem Begriff „Bewußtsein" verbunden wird, dürfte auf diesen Typ der Informationsverarbeitung zurückzuführen sein. Der Unterschied zwischen dem subjektiv empfundenen Phänomen „Bewußtsein" und der Einsicht in die Möglichkeiten des informationsverarbeitenden Systems Mensch ist ausschließlich durch den verschiedenen Standpunkt des Beobachters bestimmt. Die Postulierung eines „Psychophysischen Parallelismus" hat so viel und so wenig Sinn wie die Feststellung, daß ein Haus von innen anders aussieht als von außen.

Intelligenz

Die Intelligenz ist Gegenstand der psychologischen Forschung (siehe [80] und dortiges Literaturverzeichnis). Die im vorliegenden Buch ent-

wickelten Vorstellungen stehen nicht im Widerspruch zu den Erkenntnissen der psychologischen Forschung. Möglicherweise erlauben diese Methoden, die Ingenieure zum Verständnis komplizierter technischer Systeme entwickelt haben, eine beträchtliche Konkretisierung und Präzisierung psychologischer Erkenntnisse.
Auf die Frage: „Was ist Intelligenz?" findet man z. B. bei PIAGET [80] unter anderem die Antwort:
„Das vollständige intelligente Verhalten setzt also drei wesentliche Momente voraus: die Frage, welche dem Suchen die Richtung gibt, die Hypothese, welche die Lösungen vorausnimmt, und die Kontrolle, welche sie auswählt."
Diese Formulierungen scheinen mit den Darstellungen von Bild 79 c und d zu harmonieren. Der Frage entsprechen dort Auftrag bzw. Motiv, der Hypothese das Modell der Außenwelt bzw. die Gesamtheit der Reflexe und der Kontrolle der auswählende Automat bzw. das Bewußtsein. Diese Analogie lehrt darüber hinaus auch noch, daß obige Erklärung für „Intelligenz" gewissermaßen statistisch ist, es fehlt die „Modellprüfung" von Bild 79 d, die Voraussetzung der Lernfähigkeit ist. Hierauf weist PIAGET [80] an anderer Stelle hin:
„Das hervorragendste Merkmal dieser ständigen Assimilation der Wirklichkeit durch die Intelligenz ist in der Tat das Gleichgewicht der von der Gruppierung geformten, assimilierenden Schemata. Während der ganzen Dauer seiner Entstehungszeit befindet sich das Denken im Zustand eines mangelnden oder labilen Gleichgewichts."
Es seien noch zwei Gedanken von ROTHSCHUH [90] zitiert:
„Zusammengefaßt verstehe ich also unter Szientifikation das Bemühen der Wissenschaft, Erfahrungstatbestände dergestalt auf ein System widerspruchsfreier Vorstellungen und Aussagen abzubilden, daß die logischen Beziehungen innerhalb des Netzes von Aussagen die tatsächlichen Beziehungen innerhalb des Erfahrungsgegebenen zutreffend repräsentieren."
„Das szientifizierende Vorgehen endet also grundsätzlich dort, wo die Richtigkeit unserer Denkmodelle an der Erfahrung nicht mehr nachgeprüft werden kann."
Die Erklärung von Begriffen wie „Lernen", „Denken" und „Intelligenz", die in ganz verschiedenen wissenschaftlichen Disziplinen entstanden, stimmen also offensichtlich so weitgehend überein, daß man vermuten kann, hinter den verschiedenen Erscheinungsformen stecke eine gemeinsame Wirklichkeit. Wenn diese Probleme nicht mit rudimentären Vorurteilen belastet wären, sondern nur in der leidenschaftslosen Atmosphäre der Naturwissenschaft behandelt würden, dann käme niemand zu einem anderen Schluß.
Es gibt bisher keine Automaten, die ihre Existenz im Kampf mit der Umwelt verteidigen müssen. Im Gegensatz hierzu ist der Mensch entstanden im dauerndem Abwehrkampf gegen seine Umgebung. Diese andersartige Entstehungsart hat ihre Konsequenzen in der Struktur.

Die menschliche Peripherie ist überzogen von vielen Millionen Rezeptoren, welche Außenweltsituationen, insbesondere feindliche Angriffe sofort melden und entweder reflektorische Abwehrmaßnahmen (wie z. B. Schließen des Augenlids) oder bewußte Abwehrmaßnahmen (wie z. B. Davonrennen) bewirken. Eine solche Schaltungsstruktur wurde bisher bei Automaten noch nicht verwirklicht, einfach deshalb, weil sie dort keinem sinnvollen Zweck dient. Die bekannten Automaten verändern ihr Verhalten keinesfalls, wenn wir ihnen einen Fußtritt versetzen oder ein Loch in ihre Haut bohren, vorausgesetzt, daß wir dabei keine wesentlichen Organe verletzen.

Würden wir jedoch einen genügend großen Automaten bauen und ihn so organisieren, daß er beständig seine Peripherie durch Millionen von Rezeptoren überwacht und verteidigt, dann könnte dieser Automat zwischen sich und der Außenwelt unterscheiden. Man könnte im Verhalten eines Automaten, der eine von außen bewirkte Veränderung seiner Peripherie zu verhindern oder zu kompensieren sucht, ein Unterscheidungsvermögen zwischen „Ich" und „Außenwelt" sehen.

Die geistige Entwicklung des Menschen hängt ab von seiner Möglichkeit, das „Modell der Außenwelt" immer weiter zu verbessern. Voraussetzung hierfür ist, daß der Mensch Informationen aufnehmen kann. Die Wege, auf denen der Mensch Informationen aufnimmt, wurden im 13. Kapitel diskutiert. Es waren dies:

a) Erbfaktoren, welche dem Neugeborenen angeboren sind,
b) Instruktionen, welche dem Menschen von anderen Menschen gegeben werden, und
c) Informationen, welche der Mensch in direkter Kommunikation mit der Außenwelt empfängt.

Was begrenzt die Intelligenz eines Menschen? Einerseits physiologische, gewissermaßen „innere" Ursachen, wie z. B. seine Fähigkeit, Informationen zu speichern, sie zu verknüpfen und neue Reflexe zu bilden, andererseits „äußere" Komponenten, vor allem die Möglichkeit, durch direkte Kommunikation sein inneres Modell zu verbessern.

Im 10. Kapitel untersuchten wir die Frage, unter welchen Voraussetzungen ein Automat intelligenter als der Mensch werden könnte und fanden: Wenn man den Automaten die Möglichkeit gibt, durch direkte Kommunikation mit der Außenwelt ihre „Intelligenz" zu verbessern, dann ist kein Grund mehr einzusehen, weshalb sie gerade auf das Niveau des Menschen beschränkt sein sollten.

Überträgt man diese Erkenntnis sinngemäß auf den Menschen, so muß man im Interesse seiner geistigen Entwicklung fordern, daß er ohne Bindung an ein starres Programm oder Dogma frei mit der Außenwelt kommuniziert. Frei mit der Außenwelt kommunizieren heißt: Ungehinderte Informationsmöglichkeit, frei wählbares Verhalten im Umgang mit anderen Menschen, freie Verfügung über seinen Wohnsitz, freie Verfügung über seine Arbeit, freie Äußerung. Aber auch bereit und gezwungen, die Folgen seiner Handlungsweise zu tragen, frei von

Verteidigern und Versicherungen. Alle Sinne darauf gespannt, aus der schlimmsten Situation noch das beste zu machen. So wird Freiheit der Ansporn zur Weiterentwicklung des Menschen.

Wahrnehmung ästhetischer Information

Ästhetische Informationen gehen aus von Kunstwerken, beispielsweise von Bildern, Musikstücken, Texten oder Darbietungen der Bühnenkunst. Sie bewirken beim empfangenden Menschen geistige Vorgänge, für die eine prinzipiell mögliche Erklärung unter Vermeidung überphysikalischer Voraussetzungen gefunden werden muß.

Das Verständnis der geistigen Vorgänge beim Empfang ästhetischer Informationen wird erleichtert durch die Erfahrungen bei Versuchen, ästhetische Informationen in Automaten zu erzeugen. Dies scheint mindestens für musikalische Kunstwerke zweifelsfrei schon gelungen zu sein [70], auch für bildliche Kunstwerke sind schon Ansätze vorhanden.

Das prinzipielle Vorgehen ist hierbei das folgende: Ein Zufallszahlengeber (siehe 5. Kapitel) erzeugt stochastische Signale, also solche, bei denen man aus der Kenntnis der bisher produzierten die zukünftigen nicht ermitteln kann. Ordnet man diesen bestimmte Tonhöhen und Tondauern zu, dann entstehen regellose Tonfolgen, die keinen ästhetischen Genuß vermitteln. Diese regellosen Tonfolgen werden durch ein „Sieb" gegeben, das alle diejenigen Töne unterdrückt, welche nicht den Gesetzen der Harmonielehre, des Kontrapunkts usw. entsprechen. Was hinter diesem „Sieb" erscheint, besitzt in typischen Fällen ästhetische Informationen, wenn drei Voraussetzungen erfüllt sind:

a) Der durch die erzeugten Töne gegebene Informationsfluß muß der Aufnahmefähigkeit des Empfängers angepaßt sein. Nach H. FRANK [24, 27] liegt diese in der Größenordnung von 16 bit je Sekunde. Ist das Informationsangebot zu groß oder zu klein, „schaltet der Empfänger ab", entweder weil er sich überfordert oder weil er sich gelangweilt fühlt. (Durch dieses einfache Prinzip begründet z. B. B. I. GOUBEAU [39] den Untergang der altgriechischen Musik: da diese die Vielstimmigkeit nicht fand, wurde sie trotz allen Virtuosentums zu informationsarm, als sie vom Gesang zur Instrumentalmusik überging und damit die zusätzliche semantische Information verloreging.)

b) Die Wirkung des „Siebs" darf nicht zu stark und nicht zu schwach sein. Ungesiebte, also rein zufällige Folgen verwirren nur, zu stark gesiebte, also vorwiegend gesetzmäßige Folgen (z. B. Tonleitern) ergreifen nicht, sondern ermüden. Nur bei einem mittleren Grad der Siebung, bei einem gewissen Mischungsverhältnis von Zufall und Gesetzmäßigkeit empfinden wir ästhetischen Genuß. Dieser resultiert aus der Entdeckung der Strukturen in dem stochastischen Chaos, aus der Befriedigung unseres Lerntriebs.

c) Die in dem „Sieb" wirksamen Auswahlmechanismen, seine Gesetzmäßigkeiten müssen der geistigen Situation des Empfängers angemessen sein. Der Empfänger möchte lernen, auch wenn ihm dies nicht bewußt ist. Dies kann er aber nur, wenn ihm die angebotene ästhetische Information außer den ihm bekannten Strukturen auch noch neue Strukturen liefert.

Die Entwicklung einer rationalen Theorie der ästhetischen Information steckt zwar noch in den Anfängen, sie ist jedoch sicher über das Stadium hinausgewachsen, in der sie als Obskurität angesehen werden konnte. Hier sind besonders zu erwähnen die Arbeiten von G. D. BIRKHOFF [9], A. MOLES [66], M. BENSE [8], H. FRANK [24, 25, 27], R. GUNZENHÄUSER [41], W. FUCKS [33, 34] und K. ALSLEBEN [1].

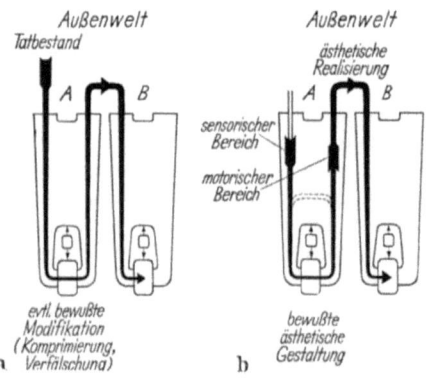

Bild 120. Zur Weitergabe von Tatbestands-Information und ästhetischer Information
a) Tatbestands-Informationen, b) Ästhetische Informationen

Ein wesentliches Ergebnis des 2. Kapitels war: Das Wesen der Information ist nur unter Bezugnahme auf den Informationsempfänger, z. B. den Menschen verständlich. Sein Informationsvorrat hat sich als Gemeinschaftsleistung vieler Individuen zur zweckmäßigen Beschreibung der Außenwelt und des Verhaltens in ihr herausgebildet. Demnach wäre die Beschreibung der (subjektiv erlebbaren) Innenwelt mit den normalen Hilfsmitteln des Informationsaustausches (z. B. Sprache, Schrift usw.) nicht oder nur wesentlich schlechter möglich. Diese psychologische Erfahrung scheint mit den bisherigen Darlegungen ungezwungen deutbar: Bild 120 a zeigt das Schema zum Informationsfluß im Menschen zweimal, einmal für den Menschen A und einmal für den Menschen B. Eine wesentliche Komponente gesellschaftlichen Zusammenlebens ist der Vorgang, daß ein Mensch A einem anderen Menschen B irgendeinen Tatbestand der Außenwelt mitteilt. In diesem Fall ist der Mensch A nur der „Perzeptionsgehilfe" des Menschen B, er sollte eigentlich die Tatsachen der Außenwelt möglichst „unverän-

dert" weitergeben. (Hierbei sollte der Begriff „unverändert" Veränderungen im Sinne der Invariantenbildung, der Komprimierung, noch zulassen.)
Wesentlich verschieden von diesem Vorgang ist die Übermittlung ästhetischer Informationen. Hier geht es nicht wesentlich darum, Tatbestände mitzuteilen, sondern Informationen über den „seelischen" Zustand (Empfinden, Fühlen, Gestalten, Denken usw.) des Menschen A einem anderen Menschen B mitzuteilen. Dies sei durch Bild 120 b dargestellt. Zwar können informationelle Hilfsmittel, die aus der Außenwelt stammen, zur Übermittlung der ästhetischen Informationen dienen, aber sie sind nur ihre unvermeidbaren Träger, sie sind das Rohmaterial für deren Übermittlung. Was dem Menschen B weitergegeben wird (ästhetische Realisierung), kann sich von allen möglichen Tatbestands-Mitteilungen sehr stark unterscheiden. Besonders deutlich ist dies bei den sogenannten abstrakten Kunstformen.
Wenn hier als *ein* wesentliches Kennzeichen der ästhetischen Information angesehen wird, daß sie nicht Tatsachen über die Außenwelt vermitteln soll (wie es z. B. besonders gut eine scharfe Photographie leistet), sondern Informationen über den Produzenten der ästhetischen Informationen, so können wir hier — im Sinne unseres Schemas zum Informationsfluß im Menschen — zwei Einwirkungsbereiche besonders deutlich erkennen: Einerseits die Veränderungen im sensorischen Bereich, andererseits die Veränderungen im motorischen Bereich.
Hier ergibt sich eine interessante Analogie zu den „impressionistischen" und „expressionistischen" Kunstformen, die sich ja in den bildlich darstellenden Künsten ebenso wie in der Musik und in der Literatur unterscheiden lassen. Wenn beispielsweise als typisch für die impressionistische Kunst angesehen wird, daß sie den *Eindruck der Umwelt im Subjekt* festzuhalten versuche, jedoch als typisch für die expressionistische Kunst, daß sie das elementare Erlebnis zum Ausdruck bringe, die *innere Bildkraft*, so sind diese Kennzeichnungen ganz im Sinne unserer Überlegungen.
Wesentliche Impulse dürfte die Informationsästhetik empfangen von den Untersuchungen, bei welchen die Wirkstrukturen der Invariantenbildung, der Gestaltwahrnehmung erforscht werden (siehe Bild 78).
Der Mensch hat den innewohnenden Wunsch, Informationen über psychische Zustände und Erlebnisse anderer Menschen zu erhalten. Dieser Wunsch ist nicht mysteriös, sondern entspringt der allgemeinen Tendenz des Menschen zu lernen. Er möchte (bewußt und unbewußt) seine eigenen psychischen Zustände und Erlebnisse mit denjenigen anderer Menschen vergleichen. Diese werden ihm als ästhetische Informationen angeboten. Diese Überlegungen seien abgeschlossen durch eine Betrachtung von IGOR STRAWINSKY (Die Funktion des Schöpfers):
„Die Funktion des Schöpfers besteht darin, daß er die Elemente aussiebt, die ihm die Phantasie eingibt, denn die menschliche Aktivität muß sich selbst ihre Grenzen auferlegen. Je mehr die Kunst kontrolliert,

begrenzt und gearbeitet ist, um so freier ist sie. Was mich betrifft, so überläuft mich eine Art von Schrecken, wenn ich in dem Augenblick, wo ich mich an die Arbeit begebe, die unendliche Zahl der mir sich bietenden Möglichkeiten erkenne und fühle, daß mir alles erlaubt ist. Wenn mir alles erlaubt ist, das Beste und das Schlimmste, wenn nichts mir Widerstand bietet, dann ist jede Anstrengung undenkbar. Ich kann auf nichts bauen, und jede Bemühung ist demzufolge vergebens.
Bin ich denn verpflichtet, mich in diesem Abgrund von Freiheit zu verlieren? Woran werde ich mich klammern, um dem Schwindel zu entgehen, der mich vor den Möglichkeiten des Unendlichen packt? Ich werde dennoch nicht umkommen. Ich werde meinen Schrecken besiegen und mich bei dem Gedanken beruhigen, daß ich über die sieben Noten der Tonleiter und ihre chromatischen Intervalle verfüge, daß ich die schweren und leichten Taktzeichen verwenden kann und daß ich solide und konkrete Elemente festhalte, die mir ein ebenso weites Betätigungsfeld bieten wie jene vage und schwindelerregende Unendlichkeit, die mich soeben erschreckte. In dieses Feld werde ich meine Wurzeln schlagen in der Überzeugung, daß die Kombinationsmöglichkeiten der zwölf Töne jeder Oktave und alle Spielarten der Rhythmik mir Reichtümer versprechen, welche die gesamte Tatkraft des menschlichen Genies niemals erschöpfen wird.
Was mich von der Angst vor der schrankenlosen Freiheit befreit, ist die Tatsache, daß ich mich unmittelbar an die konkreten Dinge halten kann, um die es sich hier handelt. Ich brauche nur eine theoretische Freiheit. Man gebe mir etwas Begrenztes, Bestimmtes, eine Materie, die meiner Arbeit insofern dienen kann, als sie im Rahmen meiner Möglichkeiten liegt. Sie bietet sich mir mit ihren Grenzen. Es ist an mir, ihr nun die meinigen aufzuerlegen. Damit haben wir wohl oder übel das Königreich der Beschränkung betreten. Und dennoch, wer von uns hätte je von der Kunst anders reden hören als von einem Königreich der Freiheit! Diese Art von Ketzerei ist allgemein verbreitet, weil man sich einbildet, daß die Kunst jenseits des normalen Tätigkeitsbereiches liege. Doch man kann auch in der Kunst wie in allen Dingen nur auf festem Grund bauen: Was sich der Stützung widersetzt, widersetzt sich auch der Bewegung."

15. Kapitel

Automat und Mensch im Weltraum

Der Vorstoß in den Weltraum kann entweder durch bemannte oder durch unbemannte Raumfahrzeuge (also Automaten) geschehen. Die Frage, ob es zweckmäßiger sei, Fahrzeuge mit oder ohne menschliche

15. Automat und Mensch im Weltraum

Besatzung in den Weltraum zu entsenden, ist schwer zu beantworten. Hier stehen sich Gesichtspunkte verschiedener Art gegenüber und müssen gegeneinander abgewogen werden. Beispielsweise Gesichtspunkte des politischen Prestiges, der Rechtswissenschaft, militärische Gesichtspunkte und schließlich der technischen und physiologischen Möglichkeiten.

Vermutlich wird weder jetzt noch in übersehbarer Zukunft die Frage: „Automat oder Mensch im Weltraum?" eindeutig und endgültig beantwortet werden können. Die richtige Antwort hängt von verschiedenen Einflüssen ab, vor allem dem Stand der technischen Entwicklung, Ziel, Zweck und Dauer der Raumfahrt. Die folgenden Untersuchungen sollen sich auf technische Gesichtspunkte beschränken, und zwar hauptsächlich auf die Frage, inwieweit intellektuelle Funktionen des Menschen — soweit sie für die Raumfahrt von Interesse sind — durch Automaten verwirklicht werden können.

Mängel der menschlichen Konstitution

Die physiologische und psychologische Konstitution des Menschen hat sich im Laufe der biologischen Entwicklung den Verhältnissen an der Erdoberfläche angepaßt. Ein enger Bereich der Temperatur, des Luftdrucks und der Luftzusammensetzung, die Erdanziehung, die Strahlungsverhältnisse und Umgebungseinflüsse der Erdoberfläche kennzeichnen das Milieu, in welchem der Mensch normalerweise lebt. Der Vorstoß in den Weltraum bringt den Menschen zwangsläufig in ein gänzlich anderes Milieu. Dies kann zu zeitweiligen oder bleibenden Schädigungen führen.

Bild 121 soll eine grobe Übersicht geben, welche Bereiche der Beschleunigung, Temperaturen und Strahlung eingehalten werden sollten, damit bei Mensch und Automat keine bleibenden Schädigungen auftreten.

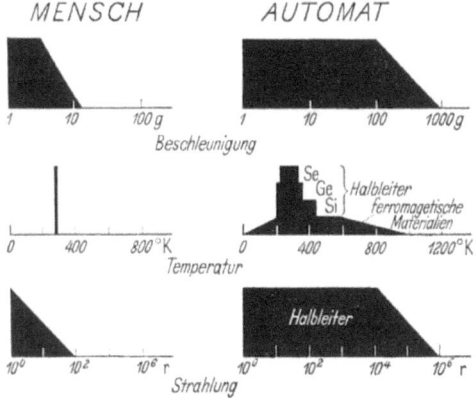

Bild 121. Zulässige Bereiche der Beschleunigung, Temperatur und Strahlung bei Mensch und Automat

Der Mensch kann Beschleunigungen senkrecht zu seiner Längsachse bis etwa 15 g (g = Erdbeschleunigung) einige Minuten lang aushalten, in Richtung seiner Längsachse können schon 5 g zur Bewußtlosigkeit führen [12]. Im Gegensatz hierzu können elektronische Systeme bei geeignetem Aufbau (z. B. vollständigem Vergießen in Stützsubstanz) Beschleunigungskräfte von Hunderten, ja Tausenden von g aushalten.

Die unmittelbare Umgebung des Menschen muß eine Temperatur haben, die in dem engen Bereich von ungefähr 280° K bis ungefähr 310° K liegt (entsprechend 7° C bis 37° C). Der entsprechende Temperaturbereich der automatischen Systeme hängt von vielen Parametern ab, er ist aber wesentlich größer als der dem Menschen zuträgliche Temperaturbereich. Selbstverständlich können die angegebenen Temperaturbereiche durch geeignete Schutzbekleidung und durch Thermostaten erweitert werden. Diese Maßnahmen erfordern jedoch zusätzliche technische Hilfsmittel und vergrößern das Startgewicht der Raumfahrzeuge.

Ebenso wie sich bei der zulässigen Beschleunigung und dem zulässigen Temperaturbereich eine Unterlegenheit des Menschen ergibt, zeigt sich der Mensch auch hinsichtlich der zulässigen Strahlungsdosis unterlegen. Die elektronischen Systeme können Strahlungsdosen ausgesetzt werden, die um viele Zehnerpotenzen stärker sind als die für den Menschen zulässigen Strahlungsdosen.

Bild 121 veranschaulicht die außerordentliche Empfindlichkeit des Menschen gegenüber Beschleunigung, Temperaturabweichung und Strahlung. Diese Empfindlichkeiten sind jedoch keinesfalls die einzigen Gründe, weshalb es schwierig ist, Raumfahrzeuge für menschliche Besatzungen zu konstruieren. Beispielsweise sei auf die Notwendigkeit verwiesen, im Raumfahrzeug Atmung und Ernährung des Menschen sicherzustellen, seine Stoffwechselprodukte zu beseitigen, die physiologischen Folgen der Schwerelosigkeit auf Muskeln und Kreislauf zu kontrollieren und schließlich sicherzustellen, daß er in der Leere des Weltraums nicht psychisch zusammenbricht und in Panik gerät.

Es ist auch darauf hinzuweisen, daß der Mensch wegen seiner Ermüdung nur zeitenweise voll funktionsfähig ist, während gut konstruierte Automaten ununterbrochen tätig sein können.

Andererseits ist der Mensch wenig geeignet, mechanische oder elektromagnetische Schwingungen zu entdecken. Dies sei durch Bild 122 veranschaulicht.

Mit geeigneten technischen Wandlern können meist schon viel geringere Signalleistungen entdeckt werden. Nur in den relativ schmalen Frequenzbereichen, die dem menschlichen Ohr und dem menschlichen Auge adäquat sind, besteht eine vergleichbare Empfindlichkeit. Hierbei ist zu beachten, daß das menschliche Ohr nur bei Anwesenheit von Luft (oder Gasen) von etwa Atmosphärendruck funktionsfähig ist, nicht jedoch im leeren Raum. Weiterhin ist zu bedenken, daß Auge und Ohr eine geringe zeitliche Auflösung besitzen. Folgen Sinneseindrücke in zeitlichen Abständen von weniger als etwa $1/10$ Sekunden aufeinander, dann können sie von den menschlichen Sinnesorganen nicht mehr getrennt werden. Eine weitere Erschwernis ist, daß man der menschlichen Besatzung eines Raumschiffes die Aussicht auf eine glückliche Rückkehr zur Erde verschaffen muß. Die hierzu erforderlichen technischen Voraussetzungen bewirken eine beträchtliche Erhöhung des Startgewichts. Im Gegensatz hierzu können durch Automaten gesteuerte Raumschiffe nach Beendigung ihrer Aufgabe vernichtet oder aufgegeben werden.

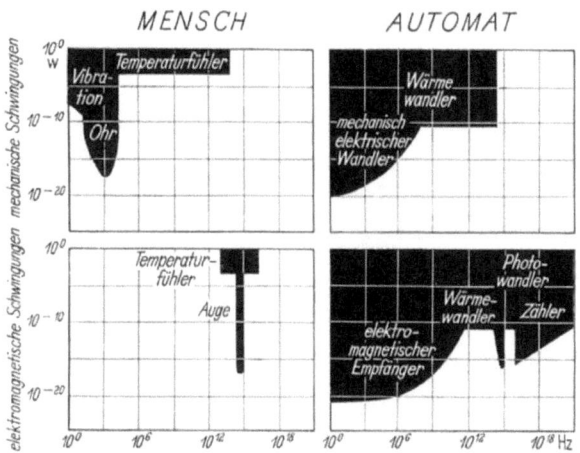

Bild 122. Wahrnehmung von Schwingungen durch Mensch und Automat

Diese Überlegungen zeigen, daß die menschliche Konstitution für die Zwecke der Raumfahrt recht mangelhaft ist. Wenn trotzdem daran gedacht wird, bemannte Fahrzeuge in den Weltraum zu schicken, so müssen diesen Mängeln starke Vorteile gegenüberstehen. Diese sollen zunächst pauschal als „Intelligenzfunktionen" bezeichnet und mit den korrespondierenden Funktionen automatischer Systeme verglichen werden.

Vergleich der Gesamtsysteme Mensch und Automat

Das Problem der maschinellen Intelligenz wurde in der Mitte unseres Jahrhunderts durch die rasche Entwicklung der digitalen, programmgesteuerten Rechenautomaten besonders aktuell. Vor allem der englische Mathematiker A. M. TURING hat dieses Problem untersucht [114, 115]. Das wesentliche Ergebnis seiner Untersuchungen kann etwa so formuliert werden:

> Jede logisch präzisierbare Aufgabe, die ein Mensch lösen kann, kann auch ein Automat lösen.

Mit anderen Worten: Es gibt keine objektiv beschreibbare Funktion, deren der Mensch im Prinzip fähig wäre, der Automat jedoch nicht. Praktisch gibt es von dieser Erkenntnis beinahe mehr Ausnahmen als Bestätigungen. Diese Ausnahmen sind vor allem die vielen Probleme der „Zeichenerkennung" und der Abstraktionsvorgänge. (Siehe 9. Kapitel.)

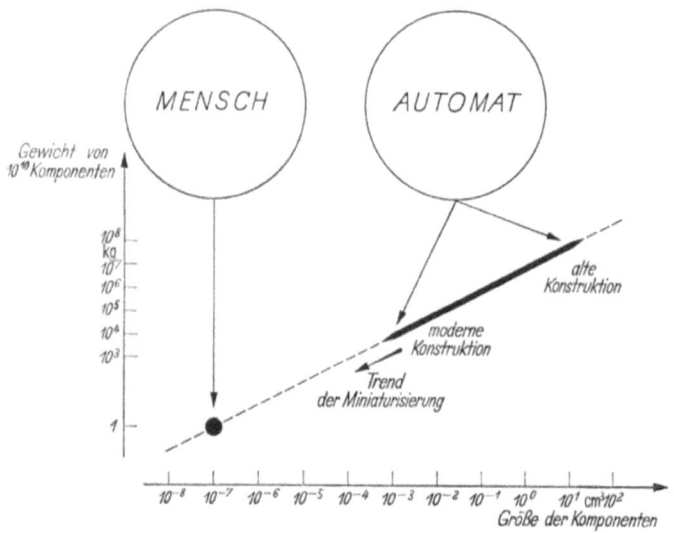

Bild 123. Größe der Komponenten und Gewicht von 10^{10} Komponenten

Es sei auch auf die großen quantitativen Unterschiede zwischen Mensch und Automat hingewiesen (siehe 1. und 10. Kapitel, besonders Tafel 4). Ein elektronisches System, welches dieselbe Anzahl von Schaltelementen enthält wie der Mensch Neuronen (etwa 10^{10}), dürfte beim gegenwärtigen Stand der Technik Hunderte bis Tausende Tonnen wiegen, also für die Zwecke der Raumfahrt zu schwer sein (Bild 123) [119, 120]. Der Trend zur Verkleinerung („Miniaturisierung") und damit zur Verringerung des Gewichtes wurde mit Bild 62 veranschaulicht.

Der Mensch nimmt Information aus der Außenwelt durch die Rezeptoren auf. Solche Rezeptoren finden sich vor allem in der Retina des menschlichen Auges (ungefähr 100 Millionen) und auf der Basilarmembran des Ohres (einige Zehntausend), aber auch sonst ist die Oberfläche des menschlichen Körpers mit vielen Rezeptoren für Druck, Berührung, Vibration, Temperatur, Geruch, Geschmack usw. überzogen (siehe 13. Kapitel).

Der Mensch gibt Information an die Außenwelt im wesentlichen mit Hilfe seiner „Effektoren", d. h. seiner Muskeln, z. T. auch mit Hilfe seiner Drüsen ab. Sprechen, Schreiben, Bewegungen usw. sind ja die Folgen von Muskel-Betätigungen. Im Gegensatz hierzu werden den gegenwärtig bekannten Automaten die Informationen in besonders präparierter Weise eingegeben, beispielsweise durch Fernschreibgeräte, Lochkartengeräte, durch spezielle Meßwandler usw. Erst in den letzten Jahren wurde ernsthaft mit der Entwicklung von Automaten begonnen, welche geschriebene Schrift oder gesprochene Sprache erkennen können (siehe 9. und 12. Kapitel). Bei diesen Forschungen zeigt sich, wie sehr die uns bekannten technischen Schaltprinzipien den Schaltprinzipien des Nervensystems noch unterlegen sind.

Mensch und Automat haben einen verschiedenen Stil, Informationen auszutauschen. Der Mensch verwendet hörbare Sprache, sichtbare Schrift,

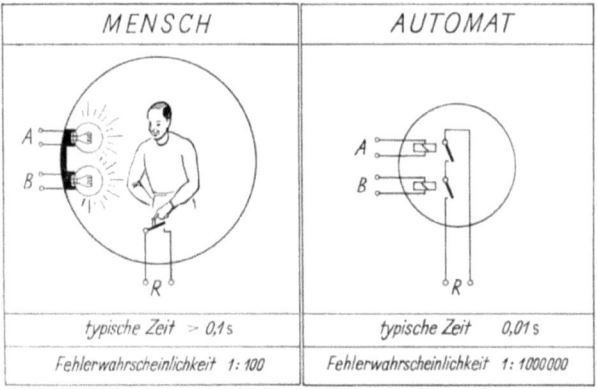

Bild 124. Reaktion R abhängig von zwei Signalen A und B

Gesten, Mimik usw. Automaten verwenden meist elektrische Impulse, deren Zeitdauer wesentlich kürzer ist als die der menschlichen Signale und die einem viel geringeren Energieniveau entsprechen als jene. Aus diesem Grunde ist die störungsfreie Zusammenarbeit zwischen Automat und Mensch ein schwieriges organisatorisches und technisches Problem. Wo keine anderen Gründe dagegen sprechen, strebt man „integrierte" Systeme an, also solche, bei denen möglichst große Aufgaben ausschließlich durch technische Mittel, ohne Zwischenschaltung menschlicher Vermittler gelöst werden.

Bild 124 soll veranschaulichen, wie die Zwischenschaltung eines Menschen zu einem Verlust an Zeit und Zuverlässigkeit führt.

In Bild 124 wird links angenommen, ein Mensch soll einen Schalter R dann betätigen, wenn er zwei Signale A und B gleichzeitig wahrnimmt. Dieselbe Aufgabe lösen zwei elektromagnetische Relais schneller und zuverlässiger. Durch geeignete elektronische Schaltungen (z. B. Transistoren) könnten Schnelligkeit und Zuverlässigkeit weiter verbessert werden.

An der Oberfläche des Menschen befinden sich über 100 Millionen Rezeptoren. Diese können etwa 100 Millionen bit in jeder Sekunde aufnehmen. Ein bewegtes Fernsehbild entspricht (in der Ebene der Rezeptoren) bereits einem Informationsfluß von annähernd 100 Millionen bit je Sekunde. Von diesem sehr großen Informationsfluß dringt jedoch nur ein winziger Bruchteil, nämlich weniger als 100 bit je Sekunde, in das Bewußtsein ein. Wie die Reduktion des Informationsflusses im menschlichen Nervensystem geschieht, ist noch recht unklar. Sicher ist jedoch, daß diese Reduktion keinesfalls eine einfache Informationsunterdrückung darstellt, sondern daß hier verschiedene Informationskomplexe zu Gruppen gleicher Bedeutung zusammengefaßt werden. Dieser Vorgang ist mit Bild 64 veranschaulicht.

Ein wesentlicher Unterschied zwischen dem menschlichen Nervensystem und Automaten ist der folgende: Wenn durch irgendwelche Beschädigungen oder Erkrankungen ein Teil des Nervensystems funktionsunfähig wird, so wird die korrekte Funktion nach außen mit Hilfe anderer Teile des Nervensystems wieder hergestellt. Elektronische Systeme des gegenwärtigen Standes der Technik zeigen bei Ausfall eines einzigen Schaltelementes meist Fehlfunktion nach außen. In hochwertigen Systemen wird z. T. durch mehrfache Bereitstellung der wichtigen Funktionsteile dafür gesorgt, daß innere Funktionsfehler mindestens gemeldet, manchmal sogar unwirksam gemacht werden. Für die Raumfahrttechnik ist interessant, daß neuerdings elektronische Schaltungen gefunden wurden, welche in ihrer Struktur bereits das Prinzip der Selbstkorrektur verwirklichen, ähnlich wie es vermutlich im Nervensystem der Fall ist [109, 126, 127].

Im Zusammenhang mit der funktionellen Zuverlässigkeit steht das Problem, Informationen auch bei teilweiser Störung noch korrekt identifizieren zu können. Dieses Problem ist (bei binären Signalen) vor allem durch die Arbeiten von R. W. HAMMING als gelöst zu betrachten (siehe 3. Kapitel, besonders Bild 15).

Typisch für die Zuverlässigkeit von Mensch und Automat scheinen die Ergebnisse beim Kartenlochen zu sein. Hier zeigt es sich, daß Menschen im langfristigen Mittel etwa 1% Fehler machen. (Zur Verringerung der Fehler wird eine zusätzliche Prüfung durch einen zweiten Menschen vorgesehen.) Bei Automaten ist die Fehlerhäufigkeit beim Kartenlochen um mehrere Zehnerpotenzen geringer. Es ist wahrscheinlich, daß die Zuverlässigkeit des Menschen bei der Ausführung einfacher Manipulationen um so schlechter wird, je erregender die Außenweltsituation ist.

Informationsverarbeitende Funktionen des Menschen

Ein Vergleich der Intelligenzfunktionen von Mensch und Automat geht zweckmäßigerweise aus von dem Schema der informationsverarbeitenden Funktionen des Menschen gemäß Bild 119.

Bei allen Funktionen, bei denen das Bewußtsein beteiligt ist, liegt der typische Zeitbedarf über etwa 0,1 s. Unbewußte Reaktionen (z. B. Schließen des Augenlids bei Gefahr) können in kürzerer Zeit ausgeführt werden. Als typische Reaktionszeiten des Menschen wurden genannt (R. JUNG):

Eigenreflex, monosynaptisch (Arm, Bein) 15— 20 Millisekunden
Akustisch-motorischer Reflex 200—300 Millisekunden

Für reflexives Nachdenken dürfte der Zeitbedarf in typischen Fällen über einer Sekunde liegen. Die Frage ist nun, ob diese informationsverarbeitenden Funktionen auch durch Automaten verwirklicht werden können (Bild 125).

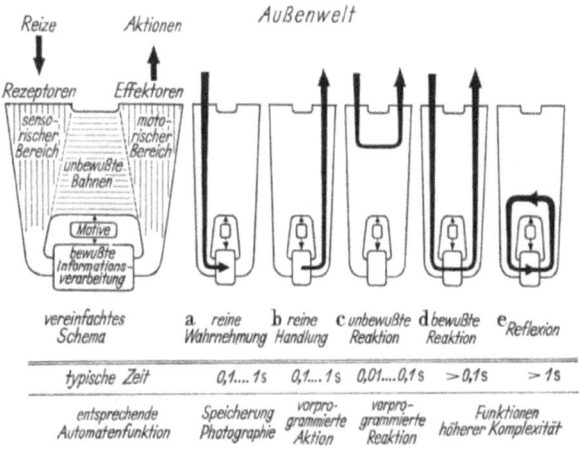

Bild 125. Informationsverarbeitende Funktionen des Menschen und Vergleich mit Automatenfunktionen

Der reinen Wahrnehmung (a) entspricht bei technischen Systemen etwa die Signalspeicherung, z. B. durch Photographie. Technische Systeme brauchen wegen der technisch noch nicht beherrschten Zeichenerkennung eine viel größere Informationskapazität, um das Wesentliche einer Außenweltsituation zu fixieren. Beispielsweise kann ein Mensch den Auftrag: Photographiere die Brücke! dadurch mit geringem Aufwand erledigen, daß er die mit seinem Auge erkannte Brücke mit großer Auflösung photographiert. Ein Automat muß vorläufig wegen seiner Unfähigkeit, eine Brücke als solche zu erkennen, den ganzen in Frage kommenden Bereich mit großer Auflösung photographieren und braucht dazu entsprechend mehr Material und Zeit. Andererseits ist als Mangel des menschlichen Wahrnehmungsapparates zu vermerken, daß er viele Signale der Außenwelt überhaupt nicht entdecken kann, wie z. B. infrarote, ultraviolette Lichtsignale, viele elektromagnetische Schwingungen, z. B. Röntgenstrahlen. Luftbilder liefern Informationsmengen, die ein Vielfaches der vom menschlichen Auge aufnehmbaren Informationsmenge betragen. Nach [96] kann ein Luftbild vom Standardformat 23×23 cm etwa 50 Millionen Bildeinzelheiten enthalten. Zusammen mit der Kontrastabstufung von mindestens 1:4 ergibt sich (mit ld 4 = 2) ein Informationsgehalt des üblichen Luftbildes von 100 Millionen bit. Das menschliche Auge liefert nur etwa 400 000 Bildpunkte. Zusammen mit einer Kontrastabstufung von maximal 1:256 (ld 256 = 8) ergibt sich der Informationsgehalt, welchen das menschliche Auge von einem stehenden Bild entnehmen kann, zu maximal 3,2 Millionen bit, also mindestens 30mal weniger, als ein typisches Luftbild liefert.

Für die reine Handlung (*b*) ist die äquivalente Automatenfunktion irgendeine programmierte Aktion, die zu einem bestimmten Zeitpunkt ausgelöst wird. Bei allen Funktionen, die eine Aktion in die Außenwelt ergeben (b, c und d), dürfte eine gewisse Überlegenheit des Menschen durch die außerordentliche Flexibilität der menschlichen Hand bedingt sein. Es gibt kein technisches Gerät, welches eine solche weite Spanne motorischer Aktionen überstreicht, wie die menschliche Hand. Diese Spanne reicht von der Ziselierarbeit des Juweliers bis zum Tragen schwerer Stücke, vom Klavierspielen bis zum Kinnhaken. Allerdings geht diese Überlegenheit verloren, wenn der Mensch in einen Raumanzug gesteckt wird.

Die unbewußte Reaktion (*c*) kennzeichnet diejenigen informationsverarbeitenden Funktionen des Menschen, welche angeboren sind (z. B. Reflexe des Augenlids oder Sehnenreflexe) oder aber diejenigen, die sich erst nach langer Gewöhnung gebildet haben. Da die unbewußten Reaktionen des Menschen dem gewohnten terrestrischen Milieu angepaßt sind, besteht die Gefahr, daß sie im nichtterrestrischen Milieu zu gänzlich falschem Verhalten führen. Wenn z. B. auf der Erdoberfläche ein Mensch unter Atemnot leidet, dann wird er sich instinktiv aller einengenden Kleidungsstücke entledigen. Im Weltraum würde dieses Verhalten zu einer weiteren Verschlimmerung seines Übels führen. Andere falsche Reaktionen werden sich durch die Schwerelosigkeit im Weltraum ergeben.

Bei der bewußten Reaktion (*d*) besteht dieselbe Gefahr: Der sensorische Bereich, welcher dem Bewußtsein vorgeschaltet ist und ebenso der ihm nachgeschaltete motorische Bereich sind dem terrestrischen Milieu angepaßt. Wie unsicher wird ein Mensch schon auf der Erde in fremder Umgebung. Wie ungeeignet muß erst dieser in unserem Nervensystem verankerte Verhaltenscodex im Weltraum sein! Dies gilt nicht nur für den sensorischen Bereich, in welchem sich die zur Zeichenerkennung führenden Prozesse abspielen, es gilt ebenso für den motorischen Bereich. Hierfür soll folgendes Beispiel dienen [10]: Die Dynamik von Raumfahrzeugen wird beschrieben durch Differentialgleichungen höherer Ordnung. Es dauert deshalb lange Zeit, bis ein Mensch lernt, Raumfahrzeuge zu steuern. Hier sind die Verhältnisse ganz anders als

15. Automat und Mensch im Weltraum 227

beispielsweise beim Steuern eines Automobils, dessen Dynamik einer Differentialgleichung niederer Ordnung gehorcht. Man kann nun entweder diese komplizierten Steuerungsvorgänge durch längere Ausbildungskurse an Simulatoren lernen oder aber die menschliche Steuerung ganz vermeiden und „Autopiloten" verwenden.

Die Reflexion (e) ist die typisch menschliche informationsverarbeitende Funktion. Für sie ist wesentlich, daß sie einerseits relativ langsam abläuft (größenordnungsmäßig Sekunden) und daß in ihr die früheren Erfahrungen des Menschen eine dominierende Rolle spielen.

Direkte und gesteuerte Reaktion
Die Reaktion eines Menschen auf eine Außenweltsituation kann entweder bewußt oder unbewußt erfolgen (Bild 125). Unbewußte Reaktionen erfolgen schnell, sie sind jedoch für das Weltraummilieu gefährlich, weil sie dort meist „falsch" sind.

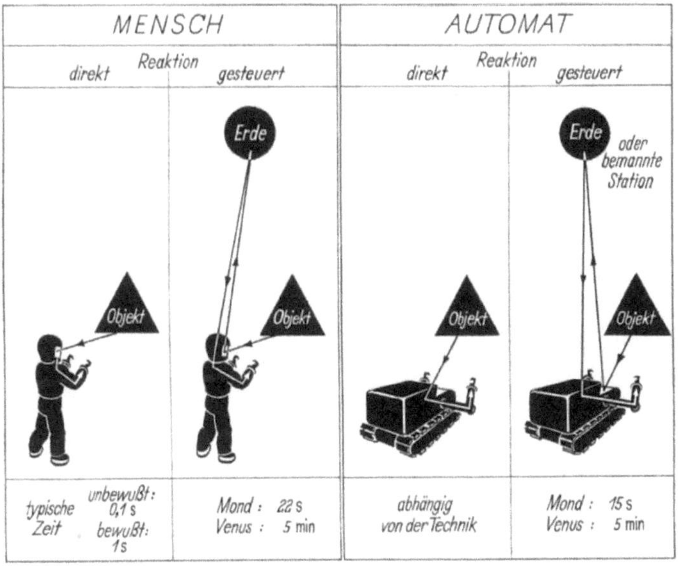

Bild 126. Direkte und gesteuerte Reaktion

Die bewußten Reaktionen und die Reaktionen nach reflexivem Überlegen erfolgen langsamer. Typisch dürften Zeitspannen in der Größenordnung von Sekunden sein. Längere Zeiten ergeben sich z. B. auch dann, wenn der Raumfahrer in einem Instruktionsbuch nachlesen muß. Wenn sich solche Zeitspannen für die Reaktion auf eine bestimmte Außenweltsituation ergeben, dann ist es manchmal möglich, die zweckmäßige Aktion nach Rückfrage bei einer fernen Kontrollstation auszuführen. Dies sei mit Bild 126 veranschaulicht.

Eine bestimmte Außenweltsituation sei durch die Wahrnehmung eines bestimmten Objekts gegeben. Bei der direkten Reaktion führt der Mensch oder der Automat ohne vorherige Rückfrage bei der fernen Kontrollstation irgendwelche Aktionen aus. Bei der gesteuerten Reaktion wird die wahrgenommene Außenweltsituation zuerst der fernen Kontrollstation (z. B. auf der Erde oder in einer Raumstation) mitgeteilt und erst nach deren Steuerbefehl irgendwelche Aktionen ausgeführt.

Dieses Verfahren der gesteuerten Reaktion erlaubt es, auf höhere Intelligenzfunktionen an Ort und Stelle zu verzichten, sie verschiebt die Schwierigkeiten von der Informationsverarbeitung zur Informationsübertragung. Um dieses Verfahren der gesteuerten Reaktion durchführen zu können, müssen vor allem vorhanden sein:

Die zur Rückfrage erforderliche Zeit, und
die zur Rückfrage erforderlichen Übertragungskanäle.

Die zur Rückfrage erforderliche Zeit setzt sich aus folgenden Teilzeiten zusammen:

Zeit für die Aufbereitung der Wahrnehmung zur Übertragung (z. B. mündliche Erklärung oder Abtastung mit Kameraröhre),
Zeit für die zweimalige Überwindung der Entfernung zur Kontrollstation bzw. zurück durch elektromagnetische Wellen,
Zeit zur Ermittlung der zweckmäßigen Reaktion in der Kontrollstation,
Zeit für die empfangsseitige Demodulation der befohlenen Aktion.

Die Zeiten für die zweimalige Überwindung der Entfernung zur Kontrollstation bzw. zurück durch elektromagnetische Wellen mit einer Ausbreitungsgeschwindigkeit von 300 000 km/s sind

beim Mond etwa	2,3 s
bei der Venus mindestens	274 s
beim Mars mindestens	526 s
beim Merkur mindestens	606 s.

Die gesteuerte Reaktion wird bei weiter entfernten Zielen auch deshalb schwierig zu realisieren sein, weil die zur Rückfrage erforderlichen Übertragungskanäle kostspielig und unzuverlässig sind.

16. Kapitel

Ein hypothetisches cognitives System

Vorbemerkung

Es sei folgende Situation angenommen: Durch ein technisches Erkundungssystem (gewissermaßen einen Beobachtungsautomaten) sollen mög-

lichst viele Erfahrungen über einen Himmelskörper gesammelt werden, dessen physikalischer Zustand es ausschließt, Menschen zu Beobachtungen zu entsenden. Beispielsweise deshalb, weil dort Temperaturen oder Strahlungsdichten herrschen, welche das Überleben von Menschen unmöglich machen. Es sei zugestanden, daß der mögliche Aufwand des zu entwerfenden Systems sehr groß sein kann, daß also beispielsweise die Kosten Milliarden Dollar betragen können, die Entwicklungszeit Jahrzehnte, und daß weder an Scharfsinn noch an Optimismus gespart wird.
Hier in diesem Zusammenhang interessiert nicht die mechanische Konstruktion usw., hier interessieren ausschließlich die informationell relevanten Tatbestände.

Es ist auf jeden Fall festzustellen, daß alle Überlegungen ausschließlich im Denksystem der Technik angestellt werden. Wo solche Worte wie „Überleben", „Werte", „Lernen", „Problemlösen", „Individuen", „Verhaltensnorm", „Ich" usw. benutzt werden, sind diese dem nichttechnischen Bereich entstammenden Worte nur aus Mangel an verständniserweckenden anderslautenden Vokabeln benutzt und haben keine andere Bedeutung, als technisch erklärt werden kann.

Nach dieser Vorbemerkung sei nunmehr folgende *Aufgabenstellung* präzisiert:

Es ist ein *technisches* System zu entwerfen, das in einer überwiegend unbekannten Außenwelt seine Funktion erhält und an seinen Auftraggeber Beobachtungen aus dieser Außenwelt ökonomisch (im Sinne des Codierungsaufwandes) mitteilt. Die überwiegend unbekannte Außenwelt muß einige Voraussetzungen erfüllen, z. B. konstanten Gesetzlichkeiten unterworfen sein (sonst wären Beobachtungen in dieser Umwelt uninteressant), es müssen die physikalischen Parameter innerhalb gewisser Grenzen liegen, und schließlich muß die strukturelle Komplexität der unbekannten Außenwelt den Aufwand rechtfertigen (in einer homogenen Atmosphäre ist außer der chemischen Zusammensetzung, Druck, Temperatur, Strahlung und Strömung nichts zu entdecken). Jedoch darf keine Kenntnis der räumlichen Struktur und des zeitlichen Ablaufes der Vorgänge in der Außenwelt vorausgesetzt werden.

1. Überlegung

Die Funktion des technischen Systems ist nur innerhalb eines durch die materielle Konstruktion bedingten Bereiches der physikalischen Kenngrößen der Außenwelt (z. B. Temperatur, Druck, Kräfte, Strahlungsdichte usw.) möglich. Wird dieser „*Überlebensbereich*" verlassen, kann das technische System seine Funktion nicht mehr aufrechterhalten und verändert sich so, wie nach dem zweiten Hauptsatz der Thermodynamik zu erwarten ist: Allmählicher Übergang in einen Zustand maximaler Unordnung.

2. Überlegung

Solange das technische System funktionsfähig ist, muß es durch Aufnahme von Information, Materie und Energie aus der Außenwelt seinen Ordnungszustand erhalten. Die Aufnahme von Information aus der Außenwelt geschieht mit Hilfe geeigneter Wandler, z. B. für elektromagnetische Schwingungen verschiedener Frequenzen, für mechanische Kräfte, für Magnetfelder, automatischer Analysatoren usw. Es müssen Wandler vorgesehen sein für *alle* Kennzeichen der Außenwelt, welche die Funktion gefährden können oder für den Auftraggeber bedeutungsvoll sind. Die Gesamtheit aller dieser Wandler sei als „Rezeptoren" bezeichnet. Die Signale aller Wandler können als Komponenten eines Vektors im Nachrichtenraum verstanden werden: *Nachrichtenraum der Außenwelt.*

3. Überlegung

Die Funktion des technischen Systems setzt gewisse innere Tatbestände voraus, z. B. Verfügbarkeit von Energie, bei materieller Selbstkorrektur Verfügbarkeit von Material, Verfügbarkeit von Informationsspeichern usw.
Diese Verfügbarkeiten können durch geeignete Maßeinrichtungen überprüft werden: „Propriozeptoren". Die Signale dieser Maßeinrichtungen können als Komponenten eines Vektors im *Nachrichtenraum der „Innenwelt"* verstanden werden.
Zweckmäßigerweise wird nunmehr ein kombinierter Nachrichtenraum benutzt, dessen Koordination die Meldungen der Rezeptoren *und* der Propriozeptoren sind und der die *„Situation" des technischen Systems* „vollständig" beschreibt: Wobei die „Vollständigkeit" natürlich durch die Menge der Rezeptoren und Propriozeptoren begrenzt ist.

4. Überlegung

Im Nachrichtenraum, der die Situation des technischen Systems beschreibt, können Bereiche abgegrenzt werden, die beispielsweise so zu beschreiben sind:

Funktion jetzt und in nächster Zukunft gut möglich
Funktion noch möglich, aber gefährdet
Funktion bricht in Kürze zusammen
Funktion unmöglich

Diese Abgrenzung veranschaulicht, daß das technische System *Situationen verschiedenen Wertes* unterscheiden muß.

5. Überlegung

Solange das technische System nur untätig, gewissermaßen „passiv" in der Außenwelt verharrt, sind die durch die Rezeptoren aufgenommenen Informationen nur von geringem Nutzen, es muß in geeigneter Weise die räumlichen und zeitlichen Gegebenheiten der Außenwelt ausnutzen. Hierzu braucht es irgendwelche „*Effektoren*", die ihm Aktionen in die Außenwelt hinein ermöglichen, z. B. sich im Raum zu bewegen, Gegenstände festzuhalten, evtl. Signale zu geben, chemische Stoffe auszuscheiden usw. Diese Effektoren sollen es u. a. ermöglichen, aus der Außenwelt Energie aufzunehmen, beispielsweise dadurch, daß Solarzellen der Strahlungsquelle entgegengestreckt werden, oder daß ein Wärmereservoir in thermischen Kontakt gebracht wird usw.

6. Überlegung

Ein gedachter übergeordneter Beobachter, der das zukünftige Schicksal des technischen Systems schon im voraus kennt, der könnte in das technische System „*Optimalverhalten*" einprogrammieren. Hierunter sei verstanden, daß für jede Situation unter Beachtung der Vorgeschichte eine „optimale" Betätigung der Effektoren angegeben wird. Die Optimalität wird hierbei in einem pragmatischen Sinne (siehe 9. Überlegung) daran gemessen, wie gut Überleben und Meldeauftrag ermöglicht werden.

Da bei der Konstruktion des technischen Systems die Gesetzlichkeiten der Außenwelt aber nicht bekannt sind, kann dieses „Optimalverhalten" nicht einprogrammiert werden, *es kann lediglich eine informationelle Struktur technisch vorbereitet* werden, welche es gestattet, später, in der unbekannten Außenwelt, „in Versuch und Irrtum" dieses Optimalverhalten allmählich zu suchen und abzuspeichern.

Zur Veranschaulichung: Wer davon ausgeht, daß die zu erforschende Außenwelt ähnliche Eigenschaften wie die Erdoberfläche hat, der würde z. B. einprogrammieren: Wenn die Temperaturen zu hoch werden, dann verdunste Wasser. In der unbekannten Außenwelt könnte aber um das technische System elementares Natrium sein und die Abscheidung des Wassers zusätzliche Temperaturerhöhung bewirken. Demnach kann nur einprogrammiert werden: Versuche vorsichtig die verschiedenen möglichen Betätigungen der Effektoren, wenn eine dieser Betätigungsarten *regelmäßig* zu einer Temperatursenkung führt, dann trage dieses in den Erfahrungsspeicher ein.

7. Überlegung

Die wichtigste Funktion, welche das technische System in der unbekannten Außenwelt ausführen muß, ist „*Lernen ohne Lehrer*". Das Grundprinzip eines solchen Lernens ohne Lehrer hat große Ähnlichkeit mit dem biologischen Prinzip der Mutation und Selektion, nämlich ungerichtete, zufällige Veränderung und Konservierung dessen, was sich als „nützlich" erwiesen hat. Allerdings unterscheidet sich das Lernen ohne Lehrer vom biologischen Vorgang der Mutation und Selektion dadurch, daß es sich nicht um genetische, also materielle Veränderungen handelt, sondern um informationelle Tatbestände, welche der Mutation und Selektion unterworfen werden. Der so beschriebene Vorgang ist nur möglich, wenn irgendein Kennzeichen vorhanden ist, welches zwischen wertvollen und wertlosen informationellen Mutanten unterscheidet. Einen ersten Ansatz zu einem solchen „Wertsystem" ergab schon unsere 4. Überlegung, eine Verfeinerung ergibt die 9. Überlegung.

Das Ergebnis der Lernens ohne Lehrer besteht darin, daß das technische System für jede Situation unter Beachtung der Vorgeschichte eine spezielle Betätigung der Effektoren registriert hat, von der es nach seinen bisherigen Erfahrungen annehmen kann, daß es im Sinne seines Wertsystems optimal ist. Diese Zuordnung von Situationen (einschließlich Vorgeschichte) zu Betätigung der Effektoren kann ähnlich wie in der Automatentheorie als eine Tabelle angeschrieben werden und sei als „*Verhaltensnorm*" bezeichnet. Diese repräsentiert den jeweiligen Zustand des Lernerfolgs und ist in keinem Zeitpunkt als „endgültig" anzusehen. Die Konstruktion des technischen Systems ist dann gut, wenn sich die momentane Verhaltensnorm im Laufe der Zeit dem (in der 6. Überlegung diskutierten) „Optimalverhalten" des gedachten, übergeordneten Beobachters nähert.

8. Überlegung

Es gibt Situationen, in welchen das Überleben des technischen Systems gut möglich ist, aber auch solche, bei welchen es gefährdet ist. Mit dieser Unterscheidung wurde oben ein erstes „Wertsystem" begründet. Das technische System muß sich bemühen, in diesem Sinne „wertvolle" Situationen herbeizuführen. Es ist unvermeidbar, daß das technische System immer wieder in ungünstige Situationen gerät, beispielsweise bei seiner Suche nach Information in der Außenwelt oder dadurch, daß sich ohne sein Dazutun durch äußere Ereignisse die Situation verschlechtert hat. Das technische System steht dann vor der Aufgabe, eine ungünstige Situation in eine günstige Situation zu verwandeln. Solange es keinerlei Erfahrung über die Gesetzlichkeiten der Außenwelt hat, kann es diese erwünschte Verwandlung nur auf „gut Glück" vornehmen, d. h. es kann nichts anderes tun, als irgendwelche Effektoren zu betätigen in der „Hoffnung", daß sich zufällig eine Verbesserung der Situation ergibt. Besser sind seine Möglichkeiten, wenn es bereits einige Erfahrungen gesammelt hat, wie seine Effektoren die Außenweltsituation verändern. Hierbei kann ganz schematisch folgendes Prinzip befolgt werden: Im „Erfahrungsspeicher" wird nachgesehen, durch welche Effektorenbetätigungen welche Veränderungen der gegenwärtigen Situation möglich sind („Vorwärts-Umgebung"), und ferner, aus welchen anderen Zuständen die erwünschten Zustände entstehen können („Rückwärts-Umgebung"). Günstigenfalls finden sich bei diesen beiden Recherchen im Erfahrungsspeicher ein oder mehrere gemeinsame Zwischenzustände der Außenwelt und bietet sich somit ein aktiv durchlaufbarer Weg an von der gegenwärtigen, unerwünschten Situation hin zu der erhofften, wünschenswerten Situation.

16. Ein hypothetisches cognitives System 233

Diese Vorgehensweise ist grundsätzlich wichtig für alle Arten des „Problemlösens": Es ähnelt der Suche eines Weges durch einen Irrgarten, bei dem meist nicht alle theoretisch möglichen Wege untersucht werden können, sondern nur nach relativ einfachen, „heuristischen" Prinzipien irgendein Weg durch einen vieldimensionalen Irrgarten gesucht wird.

9. Überlegung

Mit der 4. Überlegung wurde ein relativ primitives „Wertsystem" konstituiert: Es bestand eigentlich nur im Grad der Überlebenschance des technischen Systems. Wenn der „Erfahrungsspeicher" des technischen Systems sich allmählich — beim Lernen ohne Lehrer — füllt, dann ergibt sich ein komplexeres Wertsystem: Hohen Wert hat dann nicht nur eine solche Situation, bei welcher das Überleben jetzt und in nächster Zeit gut möglich ist, sondern auch alle jene anderen Situationen, welche mit geringer Anstrengung zuverlässig in solche primär hochwertigen Situationen übergeführt werden können. Und als schlecht werden nunmehr auch alle solche Situationen gekennzeichnet, die zu Funktionsgefährdung führen, ohne daß eine bekannte Betätigung der Effektoren diese abwenden könnte. Offensichtlich ist dieses Prinzip rekursiv: Wertvoll sind auch alle diejenigen Situationen, welche durch Betätigung der Effektoren in solche Situationen übergeführt werden können, welche durch Betätigung der Effektoren in wertvolle Situationen führen usw. Kurzum, die zunächst etwas primitiv anmutende primäre Bewertung führt über den Inhalt des Erfahrungsspeichers zu einer ganzen Hierarchie von Wertaussagen. In diese fließt auch der Auftrag ein, an den Auftraggeber Beobachtungen mitzuteilen. Der Abgleich zwischen diesen nebeneinanderstehenden Aufgaben, nämlich „Überleben" und „Beobachten" ist keinesfalls willkürlich, sondern kann im Sinne der Gesamtoptimierung des technischen Systems quantitativ gegeneinander abgewogen werden.

10. Überlegung

Das technische System ist — besonders am Anfang, wo sein Erfahrungsspeicher noch leer ist — in seiner Funktion sehr gefährdet. Aber auch später, wenn einige Erfahrungen gesammelt sind, müssen Situationen in Betracht gezogen werden, welche zur Zerstörung führen können, weil die zweckmäßige Reaktion noch nicht erlernt wurde oder weil es keine rettende Reaktion gibt. Deshalb erscheint es zweckmäßig, das technische System nicht als einziges, unteilbares Ganzes aufzubauen, sondern in Form einer Anzahl ähnlicher *technischer Individuen*. Die Vielfalt soll einerseits die Wahrscheinlichkeit partiellen Überlebens vergrößern und andererseits die Möglichkeiten, an verschiedenen Orten und zu verschiedenen Zeiten Erfahrungen zu sammeln.

Diese Aufteilung in technische Individuen ermöglicht es, „gefährliche" Situationen zu beobachten, ohne daß befürchtet werden muß, daß das ganze System wegen einer einzigen gefährlichen Situation zerstört wird. Die Aufteilung in Individuen erlaubt also Beobachtungen mit erhöhtem Risiko. Hierzu muß aber den verschiedenen Individuen eine unterschiedliche Verhaltensprogrammierung mitgegeben werden: Einerseits solche, welche das Risiko gefährlicher Situationen auf sich nehmen (nennen wir sie beispielsweise „Pioniere") und andererseits solche, welche bei Fehlschlagen der riskanten Mission die Erfahrungen wenigstens registrieren (nennen wir sie beispielsweise „Registratoren"). Kurzum, das gesamte technische Vorhaben ist dann nicht optimal organisiert, wenn gleichartig programmierte Individuen gleichzeitig und gleichförmig dieselbe Funktion ausführen, sondern dann, wenn die Grundprogrammierung individuell differenziert ist. Diese Individualisierung empfiehlt sich auch noch aus einem ganz anderen Grund: Wenn alle Individuen derselben „Verhaltensnorm" gehorchen (wie sie in der 7. Überlegung erklärt wurde), dann ist die Wahrscheinlichkeit gering, daß diese Verhaltensnorm sich dem theoretischen Optimalverhalten (des gedachten übergeordneten Beobachters) rasch annähert. Besser ist die Chance dann, wenn die einzelnen Individuen spontane Abweichungen von der „Verhaltensnorm" zeigen und so — durch soziale Mutation und Selektion — die Verbesserung der Verhaltensnorm erleichtert wird.

Setzt man voraus, daß das Optimalverhalten aus der praktizierten Verhaltensnorm heraus überhaupt nicht durch „differentielle" Veränderungen erreicht werden kann (weil es beispielsweise einem Nebenmaximum entspricht), dann erkennt man, daß die Funktion der „Außenseiter-Individuen" die einzige Möglichkeit bietet, Nebenmaxima der Verhaltensnorm zu erkennen und zu verlassen.

11. Überlegung

Es ist nicht optimal, wenn die einzelnen technischen Individuen unabhängig voneinander in der unbekannten Außenwelt operieren, eine Verbesserung der Gesamtfunktion ist durch *Kommunikation* zwischen den einzelnen technischen Individuen zu bewirken.

Hierbei sind zwei verschiedene Arten der Information zu übertragen:

> Einerseits *Tatbestandsinformationen,* vor allem über die Eigenschaften der Außenwelt an irgendeinem Raumpunkt, und
> andererseits *Verhaltensinformationen,* also Mitteilungen über Verhaltensnormen.

Der Aufbau des Kommunikationssystems kann in zwei Schritten erfolgen: Schon bevor die technischen Individuen in die unbekannte Außenwelt geschickt werden, können die formalen Regeln der Sprache festgelegt werden. Damit wird aber nur eine „sinnlose" Sprache vereinbart. Welche Bedeutung die Wörter dieser Sprache haben, kann erst nach Auffüllung des Erfahrungsspeichers vereinbart werden. Es müssen dann zwischen den technischen Individuen Absprachen der Art getroffen werden: Das zwischen uns benutzte sinnlose Zeichen „X" steht für Tatbestände, die folgenden Meldungen der Rezeptoren oder Betätigung der Effektoren entsprechen: „...". Irgendeine sinnvolle Kommunikation ist erst dann möglich, wenn eine solche Vereinbarung über die Zuordnung von Zeichen und Tatbeständen erfolgt ist.

Ist diese erfolgt, und besteht Erfahrung darüber, wie häufig die verschiedenen Wörter der Sprache benutzt werden, dann kann die Sprache im Sinne der klassischen Informationstheorie optimiert werden, d. h., es können häufig gebrauchte Bedeutungen mit kurzen Signalen codiert werden, selten gebrauchte Bedeutungen mit längeren Signalen.

Zweckmäßigerweise wird man aber nicht ausschließlich den Gesichtspunkt der Ökonomie beachten, sondern auch die Übertragungssicherheit und manche Begriffe, die besonders zur Beschreibung kritischer Situationen erforderlich sind, redundant codieren. Dann können gestört empfangene Wörter als gestört erkannt und möglicherweise sogar korrigiert werden.

12. Überlegung

Die sprachliche Codierung der Situationen und des Verhaltens setzt deren Klassifikation voraus. Kurz gesagt: Es müssen die einzelnen Punkte des Nachrichtenraums, welche die Zustände der Außen- und Innenwelt beschreiben, also die Situationen, in Klassen gleicher Bedeutung aufgeteilt werden. Da diese Aufgabe nicht ohne die Erfahrungen in der unbekannten Außenwelt gelöst werden kann, braucht man geeignete technische Strukturen (oder diesen äquivalente Algorithmen), welche eine *adaptive Klassifikation* besorgen können. Solche Strukturen sind bekannt, beispielsweise unter der Bezeichnung „Madaline", „Perzeptron" und „Lernmatrix", jedoch ermöglichen diese nur „lineare Separierungen", also Abtrennungen im Nachrichtenraum durch Hyperebenen, nicht durch gekrümmte Hyperflächen. Die optimale Funktion der technischen Individuen setzt aber die Möglichkeit gekrümmter Trennebenen voraus. Diese müssen dann entweder umständlich aus Ebenenstücken zusammengesetzt werden, oder aber es müssen nichtlineare Separierungsmethoden benützt werden.

Vor diesen Separierungen muß wohl auch noch eine Funktion besorgt werden, welche durch das Stichwort „Invariantenbildung" gekennzeichnet sei. Das Problem ist: Wie können gleichartige Strukturen auch dann noch als gleichartig erkannt werden, wenn sie irgendwelchen räumlichen oder zeitlichen Transformationen unterworfen wurden? Typisch hierfür ist die automatische Schriftzeichenerkennung: Wie kann ein und derselbe Buchstabe immer wieder identifiziert werden, obwohl er in verschiedener Größe, Orientierung usw. vorgezeigt wird. Wenngleich einige erste Erfolge mit der „Invariantenbildung" erzielt wurden, ist diese Aufgabe von einer befriedigenden Lösung sicher noch weit entfernt. Das Argument, sie sei prinzipiell unlösbar, kann jedoch nicht

ernstgenommen werden: Man kann jedes Problem der Invariantenbildung stets dadurch lösen, daß ein ungeheurer Aufwand getrieben wird. Aber das ist sicher keine technisch befriedigende Lösung des Problems.
Die Frage, welche Situationen bzw. welche Einzeltatbestände derselben Klasse zugehören, und damit auch durch dasselbe Wort gekennzeichnet werden sollen, muß wohl so beantwortet werden: Tatbestände, welche hinsichtlich ihrer Konsequenzen für das Verhalten des technischen Individuums gleichartig sind, werden zu derselben Bedeutungsklasse gerechnet.

13. Überlegung

Oben (siehe 8. Überlegung) wurde das „Problemlösen" durch das technische Individuum dargestellt, es besteht in der geplanten Überführung einer schlechten Situation in eine gute Situation. Die Planung dieser Überführung setzt die Kenntnis möglicher Übergänge voraus. Dasjenige Individuum, das die umfassendste Kenntnis solcher möglicher Übergänge hat, wird beim Problemlösen am erfolgreichsten sein.
Die 10. Überlegung führte uns dazu, unterschiedlich programmierte technische Individuen vorzusehen. Weiterhin werden in den verschiedenen Individuen unterschiedliche Erfahrungen im Erfahrungsspeicher enthalten sein.
Wenn nun ein erstes Individuum ein Problem zu lösen hat, dann fehlt ihm möglicherweise die Erfahrung eines speziellen Übergangs, die ein zweites Individuum besitzt. Wird dem ersten Individuum diese Erfahrung mitgeteilt, dann kann es sein Problem lösen. Diese Information hat also für das problemlösende Individuum einen Wert. Hätte man ihm einen Übergang mitgeteilt, den es schon kannte, dann hätte diese Information keinen Wert gehabt. Man kann diese Überlegung weiter differenzieren und quantitativ fassen und kommt schließlich zur Einsicht, daß es für die Information nicht nur die Meßgröße „Informationsgehalt" (nach C. E. SHANNON) gibt, sondern auch die Meßgröße „Wert der Information" (deren Messung SHANNON seinerzeit aus seinen Betrachtungen ausschloß). Die quantitative Bestimmung des Wertes einer Information ist komplexer als die Bestimmung des Informationsgehaltes, bei dem ja nur die Wahrscheinlichkeiten der einzelnen Informationen eingehen. Zur Bestimmung des Wertes der Information müssen quantitative Tatbestände der Außenwelt, des Wertsystems und der Vorkenntnisse des problemlösenden Systems beachtet werden. Für ein Individuum, das alle Übergänge kennt, kann keine Information mehr von Wert sein; ein Individuum, dem „eh alles Wurst" ist, kennt keine wertvollen Informationen. Der Wert einer Information ist natürlich nicht identisch mit dem Wert einer Situation, wenngleich hier manche Bezüge bestehen.

14. Überlegung

Es erscheint zweckmäßig, in jedem der einzelnen technischen Individuen eine *informationelle Markierung* „Ich" zu benutzen. Mit ihrer Hilfe wird es beispielsweise ermöglicht, daß solche Details der Verhaltensnorm unterschieden werden, welche auf eigenen Erfahrungen beruhen, und solche Details der Verhaltensnorm, welche von fremden Individuen mitgeteilt wurden und die hinsichtlich ihrer Glaubwürdigkeit und Verträglichkeit mit den anderen Bereichen der eigenen Verhaltensnorm kritisch betrachtet werden müssen.

Diese informationelle Markierung des „Ich" ist immer dann ratsam, wenn Veränderungen im technischen Individuum erfolgen: Es muß deutlich unterschieden werden zwischen solchen Veränderungen, die das Individuum — beispielsweise im Vollzug der Selbstorganisation — selbst bewirkt, und Eingriffen, welche die Außenwelt im Individuum bewirkt und die möglicherweise durch geeignete Gegenaktionen der Effektoren verhindert werden müssen.

Die informationelle Markierung des „Ich" ermöglicht auch die Feststellung: Die von den Rezeptoren gemeldete Relativbewegung der Außenwelt ist keine tatsächliche Bewegung der Außenwelt, sondern „ich" bewege mich ja mit Hilfe meiner Effektoren in dieser Außenwelt, und diese Außenwelt ruht tatsächlich. Kurzum, die Einführung der informationellen Markierung „ich" ist zweckmäßig, um bei der Kommunikation und dem Verhalten in der Außenwelt zu unterscheiden, vor allem zwischen

dem „ich",
den anderen „ichs" und
der sonstigen Außenwelt.

15. Überlegung

Die Funktionen der technischen Individuen, z. B. „Verhalten" oder „Kommunikation", „Lernen ohne Lehrer", „Problemlösen", die Verfeinerung des Wertsystems, die Ordnung des Erfahrungsspeichers usw. müssen in eine solche zeitliche und räumliche Ordnung gebracht werden, daß die Gesamtfunktion optimal abläuft. Nicht zu vergessen auch die Übertragung des Inhaltes des Erfahrungsspeichers an den fernen Auftraggeber.

Diese *Ordnungstätigkeit* setzt eine *übergeordnete Instanz* voraus, welche jederzeit über den Zustand des Gesamtsystems und seine internen und externen Wechselwirkungen unterrichtet ist. Diese übergeordnete Instanz muß auch besorgen, daß die Speicher regelmäßig „entrümpelt" werden, also beispielsweise solche Erfahrungen gelöscht werden, die schon sehr lange nicht mehr benutzt wurden. Vorsicht wird man beim Löschen dort walten lassen, wo es um existenzgefährdende Erfahrungen geht.

Durch diese Überlegungen wurden die Eigenschaften des technischen Systems Stück um Stück, gewissermaßen in linearer Folge, beschrieben. Die tatsächliche Funktion des Systems setzt aber später beschriebene Funktionen zur Ermöglichung früher beschriebener Funktionen schon voraus. Die Gesamtfunktion entspricht also nicht einer linearen Folge, sondern vielmehr einer vielfach vermaschten Struktur. Möglicherweise ist es das schwierigste Problem des ganzen Vorhabens, die verschiedenen Teilfunktionen, die sich gegenseitig bedingen, zur *Konvergenz* zu bringen, so, daß sich also eine organische, sinnvolle und den Auftrag erfüllende Gesamtfunktion ergibt.

Das Zusammenspiel der technischen Individuen wird vermutlich manche Analogien zu Erfahrungen der Gruppenpsychologie aufweisen.

Schlußbemerkung

Bei dieser technischen Fiktion wurden absichtlich diejenigen Probleme außer acht gelassen, die sich mit der materiellen Selbstkorrektur befassen. Die technische Fiktion sollte auch auf solche Fragen beschränkt bleiben, die vermutlich innerhalb der nächsten zwei Jahrzehnte in der Sichtweite der technischen Praxis liegen.

17. Kapitel

Kybernetik und Organisation

Was ist Organisation?

In der Biologie versteht man unter „Organisation" die den Lebensanforderungen entsprechende Gestaltung und Anordnung der Teile (Organe) eines Lebewesens.

Eine Erklärung vom Standpunkt des Betriebswirts findet sich bei H. BLOHM [11]:

> Die *Organisation* ist der Rahmen des betrieblichen Geschehens, die methodische Zuordnung von Menschen und Sachdingen, um den zielorientierten Handlungsvollzug im Betrieb zu sichern. Unter *Organisation* wird sowohl eine Tätigkeit — besser wäre es, hier von „Organisieren" zu sprechen —, als auch das Ergebnis dieser Tätigkeit, die vollendete Zuordnung verstanden.

Für die folgenden Überlegungen sei „Organisation" folgendermaßen erklärt:

> Unter *Organisation* wird einerseits die Herstellung und andererseits die Erscheinungsform einer zur Erreichung eines vorgegebenen Zweckes zusammenwirkenden Menge von Menschen und/oder Sachen verstanden.

17. Kybernetik und Organisation

Bei dieser Erklärung des Begriffes „Organisation" dürfte die Unterscheidung zwischen Herstellung und Erscheinungsform zwar logisch notwendig, praktisch jedoch nicht immer durchführbar sein. Da Organisationen im Regelfall nicht starr sind, sondern wie lebende Organismen sich den ständig wechselnden Außenweltbedingungen anpassen müssen, ist die Abgrenzung zwischen Herstellung und Erscheinungsform fließend. Eine lebende Organisation ist in dauernder Veränderung begriffen, in ihrer jetzigen Erscheinungsform steckt latent ihre zukünftige.

Diese Erklärung für „Organisation" soll für die verschiedensten Spielarten anwendbar sein, also beispielsweise für betriebliche Organisationen, für militärische Organisationen, wissenschaftliche Organisationen und schließlich auch für staatliche Organisationsformen.

Gemeinsam ist all diesen Organisationen, daß sie eine angebbare Menge von Menschen und Sachen umfassen und diese innerhalb der Organisation in irgendwelche funktionale Beziehungen treten. Was eine „Organisation" im eigentlichen Sinne von einem unorganisierten Beisammensein derselben Menschen und Sachen unterscheidet, ist die Tatsache, daß ihre funktionalen Beziehungen nicht zufällig sind (wie z. B. die Bewegungen der Moleküle innerhalb eines Gasvolumens), sondern der Erfüllung eines vorgegebenen Zweckes dienen (so wie beispielsweise die Bewegungen der Ameisen in einem Ameisenstock). Zweifellos kann eine angebbare Menge von Menschen und Sachen, die in funktionalen Beziehungen stehen, dem vorgegebenen Zwecke mehr oder weniger erfolgreich dienen. Man kann mit begrenzten personellen und sachlichen Mitteln auch bei bester Organisation nur eine endliche Wirkung erzielen. Andererseits ist es aber bei schlechter Organisation möglich, eine geringere als die optimale Wirkung (im Sinne des vorgegebenen Zweckes) zu erzielen. Den Grenzfall gänzlicher Unwirksamkeit stellt die „Parkinson'sche" Organisation dar [74], deren funktionale Beziehungen in gegenseitige Beschäftigung ausarten und keinem vorgegebenen äußeren Zwecke mehr dienen. Vielleicht wird die zukünftige Entwicklung der Organisationswissenschaften dazu führen, daß die von einer realen Organisation veranlaßte Wirkung rechnerisch ins Verhältnis gesetzt werden kann zur Optimalwirkung der idealen Organisation und damit ein quantitatives Maß für die „Effizienz" einer Organisation angegeben werden kann. Dieser Begriff „Effizienz" hat sicher eine gewisse Verwandtschaft mit den betriebswirtschaftlichen Begriffen „Produktivität", „Wirtschaftlichkeit" und „Rentabilität". Er ist mit jenen sicher nicht identisch, wie folgendes Beispiel zeigen möge: Eine Tankstellenorganisation hätte vor 100 Jahren sicher keine Wirtschaftlichkeit oder Rentabilität ergeben, auch bei bester Organisation, auch bei 100%iger Effizienz. Andererseits zeigt der Augenschein, daß günstige Konjunktursituationen dazu führen, daß auch Unternehmungen mit unvorstellbar schlechter Organisation eine merkbare Rentabilität besitzen. Es muß demnach zur Bestimmung der „Effizienz" die von einer realen Organisation in einer fixierten Außenwelt veranlaßte Wirkung rechnerisch ins Verhältnis gesetzt werden zu der Wirkung, die eine ideale, beste Organisation in derselben Außenwelt hätte. Wenn man ein solches Maß für die Effizienz hätte, so könnte man Organisationen vergleichen, so wie man beispielsweise Dampfmaschinen nach ihrem Wirkungsgrad vergleichen und solche wegwerfen kann, die den gegenwärtigen Möglichkeiten nicht mehr entsprechen. Wenn es auch hier sicher nicht möglich ist, für diesen Begriff „Effizienz" eine befriedigende Erklärung zu geben, so möge doch das Bedürfnis nach einer solchen Erklärung ausgesprochen werden.

Kybernetik und Organisation

Kybernetik hat zwei Erscheinungsformen:

> Einerseits Sammlung von *Denkmodellen,*
> andererseits Nutzung *technischer Mittel.*

Organisation hat ebenfalls zwei Erscheinungsformen:

> Einerseits *Herstellung* einer zur Erreichung eines vorgegebenen Zweckes zusammenwirkenden Menge von Menschen und/oder Sachen,
> andererseits *Erscheinungsform* einer solchen Gesellschaft.

Wenn man das außerordentlich weitgespannte Thema „Kybernetik und Organisation" nicht gänzlich aus dem Griff verlieren will, dann muß man demnach wohl vier Relationen unterscheiden (Bild 127):

a) Anwendung kybernetischer Denkmodelle zur Ermittlung optimaler Organisationsformen.

Wenngleich wir von einer geschlossenen Organisationstheorie sicher noch sehr weit entfernt sind, so dürfte deren zukünftige Entwicklung durch folgendes Programm zu kennzeichnen sein:

> Die Eigenschaften der Menschen und Sachen, welche die geplante Organisation bilden sollen, müssen so präzise als möglich erforscht und quantitativ fixiert werden. Hierbei werden viele Eigenschaften nur durch Wahrscheinlichkeitsaussagen erfaßt werden können.
> Dann muß der Zweck der Organisation („Zielfunktion") präzise angegeben werden. (Dies ist viel weniger trivial, als zunächst scheinen könnte. Beispielsweise wäre der vorschnell angegebene Zweck eines Unternehmens, es möge im kommenden Jahr ein Maximum an Gewinn abgeben, möglicherweise die sicherste Methode, das Unternehmen zugrunde zu richten.) Aus den nunmehr als bekannt vorausgesetzten Eigenschaften der Menschen und Sachen (welche die geplante Gesellschaft bilden sollen), und aus dem präzise angegebenen Zweck der Gesellschaft wird die optimale Organisation kombinatorisch ermittelt.
> Hierbei tritt als Unbekannte die zukünftige Außenwelt auf. Man wird im Regelfalle den Nutzen der Organisation in einer speziellen

17. Kybernetik und Organisation

Außenweltsituation mit der Wahrscheinlichkeit bewerten, daß diese spezielle Außenweltsituation eintritt und diejenige Organisationsform bevorzugen, bei welcher der solchermaßen gewichtete und aufsummierte Nutzen ein Maximum wird.

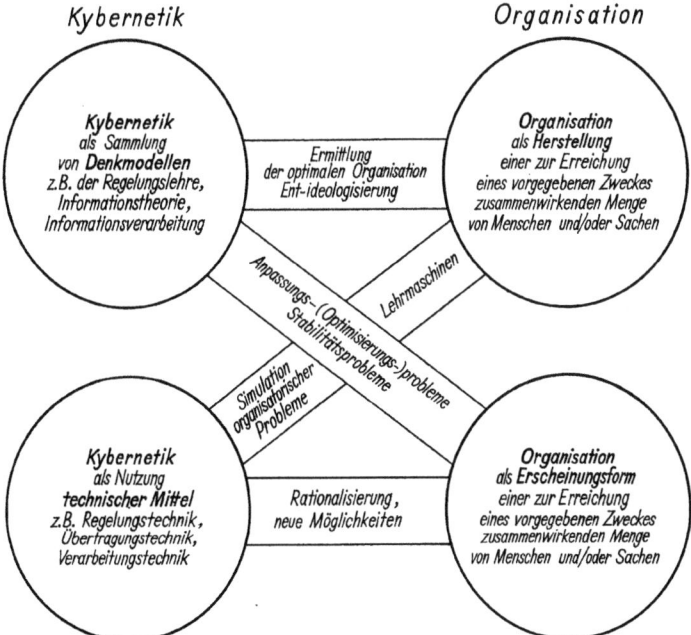

Bild 127. Die vier Beziehungen „Kybernetik und Organisation"

Ein solches Vorgehen zur Ermittlung optimaler Organisationsformen steht in einem gewissen Gegensatz zu den mehr durch Tradition bestimmten Methoden des Organisierens, wie sie auch heute noch meist angewandt werden.
Diese zukünftigen Methoden des Organisierens werden in der Gegenwart an einfachsten Problemen vorbereitet:
Erinnert sei beispielsweise an das Problem des kürzesten Rundreisewegs. Hier soll ein Reisender eine Anzahl vorgegebener, über das Land verteilter Orte besuchen. Die Frage ist, durch welche Reiseroute läßt sich dies bei minimalem Reiseweg ermöglichen? Dieses Problem kann entweder durch Anwendung von „Entfernungsmatrizen" oder grafisch gelöst werden [16, 44, 45, 54, 68, 94, 112]. Eine neuere Lösung des Rundreiseproblems unter Verwendung der Methoden des dynamischen Programmierens stammt von R. BELLMAN [7].

Ein anderes Beispiel ist das sogenannte Warteschlangenproblem. An einem Knotenpunkt, z. B. Fahrkartenschalter, treffen in statistischer zeitlicher Folge Reisende ein und sollen abgefertigt werden. Wie lang wird die Warteschlange? Welche Zeit müssen die Reisenden im Durchschnitt warten? Eng verwandt mit diesem Problem ist die Abwicklung von Ferngesprächen in Vermittlungsämtern [4, 17, 20, 38].
Als drittes Problem sei die optimale Lokalisation einer Betriebsfiliale erwähnt. Hier soll innerhalb einer vorgegebenen Ansammlung von Ortschaften und damit potentiellen Kunden der günstigste Standort für eine Betriebsfiliale ermittelt werden. Zu berücksichtigen sind dabei die existierenden oder geplanten Verkehrsverbindungen, Standorte konkurrierender Betriebe usw.
Diese Beispiele lassen erkennen, daß schon heute eine Reihe mathematischer Denkmodelle dem Organisieren dienen.
Eine andere Relation zwischen Kybernetik und Organisation ist gekennzeichnet durch die

b) Anwendung kybernetischer Denkmodelle zur Herbeiführung optimaler Funktion existierender Organisationen.

Hier sind vor allem die Methoden der Produktions- und Investitionsplanung zu erwähnen. Zu diesem Problemkreis, nämlich der Anwendung kybernetischer Denkmodelle zur Herbeiführung optimaler Funktion existierender Organisationen, gehört der ganze Komplex der Anpassungs- und Stabilitätsprobleme.
Die dritte Relation zwischen Kybernetik und Organisation ergibt sich aus der

c) Anwendung kybernetischer Technik zur Herstellung optimaler Organisationsformen. Hier ist beispielsweise auf die Simulation organisatorischer Probleme auf Rechenautomaten hinzuweisen, weiterhin an die Anwendung technischer Hilfsmittel zur Ausbildung der an der Organisation beteiligten Menschen, also der Bereich der sogenannten „Lehrmaschinen" (siehe 8. Kapitel) zu erinnern.
Die vierte Relation zwischen Kybernetik und Organisation ergibt sich aus der

d) Anwendung kybernetischer Technik zur Herbeiführung optimaler Funktion existierender Organisationen.

Hier ist an den großen Bereich der Rationalisierungsmethoden durch technische Hilfsmittel zu erinnern, z. B. an die Anwendung von Melde- und Kommandosystemen, von Buchhaltungs- und Rechenautomaten.
Aus der so großen Menge möglicher Beispiele sei hier stellvertretend für viele das Problem der Dokumentation herausgegriffen:
Bild 128 zeigt schematisch den Ablauf eines Dokumentationsvorganges am Beispiel einer Zeitschriften-Dokumentation. Man kann zweckmäßigerweise zwei Phasen unterscheiden: Erfassung und Nachweis.
Eingehende Dokumente müssen zunächst klassifiziert werden. Ein Sachbearbeiter sucht in jeder Arbeit nach charakteristischen Stichwörtern. Hierbei wird ein Klassifikationsschema zugrundegelegt, in dem

17. Kybernetik und Organisation

synonyme Bezeichnungen meist unter einem gemeinsamen Oberbegriff zusammengefaßt sind. Diesen Oberbegriffen, die auch als „Sachverhalte" oder „Deskriptoren" bezeichnet werden, sind Nummern zuge-

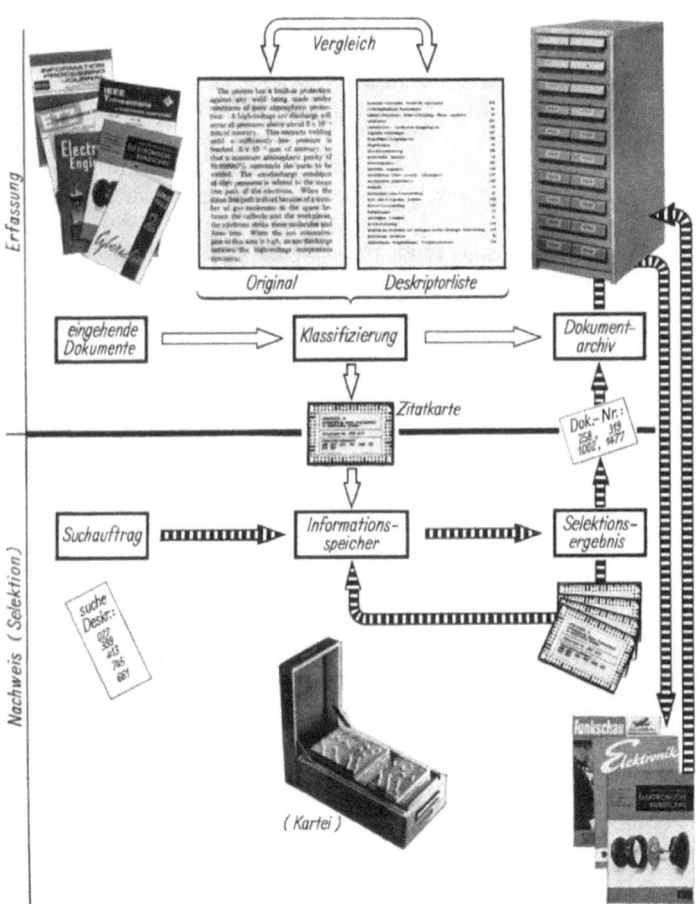

Bild 128. Schematischer Ablauf des Dokumentationsvorgangs

ordnet. Der Sachbearbeiter stellt die Nummern zutreffender Deskriptoren fest und trägt sie auf eine Zitatkarte ein. Diese Zitatkarte und das Originaldokument erhalten ferner eine übereinstimmende Dokumentnummer. Auf der Zitatkarte werden normalerweise auch die bibliographischen Angaben des betreffenden Aufsatzes vermerkt. Verwendet man z. B. Handlochkarten als Zitatkarten, so werden alle interessanten Angaben nach einem bestimmten Code durch Randkerbungen verschlüsselt. Das Originaldokument (oder eine Mikrokopie) kommt unter der festgelegten Dokumentnummer in das Archiv, die Zitatkarte wird in den Informationsspeicher (z. B. eine Kartei) aufgenommen. Damit ist die *Erfassung* des betreffenden Dokumentes abgeschlossen.

Benötigt man Literatur über ein bestimmtes Sachgebiet, so wird ein Suchauftrag durch Angabe von Deskriptornummern formuliert. Aus dem Informationsspeicher werden solche Zitatkarten ausgewählt, auf denen die gesuchten Deskriptoren vermerkt sind. Bei Verwendung von Handlochkarten kann dies durch Einstecken und Hochheben von Nadeln geschehen. Man notiert sich die Dokumentnummern der nachgewiesenen Zitate und kann dann im Dokumentarchiv die benötigten Arbeiten finden *(Nachweis, Selektion)*.

Dokumentationsvorgänge werden neuerdings mit automatischen Mitteln bewältigt. Es wurden Methoden für die Automatisierung des Nachweis-Vorganges entwickelt und entsprechende Anlagen aufgebaut. Eine Möglichkeit ist die folgende: Der Suchauftrag wird über die Tasten eines Bedienungspultes eingegeben. Der Informationsspeicher ist ein Großraumspeicher mit Magnetscheiben oder Magnetbändern. Bei der Selektion besteht das Problem darin, eine Information nicht — wie bei einem Rechenautomaten — aufgrund einer Speicheradressen-Angabe zu finden, sondern aufgrund direkter Merkmale der gesuchten Information, nämlich der Deskriptornummern. Das Selektionsergebnis wird über einen Druckerplatz ausgegeben.

Auch bei der Ausgabe von Dokumenten, deren Archivnummern nachgewiesen wurden, haben sich automatische Methoden durchgesetzt, ganz abgesehen von Förderbändern, Aufzügen u. ä. Als Beispiel sei ein Gerät genannt, in dem Miniaturaufnahmen der Dokumente photographisch gespeichert sind [128]. Nach Eingabe der Dokumentnummer über eine Tastatur erscheint auf einem Bildschirm die erste Seite des gewünschten Dokumentes. „Umgeblättert" wird durch Tastendruck.

Neuerdings versucht man, den Klassifikationsvorgang automatisch durchzuführen. Daß man dabei nicht so vorgehen kann, die in einem Text vorkommenden Wörter einfach zu zählen und dann die mit der größten Häufigkeit auftretenden Fachwörter als charakteristisch für den Inhalt des Textes anzusehen, sei an folgendem Beispiel gezeigt: In Veröffentlichungen über irgendwelche elektronischen Schaltungen werden die Begriffe „Widerstand", „Kondensator", „Wirkungsweise" usw. meistens viel häufiger vorkommen als die für den Inhalt tatsächlich charakteristischen Begriffe. Ferner sprechen stilistische Eigenarten der Autoren gegen die Anwendung eines einfachen Zählverfahrens. Von H. FRANK stammt der Vorschlag, die Einzelwörter einer bestimmten Anzahl von Veröffentlichungen verschiedener Autoren auszuzählen und nach ihrer Häufigkeit in eine Rangordnung zu bringen [26]. Relativ häufig vorkommende Begriffe (Widerstand usw.) werden in diesem sogenannten Mischtext eine ziemlich niedrige Rangnummer einnehmen. Vergleicht man nun einen Einzeltext mit diesem Mischtext, indem man die Wortrangfolgen beider Texte einander gegenüberstellt, dann zeigt sich, daß charakteristische Begriffe des Einzeltextes eine relativ niedrigere Rangnummer haben als im Mischtext.

Wirkungen zukünftiger kybernetischer Technik auf Organisationen

Wenn bisher von der Nutzung technischer Mittel gesprochen wurde, so war im wesentlichen die Nutzung gegenwärtig existierender technischer Mittel gemeint. Die Möglichkeiten der kybernetischen Technik sind jedoch keinesfalls erschöpft, sondern sie sind in einer geradezu atemberaubenden, geradezu explosiven Entwicklung begriffen.
Wenn unsere Überlegungen nicht nur Momentaufnahmen darstellen, sondern auch erfassen sollen, welche zukünftigen Wirkungen die kybernetische Technik auf Organisationen haben wird, dann müssen wir fragen, wie diese Technik sich in den nächsten Jahrzehnten weiterentwickeln wird.
Zukünftige technische Systeme werden zweifellos kleiner, billiger, schneller, zuverlässiger und leichter zu bedienen sein als die gegenwärtig existierenden.
In spätestens zwei Jahrzehnten wird es möglich sein, den automatischen Systemen auch normale geschriebene oder gedruckte Texte einzugeben. Beispielsweise damit sie Kurzfassungen von Aufsätzen oder Übersetzungen in andere Sprachen erstellen (siehe 9. Kapitel).
In einigen Jahrzehnten werden Automaten auch die gesprochene Sprache erkennen und Protokolle erstellen oder hörbare fremdsprachige Übersetzungen erzeugen (siehe 12. Kapitel).
Die Entwicklung lernender Automaten wird zu einem ganz neuen Stil der Automatenanwendung führen (siehe 10. Kapitel). Der Benutzer wird nicht mehr in mühevoller Programmierungsarbeit dem gänzlich stupiden Automaten jede Trivialität vorschreiben, sondern er überläßt es weitgehend dem Automaten, wie er am besten ein gegebenes Problem löst.
Die zukünftige Entwicklung der Informationsübertragungstechnik dürfte zu beträchtlichen Veränderungen der menschlichen Kommunikationsformen führen. Wenn durch die Entwicklung neuer Übertragungssysteme die Übertragung von Fernsprech- und Fernsehsignalen wesentlich ökonomischer wird und die Möglichkeiten der Konferenzschaltungen für Hören und Sehen genutzt werden, dann kann manche Konferenz per Distanz durchgeführt werden. Dies um so mehr, als wir immer schrecklicheren Verkehrsverhältnissen entgegengehen.
Ein wichtiges Ziel der Informationsverarbeitungstechnik ist die „Informationsbank". Darunter sei ein Dokumentationssystem verstanden, bei welchem die Aufbereitung der eingespeicherten Informationen ebenso wie deren Abfrage hochgradig perfektioniert wird.

Juristische Probleme der Automatenanwendung

Für die zukünftige Entwicklung dürfte es typisch sein, daß Funktionen, die bisher von Menschen ausgeführt wurden, von Automaten übernommen werden. Hierfür ist der Ersatz eines Verkehrsschutzmannes durch eine Verkehrssignalanlage ebenso typisch wie der Ersatz eines Beamten durch einen Rechenautomaten bei der Erstellung von Rentenbescheiden. Diese Umstellung von menschlichen auf automatische Systeme wirft eine Reihe rechtlicher Probleme auf [129].

Zunächst ist festzustellen, daß zwar die Fehlerrate technischer Systeme um viele Zehnerpotenzen besser als diejenige von Menschen ist, es jedoch kein technisches System gibt, dessen korrekte Funktion absolut sicher ist. Stets wird durch unkontrollierbare Effekte im Automaten, wie z. B. Wärmerauschen oder durch Umwelteinflüsse, wie z. B. Schwankungen der Versorgungsspannung oder auch die Alterung des Automaten eine von Null verschiedene Wahrscheinlichkeit für unkorrekte Funktion bestehen. Außerdem muß der Fall einer mangelhaften Konstruktion in Betracht gezogen werden. Kennzeichnend für Automaten ist es demnach, daß fehlerfreie Funktion zwar sehr wahrscheinlich, aber nie sicher ist.

Für die Reaktion der verschiedenen Organisationen auf Fehlfunktionen menschlicher Mitarbeiter haben sich gewisse Normen herausgebildet. Typisch hierfür sind die juristischen Normen bis hin zu den Strafgesetzbüchern, in welchen festgelegt ist, welche „Fehlfunktion" mit welcher Strafe belegt wird. Es ist nun bemerkenswert, wie ganz unterschiedlich Fehler beurteilt werden, die Automaten „verursachen" und Fehler, die Menschen „verursachen". Als Beispiel stellen wir uns vor, eine Verkehrssignalanlage gebe infolge eines inneren Fehlers zwei kollidierende Fahrstraßen gleichzeitig frei, so daß durch Zusammenstöße personeller und materieller Schaden entsteht.

Genau denselben Effekt kann ein Verkehrsschutzmann durch eine kurzfristige Unkonzentriertheit oder mehrdeutige Verhaltensweise erzielen. Unsere Beurteilung dieses Vorganges wird in den beiden Fällen ganz verschieden sein:

Macht der Mensch einen Fehler, dann halten wir ihn selbst dafür verantwortlich und erlegen ihm irgendwelche Nachteile auf.

Macht der Automat einen Fehler, dann forschen wir nach der Ursache der Fehlfunktion. Rührt sie von Herstellungsfehlern, dann geben wir dem Hersteller des Automaten die Verantwortung und wälzen die durch die Fehlleistung entstandenen Schäden auf ihn ab. Rührt die Fehlleistung jedoch von einer falschen Bedienung, z. B. durch einen Beamten, dann machen wir diesen für die Fehlleistung verantwortlich und erlegen ihm Nachteile auf.

Es besteht demnach in unserer gegenwärtigen Praxis ein wesentlicher Unterschied in der Beurteilung einer Fehlleistung bei Automat und Mensch.

Diese kann kurz so ausgedrückt werden:

> Bei der Ermittlung der Verantwortung für eine Fehlleistung kann das letzte Glied niemals ein Automat sein, es muß immer ein Mensch sein.

Es erhebt sich jedoch die Frage, ob diese Unterscheidung in Zukunft wird aufrechterhalten werden können, insbesondere dann, wenn in immer größerem Umfang die menschliche Einwirkung durch die von Automaten ersetzt sein wird. Beispielsweise in dem Falle, daß die beanstandete Fehlfunktion von einem Automaten rührt, der selbst wieder von einem anderen Automaten hergestellt oder programmiert wurde. Man wird dann nur noch in ganz einfachen Fällen die Fehlfunktion auf eine menschliche Einwirkung zurückführen können. Im Regelfalle wird die Beurteilung zu dem Ergebnis kommen, daß die Fehlleistung auf verschiedene Ursachen mit unterschiedlicher Wahrscheinlichkeit zurückgeführt werden kann. Damit erhält der Begriff der „Verantwortung" natürlich einen stark modifizierten Gehalt.

Diese Problematik wird besonders deutlich, wenn wir eine These von F. BAUER [111] betrachten:

> „Schuld setzt die Freiheit des Willens voraus; diese aber ist wissenschaftlich nicht erweislich."

Wird diese These als richtig akzeptiert, so kann auch ein Mensch keine „Verantwortung" im Sinne der Schuld tragen, für seine Fehlleistungen ist nicht er selbst verantwortlich, sondern seine Eltern, seine Lehrer und schließlich das Milieu, in dem er aufwuchs. Da nun aber seine Eltern, Lehrer und Mitmenschen nun eben wieder Menschen sind, die nach obiger These keine Schuld haben können, ist die Schuld wegeliminiert. Es bleibt jedoch die Fehlleistung.

Es scheint, daß die allzu naheliegende Auslegung der obigen These zu recht unpraktischen Konsequenzen führt. Im Interesse einer Praktikabilität sollte man m. E. die Schuld nicht durch die Realität oder Irrealität des freien Willens begründen, sondern einfach und pragmatisch postulieren, daß bestimmte Fehlleistungen mit bestimmten Nachteilen quittiert werden. Ob dieser Tatbestand dann mit dem Terminus „Schuld" identifiziert wird, ist von untergeordneter Bedeutung. Das Postulat: „Bestimmte Fehlleistungen werden mit bestimmten Nachteilen quittiert" ist m. E. sowohl für die Verhaltenssteuerung von Menschen als auch für die Verhaltenssteuerung von Automaten durchaus anwendbar. Die Problematik liegt lediglich in der Definition der „Nachteile". Welche „Nachteile" kann ein Automat erleben, der keine Müdigkeit kennt, der beispielsweise den Entzug der Stromversorgung mit Nichtfunktionieren beantwortet? Es scheint zunächst ganz hoffnungslos, einen Automaten „erziehen" zu wollen, sei es durch noch so drakonische Strafen.

Es ist zu vermuten, daß diese Situation durch die weitere Entwicklung der lernenden Automaten verändert wird. Bisherige Automaten hatten ja ein weitgehend starres Verhaltensschema, das meist durch das vorgegebene Programm bestimmt war. Zukünftig mögliche Automaten werden ihr Niveau intellektueller Leistung durch Informationsaustausch mit der Außenwelt verbessern, das heißt sie werden lernen. Der Lernvorgang wird notwendigerweise dazu führen, daß bestimmte Informationen von der Außenwelt „lustbetont" und andere „unlustbetont" sein werden.

Automaten, welche solche inneren Funktionen besitzen, können dann genauso erzogen werden wie Menschen. Für sie ist die Anwendung obiger These, nämlich, daß bestimmte Fehlleistungen mit bestimmten Nachteilen (Unlust-Informationen) quittiert werden, möglich.

Obwohl solche Automaten keinesfalls indeterminiert arbeiten müssen (jedoch können!), also sicher nicht das haben, was man auch bei großzügiger Auslegung einen „freien Willen" nennen könnte, sollte man m. E. diese lernfähigen Automaten mit dem Begriff „Schuld" konfrontieren, und zwar deshalb, weil anpassungsfähige Systeme, seien es nun Menschen oder lernfähige Automaten, gezwungen werden müssen, Nachteile zu erleiden, wenn ihre Funktionen im Sinne erkennbarer Normen Fehlleistungen darstellen. Zweckmäßiger als die obige BAUERsche These und für Automat und Mensch anwendbar scheint die folgende zu sein:

„Schuld" besteht in einer möglichen, jedoch nicht erfolgten Anpassung an vorgegebene Normen.

Es scheint weder im Falle des Menschen noch im Falle des lernfähigen Automaten sinnvoll, die Nachteile unnötig weiter auf frühere Ursachen (z. B. Eltern, Lehrer, Mitmenschen) zurückzuführen, wenn die Anordnung angemessener Nachteile eine Verhaltensänderung näherliegender Systeme ermöglicht.

In der Sprache der Kybernetik heißt dies, daß der das Verhalten korrigierende Regelkreis (Fehlleistung, Strafe, Verhaltensänderung) möglichst wenige Glieder umfassen soll. Wenn der Kausalnexus zwischen Fehlfunktion und Verantwortung durch anpassungsfähige Systeme *hindurch* geführt wird, dann dürfte der Anreiz zu normgerechtem Verhalten stark abgeschwächt sein.

Wenn Funktionen, die bisher durch Menschen ausgeführt wurden, in zunehmendem Maße von Automaten übernommen werden, dann entsteht die Gefahr, daß der am Rechtsideal orientierte Verwaltungsbeamte mehr und mehr durch den mit ganz anderen Prämissen ans Werk gehenden Ingenieur ersetzt wird [129]. Diese Entwicklung ist zweifellos unerwünscht, sie liegt sicher auch nicht im wohlverstandenen Interesse der Ingenieure. Wenn dieses Problem sinnvoll gelöst werden soll, dann muß die Zusammenarbeit zwischen Ingenieuren und Juristen wesentlich verbessert werden. Beide Seiten müssen versuchen, die Problematik der anderen Seite zu verstehen. Hierzu ist erste Voraussetzung, daß beiderseits eine verständliche Sprache gesprochen wird.

Sicher wird es unvermeidlich sein, daß die Juristen ein sehr viel höheres Maß von logischer, mathematischer und technischer Vorbildung vermittelt erhalten, so daß sie den Ingenieuren wenigstens präzise Aufgaben stellen können. Es gibt glaubhafte Anekdoten, daß Rechtsverordnungen jahrelang praktiziert wurden, bevor sich beim Programmieren für Automaten herausstellte, daß diese Verordnungen in sich logisch widersprüchlich waren. Die zukünftige Anwendung kybernetischer Technik im Bereich der Organisationen, insbesondere der staatlichen Verwaltung, wird mit Sicherheit dazu führen, daß die Verantwortlichen ein höheres Maß von Verständnis für kybernetische Probleme aufbringen müssen. Juristische Perfektion reicht nicht aus, eine hochtechnisierte Gesellschaft optimal zu organisieren.

Als typisches Beispiel dafür, wie die verständnisvolle Zusammenarbeit zwischen Organisatoren und Ingenieuren zu beiderseits befriedigenden Ergebnissen führt, sei das „Informatik-System Quelle" erwähnt, das die Firma Standard Elektrik Lorenz AG im Jahre 1957 in einem Großversandhaus installierte (Bild 53). Es diente zur Automatisierung des Bestell-, Abrechnungs- und Inventurwesens und bewältigte Arbeitsspitzen, für die früher etwa 1200 Menschen gebraucht wurden, mit nur etwa 400 Menschen. Die erfolgreiche Konstruktion und Installation dieses Großgeräts war nur deshalb möglich, weil ein Team von Organisationsspezialisten und Ingenieuren mehrere Jahre lang mit wissenschaftlicher Akribie die organisatorischen Zusammenhänge und technischen Möglichkeiten analysierten. Hierbei muß nicht nur die Organisationsform vor und nach der Installation der Geräte untersucht werden, sondern auch eine Möglichkeit des Übergangs vom nicht automatisierten zum automatisierten Betrieb.

18. Kapitel

Presse und Kybernetik

Presse und Kybernetik haben manches gemeinsam:
    Beide beschäftigen sich mit Information,
    beide sind typische Komponenten unserer Kultur,
    beide sind oft Ziel überheblicher Kritik, und
    beide entwickeln sich trotzdem mit erstaunlicher Vitalität.

Es ist deshalb wohl angebracht, über die Beziehungen zwischen Presse und Kybernetik nachzudenken. Dies um so mehr, als das gegenseitige Verständnis bisher unzulänglich war.

18. Presse und Kybernetik

Während die Presse auf Grund ihres ehrwürdigen Alters von der Öffentlichkeit mindestens als unvermeidbares Übel hingenommen wird, löst das Wort „Kybernetik" im „öffentlichen Bewußtsein" noch keine klare Vorstellung, wohl aber oftmals Abwehrreaktionen aus. Was unter Kybernetik zu verstehen sei, ist meist ebenso unklar wie die Frage, ob das neue Wort „Kybernetik" überhaupt notwendig ist. Kompliziert wirkt, daß die Kybernetik schon als Baby mitten hinein in den Kern weltanschaulicher Auseinandersetzungen geraten ist und sich auf der einen Seite vor eigennützigen Freunden hüten und auf der anderen Seite gegen philosophische und politische Verdächtigungen wehren muß.

Kybernetische Technik als Hilfsmittel der Verlagsarbeit

Für die praktische Arbeit der Verlage und Agenturen werden die Hilfsmittel der Informationsübertragungstechnik längst in großem Umfange benutzt. Ohne Fernschreiber und Telefon ist die Tagesarbeit der Journa-

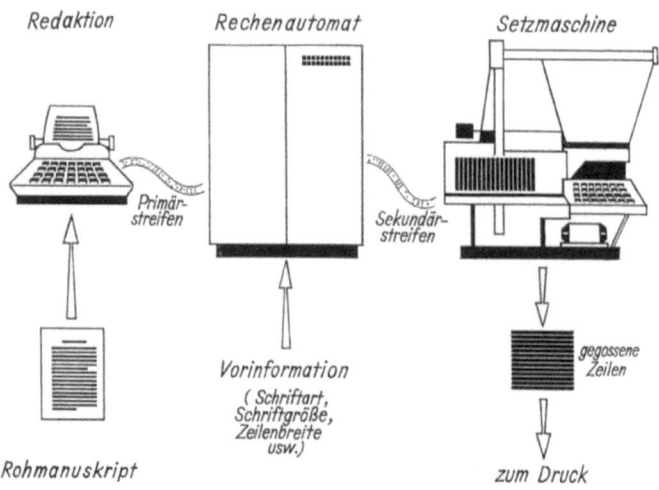

Bild 129. Automatische Setztechnik

listen heute nicht mehr vorstellbar (siehe Bild 27). Die große Bedeutung der kybernetischen Technik für die Praxis der Presse hat neuerdings zur Entwicklung spezieller Verfahren geführt. Im folgenden sei auf die automatische Setztechnik besonders hingewiesen.
Bei ihr wird angestrebt, den menschlichen Setzer durch Automaten zu ersetzen. Das Prinzip sei durch Bild 129 veranschaulicht.
Mit Hilfe des Fernschreibers und Lochstreifenstanzers (die evtl. räumlich getrennt sein können) wird ein sogenannter Primärstreifen erstellt.

18. Presse und Kybernetik

Dieser Lochstreifen enthält nichts anderes als den Rohtext des zu setzenden Manuskripts. Er wird einem geeigneten Automaten eingegeben. Dieser erhält außerdem noch gewisse Vorinformationen, vor allem über Schriftart, Schriftgröße und Zeilenbreite. Aus Primärstreifen und Vorinformationen erstellt der Rechenautomat den sogenannten Sekundärstreifen. Dieser enthält den ursprünglichen Text in einer solchen Weise aufbereitet, daß die für das Gießen der Zeilen notwendigen Steuersignale bereits eingefügt sind. Es ist also bereits der Ausschluß bewerkstelligt. Dieser Sekundärstreifen wird direkt an die Setzmaschine gegeben. Zur Zeilentrennung werden zwei verschiedene Verfahren angewandt: Einerseits eine Liste der häufigsten Wörter mit Kennzeichnung der möglichen Trennstellen, und andererseits für selten vorkommende Wörter eine Sammlung von Regeln zur Bestimmung der zulässigen Trennstellen. Es wird angegeben, daß bei diesem Vorgehen mehr Trennungen korrekt ausgeführt werden als bei einem menschlichen Setzer. Der ganze Vorgang erfolgt ohne menschliche Mithilfe. Ausgehend von dem in die Fernschreibmaschine gegebenen Rohtext wird also die Setzmaschine vollautomatisch gesteuert. Durch geeignete Zwischengeräte können an denselben Rechenautomaten mehrere Fernschreibgeräte angeschlossen und andererseits können auch mehrere Setzmaschinen bedient werden. Dadurch wird die hohe Funktionsgeschwindigkeit der teuren zentralen Recheneinheit in ökonomischer Weise ausgenützt und auch dafür gesorgt, daß die hochwertigen Setzmaschinen unterbrechungsfrei bedient werden. Als Vorteile dieser Technik werden genannt: Personaleinsparung, raschere Bearbeitung, besseres Schriftbild, höhere Schriftdichte und wendiger Umbruch. Als Nachteile werden die Schwierigkeiten mit den Gewerkschaften genannt, die Umstellungskosten, vor allem die Beschaffung des Rechenautomaten, und schließlich die Abhängigkeit vom störungsfreien Betrieb des Automaten.

Ein anderes Beispiel kybernetischer Technik ist in der Anwendung der Dokumentationssysteme zu sehen. Hier möchte man durch technische Geräte etwa diejenige Aufgabe lösen, die ein guter Archivar leistet: Nämlich nach Nennung einiger Stichwörter Auskunft darüber haben, wo Informationen über ein interessierendes Problem zu finden sind. Es geht hier also nicht darum, ein Dokument bekannter Katalognummer aus dem Archiv in die Hand zu bekommen, sondern vielmehr darum, aufgrund eines nur durch Stichwörter gekennzeichneten Problems ein bestimmtes Dokument überhaupt als hierzu gehörig zu ermitteln. Diese Probleme wurden im 17. Kapitel diskutiert (siehe Bild 128).

Zweifellos werden in Zukunft auch noch ganz andere Verfahren für die Arbeit der Presse Bedeutung gewinnen. Es sei auf die automatische Sprachübersetzung hingewiesen, die zweifellos erst am Anfang ihrer Entwicklung steht (Bild 130), oder auf die automatische Spracherkennung, die es eines Tages ermöglichen wird, einen gesprochenen Text ohne menschliche Bedienung vollautomatisch niederzuschreiben.

18. Presse und Kybernetik

Was ist „Information"?

Man kann einen Tippzettel am Donnerstag richtig ausfüllen oder am Montag. Tut man es am Donnerstag, dann bekommt man dafür viel Geld, tut man es aber erst am Montag, dann bekommt man dafür nichts. Warum füllen dann nicht alle Leute den Tippzettel am Donnerstag richtig aus, obwohl dies offensichtlich so vorteilhaft ist?

近來發現磁心的開關時間可以縮短，故能用它來做更高速的存儲器了。

Word-for-Word Translatation:
Recently discover/discovery magnetic core (de) switching time possible shorten, therefore use/consume it come make even high speed (de) storage device (le).

Machine Translation
Recently discover switching time of magnetic core possible shorten, therefore possible use it in order to make storage device of even higher speed.

Human Translation
It has been discovered recently that the switching time of magnetic cores can be shortened. They, therefore, can be used to make storage devices of even higher speed.

Bild 130. Sprachübersetzung vom Chinesischen ins Englische
(Nach Unterlagen der Fa. IBM.)
Gegenübergestellt sind: Wort-für-Wort-Übersetzung, automatische Übersetzung und menschliche Übersetzung
(Die chinesischen Wörter „de" und „le" haben im Englischen keine Äquivalente, sie dienen ausschließlich grammatikalischen Zwecken)

Nun, einfach deshalb, weil am Donnerstag die wichtigste Essenz fehlt, nämlich die Information, wie die Spiele ausgehen. Für jedes Spiel kommt eine Null, eine Eins oder eine Zwei in Frage, es gibt also für jedes Spiel drei Möglichkeiten, für zwölf Spiele drei hoch zwölf oder 531 441 Möglichkeiten. Wenn wir die *eine* richtige Kombination von Nullen, Einsen und Zweien am Donnerstag auf unseren Wettschein schreiben, dann gewinnen wir. Die richtige Kombination aus einer endlichen Anzahl von möglichen Kombinationen auswählen zu können, zeichnet den Besitzer von „Information" aus (nicht nur beim Tippschein). Wir können jede beliebige Information durch die „richtige" Auswahl von Buchstaben, Zahlen, Lauten und so weiter kennzeichnen.

Die Suche nach den metaphysischen Hintergründen der „Information" ist wenig fruchtbar. Wir können weder über die Hintergründe dessen, was wir als „Materie" bezeichnen, noch über die Hintergründe dessen, was wir als „Energie" bezeichnen, sinnvolle Aussagen machen. Dasselbe gilt für „Information". Was wir jedoch sinnvollerweise tun können, ist die Angabe gewisser funktionaler Zusammenhänge, die sich mit Hilfe dieser Begriffe, also z. B. „Materie" oder „Energie" beschreiben lassen. Etwa von der Art, daß wir sagen „Bei der Umwandlung von Elektrizität in Wärme bleibt die Energie erhalten". Genauso können wir etwa sagen „Die Informationsmenge in einem Verlagsarchiv ist höchstens gleich der Summe der Informationen, die zeitlich vorher dorthin gebracht wurden". Damit ist natürlich über das Wesen der „Information" recht wenig ausgesagt, lediglich vermutet, daß „Information" quantitativ erfaßt werden kann.

Hierzu müssen wir uns erneut vergegenwärtigen, daß für sie Auswahlvorgänge typisch sind. Dies nicht nur beim Absender der Information, also beispielsweise beim Ausfüller des Tippscheins, sondern auch beim Empfänger der Information. Bild 7 zeigt ein Trickbild (nach F. BARTLETT). Dieses Trickbild soll zeigen, daß für die Informationsübertragung Auswahlvorgänge typisch sind. Normalerweise ist die Auswahl der richtigen Informationen beim Empfänger eindeutig und wird dem Subjekt deshalb nicht bewußt. Nur im Falle eines Trickbildes — wo die Auswahl mehrdeutig ist — wird uns der Auswahlvorgang bewußt.

Die entscheidende Erfindung JOHANNES GUTENBERG's war es, zur Herstellung von Büchern bewegliche, gegossene Lettern zu verwenden. Sein Vorgehen ist geradezu gleichnishaft für die Informationsübertragung: Es muß zuerst ein Repertoire von Typen geschaffen werden, mit welchen Sender und Empfänger dieselbe Bedeutung verbinden; ohne einen Vorrat gemeinsamer Zeichen ist Informationsübertragung unmöglich. Bei der schriftlichen Informationsübermittlung muß der Schreiber Schriftzeichen verwenden, die der Leser „versteht", bei der sprachlichen Übermittlung muß der Sprecher Laute verwenden, die dem Hörer bekannt sind. Wenn Weltraumfahrer irgendwo in Berührung mit intelligenten Wesen gelangen, mit denen sie weder Sprache noch Schrift gemeinsam haben, wie sollen sie sich da verständigen?

Die Notwendigkeit, daß Sender und Empfänger ein Repertoire gemeinsamer Typen besitzen, gilt nicht nur in der untersten Ebene der einzelnen Zeichen. Diese Notwendigkeit besteht auch in den höheren Ebenen der Zeichenhierarchie. Wenn wir zwar vereinbarte Schriftzeichen verwenden, aber daraus Worte oder Sätze bilden, denen der Empfänger keine sinnvolle Bedeutung zuordnen kann, dann ist der Transport der Schriftzeichen so nutzlos, wie wenn wir unbekannte Schriftzeichen verwandt hätten. Daraus folgt, daß die Technik der Massenkommunikation notwendigerweise eine Technik der Simplifikation ist. Ihr dies vorzuwerfen, bewiese nur, daß man das Wesen der Massenkommunikation nicht begriffen hat. Was man den Massenkommunikationsmitteln vorwerfen kann, ist die Anwendung irreführender Stereotypen.

Das Wesen der Information besteht darin, daß sie es erlaubt, aus einer Menge möglicher Kombinationen die eine richtige auszuwählen. Demnach kann sie wohl quantitativ erfaßt, gemessen werden durch diesen Auswahlvorgang. Stellen wir uns beispielsweise vor, das Repertoire bestünde aus zweiunddreißig verschiedenen Lettern. Diese sollen in zweiunddreißig Schachteln enthalten sein. Wir können nun jeweils zwei dieser Schachteln in eine größere Schachtel stecken, von diesen größeren Schachteln wiederum zwei in eine noch größere usf., bis alle zweiunddreißig Einzelschachteln in einer einzigen Kiste enthalten sind. Um aus dieser Kiste eine bestimmte Einzelschachtel auszuwählen, müssen wir insgesamt fünfmal eine Schachtel öffnen und entscheiden, in welcher ihrer beiden Teilschachteln wir weiter auswählen. Um zu der richtigen Letter zu kommen, müssen wir also insgesamt fünf Entscheidungen zwischen zwei Möglichkeiten treffen.

Zeichen, welche die Auswahl zwischen zwei Möglichkeiten bieten, nennen wir „Binärzeichen". Mit einem Binärzeichen kann man zwischen zwei Möglichkeiten auswählen, mit zwei Binärzeichen zwischen vier, mit drei Binärzeichen zwischen acht, mit fünf Binärzeichen zwischen zweiunddreißig und so fort (siehe 3. Kapitel).

Die oben geschilderte Verpackungsart für unsere Lettern ist dann nicht ökonomisch, wenn die verschiedenen Lettern verschieden häufig gebraucht werden. Beispielsweise braucht man die Lettern „E", „R", „N", „A" häufig, dagegen die Lettern „X", „Y" selten. Man kann nun so verpacken, daß man zur Auswahl der häufig gebrauchten Lettern nur wenige Binärzeichen braucht, muß dann allerdings in Kauf nehmen, daß die selten vorkommenden Lettern mehr Binärzeichen erfordern. Wenn die Häufigkeiten des Vorkommens verschieden sind, kann man durch diese Methode im Mittel Binärzeichen einsparen.

Was wir durch dieses Gedankenexperiment gefunden haben, ist, daß wir beliebige Zeichen, z. B. Lettern, durch Binärzeichen codieren können und daß man bei der Suche nach der optimalen Codierung auf die Häufigkeit des Vorkommens achten muß.

Man kann nun ein Zeichenrepertoire im Mittel mit vielen oder mit wenigen Binärzeichen codieren. Wenn man es ungeschickt anstellt, dann kann man unbegrenzt viele verwenden (es gibt keine obere Grenze). Es gibt jedoch eine nicht überschreitbare untere Grenze der zur eindeutigen Codierung im Mittel erforderlichen Binärzeichen. Diese untere Grenze wird als „Informationsgehalt" oder auch „Entropie" einer Informationsquelle bezeichnet. Sie wird gemessen in der Einheit „Bit", das ist eine Abkürzung des englischen „binary digit".

Es gibt nun aber manchmal gute Gründe dafür, mit mehr als der notwendigen Mindestanzahl von Zeichen zu codieren. Man nennt zusätzliche Zeichen in der Informationstheorie „redundante" Zeichen. Sie

ermöglichen es, gestörte Codewörter auf der Empfangsseite als gestört zu erkennen oder gar zu korrigieren.
Verlassen wir nun die Codierung durch Binärzeichen und wenden uns der Codierung durch die normalen Schriftzeichen zu! Unsere normalen Texte enthalten viel Redundanz. Dies hat zur Folge, daß wir gestörte Texte meist als gestört erkennen können. Empfangen wir beispielsweise ein Telegramm mit dem Wort „BARLIN", dann können wir mit hoher Wahrscheinlichkeit annehmen, daß der Absender „BERLIN" gemeint hat und auf dem Übertragungsweg das „E" in ein „A" verfälscht wurde. Es gibt jedoch kritische Sonderfälle, in denen die Redundanz der Schrift nicht ausreicht, z. B., wenn „ICH KOMME HEUTE NACHT" verfälscht wird in „ICH KOMME HEUTE NICHT".
Die moderne Informationstheorie beschäftigt sich nicht nur mit diesen relativ trivialen Fragen. Eine andere Forschungsrichtung, die besonders Professor W. Fucks an der Technischen Hochschule in Aachen betreibt, ist die mathematische Analyse von Texten [29, 30, 31 ... 34]. Hierbei zeigt es sich, daß durch solche Analysen die Zuordnung eines bestimmten Textes zu einem bestimmten Autor mit erstaunlicher Zuverlässigkeit möglich ist. Wenn diese Methoden systematisch ausgenutzt werden, dann kann manche Streitfrage der Literaturhistoriker überzeugend entschieden werden.
Mit diesen Fragen in engem Zusammenhang steht die „Informationsästhetik". Hier ist es das Hauptproblem, ein objektives Kriterium dafür anzugeben, wenn ein Text uns, den Menschen, als „schön" erscheint. Vermutlich ist der Schlüssel zur Lösung dieses Problems noch nicht gefunden. Wahrscheinlich wird erst dann ein objektives Kriterium für die Eigenschaft „schön" angegeben werden können, wenn die im Menschen wirkenden informationellen Strukturen besser bekannt sind, als dies heute zutrifft. Es ist jedoch voreilig zu sagen, daß dies prinzipiell unmöglich sei.

Kybernetik als Objekt der Publizistik

Als Johannes Gutenberg zu Mainz in der Mitte des fünfzehnten Jahrhunderts den Buchdruck mit beweglichen, gegossenen Lettern erfand, da gab es bei Gelehrten und Laien kaum Zweifel an der Richtigkeit des ptolemäischen Weltbildes. Die Erde als Heimat des Menschen war der selbstverständliche Mittelpunkt der Welt. Um sie zogen Sonne, Mond und Sterne ihre vorbestimmten Bahnen.
Etwa ein Jahrhundert später, im Jahre 1543, erschien das Hauptwerk von Nikolaus Kopernikus mit dem Titel „De revolutionibus orbium coelistium libri VI". Kopernikus behauptete darin, nicht die Erde, sondern die Sonne sei der Mittelpunkt der Welt und die Erde drehe sich täglich um ihre Achse und jährlich um die Sonne. Damit begann der Übergang vom alten ptolemäischen Weltbild zum neuen kopernikanischen Weltbild. Dieser war keinesfalls nur das Ergebnis kühler, wissenschaftlicher Argumentation, sondern ebenso eines Kampfes der

Lehrmeinungen und der Autoritäten. Wir erinnern uns an die tragischen Schicksale von GALILEO GALILEI, JOHANNES KEPLER und GIORDANO BRUNO, an Folter und an Scheiterhaufen.
Es scheint mir ein reizvolles Gedankenexperiment zu sein, sich vorzustellen, der Übergang vom ptolemäischen zum kopernikanischen Weltbild wäre noch nicht vollzogen, sondern begänne gerade jetzt, in unserer Zeit. KOPERNIKUS hätte seine Theorie in irgendeinem Buch publiziert und die Öffentlichkeit begänne nun mit viel Emotion darüber zu diskutieren. Wie würde wohl die Presse auf dieses Ereignis reagieren? Zweifellos wären die ersten Reaktionen keinesfalls freundlich, das Ansinnen, in solch grundlegender Weise umzulernen, wird meist übelgenommen. Dazu kommt noch, daß das alte Weltbild, das durch die unmittelbare Anschauung bestätigt wird, durch ein anderes ersetzt werden soll, das eine ganze Menge intellektueller Vorarbeit erfordert.
Vermutlich hätte KOPERNIKUS eine sehr schwere Zeit zu überstehen. Er wäre nicht nur das Ziel des Spottes, sondern ebenso der wildesten politischen Verdächtigungen.
Irgendwann würde dann die Situation umkippen. Nämlich dann, wenn eine Generation an die Schalthebel der Kulturpolitik gelangt ist, die bereits mit dem Zweifel am alten Weltbild aufgewachsen ist. Dann würde das neue Weltbild Eingang in den Lehrbetrieb finden und als Selbstverständlichkeit gelten. Ganz zum Schluß begänne dann allerseits der Nachweis, daß „man" ja schon immer dafür gewesen sei und eigentlich zu den Vorkämpfern des neuen Weltbildes gehöre.
Kehren wir von diesem Gedankenexperiment wieder zurück in die Wirklichkeit. Es besteht kein Grund zu der Annahme, daß der Fortschritt von Wissenschaft und Technik in unserer Zeit zu Ende ist. Im Gegenteil, er verläuft immer schneller. Wir leben heute vor einer „Zukunft ohne Vorbild" (O. KRAEMER) in einem Ausmaße, wie dies noch nie zutraf. Ich vermute, daß die Entwicklung der Kybernetik zu einem Umsturz in unserem Weltbild führt, der nicht geringer ist als derjenige, den KOPERNIKUS verursacht hat. KOPERNIKUS zeigte, daß die Erde, die Heimat des Menschen, nicht der Zentralpunkt des Weltgeschehens ist. Die Kybernetik wird die Menschen lehren, daß das menschliche Gehirn nicht der einzig mögliche Ort „geistigen" Geschehens ist.
Diese tiefgreifende Veränderung unseres Weltbildes wird in der Presse abzubilden sein. Die Presse wird hierbei wohl kaum mit nachtwandlerischer Sicherheit das Ziel erreichen, sondern in Versuch und Irrtum die Entwicklung mehr oder weniger mißdeuten. Zwei besonders krasse Mißdeutungen seien herausgegriffen:
Einerseits die „Maschinen-können-nicht... -Psychose" und andererseits die phantastische Übertreibung der Leistungen der „Elektronengehirne".
Wer die Mühe nicht scheut, kann unseren Zeitungen sehr viele Aufsätze entnehmen, die sich damit befassen, was Automaten *nie* können wer-

18. Presse und Kybernetik

den. Ich möchte diese Flut von Aufsätzen subsumieren unter der Überschrift: „Maschinen-können-nicht...-Literatur". Deren Verfasser handeln meist aus dem Motiv heraus, den herannahenden Umsturz unseres Weltbildes nicht wahrhaben zu wollen. Sie übersehen dabei, daß die Frage, welche Funktionen Maschinen prinzipiell nicht lösen können, sehr schwer zu beantworten ist, und die sorgfältige Untersu-

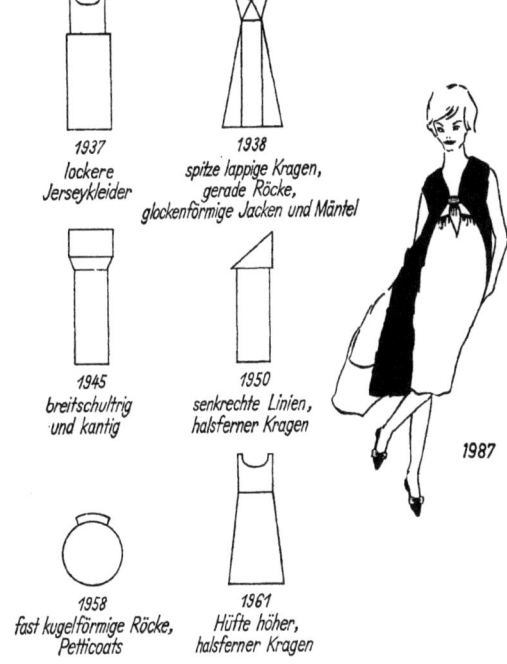

Bild 131. Dubiose Berichterstattung: „Roboter-Mode Anno 1987"

chung, die vor allem der englische Mathematiker A. M. TURING vor etwa fünfzehn Jahren anstellte, der „Maschinen-können-nicht...-Psychose" wenig Raum läßt. Viele Autoren übersehen, daß das, was wir uns heute vorstellen können, nicht den Endstand der technischen Entwicklung, sondern die Anfangsphase einer Entwicklung darstellt, die in geradezu explosivem Fortschreiten begriffen ist. Und schließlich übersehen viele der Autoren dieser „Maschinen-können-nicht...-Literatur", daß das subjektive Erleben uns weder eine Maschine, noch ein anderer Mensch abnehmen kann.

Diese ganze „Maschinen-können-nicht...-Literatur" wird in wenigen Jahrzehnten als Kulturkuriosum registriert.

Um nicht mißverstanden zu werden: Die Bemühungen der Kybernetiker erzeugen einen grenzenlosen Respekt vor den Leistungen des menschlichen Denksystems. Die Natur hat hier im Litervolumen des menschlichen Schädels Leistungen untergebracht, die bisher kein technisches Äquivalent haben, selbst wenn Milliarden kostende Computer zum Vergleich herangezogen werden.

Das andere Extrem ist die phantastische Übertreibung der Leistungen der „Elektronengehirne". Vor der Verwendung dieses Wortes sei gewarnt: Die elektronischen Rechenautomaten haben mit dem menschlichen Gehirn sehr wenig gemeinsam. Weder die Substanz, noch die Struktur, noch wesentliche Funktionseigenschaften haben bemerkenswerte Übereinstimmungen. Die einzige Übereinstimmung besteht darin, daß Rechenautomaten und Menschengehirne Leistungen vollbringen, die man als „geistige" Leistungen bezeichnen kann.

Ein besonders krasses Beispiel für phantastische Übertreibung sei mit Bild 131 vorgestellt: Eine bekannte deutsche Illustrierte publizierte im Jahre 1962 unter der Überschrift „Roboter-Mode Anno 1987" einen Bericht, in dem folgendes behauptet wurde:

„... haben Modesachverständige der amerikanischen Zeitschrift „Look" eine Univac-Rechenanlage im Forschungszentrum von Remington-Rand „beauftragt", die Damenmode des Jahres 1987 vorauszuberechnen... In genau 40 Minuten... spie Univac das Ergebnis aus — eine genaue Vorhersage über die Damenmode des Jahres 1987. Hier ist sie: Empire-Linie, im Aussehen zurückgehend auf alte griechische Vorlagen. Die Kleider sind tagsüber länger als am Abend..." Dieser Bericht zeigt, daß die Redakteure keine Vorstellung davon hatten, was möglich und was unsinnig ist. Für die Entstehung dieses Berichtes scheint mir die wahrscheinlichste Erklärung die zu sein, daß humorbegabte Automatenleute probieren wollten, wieviel Journalisten „schlucken". Es sei deshalb klar gesagt, daß zur Vorausberechnung der Mode des Jahres 1987 so ziemlich alle notwendigen Voraussetzungen fehlen.

Literaturverzeichnis

1. ALSLEBEN, K.: Ästhetische Redundanz. Quickborn: Verlag Schnelle 1962.
2. ASHBY, W. R.: Design for a brain. New York: J. Wiley & Sons 1952.
3. ASHBY, W. R.: Design for an intelligence-amplifier. Automata Studies Princeton Univ. Press 1956, S. 215—234.
4. BARRER, D. Y.: Queueing with impatient customers and indifferent clerks. and: Queueing with impatient customers and ordered service. J. Operations Res. Soc. Amer. Bd. 5 (1957) S. 644—649 u. 650—656.
5. BARTLETT, F.: Denken und Begreifen. Köln und Berlin: Kiepenheuer & Witsch 1951.
6. BAUMGARTEN, F.: Über die Regulierungskräfte im Seelenleben. Studium Generale Bd. 14 (1961) H. 7, S. 408—413.
7. BELLMAN, R.: Dynamic programming. Treatment of the travelling salesman problem. J. Assoc. Computing Mach. Bd. 9 (1962) H. 1, S. 61—63.
8. BENSE, M.: Textästhetik. Grundlagenstudien 1 (1960) H. 1, S. 2—10.
9. BIRKHOFF, G. D.: Mathematics of aesthetics. The World of Mathematics 4 (1956) New York: Simon & Schuster, S. 2185—2195.
10. BIRMINGHAM, H. P. et al.: The design and use of 'equalization' teaching machines. Internat. Congr. on Human Factors in Electronics Long Beach, Calif., (May 1962).
11. BLOHM, H.: Wechselbeziehungen zwischen Information und Organisation. Nachr. Dok. Bd. 13 (1962) H. 3, S. 150—155.
12. BOLEWSKI, H. u. H. GRÖTTRUP (Hrsg.): Der Weltenraum in Menschenhand. Stuttgart: Kreuz Verlag 1959.
13. BONGARD, M. M.: Über den Begriff der „nützlichen Information". Probleme der Kybernetik (Hrsg. A. A. Ljapunov) S. 81, Berlin 1966.
14. CHARKEWITSCH, A. A.: Über den Wert einer Information, Probleme der Kybernetik. (Hrsg. A. A. Ljapunov) S. 61. Berlin 1964.
15. CHERRY, E. C.: On human communication. New York: J. Wiley & Sons. London: Chapman & Hall 1957.
16. DANTZIG, G. B.: FULKERSON, R. u. S. JOHNSON: Solution of a large-scale travelling-salesman problem. J. Operations Res. Soc. Amer. Bd. 2 (1954) S. 393—410.
17. DOIG, A.: A bibliography on the theory of queues. Biometrica Bd. 44 (1957) H. 3/4, S. 490—514.
18. ERNSTHAUSEN, W.: Zur Entstehung und Leitung von Nervenimpulsen. In: Aufnahme und Verarbeitung von Nachrichten durch Organismen. Stuttgart: S. Hirzel 1961.
19. FELDTKELLER, R. u. E. ZWICKER: Das Ohr als Nachrichtenempfänger. Stuttgart: S. Hirzel 1956.
20. FERSCHL, F.: Warteschlangenmodelle. Math. Techn. Wirtsch. Bd. 6 (1959) H. 3, S. 98—102.
21. FEY, P.: Informationstheorie. Berlin: Akademie-Verlag 1963.
22. FISCHER, K. u. R. GUNZENHÄUSER: Zur Bestimmung des günstigsten Standortes einer Betriebsfiliale. Unternehmensforschung Bd. 7 (1963) H. 3, S. 131—136.

23. FLETCHER, H. u. R. H. GALT: The perception of speech and its relation to telephony. J. Acoust. Soc. Amer. 22 (März 1950) H. 2, S. 89—151.
24. FRANK, H.: Grundlagenprobleme der Informationsästhetik und erste Anwendung auf die mime pure. Dissertation TH Stuttgart 1959. Waiblingen: Verlagshandlung Hess 1959.
25. FRANK, H.: Zur Mathematisierbarkeit des Ordnungsbegriffes. Grundlagenstudien Bd. 2 (1961) H. 2, S. 33—42.
26. FRANK, H. (Hrsg.): Kybernetik — Brücke zwischen den Wissenschaften. 3. Aufl. Frankfurt: Umschau Verlag 1964.
27. FRANK, H.: Kybernetische Grundlagen der Pädagogik. Baden-Baden: Agis-Verlag 1962.
28. FREUD, S.: Der Witz. Fischer-Bücherei Bd. 193.
29. FUCKS, W.: Die Naturwissenschaft, die Technik und der Mensch. Köln/Opladen: Westdeutscher Verlag 1952. Naturwiss. Reihe H. 8.
30. FUCKS, W.: Zur Deutung einfachster mathematischer Sprachcharakteristiken. Forschungsber. Land. Nordrhein/Westf. 1956 H. 344.
31. FUCKS, W.: Gibt es mathematische Gesetze in Sprache und Musik? Umschau Bd. 57 (1957) H. 2, S. 33—37.
32. FUCKS, W.: Mathematische Analyse der Formalstruktur von Musik. Forsch.ber. Land Nordrhein-Westf. H. 357 (1958). Köln und Opladen: Westdt. Verlag 1958.
33. FUCKS, W.: Mathematische Analyse von Werken der Sprache und der Physik. Phys. Blätter Bd. 9 (1960) H. 9.
34. FUCKS, W.: Mathematische Analyse von Formalstrukturen von Werken der Musik. Arb. Gemeinschaft Forschung Land Nordrhein-Westf. Heft 124 (1964) Köln und Opladen: Westdt. Verlag 1964.
35. GELERNTER, H.: Realization of a geometry theorem proving machine. Information Processing, Paris 1959.
36. GEORGE, F. H.: Cybernetics, operational research and automation. Process Control and Automation 5 (1958) H. 6, S. 218—222.
37. GEYER, H. u. W. OPPELT: Volkswirtschaftliche Regelungsvorgänge. München: R. Oldenbourg 1957.
38. GNEDENKO, B. W.: Über einige Aspekte der Entwicklung der Theorie der Warteschlangen. Math. Techn. Wirtsch. Bd. 7 (1960) H. 4, S. 162—166.
39. GOUBEAU, I.: Ein informationsästhetischer Ansatz zur Deutung der griechischen Musikgeschichte. Grundlagenstudien 1 (1960) H. 5, S. 129—136.
40. GÖRKE, W. u. H. WETTSTEIN: Neuere Untersuchungen an Lernmatrizen. In: Neuere Ergebnisse der Kybernetik. München: R. Oldenbourg 1964 S. 301—312.
41. GUNZENHÄUSER, R.: Ästhetisches Maß und ästhetische Information. Quickborn: Verlag Schnelle 1962.
42. HAMMING, R. W.: Error detecting and error correcting codes. Bell Syst. Techn. J. 29 (April 1950) H. 2, S. 147—160.
43. HARTLINE, H. K.; WAGNER, H. G. u. F. RATLIFF: Inhibition in the eye of limulus. J. gen. Physiol. 39 (1956) S. 651—673.
44. HELLER, I.: The travelling-salesman's problem; Pt. I: Basic facts. The George Washington Univ. Press, Logistics Res. Proj. June 1954.
45. HELLMICH, K.: Die Reiseroute von kürzester Weglänge (Dauer). Math. Techn. Wirtsch. Bd. 7 (1960) H. 4, S. 166—175.
46. HOFSTÄTTER, P. R.: Gruppendynamik. Rowohlts Deutsche Enzyklopädie, Bd. 38.
47. HOLST, E. VON, u. H. MITTELSTAEDT: Das Reafferenzprinzip. Naturwiss. Bd. 37 (1950) S. 464.
48. HOLST, E. VON: Aktive Leistungen der menschlichen Gesichtswahrnehmung. Studium Generale 10 (1957) H. 4, S. 231—243.
49. JANZING, J., KOBOR, J. u. R. WAGNER: Willkürliche Haltung als Steuer- und Regelvorgang. Z. Biol. Bd. 112 (1960) H. 1.

50. KAUFMANN, H.: Dynamische Vorgänge in linearen Systemen der Nachrichten- und Regelungstechnik. München: R. Oldenbourg 1959.
51. KEIDEL, W. D.: Physiologie der Hautsinne. Handbuch der Haut- und Geschlechtskrankheiten, Berlin/Göttingen/Heidelberg: Springer 1963. Ergänzungswerk Erster Band, Dritter Teil S. 157—287.
52. KEIDEL, W. D.: Codierung, Signalleitung und Decodierung in der Sinnesphysiologie, in: Aufnahme und Verarbeitung von Nachrichten durch Organismen. Stuttgart: S. Hirzel S. 28—48.
53. KEIDEL, W. D., KEIDEL, U. O. u. M. E. WIGAND: Adaptation: Loss or gain of sensory information? Boston: Sensory Communication, Symposium 1959.
54. KNÖDEL, W.: Lineare Programme und Transportaufgaben. Math. Techn. Wirtsch. Bd. 7 (1960) H. 2, S. 63—68.
55. KÜHN, A.: Grundriß der Vererbungslehre, 3. Aufl. Heidelberg: Quelle und Meyer 1961.
56. KÜPFMÜLLER, K.: Die Entropie der deutschen Sprache. Fernmeldetechn. Z. 7 (1954) S. 265—272.
57. KÜPFMÜLLER, K.: Informationsverarbeitung durch den Menschen. Nachrichtentechn. Z. 12 (1959) H. 2, S. 68—74.
58. KÜPFMÜLLER, K. und JENIK, F.: Über die Nachrichtenverarbeitung in der Nervenzelle. Kybernetik Bd. 1 (1961) H. 1, S. 1—6.
59. KÜPFMÜLLER, K.: Die nachrichtenverarbeitenden Funktionen der Nervenzellen. In: Aufnahme u. Verarbeitung v. Nachrichten durch Organismen. Stuttgart: S. Hirzel 1961.
60. LIPP, H. M.: Entwurf eines geschlossenen adaptiven Systems für diskrete deterministische Prozesse. Dissertation TH Karlsruhe 1967.
61. MARKO, H.: Korrelation und Vorausbestimmung von Signalen. VDE Fachber. 19 (1956).
62. MARKO, H.: Informationstheorie und Kybernetik. in: Kroebel, W. Hrsg. Fortschritte der Kybernetik, München—Wien 1967.
63. MINSKY, M. L.: Artificial Intelligence. S. 247—260. Scientific American, September 1966.
64. MITTELSTAEDT, H. (Hrsg.): Regelungsvorgänge in der Biologie. München: R. Oldenbourg 1956, S. 9—15.
65. MITTELSTAEDT, H. (Hrsg.): Regelungsvorgänge in lebenden Wesen. (VDI/VDE-Tagung Essen, 1958). München: R. Oldenbourg 1961.
66. MOLES, A.: Informationstheorie der Musik. Nachrichtentechn. Fachber. 3 (1956), S. 47—55.
67. MOORE, E. F. u. C. E. SHANNON: Reliable circuits using less reliable relays I & II. J. Franklin Inst. Bd. 262 (1956) H. 3 u. 4, S. 191—208 u. 281—297.
68. MÜLLER-MERBACH, H.: Ein Näherungsverfahren zum Bestimmen von guten Ausgangslösungen bei Transportproblemen. Elektron. Datenverarb. Bd. 4 (1962) H. 6, S. 255—261.
69. MURALT, A. VON: Die Signalübermittlung im Nerven. Basel: Birkhäuser 1946.
70. NEUMANN, P. G. u. N. SCHAPPERT: Komponieren mit elektronischen Rechenautomaten. Nachrichtentechn. Z. 12 (1959) H. 8, S. 403—407.
71. NEWELL, A., H. SIMON u. J. C. SHAW: Report on a general problem-solving program. In: Information Processing. München: R. Oldenbourg 1960, S. 256—264.
72. OETKER, R.: Folgeregler als Stellsystem übergeordneter Regelkreise. Regelungstechnik Bd. 9 (1961) H. 1, S. 13—17.
73. OPPELT, W.: Kleines Handbuch technischer Regelvorgänge. Weinheim (Bergstr.): Verlag Chemie 1960.
74. PARKINSON, C. H.: PARKINSON's Gesetz. Düsseldorf: Econ 1959.
75. PAWLOW, I. P.: Conditioned reflexes. London: Oxford Univ. Press 1927.
76. PETERSON, G. E.: Vocal gestures. Bell Lab. Rec. 29 (1951), S. 500—503.

77. PETERSON, G. E.: The information-bearing elements of speech. J. Acoust. Soc. Amer. 24 (1952) S. 629—636.
78. PHISTER, M.: Logical design of digital computers. New York: J. Wiley & Sons 1958.
79. Philosophie und Kybernetik. Steinbuch, K. und S. Moser (Hrsg.): Nymphenburger Verlag, München 1970.
80. PIAGET, J.: Psychologie der Intelligenz. Zürich: Rascher Verlag 1947.
81. PISKE, U.: Erhöhung der Betriebssicherheit von Anlagen durch Verwendung von Lernmatrizen. Wissenschaftliche Zeitschrift der Hochschule für Architektur u. Bauwesen, Weimar Bd. 11 (1964) H. 1, S. 106—111.
82. RANKE, O. F.: Physiologie des Zentralnervensystems vom Standpunkt der Regelungslehre. München u. Berlin: Urban & Schwarzenberg 1960.
83. REICHARDT, W.: Umwandlung und Verarbeitung von Informationen im Zentralnervensystem und in Automaten. Deutsche Medizinische Wochenschrift Bd. 85 (1960) H. 23.
84. REICHARDT, W.: Über das optische Auflösungsvermögen der Facettenaugen von Limulus. Kybernetik Bd. 1 (1961) H. 2, S. 57—69.
85. REICHARDT, W. u. G. MACGINITIE: Zur Theorie der lateralen Inhibition. Kybernetik Bd. 1 (1962) H. 4, S. 155—165.
86. REIN, H.: Physiologie des Menschen. Berlin/Göttingen/Heidelberg: Springer 1943.
87. REIN, H. u. M. SCHNEIDER: Einführung in die Physiologie des Menschen. Berlin/Göttingen/Heidelberg: Springer 1956.
88. ROHRACHER, H.: Regelprozesse im psychischen Geschehen. Österr. Akad. Wiss. Sitzungsber. Philos. histor. Kl. Bd. 236 (1961) H. 4, S. 1—21.
89. ROSENBLATT, F.: The Perceptron. A probabilistic model for information storage and organization in the brain. Psychol. Rev. 65 (1958) H. 6, S. 386—408.
90. ROTHSCHUH, K. E.: Das Verfahren und die Entwicklungsstufen der Szientifikation. Universitas 14 (1959) H. 5, S. 521—527.
91. SCHAEFER, E.: Das menschliche Gedächtnis als Informationsspeicher. Elektron. Rdsch. 14 (1960) H. 3, S. 79—83.
92. SCHALTENBRAND, G.: Grenzen der Maschinentheorie des Nervensystems. Studium Generale 8 (1955) H. 8, S. 515—526.
93. SCHMIDT, H.: Regelungstechnik. VDI-Z. Bd. 85 (1941) H. 4, S. 81—88.
94. SCHUFF, H. K.: Die kombinatorische Bearbeitung des Travelling Salesman Problems mit Rechenanlagen. Elektron. Datenverarb. Bd. 2 (1960) H. 8, S. 1—7.
95. SCHWARTZKOPFF, J.: Über Nervenzellen mit problematischen Kodierungsweisen. Grundlagenstudien aus Kybernetik und Geisteswissenschaft Bd. 3 (1962) H. 4, S. 97—109.
96. SCHWIDEFSKY, K.: Der Informationsinhalt von Luftbildern und die optische Beobachtung aus Raketen und Satelliten. Naturwiss. Rdsch. (April 1958) H. 4, S. 132—138.
97. SCHWIDEFSKY, L.: Das Menschenbild der Biologie. Stuttgart: G. Fischer Verlag 1959.
98. SHANNON, C. E.: A chess-playing machine. The World of Mathematics 4 (1956) S. 2124—2133. New York: Simon & Schuster.
99. SHANNON, C. E. u. W. WEAVER: Mathematical theory of communication. Univ. of Illinois Press, Urbana (Ill.).
100. SKUDRZYK, E.: Die Grundlagen der Akustik. Wien: Springer 1954.
101. SPRICK, W.: Ein Verfahren der Zeichenerkennung. Nachrichtentechn. Fachber. 14 (1958) S. 14—46.
102. STEINBUCH, K.: Elektrische Gedächtnisse für Ziffern. Elektrotechn. Z. A 77 (1956) H. 21, S. 799—806.
103. STEINBUCH, K. u. H. ENDRES: Elektronische Zuordner. Nachrichtentechn. Z. 10 (1957) H. 6, S. 277—288.

104. STEINBUCH, K.: Automatische Zeichenerkennung. Nachrichtentechn. Z. 11 (1958) H. 4/5, S. 210—219 u. 237—244.
105. STEINBUCH, K.: Automatische Spracherkennung. Nachrichtentechn. Z. 11 (1958) H. 3, S. 446—453.
106. STEINBUCH, K.: Codierung für gestörte Kanäle. Nachrichtentechn. Fachber. 19 (1960), S. 47—55.
107. STEINBUCH, K. (Hrsg.): Taschenbuch der Nachrichtenverarbeitung. Berlin/Göttingen/Heidelberg: Springer 1962.
108. STEINBUCH, K. u. H. KAZMIERCZAK: Grundlagen und Anwendungen der automatischen Zeichenerkennung. Im Jahrb. d. elektr. Fernmeldewes. 1960/61, S. 315—381, Bad Windsheim: Heidekker 1962.
109. STEINBUCH, K. u. F. ZENDEH: Self-correcting translator circuits. IFIP Congress, München, 1962, North Holland Publ. Corp. 1963.
110. SZENTAGOTHAI, J.: Strukturelle Probleme neuronaler Netze, Kybernetik 1968, R. Oldenbourg Verlag München-Wien 1968, S. 219—237.
111. SZCZESNY, G. (Hrsg.): Club voltaire. München: Szczesny 1963.
112. THÜRING, B.: Zum Problem der exakten Ermittlung des kürzesten Rundreiseweges. Elektron. Datenverarb. Bd. 3 (1961) S. 146—156.
113. TOU, J. T.: Digital and sampled-data control systems. New York: McGraw-Hill Book Company 1959.
114. TURING, A. M.: Computing machinery and intelligence. Mind 59 (1950) H. 236, S. 433—460.
115. TURING, A. M.: Can a machine think? The World of Mathematics, N. Y.: Simon & Schuster 4 (1956), S. 2099—2123.
116. UTTLEY, A. M.: Temporal and spatial patterns in a conditional probability machine. Automata Studies, Princeton Univ. Press. 1956, S. 277 bis 285.
117. VARJU, D.: Vergleich zweier Modelle für laterale Inhibition. Kybernetik Bd. 1 (1962) H. 5, S. 200—208.
118. WAGNER, R.: Rückkoppelung und Regelung: Ein Urprinzip des Lebenden (mit Nachtrag). Naturwiss. Bd. 48 (1961) H. 8, S. 235—246.
119. WALLMARK, J. T.: Design considerations for integrated electronic devices. Proc. Inst. Radio Eng. 48 (1960) H. 3, S. 293—300.
120. WALLMARK, J. T. u. S. M. MARCUS: Minimum size and maximum packing density of nonredundant semiconductor devices, Proc. IRE 50 (1962) H. 3, S. 286—298.
121. WEIZSÄCKER, C. F. VON: Sprache als Information. In: Die Sprache. Darmstadt: Wiss. Buchgesellschaft 1959.
122. WIENER, N.: Cybernetics. New York: J. Wiley & Sons 1948. Deutsche Ausgabe: Kybernetik. Düsseldorf; Econ 1963.
123. WIDROW, B. u. M. E. HOFF: Adaptive switching circuits. WESCON Conv. Rec. IV (1960) S. 96—104.
124. WIDROW, B . u. ANGELL, I. B.: Reliable, Trainable Networks for Computing and Control. Aerospace Engineering. 21/9 (1962) 78—123.
125. WILKES, M. V.: Design of practical self-repairing computer systems. Control Bd. 4 (1961) H. 40, S. 86—88.
126. WILCOX, R. H. u. W. C. MANN (Hrsg.): Redundancy techniques for computing systems. Washington: Spartan Books 1962.
127. WINOGARD, S. u. J. D. COWAN: Reliable computation in the presence of noise. Cambridge: MIT-Press 1963.
128. WOITSCHACH, M. u. H. G. KOERNER: Automatische Bibliothek. (siehe 107) S. 1273—1312.
129. ZEIDLER, K.: Über die Technisierung der Verwaltung. Karlsruhe: C. F. Müller, 1959.
130. ZEMANEK, H.: Elementare Informationstheorie. München: R. Oldenbourg 1959.

Sachverzeichnis

Abakus 93
Abtastprogramm 124, 125
Abtasttheorem 54
Abtastung 50
Adaline 176
Adaptation 195
adäquater Reiz 194
Akkomodation 117
Akkumulator 200
analog 59
Analyse 10
Antivalenz 43
Anthropologie, kybernetische 6
Apperzeption 201
äquivalente Schaltungen 63
Asynchronsystem 50
atomistischer Aufbau der Materie 4
Auge 15, 117
Ausgabe 19
Ausgabegeräte 135
Automat 131, 132, 135, 136, 138, 218, 219
Autonomer Lernmatrix-Dipol 171

Bandbreite 53
Bandspeicher 69
Behaviorismus 6
Belehrung, automatische 114, 115
Beobachtungsautomaten 228
Bewertungsschaltung 138
Bewußtsein 207
binär 21
bit 24
Bit 34

Code 21, 34
Codeumsetzer 46

Datenverarbeitung 92
Dialogbetrieb 110
digital 59

Disjunktion 36, 40, 41
Dokumentation 242
Dualzahlensystem 44
Dünnschichtspeicher 67

Eingabe 96
Eingabegeräte 135
Elektrizität nach Hegel 4
elektronisch 38
Energiebedarf 38
Energiespeicher 74
Entscheidungsgehalt 24
Entscheidungsgehalt, mittlerer 25
Erbfaktoren 188
Erkennungsverfahren 127, 128, 129
Ermüdung 40

Flipflop-Schaltung 66
Flußdiagramm 100
Formantkarte 182
Formkriterien 127, 130
Forschung 111
Forschung, meteorologische 113
Frequenzband 53
Führungsgröße 77
Funktion, logische 36

Gedächtnis 66
Gehörsinn 197
Gesichtssinn 194, 196

Hamming-Distanz 34
Handlung, reine 211, 226

Informatik-System Quelle 95, 249
Information
 (sinngleich mit Nachricht) 13, 16, 20, 188, 208, 209
—, ästhetische 215, 217
Informationsbank 245
Informationsfluß 200, 201, 207
— im Menschen 209

Sachverzeichnis

Informationsgehalt 26, 35
—, mittlerer oder Entropie 26, 35
Informationskanal 56
Informationskapazität 56
Informationsmenge 53
Informationstheorie 21
Informationsübertragungstechnik 245
Informationsverarbeitung 91
Inhibition, laterale 198
Instruktion 188
Intelligenz 212, 213, 214
Intelligenzfunktion 224
Invariantenbildung 118, 235

Kanalkapazität 53, 57
Kaskadenregelung 81
Klassifikation, adaptive 235
—, selbständige 168, 169
Klassifikationsvorgang 119
Kommunikation 234
Konjunktion 36, 40, 41
Kybernetik 6, 207, 238, 240, 241, 249
—, These der 7

Laufzeitspeicher 71
Lehrmaschinen 242
Lernen 132, 133, 134
Lernende Automaten 133, 141, 143
Lernmatrix 153, 235
—, Anwendungen 166, 167, 168, 173
— für binäre Signale 156
— für nichtbinäre Signale 160
—, geschichtete 200
—, Zusammenschaltung 158
Lernphase 130
Lerntrieb 204
Lochstreifen 23

Madaline 173, 177, 235
Magnetisierung 65
Magnettrommelspeicher 69
Markierung, informationelle 237
Maschinensprache 100, 108
Matrixschaltungen 208
Miniaturisierung 106
Modell der Außenwelt 137
Motive 203
Mutation 203

Nachrichtenraum, N-dimensionaler 173
Nachrichtentechnik 91
Negation 37
Nervennetz 10, 202
Nervenzelle 12
Neuronen 12, 39
Normalform 43

Objekt/Subjekt-Polarität 5, 8
Ohr 185
Optimalwertregelung 82
Optimalwertkreis, mehrdimensionaler 138, 139
Organisation 238, 241
—, funktionale 108

Parallelsystem 48
PEIRCE-Funktion 43
Perzeption 201
Perzeptionsform 161, 164
Perzeptor 130
Perzeptron 235
Photographischer Speicher 71
Presse 249
Problemlösen mit Automaten 145, 146
Programm 108
Programmiersysteme 101, 108
—, automatische 109
Programmsteuerung 96, 99

Quantisierung 125, 126

Raumbedarf 38
Reafferenzprinzip 199
Reaktion, bewußte 211, 226
—, unbewußte 211, 226
—, direkte 227
—, gesteuerte 227
Realisierung, technische 104
Rechenautomaten 94, 95, 96
Rechenwerk 97, 98
Redundanz 31, 131
Reflexe, bedingte 19, 151, 208
Reflexion 211
Regelabweichung 77
Regelgröße 77
Regelkreis 77
Regelprozesse, psychische 89

Sachverzeichnis

Regelung, Geschichte der 90
Regelungsvorgänge 76
Regelvorgänge, organische 84, 86
—, technische 82
Rendezvous-Manöver 83
Rezeptoren 14
Rückkopplungsspeicher 74

Satzverständlichkeit 28
Schaltbild 10
Scheibenspeicher 69
Schlüsselreiz 19, 208
Schriftzeichenerkennung 109
Schwingungen, elektromagnetische 15
Selbstkorrektur 108
Sehsystem 117
Seriensystem 48
Setztechnik, automatische 250
Shannonsche Formel 56
SHEFFER-Funktion 43
Signal 13, 16, 20
Signale, redundante 30
Silbenverständlichkeit 28
Speicher 64, 97, 138
Speicherkapazität 66, 67, 74
Speichermatrizen 66
Speicherplan 100
Speicherröhren 64
Speicherung 64
Spracherkennung 109
Sprachübersetzung, automatische 115, 251
Sprechen 181
Sprechorgane 182
Stäbchen 14, 196
stochastisch 61
Störgröße 77
Strukturspeicher 74
Subjektives Zeitquant 201

Synchronsystem 50
System, cognitives 228
—, hypothetisches 228
—, technisches 229

Tatbestandsinformation 234
Technik der Informationsverarbeitung 111
Teleologie 204
ternär 22
Testwertgeber 137, 138

Umlaufspeicher 72

Variationsbreite 119
Verhaltensinformation 234
Verknüpfungen, bedingte 131, 152
—, logische 35
Verkehrswesen 113
Verwaltung 112
Visible Speech 187
Voraussagemöglichkeit 59

Wandler, lichtelektrische 123, 124, 135
Wahrnehmung, reine 211, 225
Warteschlangenproblem 242
Webersches Gesetz 194
Weltraum 218, 219

Zapfen 14, 196
Zeichenerkennung 117, 119
—, automatische 48, 109
Zeichenreproduktion 119
Zeichenübertragung 119
Zentralnervensystem 133
Zufallszahlen 61
Zufallszahlengeber 62
Zugriffszeit 71, 74
Zuordner 46

Heidelberger Taschenbücher

Physik — Chemie — Technik

1. M. Born: Die Relativitätstheorie Einsteins. 5. Auflage. DM 10,80
2. K. H. Hellwege: Einführung in die Physik der Atome. 3. Auflage. DM 8,80
6. S. Flügge: Rechenmethoden der Quantentheorie. 3. Auflage. DM 10,80
7/8. G. Falk: Theoretische Physik I und I a auf der Grundlage einer allgemeinen Dynamik.
Band 7: Elementare Punktmechanik (I). DM 8,80
Band 8: Aufgaben und Ergänzungen zur Punktmechanik (I a). DM 8,80
9. K. W. Ford: Die Welt der Elementarteilchen. DM 10,80
10. R. Becker: Theorie der Wärme. DM 10,80
11. P. Stoll: Experimentelle Methoden der Kernphysik. DM 10,80
13. H. S. Green: Quantenmechanik in algebraischer Darstellung. DM 8,80
16/17. A. Unsöld: Der neue Kosmos. DM 18,—
19. A. Sommerfeld/H. Bethe: Elektronentheorie der Metalle. DM 10,80
20. K. Marguerre: Technische Mechanik. I. Teil: Statik. DM 10,80
21. K. Marguerre: Technische Mechanik. II. Teil: Elastostatik. DM 10,80
22. K. Marguerre: Technische Mechanik. III. Teil: Kinetik. DM 12,80
27/28. G. Falk: Theoretische Physik II und II a.
Band 27: Allgemeine Dynamik. Thermodynamik (II). DM 14,80
Band 28: Aufgaben und Ergänzungen zur Allgemeinen Dynamik und Thermodynamik (II a). DM 12,80
30. R. Courant/D. Hilbert: Methoden der mathematischen Physik I. DM 16,80
31. R. Courant/D. Hilbert: Methoden der mathematischen Physik II. DM 16,80
33. K. H. Hellwege: Einführung in die Festkörperphysik I. DM 9,80
34. K. H. Hellwege: Einführung in die Festkörperphysik II. DM 12,80
37. V. Aschoff: Einführung in die Nachrichtenübertragungstechnik. DM 11,80
52. H. M. Rauen: Chemie für Mediziner — Übungsfragen. DM 7,80
53. H. M. Rauen: Biochemie — Übungsfragen. DM 9,80
55. H. N. Christensen: Elektrolytstoffwechsel. DM 12,80
59/60. C. Streffer: Strahlen-Biochemie. DM 14,80
63. Z. G. Szabó: Anorganische Chemie. DM 14,80
71. O. Madelung: Grundlagen der Halbleiterphysik. DM 12,80
72. M. Becke-Goehring/H. Hoffmann: Komplexchemie. DM 18,80
75. Technologie der Zukunft. Hrsg. von R. Jungk. DM 15,80
79. E. A. Kabat: Einführung in die Immunchemie und Immunologie. DM 18,80
81. K. Steinbuch: Automat und Mensch.

Aus den übrigen Fachgebieten — Eine Auswahl

3   W. Weidel: Virus- und Molekularbiologie. 2. Auflage. DM 5,80
4   L. S. Penrose: Einführung in die Humangenetik. DM 8,80
5   H. Zähner: Biologie der Antibiotica. DM 8,80
14 A. Stobbe: Volkswirtschaftliches Rechnungswesen. 2. Auflage. DM 12,80
18 F. Lembeck/K.-F. Sewing: Pharmakologie-Fibel. DM 5,80
24 M. Körner: Der plötzliche Herzstillstand. DM 8,80
25 W. Reinhard: Massage und physikalische Behandlungsmethoden. DM 8,80
29 P. D. Samman: Nagelerkrankungen. DM 14,80
32 F. W. Ahnefeld: Sekunden entscheiden — Lebensrettende Sofortmaßnahmen. DM 6,80
12 B. L. van der Waerden: Algebra I. 7. Auflage der Modernen Algebra. DM 10,80
15 L. Collatz/W. Wetterling: Optimierungsaufgaben. DM 10,80
23 B. L. van der Waerden: Algebra II. 5. Auflage der Modernen Algebra. DM 14,80
26 H. Grauert/I. Lieb: Differential- und Integralrechnung I. 2. Auflage. DM 12,80
36 H. Grauert/W. Fischer: Differential- und Integralrechnung II. DM 12,80
38 R. Henn/H. P. Künzi: Einführung in die Unternehmensforschung I. DM 10,80
39 R. Henn/H. P. Künzi: Einführung in die Unternehmensforschung II. DM 12,80
41 G. Martz: Die hormonale Therapie maligner Tumoren. DM 8,80
42 W. Fuhrmann/F. Vogel: Genetische Familienberatung. DM 8,80
43 H. Grauert/I. Lieb: Differential- und Integralrechnung III. DM 12,80
44 J. H. Wilkinson: Rundungsfehler. DM 14,80
47 C. N. Barnard/V. Schrire: Die Chirurgie der häufigen angeborenen Herzmißbildungen. DM 12,80
49 Selecta Mathematica I. Verf. und hrsg. von K. Jacobs. DM 10,80
50 H. Rademacher/O. Toeplitz: Von Zahlen und Figuren. DM 8.80
51 E. B. Dynkin/A. A. Juschkewitsch: Sätze und Aufgaben über Markoffsche Prozesse. DM 14,80
56 M. J. Beckmann/H. P. Künzi: Mathematik für Ökonomen I. DM 12,80
61 Herzinfarkt. Hrsg. von W. Hort. DM 9,80
64 F. Rehbock: Darstellende Geometrie. 3. Auflage. DM 12,80
65 H. Schubert: Kategorien I. DM 12,80
66 H. Schubert: Kategorien II. DM 10,80
73 G. Pólya/G. Szegö: Aufgaben und Lehrsätze aus der Analysis. DM 12,80
74 G. Pólya/G. Szegö: Aufgaben und Lehrsätze aus der Analysis II.
78 A. Heertje: Grundbegriffe der Volkswirtschaftslehre. DM 10,80
82 R. Süss/V. Kinzel/J. D. Scribner: Krebs. DM 12,80